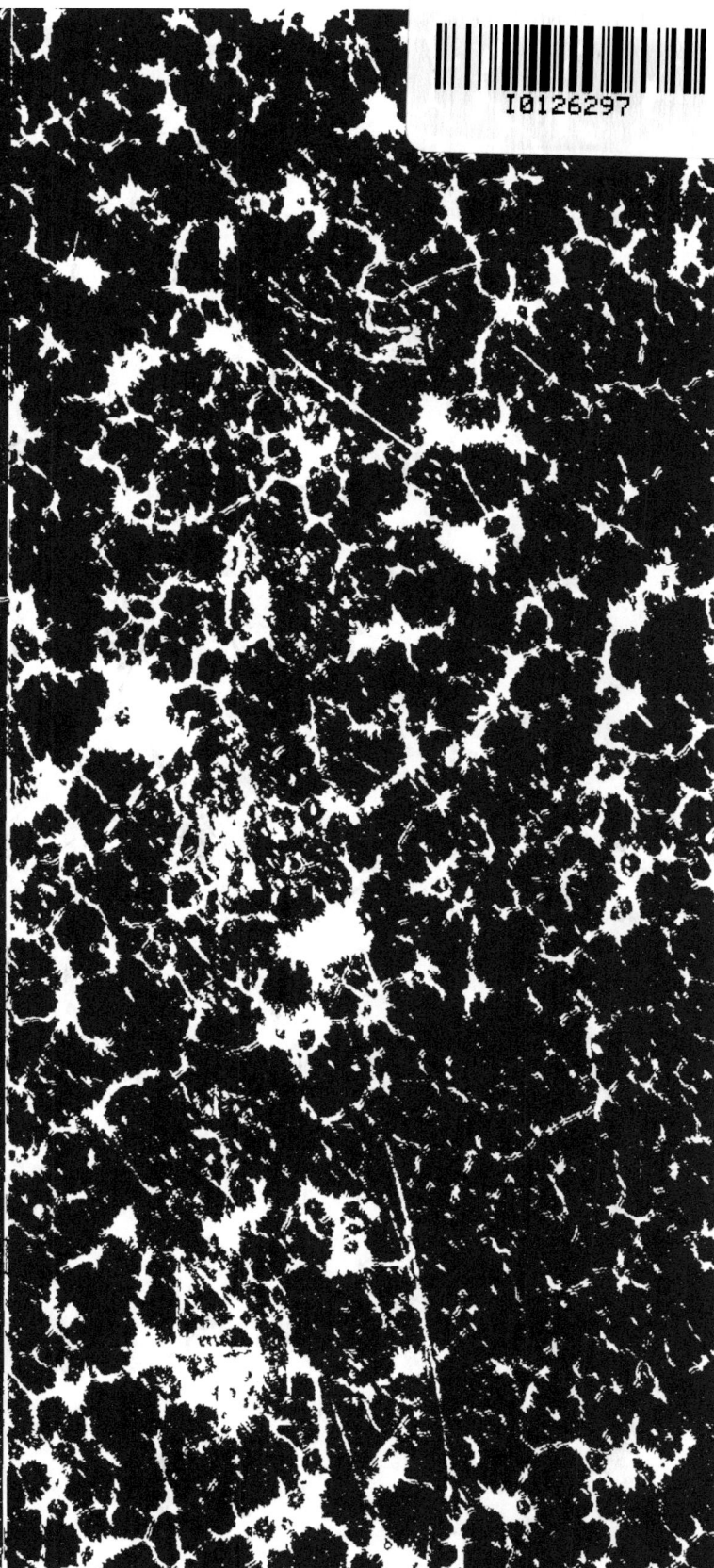

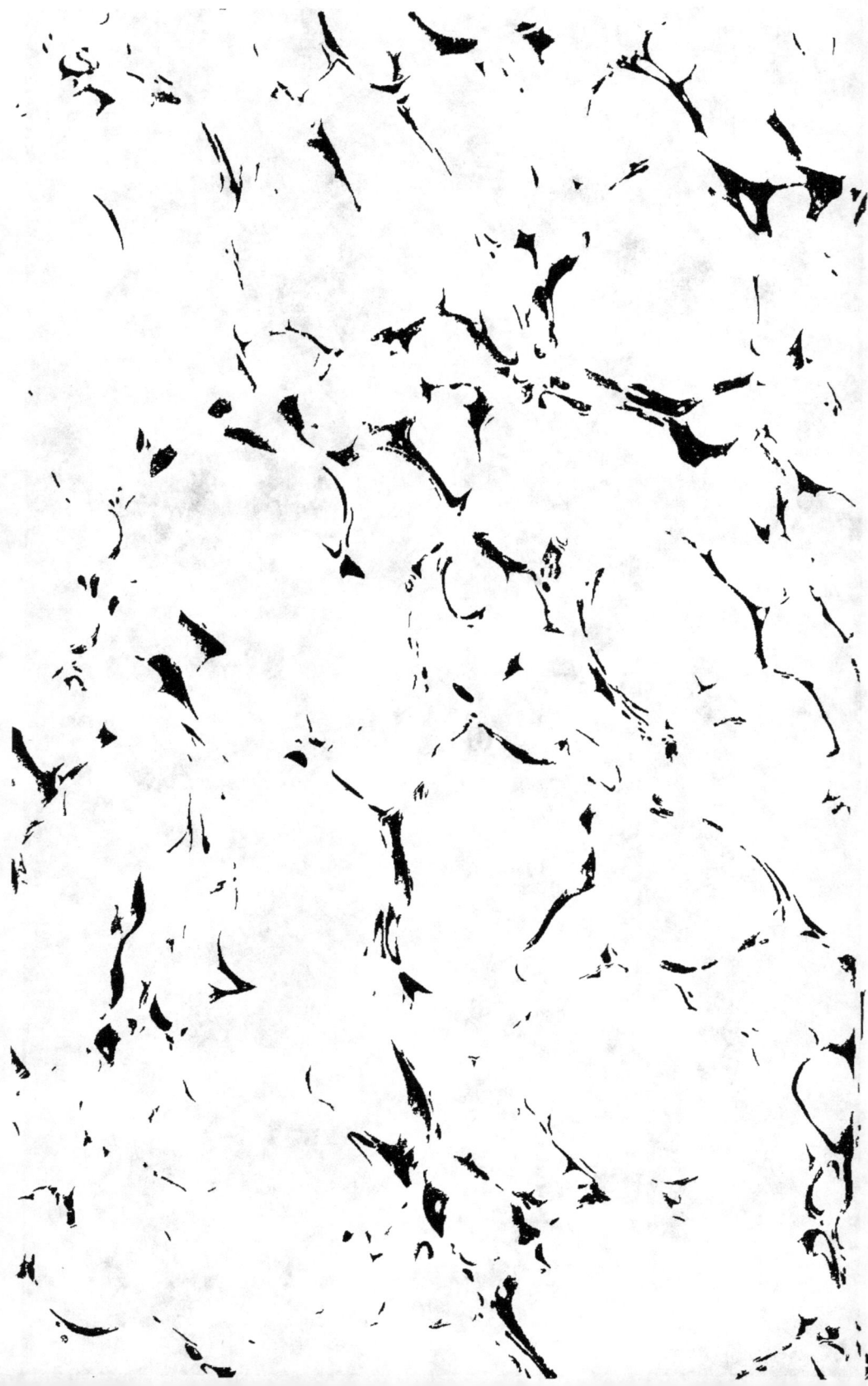

BIBLIOTHÈQUE DE PHILOSOPHIE EXPÉRIMENTALE

Directeur E. PEILLAUBE

••••••••••••••••••••••••••••••••• I •••••••••••••••••••••••••••••••••••

Psychisme

inférieur

Étude de physiopathologie clinique des centres psychiques

par

le Dr J. GRASSET

Professeur de Clinique médicale à l'Université de Montpellier

Associé national de l'Académie de Médecine

Lauréat de l'Institut

PARIS

CHEVALIER & RIVIÈRE, ÉDITEURS

30, Rue Jacob

1906

Le Psychisme

inférieur

Étude de physiopathologie clinique des centres psychiques

DU MÊME AUTEUR

Traité pratique des Maladies du Système nerveux. Quatrième édition (en collaboration avec le professeur Rauzier). 2 vol. grand in-8 de 900 et 1100 pages. — Montpellier, Coulet. Paris, Masson. 1878-1894.

Leçons de Clinique médicale faites à l'Hôpital Saint-Eloi de Montpellier. 4 vol. in-8 de 756, 788, 826 et 756 pages. — Montpellier, Coulet. Paris, Masson. 1891-1903.

Les Maladies de l'orientation et de l'équilibre. Bibliothèque scientifique internationale. 1 vol. in-8 de 292 pages. — Paris, Alcan. 1901.

Les Limites de la Biologie. Bibliothèque de philosophie contemporaine. Troisième édition, avec une Préface de Paul Bourget, 1 vol. in-16 de XX-208 pages. — Paris, Alcan. 1902-1906.

Le Spiritisme devant la Science. Nouvelle édition avec une Préface de Pierre Janet. 1 vol. in-18 écu de XXX-392 pages. — Montpellier, Coulet. Paris, Masson. 1903.

L'Hypnotisme et la Suggestion. Bibliothèque internationale de psychologie expérimentale normale et pathologique. Deuxième édition, 1 vol. in-18 jésus de 534 pages. — Paris, O. Doin. 1903-1904.

Les Centres nerveux. Physiopathologie clinique. 1. vol. in-8 de 744 pages. — Paris, J.-B. Baillière. 1905.

BIBLIOTHÈQUE DE PHILOSOPHIE EXPÉRIMENTALE

Directeur E. PEILLAUBE

I

Le Psychisme inférieur

Étude de physiopathologie clinique des centres psychiques

par

le Dr J. GRASSET

Professeur de Clinique médicale à l'Université de Montpellier

Associé national de l'Académie de Médecine

Lauréat de l'Institut

PARIS

CHEVALIER & RIVIÈRE, ÉDITEURS

30, Rue Jacob

1906

LE PSYCHISME INFÉRIEUR

CHAPITRE PREMIER

LES DEUX PSYCHISMES. — LES ACTES ET LES CENTRES PSYCHIQUES INFÉRIEURS. — DÉFINITIONS.

1. *L'activité psychique inférieure dans une crise de somnambulisme.*

Pour comprendre immédiatement ce qu'est le psychisme inférieur et saisir ce qu'est l'activité psychique inférieure, dans son fonctionnement propre et isolé, il suffit d'observer et d'analyser les actes d'un *somnambule*.

Pendant toute la durée de sa crise, le sujet est privé du contrôle et de la direction de son psychisme supérieur : ses centres psychiques inférieurs fonctionnent seuls. La crise de somnambulisme est, par excellence, une manifestation de l'activité du seul psychisme inférieur.

On se rappelle la grande scène de *Macbeth* (1).

« LA DAME SUIVANTE. — ...(J'ai vu la Reine) se lever de son lit, jeter sur elle sa robe de nuit, ouvrir son cabinet, prendre du papier, le plier, écrire dessus, le lire, le cacheter ensuite, puis retourner se mettre au lit; et pendant tout ce temps-là demeurer dans le plus profond sommeil.

» LE MÉDECIN. — Il faut qu'il existe un grand désordre dans les fonctions naturelles, pour qu'on puisse à la fois jouir des bienfaits du sommeil et agir comme si l'on était éveillé...

» LA DAME SUIVANTE *(voyant entrer lady Macbeth avec un flambeau)*. — Tenez, la voilà qui vient absolument comme à l'ordinaire ; et, sur ma vie, elle est profondément endormie...

» LE MÉDECIN. — Vous voyez que ses yeux sont ouverts.

» LA DAME SUIVANTE. — Oui ; mais ils sont fermés à toute impression.

» LE MÉDECIN. — Que fait-elle donc là ? Voyez comme elle se frotte les mains.

---

(1) SHAKESPEARE, trad. de M. GUIZOT : *Macbeth*, acte V, scène I, p. 300.

» LA DAME SUIVANTE. — C'est un geste qui lui est ordinaire : elle a toujours l'air de se laver les mains ; je l'ai vue le faire sans relâche un quart d'heure de suite.

» LADY MACBETH. — Il y a toujours une tache..... Va-t'en, maudite tache...; va-t'en, te dis-je. — Une, deux heures. — Allons, il est temps de le faire. — L'enfer est sombre ! — Fi ! mon seigneur, fi ! un soldat avoir peur ! Qu'avons-nous besoin de nous inquiéter, qui le saura, quand personne ne pourra demander de comptes à notre puissance ? — Mais qui aurait cru que ce vieillard eût encore tant de sang dans le corps ?..... Au lit, au lit ; on frappe à la porte. Venez, venez, venez, donnez-moi votre main. Ce qui est fait ne peut se défaire. Au lit, au lit, au lit ! *(Elle sort.)*

» LE MÉDECIN. — Va-t-elle retourner à son lit ?

» LA DAME SUIVANTE. — Tout droit. »

Comme le dit très bien le médecin de SHAKESPEARE, le somnambule jouit des bienfaits du sommeil et agit comme s'il était éveillé. A un certain point de vue, même, il agit mieux que s'il était éveillé : il peut se promener sur un toit et parcourir une corniche sans vertige, n'ayant pas la notion du danger et avec un équilibre instinctif et automatique bien supérieur à l'équilibre conscient et averti de l'état de veille.

Il y a de l'*intelligence* dans les actes du somnambule. Non seulement il coordonne ses mouvements, évite les obstacles qu'il rencontre ; mais encore il parle et écrit correctement des choses sensées ; il ne délire pas ; il reproduit une scène qu'il a vécue antérieurement ou qu'il pourrait vivre le lendemain.

Je reparlerai d'un soldat qui, pendant une crise, astique tous les objets de la salle, frotte soigneusement chaque table, remettant chaque objet à sa place, et sans rien casser, malgré l'encombrement de fioles et de verres au milieu duquel il évolue.

Dès 1557, ADRIANUS ALMANUS rapporte qu'un garçon pharmacien se levait, la nuit, pour faire des armes, et, en 1727, WEPFER parle de religieuses qui, dans leur sommeil, circulent, les yeux ouverts, dans le couvent, allument des lumières, etc., et ne voient pas les compagnes qui les suivent.

Le sujet de VOLTAIRE se levait, s'habillait, faisait la révérence, dansait le menuet, se déshabillait et se recouchait. L'abbé de DIDEROT se levait, écrivait ses sermons, les relisait, les corrigeait ou les annotait. Si on substituait une feuille blanche à celle sur laquelle il écrivait, il corrigeait sur cette feuille blanche, se relisant dans sa mémoire.

Les actes du somnambule sont donc *psychiques*, contiennent de la pensée, appartiennent au monde intellectuel.

Cependant, d'autre part, lady Macbeth tient des propos qu'elle se garderait bien de tenir à l'état de veille. « Il a été murmuré d'horribles secrets », dit le médecin. Elle voit le flambeau qu'elle tient et les portes qu'elle ouvre ou ferme, ainsi que le lit qu'elle a quitté et où elle retourne ; mais elle ne voit pas, avec ses yeux ouverts, le médecin et la dame suivante. Elle ne les entend pas échanger leurs impressions ; non seulement elle ne les reconnaît pas, mais ils n'existent pas pour elle.

Elle reçoit donc des impressions du dehors ; ces impressions arrivent assez haut dans son cerveau pour lui permettre de se vêtir adroitement, d'écrire correctement, de marcher sans trébucher, sans heurter même les personnes qu'elle ne voit pas. Ces impressions arrivent assez haut pour diriger ses mouvements ; mais elles n'arrivent pas jusqu'à sa *conscience* et à sa *volonté* ; elles n'arrivent pas jusqu'à son *psychisme supérieur*.

Le somnambule parle, agit *sans le savoir* et *sans le vouloir*, c'est-à-dire *inconsciemment* et *automatiquement*. Ce sont là, pour le dire tout de suite, les deux caractères essentiels des actes du psychisme inférieur.

2. Les deux psychismes. L'œuvre de Pierre Janet. Deux groupes d'actes psychiques.

Il y a donc des *actes psychiques de deux ordres*.

Bien différents en effet sont les actes psychiques de lady Macbeth *éveillée* quand elle donne des conseils à son mari pour escalader le trône, qu'elle cherche à le rassurer aux moments des apparitions du spectre de Banquo, et les actes psychiques de lady Macbeth *endormie* quand elle trahit devant la dame suivante et le médecin les secrets les plus cachés de sa vie antérieure, ses crimes et ses remords.

Dans le premier cas, toutes ses forces psychiques interviennent : elle pèse froidement et avec toute son intelligence les raisons qui militent pour et contre les actes, elle combine avec toute sa raison les moyens de dissimuler son ambition et son crime, elle agit en toute connaissance de cause, en toute conscience, elle décide et exécute ses actes volontairement et librement.

Dans le second cas, au contraire, elle pense et coordonne des idées sans doute, elle agit psychiquement sans aucun doute. Mais elle n'a plus ni prudence, ni sagesse ; elle n'a plus son intelligence supérieure ; elle n'a plus conscience de ses actes ; elle n'agit plus librement mais automatiquement.

Quelle que soit la doctrine de chacun sur la spiritualité de l'âme et sur le libre arbitre, sur la conscience et sur la volonté, on ne peut pas ne pas admettre une différence complète entre ce que l'on appelle vulgairement des *actes psychiques volontaires et conscients* et ce que l'on appelle des *actes psychiques automatiques et inconscients*. Les premiers sont des manifestations du *psychisme supérieur,* les seconds sont des manifestations du *psychisme inférieur.*

Cette doctrine des deux psychismes, entrevue et indiquée par divers auteurs, a été réellement formulée par PIERRE JANET. C'est lui, du moins, qui en a commencé et poussé d'emblée très loin l'étude *expérimentale,* c'est-à-dire l'étude vraiment scientifique. L'entière substance de ce livre procède donc des ouvrages (1) de PIERRE JANET.

Pour ne pas faire porter à cet éminent philosophe la responsabilité de ce dont il est innocent, je préci-

---

(1) PIERRE JANET : *L'Automatisme psychologique : Essai de psychologie expérimentale sur les formes inférieures de l'activité humaine,* thèse de doctorat ès lettres. Paris, 1889, 2ᵉ, 3ᵉ et 4ᵉ édit. (1903), Bibliothèque de philosophie contemporaine — *État mental des hystériques : les Accidents mentaux,* thèse de doctorat en médecine. Paris et Bibliothèque Charcot-Debove, 1893. — *État mental des hystériques : les Stigmates mentaux,* même Bibliothèque, 1893. — *Névroses et Idées fixes,* travaux du laboratoire de Psychologie de la Clinique à la Salpêtrière, 2 vol., 1898. — *Les Obsessions et la Psychasthénie,* travaux du même laboratoire, 2 vol., 1903.

serai un peu plus loin les points sur lesquels je m'écarte de lui, en essayant de le compléter.

Mais, dès à présent, je tiens à proclamer, une fois pour toutes, que c'est dans les œuvres de PIERRE JANET que j'ai puisé tous les documents qui ont servi de point de départ à mes propres études (1) sur ce sujet. La majeure partie des citations concernant des travaux antérieurs aux siens lui appartient.

3. Sens des mots psychisme et psychique. Le psychique n'est pas l'occulte.

Il n'est pas inutile de faire remarquer que je conserve aux mots *psychisme, psychique,* leur ancien sens traditionnel et classique. J'appelle psychique un acte, un phénomène... dans lesquels il y a de la pensée, de l'intelligence.

(1) De l'automatisme psychologique (psychisme inférieur : polygone cortical) à l'état physiologique et pathologique, leçons faites du 27 janvier au 23 mars 1896, recueillies et publiées par le Dr VEDEL, *Leçons de Clinique médicale,* 3e série, p. 122; *Le Spiritisme devant la science à propos de l'histoire d'une maison hantée,* leçons faites en mai-juin 1902, recueillies et publiées par le Dr CALMETTE, *Leçons de Clinique médicale,* 4e série, p. 375; 2e édition, avec une préface de PIERRE JANET. Montpellier, COULET, 1904. — Voir aussi : *L'Hypnotisme et la suggestion,* Bibliothèque internationale de psychologie expérimentale normale et pathologique, 2e édition, 1904; Plan d'une physiopathologie clinique des centres psychiques, *Montpellier médical,* 1904, nos 35 à 41, p. 153; Le Problème des localisations psychiques dans le cerveau, *Congrès de médecine de Paris,* octobre 1904; Pensée et cerveau, la doctrine biologique du double psychisme et le spiritualisme, *Revue de Philosophie,* 1904, t. IV. p. 201; Le Psychisme inférieur, *Revue des Deux-Mondes,* 1905, t. XXVI, p. 314; La Sensation du « déjà vu », sensation du « déjà entendu », du « déjà éprouvé », illusion de « fausse reconnaissance », *Journal de Psychologie normale et pathologique,* 1904, t. I, n° 1; Le problème physiopathologique de la responsabilité, *Ibidem,* t. II, p. 97; *Les Centres nerveux : Physiopathologie clinique,* J.-B. BAIL-LIÈRE, 1905.

Tout le monde n'est pas du même avis, et des hommes très distingués de l'École contemporaine donnent à ces mots un tout autre sens.

Pour le prouver, je n'ai qu'à rappeler le sens dans lequel le mot psychique est pris dans l'appellation des *Annales des Sciences psychiques* de Dariex, de la *Société de recherches psychiques,* et dans le titre du remarquable livre de Maxwell (1) : *Les Phénomènes psychiques.*

Je trouve excellents les efforts multipliés dans ces derniers temps pour étudier scientifiquement, avec les méthodes de la science positive, tous ces phénomènes qualifiés jusqu'à présent d'occultes. Mais je crois fâcheux de détourner d'anciens mots de leur sens traditionnel pour les adapter à une signification nouvelle. Sans doute, les définitions sont libres ; mais les modifications dans d'anciennes définitions sont dangereuses et créent des confusions de langage, tant que les anciens objets de ces définitions n'ont pas disparu et que par suite l'accord ne peut pas être unanime pour la transformation.

Donc, dans le langage adopté dans tout ce livre, *le psychique n'est pas l'occulte* (2).

Il faut cependant rappeler que certains auteurs, en s'occupant beaucoup d'occultisme, ont fait des travaux très importants sur le psychisme inférieur (dans le sens où je le prends). En tête de ces auteurs, il faut citer

(1) Ailleurs (*Annales des Sciences psychiques*, t. XIV, 1904, p. 276) Maxwell déclare que le mot « études psychiques » est une « expression mauvaise » et qu' « il faudrait qu'on en cherchât une meilleure ».

(2) Pour ces phénomènes occultes, Richet, dans son discours d'installation comme président de la *Society for psychical Research* (*Revue de l'Hypnotisme*, 1905, p. 258), propose le mot de *métapsychisme, metapsychique* analogue au mot *métaphysique.*

Myers, dont les ouvrages (1) m'ont fourni de précieux documents.

Il a très bien étudié l'inconscient *(subliminal)*; seulement, dès qu'il sort du terrain expérimental proprement dit, Myers entre dans une série d'applications et de déductions sur la survivance, les communications avec les morts, les réincarnations... toutes choses qui me paraissent sortir entièrement du domaine de la science positive et qui, en tous cas, restent absolument étrangères à mon sujet.

4. *Le psychique n'est pas le conscient. Sens du mot conscience.*

Si le psychique n'est pas l'occulte, je crois qu'on peut dire de la même manière que *le psychique n'est pas le conscient.* Je veux dire que le psychique ne doit pas être caractérisé par la conscience : il y a des actes qui sont inconscients et qui restent cependant psychiques ; ce sont précisément les actes du psychisme inférieur.

Cette définition du psychique par le conscient est cependant assez généralement admise.

« Qu'est-ce donc qu'un phénomène de conscience ? disent Toulouse, Vaschide et Piéron (2). De même

---

(1) Gurney, Myers et Podmore : *Hallucinations télépathiques,* 4ᵉ édit. Bibliothèque de philosophie contemporaine ; Myers : *La Personnalité humaine; sa survivance, ses manifestations supranormales,* trad et adaptat. du Dʳ S. Jankelevitch, même Bibliothèque, 1905. Voir aussi : Marcel Mangin : Le Mécanisme de la suggestion d'après les travaux de F. Myers, de Cambridge, *Revue de l'hypnotisme,* 1902, nᵒ 10.

(2) Toulouse, Vaschide et Piéron : *Technique de psychologie expérimentale.* Bibliothèque internationale de psychologie expérimentale normale et pathologique, 1904, pp. 28 et 39.

qu'un phénomène physiologique est différencié d'un phénomène physiçochimique par un élément réellement irréductible, la vie, de même le phénomène psychologique est caractérisé par un autre élément irréductible, la conscience. Un phénomène physiologique est un phénomène physicochimique avec, en plus, la vie ; *un phénomène psychique est un phénomène physiologique avec, en plus, la conscience...* La sensation consciente est donc, pour l'expérience, le phénomène psychologique élémentaire. »

Certainement chacun est libre de ses définitions, mais à condition cependant de ne pas trop dénaturer le sens ancien et primitif des mots. Si on définit le psychique par le conscient, alors l'acte, absolument inconscient, de lady Macbeth dans son sommeil n'est pas psychique ; et elle parle, raisonne, se rappelle... N'est-ce pas changer complètement l'ancien sens des mots que de ne pas vouloir voir là du psychisme ?

Je ne peux pas admettre que « la sensation *consciente* est... le phénomène psychologique élémentaire ». Il y a des *sensations inconscientes.* Déjà, en 1846, GERDY (1) disait : « Il faut s'habituer à comprendre qu'il peut y avoir sensation sans perception de la sensation. » La sensation est bien inconsciente chez l'hystérique anesthésique ou amaurotique qui ne sent pas ou ne voit pas, mais utilise pour certains actes la sensation qu'elle ne perçoit pas.

Lady Macbeth a la sensation du médecin et de la dame suivante qu'elle évite en marchant ; elle n'en a

---

(1) GERDY : *Les Sensations et l'intelligence*, 1846, p. 23. (Citat. PIERRE JANET.)

pas conscience, puisqu'elle laisse échapper son secret devant eux.

Donc, le phénomène psychologique élémentaire n'est pas la sensation consciente. Il y a, au dessous, la sensation inconsciente, et on ne peut pas dire que, par définition, le phénomène psychique est nécessairement un acte conscient.

Si on veut étendre la conscience à tous les neurones psychiques, il n'y a pas de raisons pour la limiter à ces neurones et ne pas l'étendre à d'autres centres, voire même à tous les groupements de neurones.

Cette dernière idée a été défendue par DURAND DE GROS quand il dit : « L'organisme animal peut être compris comme une association d'unités *conscientes* d'inégale valeur et dans laquelle une de ces unités a pris le rôle de direction (1). »

Ainsi comprise, la conscience disparaît à force de s'étendre ; elle devient une propriété banale du neurone. Comme le reconnaît MORAT (qui adopte cependant cette manière de voir), la conscience devient « l~ phénomène le plus insaisissable et le plus mobile que nous puissions étudier », « susceptible d'augmentation, de réduction, de dédoublement, de synthèse... » Il faut y admettre des *degrés* sans nombre, parler de *subconscient,* de consciences *inférieures...*

Tout cela est admissible puisque (je le répète) les définitions sont libres. Mais cela aboutit à une grande confusion de langage.

J'aime mieux réserver le mot *conscience* à la conscience *supérieure* des auteurs que je viens de citer, le

_____

(1) DURAND DE GROS. Citat. MORAT : Fonctions d'innervation, *Traité de physiologie de Morat et Doyon*, 1902, p. 268.

réserver à la perception par les neurones les plus élevés, de ceux qui constituent le *moi*.

C'est ce qu'a très bien exposé DESPINE (1) : « On désigne par conscience, dit-il, la connaissance, la perception par le moi, par l'être qui se sent être, de ce qui se passe dans sa personnalité, de ses propres actes, de lui-même... Lorsqu'il s'agit d'un acte grave, capable d'impressionner au plus haut degré les sentiments, si l'individu qui l'a accompli ignore tout à fait cet acte... on ne peut l'expliquer que par la non-participation du moi, de la conscience personnelle à cet acte, lequel est dû entièrement à l'activité psychique inconsciente, c'est-à-dire automatique, du cerveau pendant une suspension momentanée de l'activité consciente de cet organe. »

Voilà un premier point sur lequel je me permets de ne pas adopter les idées de PIERRE JANET.

Dès les premières pages de son livre, cet auteur déclare que « l'étude des formes élémentaires de l'activité » psychique sera pour lui « en même temps l'étude des formes élémentaires de la sensibilité et de la *conscience* ». Ce qui prouve l'inexactitude de cette manière de voir, c'est que PIERRE JANET lui-même déclare à la page suivante que « la conscience ne nous fait pas connaître tous les phénomènes psychologiques qui se passent en nous » et il cite cette déclaration de LANGE (2) « que, dans la série des associations, à

---

(1) DESPINE : *Étude scientifique sur le somnambulisme*, 1880, pp. 80 et 98 (Citat. PIERRE JANET).

(2) LANGE : *Histoire du Matérialisme*, trad. française, 1877, t. 1 p. 427 (Citat. PIERRE JANET).

chaque instant on se heurte aux représentations inconscientes ».

Il reproche avec raison à DESPINE de tirer des preuves
de l'inconscience « du fait de l'oubli ». La mémoire et la
conscience sont deux choses complètement différentes,
et nous développerons l'étude de la mémoire du psychisme inférieur, c'est-à-dire du psychisme inconscient.
Mais cela ne justifie pas cette assertion qu'un acte
« n'est pas nécessairement inconscient parce qu'il est
ignoré de moi » (p. 28). Je crois, au contraire, que,
pour éviter les discussions de mot, il vaut mieux con-
ventionnellement appeler inconscient tout ce qui est
ignoré du moi.

PIERRE JANET déclare ne pas comprendre la doctrine
(combattue aussi par RIBOT) d'après laquelle « la conscience n'est qu'un accessoire, un épiphénomène dont
l'absence ne dérange rien » et que MAUDSLEY expri-
mait en disant : « L'homme ne serait pas une plus
mauvaise machine intellectuelle sans la conscience
qu'avec elle. »

Évidemment MAUDSLEY va trop loin dans cette phrase :
sans la conscience, c'est-à-dire sans le psychisme supérieur, l'homme serait une aussi bonne machine, mais
pas une aussi bonne machine intellectuelle, puisque
son appareil intellectuel serait moins complet. Mais il
n'en est pas moins vrai qu'il y a toute une sphère intellectuelle importante qui ne comporte pas la conscience.

« Un raisonnement sans conscience n'a absolument
aucun sens », continue PIERRE JANET. Pourquoi? Pourquoi ne pas dire alors qu'on ne conçoit pas un réflexe
sans conscience? Et alors la conscience devient un
attribut de tous les neurones.

En somme, j'aime mieux admettre la conscience « comme quelque chose d'invariable et d'immuable sans nuances et sans degrés ». Avec MAINE DE BIRAN (1) j'admets « la sensation sans conscience, sans moi capable de l'apercevoir ». On peut réserver le mot sensation pour l'impression psychique consciente ; mais il reste certain qu'il y a des impressions psychiques inconscientes, que par suite, d'une manière plus générale, il y a un psychisme inconscient, qu'il *ne faut donc pas définir le psychique par le conscient.*

Plus loin (p. 225), PIERRE JANET admet, du reste, fort bien des actions psychiques inconscientes « ayant tous les caractères d'un fait psychologique sauf un, c'est qu'elle est toujours ignorée par la personne même qui l'exécute au moment même où elle l'exécute ». L'absence de ce seul caractère de conscience n'empêche pas ces actions d'être psychiques.

Le même auteur cite d'ailleurs, immédiatement après, ces passages de LEIBNIZ (2) : « J'accorde aux cartésiens que l'âme pense toujours actuellement ; mais je n'accorde point qu'elle s'aperçoit de toutes ses pensées... Ainsi, il est bon de faire distinction entre la perception qui est l'état intérieur de la monade représentant les choses externes et *l'aperception qui est la conscience* ou la connaissance réfléchie de cet état intérieur... » Et PIERRE JANET ajoute : MAINE DE BIRAN, « CABANIS, CONDILLAC, HAMILTON, plus récemment HARTMANN, LÉON DUMONT, COLSENET et bien d'autres ont exprimé des idées analogues ».

(1) MAINE DE BIRAN : Anthropologie, *Œuvres inédites*, 1859, t. III, p. 362 (Citat. PIERRE JANET).

(2) LEIBNIZ : Édition DUTENS, t. II, p. 214, et *Principes de la nature et de la grâce*, § 4 (Citat. PIERRE JANET).

Ma divergence avec Pierre Janet sur ce point est
donc plutôt dans les mots que dans les idées : j'appelle
nettement inconscient ce qu'il déclare lui-même subconscient, c'est-à-dire au-dessous du seuil de la conscience (subliminal), réservant le mot conscient aux
actes psychiques qui sont perçus par le psychisme
supérieur, par le moi.

Revenant récemment sur cette question, Piéron (1)
maintient que l'inconscient psychique ne peut être
qu' « une conscience moindre, une subconscience. Si
une perception n'est pas connue et peut être appelée
perception, c'est qu'elle est susceptible de devenir nettement consciente ensuite, au besoin, dans le rêve,
comme une faible luminescence n'apparaît pas en plein
jour, puis sera remarquée dans l'obscurité. Mais pour
qu'elle apparaisse alors, il faut qu'elle ait existé auparavant. Il y a eu perception, état psychique, parce qu'il
y a eu conscience, conscience faible, subconscience,
ignorée de la personnalité, alors préoccupée d'autre
chose. »

Je ne vois dans tout ce passage que la paraphrase
de la définition du psychique par le conscient, sans
nouvelle preuve à l'appui. Il suffit de *poser* une définition autre et de dire que la conscience ne s'applique
pas aux choses ignorées de la personnalité pour que
le raisonnement perde toute sa valeur. Car je ne crois
pas soutenable qu'un phénomène doive nécessairement
avoir été déjà conscient pour le devenir à un moment
donné. On trouvera dans ce livre une série d'exemples
d'actes psychiques restés plus ou moins longtemps

---

(1) Piéron : *Revue scientifique*, 31 décembre 1904, p. 839.

inconscients et devenant ensuite conscients à une
période ultérieure.

5. Sens du mot automatique.

Il y a un autre mot dont il faut encore préciser le
sens. J'ai déjà dit que les actes psychiques inférieurs
sont *automatiques*. Que faut-il entendre par ce mot (1)?

Étymologiquement, un acte est dit automatique
quand il paraît spontané et qu'en même temps il est
soumis « à un déterminisme rigoureux, sans variations
et sans caprices ».

Le premier caractère de l'acte automatique est donc
de *paraître spontané*. Je dis « paraître » parce que la
spontanéité complète et vraie est un non-sens scientifique : tout mouvement est une transformation d'un
mouvement antérieur. Le canard de Vaucanson ne
créait pas le mouvement ; il rendait seulement le mouvement *emmagasiné* dans les ressorts ; mais il avait
toutes les apparences de la spontanéité, c'est-à-dire qu'il
était différent d'une pompe, par exemple, qui a besoin
d'être actuellement manœuvrée extérieurement pour
entrer en mouvement. *L'acte automatique se produit
sans avoir besoin d'une impulsion extérieure actuelle.*
— C'est là ce qui le distingue de l'acte réflexe.

En second lieu, qui dit acte automatique dit acte
sans volonté libre. Est automatique tout acte que le
sujet ne peut pas modifier à son gré. Un automate ne
peut pas ne pas jouer de la flûte ou ne pas saluer, s'il

(1) Voir PIERRE JANET, *loco cit.*, et l'article Automatisme, de CHARLES
RICHET, dans son *Dictionnaire de Physiologie*.

est construit pour le faire et si on déclanche le ressort préalablement monté.

Dès qu'on modifie volontairement un acte, cet acte cesse par là même d'être purement automatique ou *machinal* (1). L'acte cesse d'être automatique quand il est *voulu librement*. Il ne faut pas reculer devant ce mot qui sent sa vieille psychologie.

Certains, suivant leurs convictions, diront « apparence de liberté » comme j'ai dit plus haut « apparence de spontanéité ». Apparence ou réalité, illusion ou fait, tous, quelle que soit l'opinion de chacun sur le libre arbitre, tous distinguent les actes voulus librement et les actes dans lesquels n'intervient pas la volonté supérieure : ces derniers sont dits automatiques. Par là, nous le verrons plus tard, les actes automatiques se distinguent des actes dont on est responsable.

Voilà donc les deux éléments qui caractérisent essentiellement les actes automatiques et les distinguent de ce qui n'est pas eux : ils sont SPONTANÉS, *ce qui les distingue des actes réflexes;* ils NE sont PAS LIBRES, *ce qui les distingue des actes psychiques supérieurs.*

6. *Les actes psychiques inférieurs ont tous les caractères des actes psychiques en général avec l'inconscience et l'automatisme.*

Il est facile maintenant de préciser la caractéristique générale des actes psychiques inférieurs.

---

(1) CHARLES RICHET distingue les mouvements *automatiques* et les mouvements *machinaux*. Dans les premiers, la volonté n'intervient pas du tout; les seconds sont déterminés par la volonté, mais se continuent sans elle : un pianiste commence à jouer volontairement, puis

D'un mot, ce sont des actes qui *présentent tous les caractères des actes psychiques en général avec l'incon- science et l'automatisme,* c'est-à-dire sans la conscience et la volonté libre.

PIERRE JANET, qui a si bien mis en lumière ces carac- tères du psychisme inférieur, semble lui refuser la volonté et l'attention.

« L'unité au moins relative de l'esprit nous semble, dit-il (p. xvii), réalisée plus ou moins complètement dans les phénomènes de la *volonté* et de *l'attention.* Nous n'aurons pas à étudier ici la nature de ces phé- nomènes qui sont les *opposés des faits d'automatisme.* »

Certes, je ne prétends pas que la volonté et l'atten- tion soient les mêmes dans les deux psychismes. Mais je crois le psychisme inférieur capable de volonté et d'attention, comme d'ailleurs de toutes les fonctions du psychisme supérieur.

Le somnambule *fait* bien *attention* à certaines choses et *veut* bien les actes qu'il exécute. Il n'agit cependant qu'avec son psychisme inférieur. On trouvera dans tout ce livre de nombreuses preuves de ce principe qui sera surtout développé dans le chapitre iv : on peut retrouver et étudier dans le psychisme inférieur *toutes* les fonctions psychiques générales, la volonté et l'at- tention comprises, seulement avec le double caractère de l'automatisme et de l'inconscience.

La volonté n'est pas plus contradictoire à l'auto- matisme que l'attention à l'inconscience. C'est à la

___

continue machinalement en pensant à autre chose. Je crois qu'on peut appeler « automatiques » ces deux ordres de mouvements ; la volonté peut les lancer, mais ils deviennent automatiques quand elle n'in- tervient plus.

volonté *libre* et à l'attention consciente et *réfléchie* que l'automatisme et l'inconscience sont contradictoires. On peut vouloir et faire attention sans le savoir et sans le vouloir librement.

Cela dit, on peut cependant, pour éviter toute confusion de langage, convenir de réserver le mot volonté (comme le mot conscience) au seul psychisme supérieur et, faute d'autre mot, appeler *volonté inférieure* la même fonction dans le psychisme inférieur. Dans ce livre, le mot volonté sans adjectif voudra toujours dire volonté supérieure.

« Toute activité, dit PAULHAN (1), n'est pas volontaire, ou du moins toute activité n'est pas volontaire au même degré et n'est pas en apparence volontaire. Bien souvent, nous pensons, nous sentons, nous agissons d'une manière réflexe, automatique ou instinctive. Ce sont là des modes d'activité qui diffèrent de l'activité volontaire, tout en ayant avec elle les rapports les plus étroits. Dans l'activité réflexe, automatique, instinctive, nous agissons sans délibération, sans intervention du moi conscient, de la réflexion attentive et même souvent sans nous en rendre compte... La volonté implique généralement à quelque degré la conscience et la réflexion... C'est là une synthèse psychologique originale, dont les caractères sont assez nets, qui se distingue de l'activité automatique par sa nouveauté... »

C'est bien là la distinction à établir entre la *volonté* vraie du psychisme supérieur et la *volonté inférieure* du psychisme inférieur.

---

(1) PAULHAN : *La Volonté*, Bibliothèque internationale de psychologie expérimentale normale et pathologique, 1903, p. 1-7.

Nous voilà arrivés à cette conclusion que *les actes psychiques se divisent en deux groupes : 1° les actes psychiques supérieurs conscients, volontaires et libres; 2° les actes psychiques inférieurs inconscients, automatiques et involontaires.*

7. *Aux deux groupes d'actes psychiques correspondent deux groupes de centres et de neurones psychiques.*

Ces deux groupes si profondément distincts d'actes psychiques sont-ils des degrés différents d'activité des mêmes centres cérébraux, ou bien y a-t-il des centres différents pour chacun de ces deux groupes, y a-t-il des centres psychiques inférieurs et des centres psychiques supérieurs ?

Tout ce livre est consacré à la démonstration de la seconde manière de voir, tandis que PIERRE JANET se rallie plutôt à la première. Je dois insister un peu sur ce point parce qu'il marque la limite de ma responsabilité personnelle dans la conception du psychisme inférieur, telle qu'elle est exposée ici.

La manière de voir de PIERRE JANET ressort de ses diverses publications; mais il l'a nettement exprimée comme objection à mes idées dans la *Préface* qu'il a bien voulu écrire pour la seconde édition de mon *Spiritisme devant la science.*

J'ai bien souvent songé, dit-il (p. 10), à représenter sur des schémas des centres correspondant à la perception personnelle ou conscience supérieure et d'autres correspondant aux phénomènes psychologiques élémentaires. « Mais je n'ai pas osé adopter pour cette repré-

sentation figurative des termes ou des schémas empruntés à l'anatomie des centres nerveux... Ce langage
me semblait surtout antiscientifique et, si j'ose le dire,
peu honnête et hypocrite... De quel droit employer
un langage qui laisse croire que vous vous êtes servi
du scalpel et du microscope et que vous avez résolu un
problème colossal d'histologie et de physiologie cérébrales?.. Au point de vue psychologique, la distinction
de ces deux degrés de la conscience est loin d'être absolue, il y a bien des formes de transition, et il ne faut
pas oublier qu'un même phénomène psychologique, par
l'effet de la répétition et de l'habitude, passe de l'une
de ces formes de conscience à l'autre. Serait-il impossible d'imaginer que ces deux formes de la conscience
représentent deux degrés d'activité qui peuvent appartenir à tous les centres du cerveau?... »

C'est le raisonnement que m'a opposé JOFFROY au
Congrès de Grenoble (1).

Il conteste que les neurones du psychisme inférieur
et les neurones du psychisme supérieur soient distincts
les uns des autres et, à l'appui de son opinion, rappelle
qu'un acte volontaire, raisonné et justifié au début, devient ensuite automatique et constitue un tic : l'acte
a-t-il changé de siège et de centre et est-il passé des
neurones supérieurs aux neurones inférieurs ?

« Je sais bien, continue-t-il, qu'il faut distinguer les
actes volontaires des actes automatiques ; mais je ne
pense pas qu'il soit nécessaire de faire présider des neurones différents à leur production. J'admettrais volontiers que les actes nous semblent automatiques quand,

(1) JOFFROY : Congrès de Grenoble, *Revue neurologique*, 1902, p. 784.

sous l'influence de l'habitude, les neurones en jeu sont capables de réagir sous des excitations extrêmement faibles. »

Déjà BINET avait dit, en 1897 : « Il n'y a point de séparation nette entre la vie automatique et la vie psychique supérieure, au moins à notre avis. La vie automatique, en se compliquant et en se raffinant, devient de la vie psychique supérieure, et par conséquent nous pensons qu'il est inexact d'attribuer à ces formes d'activité des organes distincts (1). »

DUPRAT reproduit (1899) cette objection de BINET et ajoute, à l'appui, que SALOMONS et GERT. STEIN ont « montré l'existence de faits d'automatisme capables de servir de transition entre l'activité supérieure et l'activité psychologique inférieure ».

Malgré l'importance de ces manières de voir, j'essaierai de démontrer dans ce livre l'opinion inverse : j'admets qu'il y a non seulement des actes, mais des centres, psychiques, supérieurs et inférieurs, distincts. J'indique dès à présent comment peuvent se grouper les arguments, qui seront ultérieurement développés, en faveur de ma manière de voir.

1° De ce que ce « problème colossal d'histologie et de physiologie cérébrales » n'est pas encore entièrement et définitivement résolu, il ne s'ensuit pas nécessairement qu'il soit « antiscientifique », « peu honnête et hypocrite » de l'étudier et de l'exposer. Tout ce qu'on

(1) HITZIG, lui aussi (*Congrès de Paris : Section de neurologie*, 1900, p. 96), ne peut se « représenter la base organique de l'activité psychique que sous la forme de la réquisition, qualitativement, et encore plus quantitativement, différente, dans chaque cas, des mêmes groupes de cellules ».

doit demander, c'est de ne pas présenter des hypothèses comme choses démontrées et de bien établir le point atteint dans la démonstration actuelle.

2° L'existence de nombreuses formes de transition entre les actes psychiques supérieurs et les actes psychiques inférieurs ne prouve rien contre la distinction des centres psychiques supérieurs et inférieurs. La série quelconque des termes de transition entre le réflexe rotulien et le réflexe automatique supérieur n'est pas une raison suffisante pour supposer à ces deux rôles de phénomènes des centres uniques.

3° Quand un acte, primitivement volontaire, devient automatique, il ne change pas de siège : *le siège s'est simplifié*. Dans l'acte volontaire normal l'entier psychisme intervient et collabore d'une manière inextricable. Quand l'acte cesse d'être volontaire et devient automatique, les neurones supérieurs cessent d'y présider, et, seuls, les neurones inférieurs continuent à fonctionner.

4° Nous verrons, au chapitre suivant, que dans certains états (la distraction par exemple) les deux ordres de centres psychiques fonctionnent *simultanément* et *différemment* : ce qui semble bien difficilement explicable par une seule catégorie de centres.

5° Les travaux de FLECHSIG et les travaux de contrôle qui ont suivi prouvent que, même avec le « scalpel » et le « microscope », on peut arriver du moins aussi bien à la distinction qu'à la confusion des deux ordres de centres psychiques.

6° Si le développement du psychisme inférieur était le seul résultat de l'habitude rendant les neurones capables de réagir plus facilement à des excitations très faibles, on comprendrait mal la maladie affaiblissant le psychisme supérieur et exagérant les fonctions psychiques inférieures ; ce que nous verrons (chapitre II) être fréquemment réalisé.

7° Dans le chapitre III nous verrons que la démonstration ne se fait pas seulement avec des névroses, comme BINET me l'a reproché ; mais qu'il y a aussi tout un groupe de lésions organiques qui altèrent isolément soit les centres inférieurs, soit les centres supérieurs, réalisant des symptomatologies différentes suivant que les uns ou les autres sont atteints. Ce qui est la démonstration *anatomoclinique* de l'existence de ces centres divers.

8° Enfin non seulement on peut établir l'existence de ces centres distincts, mais on peut même tenter de les *localiser* dans l'écorce cérébrale : ce qui est le complément de la démonstration souhaitée.

Si donc la conception de deux ordres de centres psychiques correspondant aux deux ordres d'actes psychiques reste une *hypothèse,* c'est du moins une hypothèse *scientifiquement soutenable* (chapitre IV).

8. *Le schéma du centre O et du polygone.*

C'est une hypothèse que j'exprime dans le schéma ci-joint (fig. 1, p. 25).

Il est bien entendu que, comme tous les schémas, celui-ci n'a pas la prétention d'être une *démonstration* (1). C'est un moyen d'enseignement, une formule,

(1) DUPRAT dit de l'hypothèse des subconsciences que c'est donner

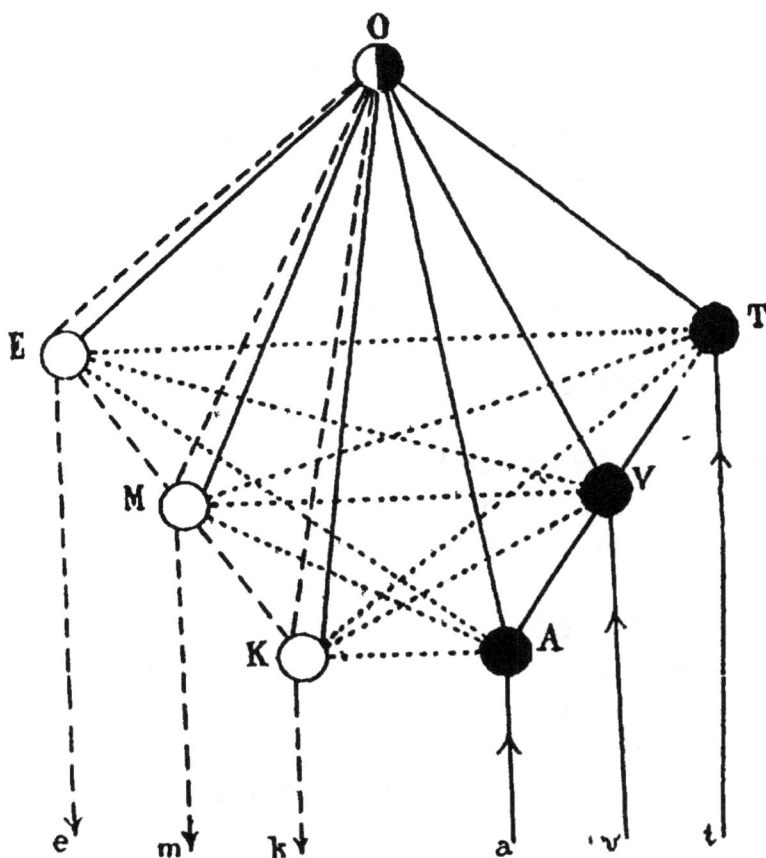

Fig. 1. — Schéma général des centres automatiques.
(Centres psychiques inférieurs.)

O, centre psychique supérieur :
de la personnalité consciente,
de la volonté libre,
du moi responsable.

A V T E M K. polygone des centres auto-
matiques (centres psychiques infé-
rieurs ou de l'automatisme psycholo-
gique) :
A. centre auditif.
V. centre visuel.
T. centre tactile (sensibilité générale).
E. centre de l'écriture.
M. centre de la parole.
K. centre kinétique (mouvements géné-
raux).

qui me paraît commode, pour synthétiser et enseigner les faits. Je reste naturellement prêt à le modifier ou à le supprimer dès que les faits, scientifiquement établis, ne pourront plus rentrer dans ce cadre et en nécessiteront un nouveau.

En O est le centre *psychique supérieur* formé, bien entendu, d'un grand nombre de neurones distincts : c'est le centre du moi personnel, conscient, libre et responsable.

Au dessous est le *polygone* AVTEMK des centres automatiques supérieurs ou *psychiques inférieurs :* d'un côté, les centres sensoriels, de réception, comme A (centre auditif), V (centre visuel), T (centre de sensibilité générale) ; de l'autre, les centres moteurs, de transmission, comme K (centre kinétique), M (centre de la parole articulée), E (centre de l'écriture).

Ces centres (AVTEMK), tous situés dans la substance grise des circonvolutions cérébrales, sont reliés entre eux de toutes manières par des fibres transcorticales, *intrapolygonales* (AE, AM, AK ; VE, VM, VK ; TE, TM, TK), reliés à la périphérie par des voies *souspolygo-*

---

des faits « une explication purement verbale ». De la même théorie Wundt dit que c' « est un exemple frappant de cette manière trompeuse d'expliquer les phénomènes, qui consiste à introduire un mot nouveau pour interpréter les choses et à considérer ensuite ces choses comme expliquées... Sans répondre, la théorie répond à tout, parce qu'elle ne consiste qu'à habiller les phénomènes de mots nouveaux. » Dans la conception du double psychisme, le mot n'est pas seul nouveau. Le fait nouveau, vrai et initial, est la distinction faite par Pierre Janet entre les *actes* psychiques *supérieurs* et les *actes* psychiques *inférieurs,* distinction à laquelle je m'efforce d'ajouter la distinction entre les *centres* psychiques *supérieurs* et les *centres* psychiques *inférieurs.* Cette donnée nouvelle est expérimentale. Une fois qu'elle est établie par l'expérience, elle entraîne l'emploi de mots nouveaux pour exprimer la chose nouvelle. Ce qui est bien différent de ce que disent Wundt et Duprat. Quant au schéma du polygone, il n'a aucune prétention à être une *explication,* même verbale : il se contente d'être une *expression* de faits expérimentaux.

nales centripètes (aA, vV, tT) et centrifuges (Ee, Mm-Kk) et reliés au centre supérieur O par des fibres *suspolygonales,* les unes centripètes (idéosensorielles : AO, VO, TO), les autres centrifuges (idéomotrices : OE, OM, OK).

Les actes automatiques se combinent dans le polygone, qui réunit les centres du psychisme inférieur. La conscience personnelle siège en O. Toutes les fois

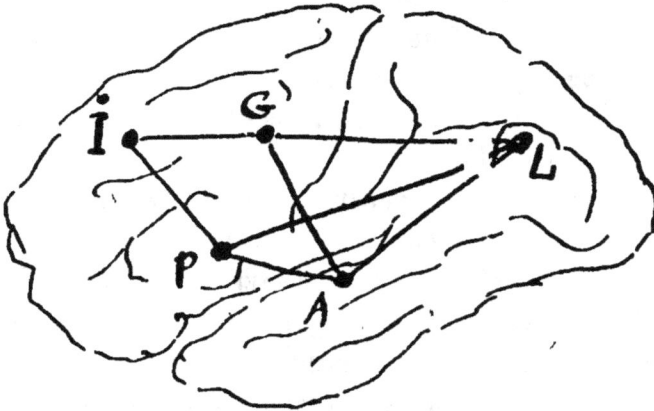

Fig. 2. — Schéma de Brissaud.

(Sur la face externe de l'hémisphère gauche : A centre auditif verbal, L centre visuel de la lecture, P centre de la mémoire motrice des mots articulés, G centre de la mémoire graphique, I centre de l'idéation.)

que les communications AO, VO, TO, KO, MO, EO centripètes seront intactes et fonctionneront, on aura conscience des actes automatiques. Quand les fibres suspolygonales ne fonctionneront pas, la conscience des actes automatiques sera abolie, il y aura *désagrégation suspolygonale,* émancipation et activité isolée du polygone désagrégé.

Sous des noms différents, ces deux ordres de centres psychiques sont plus ou moins nettement admis par beaucoup d'auteurs.

Les centres polygonaux sont les centres de la conscience subliminale de Myers. Nous verrons que ce
sont les centres de l'assimilation de Herbart, du *sinnliches Wiedererkennen* de Muller, de l'identification
primaire de Claparède...

Le centre O, c'est le centre aperceptionnel, *Apperceptionscentrum* de Wundt, centre de la complication
d'Herbart, du *begriffliches Erfassen* de Muller, [1] de
l'identification secondaire de Claparède ; c'est le centre
I de certains schémas de Brissaud (fig. 2), centre d'intelligence supérieure de Hitzig, l'organe de la fusion
physiologique de Bianchi, le centre de la personnalité
de Flechsig... (1).

C'est encore (2) le centre conceptif *(Begriffscentrum)*
de Wernicke, le centre de la volonté et des actes
(Wollen und Handeln) de Kraepelin, c'est la *Stereo-
psyche* de Storch (3), « organe psychique des notions
d'espace, formé d'associations, de concepts d'espace
(Raumvorstellungen), et siège de la conscience personnelle, du moi ». « L'identification secondaire, le
concept intellectuel, comme tout acte volontaire et
intentionnel, dit Adler (4), reposent plutôt d'une
façon exclusive et primordiale sur une assonance des
champs corticaux où siège l'organe psychique des
notions d'espace, la stéréopsyche. Ce n'est que grâce à

---

(1) Voir aussi Crocq : *L'Hypnotisme scientifique*, 1900, p. 491.

(2) Voir de Buck : Les troubles de la psychomotilité. *Journal de
neurologie*, 1904, p. 469.

(3) Storch : *Versuch einer psychophysiol. Darstellung des Bewusstseins.*
Berlin, 1903 ; *Der Wille und das räuml. Moment in Wahrnehm. und
Vorstellung.* Bonn. (Citat. de Buck.)

(4) Adler : Stereopsychosen. *Monatsschrift für Psychiatrie und Neurologie*, t. XVI, p. 297. (Citat. de Buck.)

cette assonance, donc grâce à la mise en jeu du champ
stéréopsychique que nous acquérons des impulsions
volontaires, des valeurs psychiques conscientes. » Et
ADLER donne un schéma (fig. 3) qui n'est pas sans analogie avec le mien, dans lequel la stéréopsyche MS
représente mon centre O, les stéréones sensoriels sS
et les stéréones moteurs Mm forment mon polygone

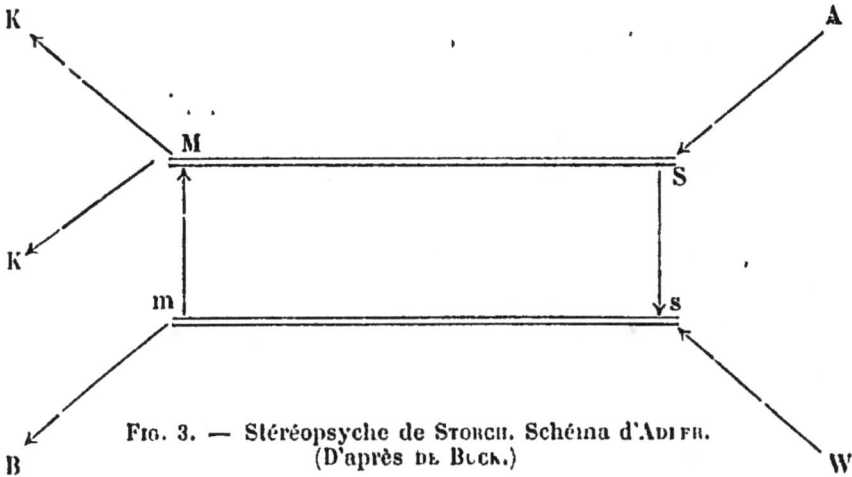

FIG. 3. — Stéréopsyche de STORCH. Schéma d'ADLER.
(D'après DE BUCK.)

avec ses voies stéréopètes Ws, AS et ses voies stéréo-
fugales MK, mB.

9. Le langage volontaire et le langage automatique.

Pour comprendre l'utilité didactique du schéma des
deux psychismes (fig. 1, p. 25), il suffit de l'appliquer à
l'analyse psychophysiologique du *langage*.

Il y a un langage volontaire et un langage automatique : on connaît assez bien les centres corticaux correspondants. On peut ainsi situer le polygone sur un
schéma (fig. 4, p. 31), et puis converser sur ce schéma.

Un mot ou une phrase pénètre par l'oreille a et, par une voie centripète aA (dont le détail importe peu ici), va dans la première temporale, dans une zone A qui est le centre auditif des symboles ou le centre des symboles auditifs. Là, s'entassent les images auditives des mots, des airs, de la musique...

De là, par une voie toujours centripète AO, l'impression va dans le centre de l'idéation O. Là, en O, le sujet conçoit l'idée de la réponse qu'il veut faire à la question posée, élabore sa réponse et l'envoie en M, dans la substance grise du pied de la troisième frontale gauche, dans le centre des images motrices des mots, des symboles parlés.

Ainsi le sujet recueille la question en A, médite en O et expédie la réponse en M.

De M, l'impression centrifuge va jusqu'à la bouche m, où se fait l'expression du mot.

Voilà le trajet (aAOMm) de la conversation, de la parole entendue et répondue.

Si la parole est provoquée par la lecture, c'est le trajet vVOMm. Si la parole est spontanée, sans être actuellement provoquée par un interlocuteur, le sujet actionne directement la voie centrifuge OMm. Si l'impression auditive ou visuelle doit actionner l'écriture, le circuit est aAOEe ou vVOEe; et si le sujet écrit spontanément, il actionne directement OEe.

Voilà pour le langage conscient et volontaire.

Si, au lieu de questionner le sujet, on lui demande simplement de répéter ce qu'on lui dit, sans y penser, sans chercher à comprendre, le centre O n'intervient plus : le trajet se limite à aAMm; c'est le langage de perroquet, l'écholalie.

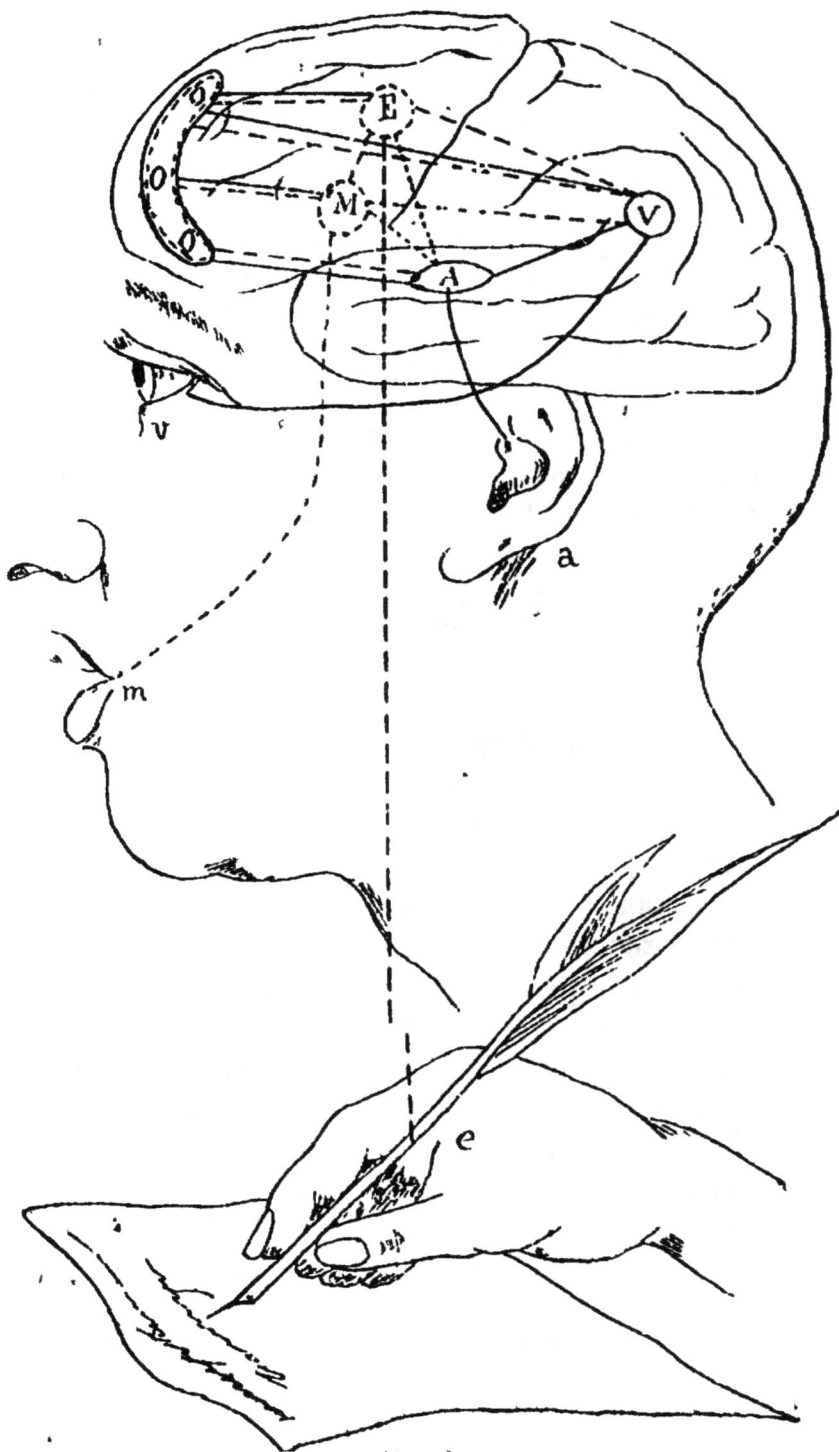

FIG. 4.

Un professeur peut dicter un texte, un lecteur salarié peut faire une lecture en ayant l'esprit occupé à autre chose : dans ces cas. ils parlent avec vVMm, sans aucune intervention de O qui est occupé de son côté à d'autres idées. De même, si on copie machinalement (vVEe). Le typographe peut composer un texte (vVKk) sans chercher à le comprendre, sans intervention de O qui vagabondera pendant ce temps.

Nous verrons qu'on peut combiner ces différents actes et, au même moment, causer avec quelqu'un volontairement et écrire automatiquement.

10. *Le psychisme polygonal est bien réellement inférieur.*

Le psychisme polygonal (automatique et inconscient) est bien réellement *inférieur* par rapport au centre O (volontaire et conscient). Ceci a été contesté.

Au Congrès de Grenoble (1902), GILBERT BALLET, tout en trouvant intéressante la distinction entre les psychismes supérieur et inférieur, trouve l'inférieur plutôt supérieur, puisqu'il représente une sorte de perfectionnement du supérieur, qu'il est l'aboutissant des acquisitions du supérieur. On est bien plus fort quand on joue du piano avec son polygone que quand, au début, on en joue péniblement avec le centre O.

C'est dans le même sens que GOUDARD (1) a dit : « Est-il bien réellement *subalterne* ce monde caché qui fonctionne sans relâche, qui suit sa voie, sa direction logi-

---

(1) GOUDARD : *Bulletin de la Société d'études psychiques de Marseille*, 1903, p. 48.

que, parallèlement à la conscience ? » — C'est l'idée de RIBOT que nous retrouverons en étudiant l'inspiration (1) (chapitre IV).

Je réponds à cela : l'éducation du polygone est faite par O ; donc O reste supérieur. L'activité polygonale isolée est consécutive à l'activité simultanée des deux psychismes. Mais O reste le centre supérieur de l'activité intellectuelle élevée. La preuve expérimentale de ce principe sera faite dans ce livre.

« La synthèse volitive, dit PAULHAN (2), est exactement l'analogue de la synthèse créatrice, l'une étant dans l'ordre de l'activité ce qu'est l'autre dans l'ordre de l'intelligence... Ce qui est automatisme chez un pianiste exercé était une série d'actes de volonté et d'attention chez le débutant, comme ce qui est routine dans la manière d'un peintre ou d'un poète fut jadis une invention opposée à la routine de l'école... Quand un acte (automatique) nous est très pénible, quand il nous répugne ou nous froisse et que cependant nous jugeons qu'il faut l'exécuter, nous retrouvons tous les caractères de la volition la mieux caractérisée, l'arrêt momentané des tendances, l'hésitation et la délibération, la lenteur de l'adaptation, puis la décision, la synthèse active. »

C'est donc bien l'activité de O qui reste supérieure à l'activité polygonale ou automatique.

---

(1) « ...Dans ces conditions, on ne peut dire si, chez le sujet ordinaire, chez chacun de nous, la partie subliminale de notre personnalité est décidément supérieure ou inférieure à la partie supraliminale qui nous est connue. » (HENRY DE VARIGNY : Causerie scientifique du *Temps ; Indépendance belge,* 31 décembre 1904.)

(2) PAULHAN, *loco cit.,* pp. 4 et 16.

11. *La présente Étude n'a rien de métaphysique. C'est uniquement une étude de physiopathologie clinique des centres psychiques, indépendante des doctrines métaphysiques et religieuses.*

En terminant ce chapitre préliminaire, je tiens bien à déclarer formellement, une fois de plus, que la question, telle que je la comprends, n'a rien de métaphysique : c'est une pure question biologique que chacun peut étudier et résoudre à sa façon, quelles que soient d'autre part ses opinions métaphysiques et religieuses.

BINET (1) a dit que mon centre O « ressemble un peu trop à la glande pinéale dans laquelle DESCARTES logeait l'âme ». Ai-je besoin de répondre que je n'ai jamais eu une idée semblable, ni de près ni de loin ?

Mon centre O est une zone d'écorce (peut-être la région prérolandique ou lobe préfrontal), absolument comme mes centres polygonaux sont une *autre* zone d'écorce. Au fond, je ne tiens qu'à cette idée que *différentes* sont les zones d'écorce correspondant au psychisme supérieur et les zones d'écorce correspondant au psychisme inférieur. Je n'ai jamais voulu essayer d'établir qu'une chose, c'est l'existence indépendante de deux ordres de centres que tout le monde distingue au point de vue physiologique. Rien de plus.

Je ne comprends donc pas l'accusation générale portée par WUNDT (2) contre la conception du double psychisme, dans laquelle, dit-il, on explique les choses,

---

(1) BINET : *Année psychologique*, 1897, t. III, p. 640.
(2) WUNDT : *Hypnotisme et suggestion*, trad. KELLER. Bibliothèque de philosophie contemporaine, 1893, pp. 54-59.

« par un concept mystique inventé à cet effet. Car, ajoute-t-il, il est à peine besoin de dire que cette conception est mystique au même titre que ses congénères occultistes, la seconde vue et la lumière surnaturelle. » Je crois, au contraire, que non seulement il est nécessaire de le dire, mais il serait même utile de le prouver.

« La superstition populaire des temps passés, continue Wundt, expliqua de même par les démons l'épilepsie, les maladies mentales et, à l'occasion, le rêve... » La théorie de la double conscience admet un « second moi » qui se révèle sous la « forme d'un mauvais démon (1) ».

C'est le même genre de raisonnement qui a inspiré les couplets qu'on chantait à Genève, lors des expériences de Flournoy avec Hélène Smith, sur l'air de « Hommes noirs, d'où sortez-vous ? » et sous le titre : « *Les Exploits du subliminal.* »

> L'hypothèse de Flournoy
> Me trouble et me rend perplexe :
> L'homme aurait un second moi
> De nature fort complexe.
> Au moi naturel ce moi sousjacent
> Damerait l'pion... et, c'est renversant !
> Se travestirait, changerait de sexe...
> Certes, pour un moi, ça n'est pas banal.
>   Cet original (*bis*)
> A reçu le nom de *Subliminal.*

J'avoue que je ne comprends pas comment il y a du mysticisme à séparer les centres psychiques en supérieurs et inférieurs, comment la conception du polygone

---

(1) Dans tous ces passages, Wundt combat la théorie de la « double conscience », qui, dit-il, a été appliquée d'abord par H. Taine aux états hypnotiques et approfondie plus tard par Pierre Janet, Max Dessoir et d'autres.

distinct de O nous ramène aux démons et à l'occultisme.

Il y a là certainement un malentendu de mots. Car,
un peu plus loin (pp. 85, 102), Wundt développe à son
tour une théorie de la suggestion qui n'est pas tellement contradictoire à celle de la désagrégation suspolygonale. Il parle d' « arrêt de la volonté » et d' « arrêt
de l'aperception », d' « arrêt par intervention de cette
région centrale qu'il nous est permis, à titre d'hypothèse, de considérer comme le substratum des processus de l'aperception, c'est-à-dire du centre aperceptionnel (*Apperceptionscentrum*)... De cette manière se
développe cette vie psychique étroite et exclusive qui
est le propre aussi bien du rêve normal que du rêve
hypnotique. »

Voilà bien le double psychisme sans intervention
mystique des démo .

De même, Duprat (1) a dit que « la dissociation du
polygone et du centre O n'est qu'un cas particulier de
la désagrégation physiologique » et « réaliserait séparément les deux vieilles conceptions métaphysiques du
corps et de l'âme ».

Les « vieilles conceptions métaphysiques du corps
et de l'âme » n'ont pas plus à voir ici que la glande
pinéale de Descartes et le concept mystique de Wundt.
Pourquoi la distinction des deux ordres de neurones
corticaux réaliserait-elle la distinction du corps et de
l'âme ? *Ceux qui admettent l'âme la mettront aussi bien
derrière l'activité polygonale que derrière O.*

(1) Duprat : *L'Instabilité mentale; Essai sur les données de la psycho-
pathologie.* Bibliothèque de philosophie contemporaine, 1899, pp. 70
et suiv.

D'ailleurs Duprat dit un peu plus loin (p. 78) :
« Sans doute, il existe en nous de nombreux centres
nerveux et de nombreuses petites consciences, mais il
faut un centre supérieur et une conscience supérieure
où viennent aboutir ou retentir, en y déterminant une
synthèse unique malgré sa complexité, les données des
éléments inférieurs de la vie psychophysiologique. »

Voilà bien O : ce « centre supérieur » et cette « conscience supérieure » qui fait la « synthèse unique » ; et
voilà bien le polygone qui élabore les « éléments inférieurs de la vie psychophysiologique ».

Et, quand, à la page 166 du même livre, Duprat cite
une série de faits de dissociation suspolygonale, qu'il
a très bien étudiés à Bordeaux avec Pitres et Sabrazès,
je ne pense pas qu'il ait la prétention de donner des
exemples de séparation du corps et de l'âme.

L'objection est cependant tenace puisque, plus loin
(p. 197), le même auteur m'accuse de considérer « la
conscience et les subconsciences comme autant d'entités distinctes ». C'est encore agiter le spectre métaphysique ; c'est une manière commode d'enterrer une question ou une idée, vu que la terreur du métaphysique
est le commencement de la sagesse contemporaine.

Le tout serait d'ailleurs de s'entendre sur ce mot
« entités ».

Dans l'esprit de Duprat, c'est toujours la glande
pinéale, l'âme, le concept mystique, l'ontologie..... Disons « réalité » ou « existence », et alors je dirai : oui,
il *existe* des centres inconscients et des centres conscients. C'est un fait absolument démontré et il n'y a
pas besoin de parler d'activité polygonale pour le démontrer : les neurones des cornes antérieures de la
moelle sont des centres inconscients, et ce n'est pas

seulement « commode (1) » de les distinguer des autres centres inconscients plus élevés et des centres conscients et de les étudier à part. C'est nécessaire parce que c'est vrai.

Les critiques s'obstinent à suspecter ma sincérité quand je déclare qu'il n'y a aucun dessous métaphysique ni aucune intention machiavélique de spiritualisme, masqué derrière mon schéma.

Tout récemment encore, PIERON (2) a déclaré que si je refusais la conscience au psychisme inférieur, c'est que je restais « préoccupé malgré tout par des idées transcendantes, métaphysiques, religieuses ». De parti pris, l'activité polygonale « ne doit pas posséder la conscience, parce que *la conscience est une propriété spirituelle et non matérielle,* qui doit donc être réservée à l'aperception du centre O, nouvelle glande pinéale, servant de point d'application à la force spirituelle, à l'âme ».

Il faut que je me sois bien mal expliqué ou que ma plume ait constamment trahi et dénaturé ma pensée pour qu'on puisse découvrir tant de noirceurs dans ce pauvre schéma du polygone.

Je n'ai jamais dit ni pensé que *la conscience est une propriété spirituelle et non matérielle.* J'en fais la propriété de certains neurones (que j'appelle psychiques supérieurs) et non de certains autres neurones (que j'appelle psychiques inférieurs). Mais ces premiers neurones sont tout aussi matériels que les seconds.

C'est ma doctrine constante. « La conception de ce

(1) DUPRAT parle « du terme si commode *subconscience* ».
(2) PIERON : *Revue scientifique,* 1904, p. 840.

centre physiologique supérieur O, ai-je écrit, est indépendante des théories métaphysiques et religieuses de chacun. » Et ailleurs : « les diverses écoles doivent renoncer à trouver dans notre exposé un argument pour ou contre une solution métaphysique quelconque. »

La meilleure des preuves en est que j'ai été simultanément attaqué par les Guelfes et par les Gibelins (1).

Il reste donc bien entendu que l'étude entreprise ici est simplement une *étude anatomoclinique* du fonctionnement des centres psychiques, à l'état normal et pathogique, c'est-à-dire une étude de *physiopathologie des centres psychiques,* et plus spécialement des centres psychiques *inférieurs* dont la place dans l'ensemble des actes nerveux est bien indiquée par le tableau suivant :

TABLEAU I

CLASSIFICATION GÉNÉRALE DES ACTES NERVEUX ET DE LEURS CENTRES

I PSYCHISME SUPÉRIEUR	*Actes* personnels, conscients, volontaires, libres, entraînant la responsabilité ; intellectualité supérieure		*Centre* O	
II PSYCHISME INFÉRIEUR AUTOMATISME PSYCHOLOGIQUE OU CORTICAL.	*Actes* spontanés, automatiques, coordonnés, inconscients, intelligents, pas libres. Intellectualité et fonctions psychiques inférieures	Conscients ou inconscients, suivant l'intégrité ou la suppression des communications centripètes avec O. Modifiables ou non par la volonté, suivant l'intégrité, ou la suppression des communications centrifuges de O avec les centres au-dessous.	*Centres* polygonaux.	Écorce cérébrale.
III ACTIVITÉ RÉFLEXE.	*Actes ni libres, ni spontanés, ni intelligents.*	*Réflexes supérieurs ou automatisme inférieur.*		*Centres* basilaires et mésocéphaliques.
		Réflexes inférieurs.		*Centres* bulbomédullaires.

(1) Voir, notamment, les articles du Dʳ SURBLED dans la *Science catholique,* dans la *Revue du Clergé français,* dans la *Pensée contemporaine...*

CHAPITRE II

MOYENS D'ÉTUDE DU PSYCHISME INFÉRIEUR. — LES ÉTATS DE
DÉSAGRÉGATION SUSPOLYGONALE ET DE FONCTIONNEMENT
ISOLÉ DU PSYCHISME INFÉRIEUR

γ. Cécité verbale.

δ. Surdité verbale.

    b) Aphasies souspolygonales.

    c) Aphasies suspolygonales.

    d) Aphasies transpolygonales.

    e) Paraphasies.

  2. *Troubles de la connaissance : agnosies et asymbolies.*

  3. *Troubles du mouvement : mouvements associés et imités chez les hémiplégiques, parakinésies, épilepsie corticale.*

Je n'ai voulu, dans le précédent chapitre, que donner une idée de la doctrine générale des deux psychismes dont je vais maintenant poursuivre l'analyse scientifique et la démonstration expérimentale.

A l'état physiologique, dans la vie ordinaire, l'entier psychisme collabore et participe à la direction générale ; les deux ordres de centres psychiques intriquent et superposent leurs activités. De là, l'impossibilité de discerner ce qui, dans cette vie normale et complexe, appartient en propre au psychisme inférieur. Dans la vie courante, on ne peut discerner l'automatisme qui est aux ordres du psychisme supérieur.

Ainsi quand j'écris cette page, toute mon activité polygonale est dirigée par mon centre O ou, pour mieux dire, tous mes centres psychiques interviennent et collaborent pour le résultat final. Il serait donc impossible d'analyser dans un acte comme celui-là l'activité propre de mon psychisme inférieur.

Pour faire cette analyse scientifiquement et d'une manière positive, il faut dégager les deux psychismes l'un de l'autre, réaliser le fonctionnement isolé ou distinct du polygone, trouver des états dans lesquels il y ait une certaine dissociation entre O et le polygone, des états de *désagrégation suspolygonale,* qui

permettent d'étudier à part le fonctionnement du polygone, sans perturbation apportée par O.

Cette notion de désagrégation suspolygonale, de séparation momentanée de deux groupes de neurones,
n'est pas d'ailleurs un fait isolé, difficile à classer et
exceptionnel dans la physiopathologie des centres nerveux.

Tous les divers systèmes de neurones peuvent, suivant les cas, fonctionner séparément, pour leur propre
compte ou en collaboration avec d'autres systèmes.

Ainsi les neurones mésocéphaliques de l'orientation
et de l'équilibre chez moi, ce moment-ci (au moment
où j'écris cette page), fonctionnent de leur côté,
complètement désagrégés de mes centres psychiques.
Au contraire, chez l'équilibriste et le danseur de corde,
tous les centres psychiques interviennent dans la direction des réflexes de l'équilibration. Les réflexes inférieurs, les réflexes des sphincters peuvent aussi, à
certains moments, se produire en dehors de l'action
psychique qui s'exercera au contraire à d'autres moments pour les modifier.

Ces états de désagrégation suspolygonale, propres à
l'étude du psychisme inférieur, ont été très bien analysés par PIERRE JANET et peuvent être divisés en trois
groupes : *physiologiques, extraphysiologiques* et *pathologiques.*

I. ÉTATS PHYSIOLOGIQUES DE DÉSAGRÉGATION SUSPOLYGONALE.

J'étudierai successivement dans ce groupe : 1° le
sommeil et les rêves ; 2° la distraction ; 3° l'instinct,
l'habitude, la passion, l'entraînement grégaire.

1. Sommeil et Rêves (1).

Dans le *sommeil*, le centre O dort, abdique toute direction, tout rôle actif, et le polygone émancipé fait apparaître son activité propre dans les *rêves*.

D'après MAURY, qui l'a très bien étudié, le sommeil « ralentit ou suspend l'action de l'encéphale, en ce qui tient aux manifestations physiques placées sous la dépendance de l'attention et de la volonté ».

« Pour PREYER, il consiste dans la disparition périodique de l'activité cérébrale supérieure » et pour GYEL (2) (à qui j'emprunte cette citation), « le repos du cerveau (dans le sommeil) est surtout caractérisé par l'obnubilation de la volonté consciente normale, obnubilation qui n'empêche pas les autres modes d'activité psychique de persister ou même de s'accroître, malgré le sommeil ».

« Mme DE MANACÉINE définit le sommeil : le temps de repos de notre conscience (3), »

Dans le sommeil, c'est donc le seul psychisme supérieur qui se repose. Comme disait BICHAT (4), le sommeil est toujours *partiel :* le psychisme polygonal persiste. La persistance de ce psychisme inférieur dans le sommeil est démontrée par les rêves.

---

(1) Voir ALFRED MAURY : *Le sommeil et les rêves ; Études psychologiques sur ces phénomènes et les divers états qui s'y rattachent,* 4° édit., 1878 ; — DECHAMBRE : Article « Sommeil » *Dictionnaire encyclopédique des sciences médicales;* — Dr TISSIÉ : *Les Rêves ; Physiologie et pathologie.* Bibliothèque de philosophie contemporaine, 2° édit., 1898.

(2) GYEL : *L'Être subconscient,* 1899, p. 29.

(3) DUPRAT, *loco cit.,* p. 51.

(4) Voir BERILLON : Introduction à l'étude de l'hypnotisme. *Revue de l'hypnotisme,* t. XIV, 1899-1900, p. 39.

Les rêves sont des idées ou des images, en tout cas des actes psychiques; ils présentent un certain degré d'intelligence, de jugement; mais ils manquent absolument d'intellectualité supérieure et de volonté libre.

Wundt attribue le rêve à « l'irritation automatique persistante »; Maudsley et Renouvier voient « dans la personne qui rêve un moi privé des fonctions volontaires (1) ». Enfin pour Bergson (2), « dans le rêve, les mêmes facultés s'exercent que pendant la veille, mais elles sont à l'état de tension dans un cas, de relâchement dans l'autre. Le rêve, c'est la vie mentale tout entière, avec la tension, l'effort et le mouvement corporel en moins... Ce qui exige de l'effort, c'est la *précision de l'ajustement.....* C'est cette force qui manque au rêveur... »

L'essence des rêves est en effet d'être absurdes, comme association et enchaînement des idées. Là notion de temps, de durée, d'espace, tout ce qui intervient dans les jugements élevés disparaît dans le rêve. Quelle que soit son intelligence, le dormeur admettra une scène se passant à Paris et continuant brusquement à Saint-Pétersbourg; il verra des êtres fantastiques, volera dans les airs...

« En songe, dit Maury, nous ne nous étonnons pas des plus incroyables contradictions dans les faits, dont nous admettons la réalité. Nous nous imaginons prendre part à des événements impossibles, qui se sont passés depuis de longues années; nous causons avec des personnes que nous savons mortes; nous tirons

(1) Citation Duprat, *loco cit.*, p. 48.
(2) Bergson : *Bulletin de l'Institut psychologique international*, 1901, p. 119.

des conséquences absurdes de ces tableaux qui se déroulent devant nos yeux, sans que leur incohérence nous choque. »

Chacun peut trouver en lui un exemple de cette incohérence lorsqu'en chemin de fer il commence ou termine un sommeil. On constate la lutte du centre O, on est spectateur de cet état de semiconscience qui cherche à se démontrer qu'il s'agit d'un rêve et qui n'y parvient pas ; comme, à d'autres moments, O fait de vains efforts pour essayer de se rappeler un rêve. O peut aussi assister à l'envahissement du sommeil, et on constate son arrivée et son triomphe quand les idées deviennent bêtes, flottantes, variables, sans liens.

En même temps que l'intellectualité du rêve est inférieure, la « volonté du rêveur a un caractère fatal : c'est une impulsion. L'acte qu'il cherche à accomplir lui est imposé... Il n'est pas maître de ne pas le concevoir et de ne pas le tenter. » (Dechambre.) « Le rêveur n'est pas plus libre que l'aliéné ou l'homme ivre. » (Maury.)

Ainsi les actes du sommeil ne sont du domaine, ni de l'intellectualité supérieure, ni de la volonté libre ; ils ne se passent pas en O.

Cependant ils sont intellectuels, ils sont psychiques. Chez certains sujets, le psychisme du sommeil va même très loin : l'écolier apprend la leçon qu'il a lue avant de s'endormir, Tartini trouve sa sonate du diable, La Fontaine compose ses *Deux pigeons*, et Voltaire modifie tout un chant de la *Henriade*.

Ces actes psychiques ne peuvent se passer que dans le polygone. Et ils présentent en même temps tout l'illogisme des actes polygonaux. Comme lady Macbeth, l'homme endormi perd toute prudence et toute discrétion et peut révéler, dans ses rêves parlés, des secrets dont, à l'état de veille, le centre O n'aurait jamais permis la divulgation.

Cet illogisme du polygone dans le rêve et la coordination de ses associations psychiques ont été objectés par Duprat à mon schéma.

« Le polygone dont parle M. Grasset, dit-il (p. 102), serait-il par lui-même tellement alogique, que, lorsqu'il n'est plus en communication avec le centre O, toutes les manifestations (les discours tenus, par exemple) soient désordonnées? Mais on lui attribue, au contraire, des actes bien coordonnés encore qu'automatiques. »

La remarque est très juste. C'est un fait, peut-être étrange ; mais c'est un fait : les actes purement polygonaux sont coordonnés quoiqu'automatiques, puisque les somnambules font des choses très compliquées qui nécessitent une grande coordination ; ils n'en sont pas moins, à un autre point de vue, désordonnés et alogiques, puisque ce somnambule se promènera sur une corniche où il n'a rien à faire et où il risque de se casser le cou.

Sans attacher beaucoup d'importance au rapprochement, je ferai remarquer que l'analyse psychologique du sommeil, telle que je viens de la faire, cadre bien avec ce que l'on a appelé la « théorie histologique du sommeil ».

« Partant des rapports de contiguïté que Ramon y Cajal admet entre les extrémités des prolongements

des divers neurones et des mouvements amiboïdes
décrits par WIEDERSHEIM, MATHIAS DUVAL (1) a lancé
cette théorie histologique du sommeil (2) sur une idée
émise par LÉPINE (3) pour l'hystérie et (d'après KOLLI-
KER) par RABL RUCKHARD (1890) : théorie d'après laquelle
le sommeil naturel pourrait être causé par le retrait
des prolongements des cellules du sensorium, amenant
ainsi l'isolement de celles-ci.

Si cette théorie était démontrée (4), c'est entre les
neurones de O et les neurones du polygone qu'il faudrait placer la cassure, la désagrégation, la diminution
d'intimité dans la contiguïté.

Mais il ne faut pas oublier que la notion des mouvements amiboïdes des neurones que JULES SOURY (5),
après une critique très serrée, a qualifiée de *doctrine
d'erreur,* a été, en effet, combattue par une série d'auteurs (6).

Il ne faut donc pas inféoder la théorie physiopsycho-
logique du sommeil exposée plus haut à cette théorie

(1) MATHIAS DUVAL : *Société de Biologie,* 2 février 1895; *Revue scientifique,* mars 1898 ; *Revue neurologique,* 1899, p. 55. MATHIAS DUVAL
admet même l'hypothèse des *nervi nervorum,* fibres centrifuges commandant l'activité amiboïde des éléments nerveux et agissant sur l'articulation de deux neurones sensitifs selon l'état d'attention commandé
par le cerveau.

(2) Voir aussi la thèse de PUPIN. Paris. 1896, n° 222.

(3) LÉPINE : Sur un cas d'hystérie à forme particulière. *Revue de
Médecine,* 1894, p. 713.

(4) BINET-SANGLÉ (*Progrès médical,* 1901, p. 241) et LAGRIFFE (*Pathologie générale de la cellule nerveuse,* 1902) ont développé de nouveaux
arguments en faveur de cet amiboïsme, qui, suivant l'expression de
DASTRE, donnerait une certaine *adventicité* aux connexions entre neurones.

(5) JULES SOURY : *Archives de Neurologie,* 1897, 2ᵉ série, t. III, p. 304,
et *Presse médicale,* 1901, p. 273. — Voir aussi : VAN GEHUCHTEN : *Anatomie du système nerveux de l'homme,* 3ᵉ édit., 1900, t. I, p. 270.

(6) Voir : *Les Centres nerveux, Physiopathologie clinique,* p. 24.

histologique du sommeil ; il ne faut pas déclarer ces
deux conceptions solidaires l'une de l'autre et croire
que l'avenir de l'une est liée à la démonstration de
l'autre.

En tous cas, il reste acquis que nous avons, dans le
sommeil et les rêves, un état physiologique, dans
lequel on peut observer et étudier de près l'activité
isolée et distincte du psychisme inférieur ; c'est un
premier exemple de désagrégation suspolygonale physiologique.

Récemment CLAPARÈDE (1) a repris la question du
sommeil et propose une nouvelle « théorie biologique », qui est fort ingénieuse et complète (sans le
contredire) ce que nous venons de dire sur cet état de
désagrégation suspolygonale physiologique.

Il critique d'abord les diverses théories émises : par
troubles circulatoires (hyperémie, anémie du cerveau),
par interruption de la conductibilité (histologique de
MATHIAS DUVAL), par inhibition, par défaut d'excitation,
par asphyxie périodique du cerveau, intoxication des
centres nerveux par certains déchets s'accumulant
périodiquement dans le sang...

Il montre notamment qu'il n'y a pas parallélisme
entre l'épuisement nerveux ou l'accumulation toxique,
d'une part, et le sommeil, de l'autre. D'après les théories

(1) CLAPARÈDE : Esquisse d'une théorie biologique du sommeil, *Archives de Psychologie*, 1905, t. IV. p. 245. — Cet important Mémoire contient et complète les communications antérieures de l'auteur à la
Société de physique et d'histoire naturelle de Genève (4 février 1904),
au *Congrès de Psychologie expérimentale de Giessen* (avril 1904) et à la
Société médicale de Genève (5 octobre 1904).

chimiques (les plus en faveur), l'alternance de la veille
et du sommeil devrait revêtir un type de périodicité à
courtes phases (comme les phases de la respiration de
CHEYNE STOKES); l'état qui précède le sommeil se reproduisant bientôt après le début de ce sommeil.

De plus, avec les théories toxiques on ne comprend
pas l'action de la volonté du sujet, de la suggestion,
de l'obscurité, des excitations monotones... sur la production du sommeil.

Pour CLAPARÈDE, le sommeil n'est pas un état négatif, passif, une cessation de fonctionnement du cerveau.
C'est, au contraire, une *fonction positive,* une *activité*
positive, dont il faut rechercher le rôle et la signification biologiques.

Le besoin de sommeil se fait sentir *bien avant le*
moment de l'épuisement réel. La preuve en est dans
tous les actes qu'on peut encore accomplir à ce moment,
si un puissant motif vous y oblige et vous empêche de
vous endormir : un médecin, par exemple, ou un général d'armée.

L'individu qui a sommeil, qui va s'endormir s'il est
dans des conditions normales, n'est donc pas épuisé,
intoxiqué : le sommeil normal, physiologique, précède
l'épuisement.

Le sommeil est pour *empêcher* l'épuisement de se
produire ; c'est une fonction de *défense,* de *prévoyance.*
« L'animal se met en chasse avant d'être débilité par
la faim. De même, *il se repose et s'endort avant d'être*
épuisé » et *pour éviter de l'être.*

« En frappant l'animal d'inertie, le sommeil l'empêche de parvenir au stade d'épuisement; l'organisme
profite de cet arrêt momentané du travail musculaire,

qui est une des sources principales des substances
ponogènes, pour éliminer celles-ci avant que leur
accumulation devienne nuisible. »

Dans la lutte pour la vie et la sélection des espèces,
les animaux qui ne se sont endormis qu'épuisés sont
morts. Seuls ont survécu ceux qui s'endorment avant
l'épuisement et qui, ainsi, l'évitent.

Considéré ainsi comme une fonction de défense et
de prévoyance, le sommeil devient une fonction *active*,
comme le réflexe qui détermine l'émission de l'urine
ou l'autotomie, par voie réflexe (après un pincement),
de la patte du homard. Une distension trop grande de
la vessie entraîne l'anurie, comme l'épuisement produit l'insomnie.

Le sommeil est un *instinct*, qui prend le dessus à
un moment donné dans la vie de l'animal et se réalise
par une série d'actes successifs très importants : 1° la
recherche d'une couche, la prise de l'attitude propre
au sommeil ; 2° l'action de s'endormir, l'assoupissement ou mieux *endormissement* (*das Einschlaffen* des
Allemands) ; 3° le sommeil proprement dit, l'état mor-
phéique ; 4° les diverses réactions spécifiques de cet
état : réactions mentales, rêves ; réactions végétatives,
processus trophiques ; 5° le réveil.

En fait, le sommeil est un *phénomène actif de désintérêt :* « l'être qui s'endort renonce *ipso facto* à percevoir
le monde extérieur, à agir, à s'adapter, donc, en quelque
sorte à vivre. C'est une abdication momentanée », une
sorte de « suicide psychologique ».

Tout ceci ne contredit pas, mais complète la conception du sommeil exposée plus haut : quand un sujet
s'endort, son O « abdique », « se désintéresse » de

tout. L'être ne renonce pas à vivre ; il renonce à vivre
par O.

L'idée neuve de CLAPARÈDE est de voir dans cette
désagrégation suspolygonale un *processus actif* de ce
psychisme même. O se désintéresse, l'instinct polygonal du sommeil prend le dessus, et le sujet s'endort.

Claparède cite ces phrases de BERGSON et de WEY-
GANDT qui expriment bien la même idée. « Dormir,
c'est se désintéresser ; on dort dans l'exacte mesure où
l'on se désintéresse », dit l'un ; l'assoupissement est
caractérisé par « la perte de la conscience de la situation ».

On ne peut bien comprendre cette fonction de désintérêt dans le sommeil qu'en la complétant par la notion
de la désagrégation suspolygonale. Car (CLAPARÈDE le
remarque) si le sujet *se désintéresse* d'un côté, de
l'autre il accueille le sommeil qui est dans son *intérêt*
actuel, c'est-à-dire que O se désintéresse et que l'instinct polygonal du sommeil domine la scène vivante.
« Dans le sommeil, ce n'est pas tout le psychisme, mais
seulement la fonction d'intérêt, d'attention à la vie,
qui est plus ou moins inhibée », l'action de O.

2. *Distraction.*

« Nous disons qu'un homme est distrait, dit PIERRE
JANET, quand il ne voit pas ou n'entend pas une chose
qu'il devrait voir ou entendre, et ensuite quand il ac-
complit, sans le savoir, des actes qu'il n'aurait pas
consenti à accomplir s'il les avait connus complètement. »

Plus simplement, je dirai qu'un homme est distrait quand, au même moment, il pense à une chose et en fait une autre. Le fait se produira soit quand le centre O sera faible, fatigué, mobile, abdiquera la direction qu'il doit exercer normalement sur les centres polygonaux, soit au contraire quand O sera fortement fixé, absorbé par une préoccupation ou par une idée. Dans les deux cas, le centre O est dissocié du centre polygonal ; chacun d'eux bat sa marche ; la collaboration habituelle est rompue ; il y a désagrégation suspolygonale entre les centres psychiques supérieurs et les centres psychiques inférieurs.

Quand Archimède sort dans la rue en costume de bain et criant *Euréka,* il marche avec son polygone et pense à son problème avec son centre O. Il y a distraction au sens étymologique du mot *(distrahere)* entre O et le polygone,

Les actes accomplis dans la distraction ne sont pas librement voulus. La chose est démontrée par la course d'Archimède et par tous les distraits célèbres, qui, par exemple, en parlant à table, « versent de l'eau indéfiniment jusqu'à inonder les convives ou continuent à mettre du sucre dans leur tasse jusqu'à la remplir (1) ».

En second lieu, les actes accomplis dans la distraction se distinguent des actes réflexes vrais, en ce qu'ils sont coordonnés, intelligents, spontanés.

En distraction complète, c'est-à-dire en pensant à autre chose ou en parlant, vous marchez dans la rue, évitant les obstacles, les passants et les automobiles ; s'il y a une marche à descendre, un ruisseau à passer,

(1) Pierre Janet, *loco cit.*, p. 462.

vous le faites ; s'il commence à pleuvoir, vous ouvrez adroitement votre parapluie, le dirigez contre le vent et la pluie, évitez les parapluies des passants que vous croisez ; si vous rencontrez une dame, vous descendez du trottoir, vous la saluez s'il y a lieu, etc., etc., et tout cela sans avoir conscience d'aucun de ces actes, tout en poursuivant votre conversation avec O.

Quand on joue du piano, on peut arriver à faire des choses extraordinaires sans y penser. Voyez tout ce qu'il faut d'éducation, de mémoire et d'intelligence pour jouer un morceau des deux mains, tout en causant avec la personne qui tourne les pages.

Une actrice observée par ERASME DARWIN « répétait sa partie de chant en s'accompagnant du *forte-piano,* sous les yeux de son maître, avec beaucoup de goût et de délicatesse ; j'aperçus sur sa figure une émotion dont je ne pus définir la cause ; à la fin, elle fondit en larmes ; je vis alors que, pendant tout le temps qu'elle avait employé à chanter, elle avait contemplé son serin qu'elle aimait beaucoup, qui paraissait souffrir et qui, dans ce moment, tomba mort dans sa cage ». « Que d'actions intelligentes simultanées, ajoute PIERRE JANET... Cette personne chantait, s'accompagnait sur le piano ; elle jouait des deux mains des notes probablement différentes, et cependant elle employait toute son intelligence consciente à suivre les phases de l'agonie de son serin. » Elle chantait avec son polygone et pleurait son canari avec O.

Personne n'a décrit cette dualité de O et du polygone d'une manière plus charmante que XAVIER DE MAISTRE, qui était à la fois un grand distrait et un grand réfléchi (ce qui n'est nullement contradictoire) ou, si l'on préfère, un grand *dissocié*. Pour lui, l'âme c'est O ; la bête ou l'autre, c'est le polygone.

« Je me suis aperçu, dit-il (1), par diverses observations, que l'homme est composé d'une âme et d'une bête... Un jour de l'été passé, je m'acheminai pour aller à la Cour. J'avais peint toute la matinée, et mon âme, se plaisant à méditer sur la peinture, laissa le soin à la bête de me transporter au palais du roi. Que la peinture est un art sublime, pensait mon âme ; heureux celui que le spectacle de la nature a touché..... Pendant que mon âme faisait ces réflexions, l'autre allait son train et Dieu sait où elle allait ! — Au lieu de se rendre à la Cour, comme elle en avait reçu l'ordre, elle dérive tellement sur la gauche qu'au moment où mon âme la rattrape elle était à la porte de Mᵐᵉ de Haut-Castel, à un demi-mille du palais royal. Je laisse à penser au lecteur ce qui serait arrivé si elle était entrée toute seule chez une aussi belle dame..... Je donne ordinairement à ma bête le soin des apprêts de mon déjeuner ; c'est elle qui fait griller mon pain et le coupe en tranches. Elle fait à merveille le café et le prend même très souvent, sans que mon âme s'en mêle, à moins que celle-ci ne s'amuse à la voir travailler... J'avais couché mes pincettes sur la braise pour faire griller mon pain et, quelque temps après, tandis que mon âme voyageait, voilà qu'une souche enflammée roule sur le foyer. Ma pauvre bête porta la main aux pincettes et je me brûlai les doigts... C'est un parfait honnête homme que M. Joanetti (son domestique). Il est accoutumé aux fréquents voyages de mon âme et

(1) Citation Pierre Janet, *loco cit.*, p. 469.

ne rit jamais des inconséquences de l'autre, il la dirige même quelquefois lorsqu'elle est seule, en sorte qu'on pourrait dire alors qu'elle est conduite par deux âmes. Lorsqu'elle s'habille, par exemple, il m'avertit par un signe qu'elle est sur le point de mettre ses bas à l'envers ou son habit avant sa veste. Mon âme s'est amusée à voir le pauvre Joanetti courir après la folle sous les berceaux de la citadelle, pour l'avertir qu'elle avait oublié son chapeau, une autre fois son mouchoir ou son épée ! »

N'est-il pas gracieusement dépeint ce polygone désagrégé qui va chez Mme de Haut-Castel quand O voudrait aller à la Cour et est distrait par ses méditations sur l'art, ce polygone qui fait et prend le café, se brûle les doigts en faisant griller le pain et, sans M. Joanetti, mettrait ses bas à l'envers ou sortirait sans épée !

Pour résumer tout ce qui a trait à la distraction, on pourrait rapporter tout le portrait du distrait de La Bruyère : Ménalque (le duc de Brancas) « descend son escalier, ouvre sa porte pour sortir ; il la referme : il s'aperçoit qu'il est en bonnet de nuit et, venant à mieux s'examiner, il se trouve rasé à moitié, il voit que son épée est mise du côté droit, que ses bas sont rabattus sur ses talons et que sa chemise est par-dessus ses chausses... » La conclusion est tout à fait typique : « Un homme inégal n'est pas un seul homme, ce sont plusieurs... Il se succède à lui-même... Enfin, il n'est ni présent, ni attentif, dans une compagnie, à ce qui fait le sujet de la conversation : *il pense et il parle tout à la fois ; mais la chose dont il parle est rarement celle à laquelle il pense.* »

C'est là notre définition initiale de la distraction :

*l'homme distrait pense à une chose et en fait une autre ;
le centre O pense d'un côté, le polygone agit de l'autre.*

Je tiens à insister sur ce point que, dans la distraction, l'émancipation du polygone ne résulte pas, comme
dans le sommeil, de l'annulation de O : dans la distraction, O et le polygone fonctionnent l'un et l'autre ; seulement ils fonctionnent chacun de leur côté et différemment.

« Beethoven (1), au retour de ses excursions dans
les forêts, oubliait souvent ses vêtements sur l'herbe
(comme Archimède) et il lui arriva de sortir tête nue.
Une fois, il fut, dans cet état, arrêté à Neustadt et conduit en prison comme un vagabond. Si son directeur
de théâtre n'était accouru pour le délivrer, il aurait pu
y demeurer longtemps ; car personne ne voulait croire,
malgré ses cris, que ce fût là Beethoven. »

Pendant tout ce dévergondage du polygone, O n'était
certainement pas inactif, au contraire ; seulement il
pensait à autre chose et était absorbé par autre chose.

« Diderot oubliait souvent les heures, les jours et
les mois et jusqu'aux personnes avec lesquelles il avait
commencé à causer ; il leur récitait de véritables mo-
nologues *à la façon d'un somnambule* », ajoute SCHERER
(cité par LOMBROSO).

Non. Ce n'était pas à la façon d'un somnambule.
Nous verrons que le somnambule est un polygonal.
Diderot, ici, au contraire, continue avec O, mais O distrait, séparé du monde extérieur, qui récite ses mono-
logues *comme s'il était seul.*

---

(1) Dr PAUL CHABANEIX : *Le subconscient chez les artistes, les savants
et les écrivains,* thèse de Bordeaux, 1897.

Le centre O de Napoléon n'était pas inactif non plus, quand, au moment le plus difficile de la bataille de Wagram (au dire du général de Lœwenstein), son polygone descendait de cheval, se mettait à cueillir des fleurs et des épis, en faisait un bouquet, puis le défaisait et recommençait ainsi une demi-douzaine de fois.

Donc, dans la distraction, il y a disjonction des deux psychismes ; mais il n'y a pas annulation de O.

Ce deuxième état physiologique de désagrégation suspolygonale confirme d'abord ce que le sommeil et les rêves nous avaient déjà montré : l'existence d'*actes* psychiques inférieurs distincts des actes psychiques supérieurs. De plus, l'étude de la distraction démontre ce que le sommeil n'avait pas prouvé : l'existence de *centres* psychiques inférieurs distincts des centres psychiques supérieurs, puisqu'il nous les montre en fonctionnement simultané, mais distinct.

Dans le sommeil, nous pouvions admettre une diminution d'activité de centres psychiques uniques, et, par suite, ce n'était pas contradictoire à la notion du psychisme inférieur considéré comme un *degré* du psychisme supérieur. Dans la distraction la même hypothèse ne peut plus être adoptée. On ne peut pas admettre que l'apparition des actes psychiques inférieurs soit due à un affaiblissement momentané de O, au moins dans beaucoup de cas : chez Archimède, chez Beethoven, chez Napoléon, le centre O n'était nullement affaibli ni endormi ; il agissait fortement. Le polygone agissait aussi, mais dans un autre sens. Donc, il faut que des neurones distincts président aux actes psychiques supérieurs et aux actes psychiques inférieurs,

puisque ces deux ordres d'actes peuvent être observés
simultanément, sans qu'il y ait entre eux la moindre
confusion.

3. *États physiologiques de désagrégation moins complète.*

Au lieu d'être complète comme dans les cas précédents, la désagrégation suspolygonale peut être partielle et incomplète : dans ces cas, O n'est pas annihilé
comme dans le sommeil, O ne perd pas son action sur
le polygone par suite de son hyperactivité propre
comme dans la distraction ; dans ces cas, il y a surtout
hyperactivité polygonale, et O se laisse, avec plus ou
moins de passivité, influencer et entraîner par son polygone, qui prend la direction du mouvement.

a) Habitude. — Les actes polygonaux sont toujours
des actes que nous avons l'*habitude* de faire ; ils sont
bien spontanés, mais ne sont pas nouveaux. Ces actes
ne sont pas nouveaux parce que les centres automatiques ne se forment, ou plutôt ne se meublent, que par
l'habitude.

Ce n'est pas un débutant qui aurait pu jouer du
piano et chanter correctement à côté de son serin ago-
nisant. C'est pour cela que la distraction n'est intéressante que chez les esprits cultivés dont O fonctionne
puissamment et dont le polygone a été puissamment
dressé par l'habitude.

CONDILLAC a visé ces faits quand il a dit : « Il y a en
quelque sorte deux moi dans chaque homme : le moi
d'habitude et le moi de réflexion ; c'est le premier qui

touche, qui voit ; c'est lui qui dirige toutes les facultés animales ; son objet est de conduire le corps, de le garantir de tout accident, de veiller continuellement à sa conservation. Le second, lui abandonnant tous ces détails, se porte à d'autres objets. Il s'occupe du soin d'ajouter à notre bonheur, ses succès multiplient ses désirs (1)... »

Ceci permettra de distinguer dans les actes du distrait ce qui appartient à O et ce qui appartient au polygone. Tout ce qui est nouveau appartient à O et tout ce qui est polygonal n'est pas nouveau.

En somme, quand on fait un acte pour la première fois, on y applique son entier psychisme : tel l'écolier qui apprend à lire ou à jouer du violon. Quand ensuite on répète cet acte, il devient plus facile, le centre O s'en désintéresse, et, quand l'acte est entré dans le domaine de l'habitude, il est devenu polygonal.

C'est ainsi que, comme le remarque WILLIAM JAMES, l'habitude (activité polygonale) économise en quelque sorte les forces et l'activité du psychisme supérieur, qui peut se consacrer à mieux.

b) Instinct. — Le polygone est également le siège des notions accumulées par l'hérédité qui constituent l'*instinct.* L'instinct est en effet formé par toutes les habitudes ancestrales. C'est machinalement, aveuglément, sans raisonner, ni réfléchir, qu'on obéit à l'instinct de conservation ou à l'instinct de continuation de l'espèce.

On chasse une mouche, un insecte nuisible, d'instinct, c'est-à-dire automatiquement. On fuit un cou-

---

(1) Citation PIERRE JANET, *loco cit.*, p. 464.

rant d'air ; on ferme une fenêtre d'instinct. On fait
tout cela en pensant à autre chose, par conséquent en
état de désagrégation suspolygonale, grâce à l'association polygonale entre l'idée de l'objet nuisible et l'acte
nécessaire pour l'éviter ou le chasser.

William James définit l'instinct : « une faculté d'accomplir certains actes en vue de certaines fins, sans
prévision de ces fins, sans éducation préalable de ces
actes. » Pour appliquer cette définition à l'instinct
chez l'homme, il faut dire : sans prévision de ces fins
par le psychisme supérieur. Le polygone prévoit ces
fins, mais à l'insu de O. Quant à « l'éducation préalable de ces actes », elle a été faite par les ancêtres et
transmise au polygone par l'hérédité.

En tous cas, dans l'acte d'instinct comme dans l'acte
d'habitude et dans les autres actes de ce paragraphe,
la désagrégation suspolygonale n'est pas complète
comme dans le sommeil ni même aussi marquée que
dans la distraction forte. Ici O assiste aux actes de son
polygone, mais avec un degré, d'ailleurs variable, d'indifférence et de passivité.

c) Passion. — La *passion* aveugle, dit-on ordinairement. Elle annule le centre O ; on ne raisonne plus,
c'est le psychisme inférieur qui agit exclusivement (ou
à peu près) chez l'homme emporté par la colère ou par
la jalousie.

Dans ces cas, O est distrait par la passion elle-même,
il perd sa sérénité et sa liberté, abdique tout contrôle
et laisse le polygone agir automatiquement.

d) Entraînement grégaire. — Ce qui domine la

psychologie des *foules* et en général des *collectivités* (1),
c'est que chaque individu constituant abdique plus ou
moins volontairement la direction psychique supérieure de son centre O ; son polygone désagrégé fonctionne seul comme dans la distraction et la passion ;
et il est dirigé soit par les voisins (contagion (2) des
foules), soit par les meneurs (3).

La foule peut aussi être *éparse,* c'est-à-dire que, par
la presse, les conférences, etc., il peut s'établir une
communauté d'*opinion* qui forme une grande unité
mentale, analogue à l'âme des foules, unité dont les
membres sont séparés les uns des autres, dans l'espace
et dans le temps. C'est ainsi que se forment les *partis,*
les *sectes,* l'*esprit de corps,* de *caste,* etc.

« Réunis en foule, dit RÉMY DE GOURMONT (4), les
hommes deviennent particulièrement automatiques.
Comment supposer une conscience et une volonté aux
membres de ces cohues qui, aux jours de fêtes ou de
troubles, se pressent tous vers le même point, avec les

(1) Voir GUSTAVE LE BON : *Psychologie des foules.* Bibliothèque de
philosophie contemporaine, 5ᵉ édit., 1900 ; SCIPIO SFGHELE : *Psychologie
des sectes,* trad. LOUIS BRANDIN. Bibliothèque sociologique internationale. 1898, et *La Foule criminelle, Essai de psychologie collective.*
Bibliothèque de philosophie contemporaine, 2ᵉ édit., 1901 ; TARDE :
L'Opinion et la foule, même bibliothèque, 1901. —Voir aussi, sur l'ima
gination des foules : DUGAS : *L'Imagination.* Bibliothèque internationale de Psychologie normale et pathologique, 1903, p. 181.

(2) Voir VIGOUROUX et JUQUELIER : *La Contagion mentale.* Bibliothèque
internationale de Psychologie expérimentale, normale et pathologique,
1905.

(3) Voir, sur le meneur, ses moyens d'action et son prestige : LE
BON, *loco cit.,* p. 105 (tout le chapitre III), et aussi PASCAL ROSSI : *Les
suggesteurs et la foule, Psychologie des meneurs,* préface MORSELLI,
trad. ANTOINE CUNDARI, 1901. (Anal. in *Journal de Psychologie,* 1904,
p. 483.)

(4) RÉMY DE GOURMONT : *La Création subconsciente, la culture des
idées,* 1900, p. 69.

mêmes gestes et les mêmes cris?... L'homme conscient
qui se mêle naïvement à la foule, qui agit dans le sens
de la foule, perd sa personnalité... De ce contact, il
ne rapportera à peu près rien ; l'homme qui sort de la
foule n'a qu'un souvenir, comme le noyé qui émerge,
celui d'être tombé dans l'eau. »

Dans ces cas, O, incomplètement désagrégé, mais
plus ou moins annihilé, est entraîné par son polygone
ou plutôt abdique devant son polygone entraîné. Il ne
juge plus et ne dirige pas ; il est submergé. C'est l'in-
surrection ou l'émeute polygonale.

En somme, le principal caractère de l'esprit *grégaire*,
quelle que soit la forme sous laquelle il se développe
chez les hommes en *troupeau*, est certainement l'effa-
cement de l'activité psychique supérieure et l'obéissance des polygones au *berger*.

II. — ÉTATS EXTRAPHYSIOLOGIQUES DE DÉSAGRÉGATION SUSPOLYGONALE.

Je suis le premier à trouver très critiquable ce terme
« extraphysiologiques » que j'emploie, faute de meilleur, pour désigner des états qui ne se rencontrent pas
seulement chez des malades, qui ne constituent pas par
eux-mêmes des maladies et qui cependant ne se rencontrent pas chez tout le monde, n'appartiennent pas à
la vie physiologique normale.

1. *Hypnose ou sommeil provoqué et suggestion.*

Quand, par un procédé quelconque, fixation du
regard, suggestion ou autre, on endort un sujet bien

disposé, l'état que présente alors ce sujet ou *hypnose* est essentiellement caractérisé par l'*état de suggestibilité* : un sujet en hypnose est, par définition, un sujet à qui on peut faire des *suggestions*.

Ce principe, aujourd'hui indiscutable, a été nettement établi par l'École de Nancy, Liébeault et Bernheim notamment.

Dans l'état de suggestibilité et dans la suggestion, il y a bien, comme dit Claretie, captation d'un sujet par un autre. Mais il faut faire une analyse psychologique plus précise et distinguer la suggestion vraie, au sens scientifique du mot, et la suggestion au sens vulgaire, lâche et compréhensif, qui comprend aussi bien le conseil et la persuasion que la suggestion vraie.

Je ne peux absolument pas accepter la définition de Bernheim (1) quand il dit que la suggestion est « l'acte par lequel une idée est introduite dans le cerveau et acceptée par lui » ou *toute idée acceptée par le cerveau.* « Que cette idée vienne par l'oreille, exprimée par une autre personne, par les yeux, formulée par écrit ou consécutive à une expression visuelle, qu'elle naisse en apparence spontanément, réveillée par une impression interne, ou développée par les circonstances du monde extérieur, quelle que soit l'origine de cette idée, elle constitue une suggestion.... *toute idée est une suggestion. La suggestion est tout...* la suggestibilité est une propriété physiologique du cerveau humain... Il m'arrive souvent de dire : il n'y a pas d'hypnotisme.

---

(1) Voir toute l'œuvre de Bernheim. Les citations qui suivent sont plus spécialement extraites de son Rapport au Congrès de Moscou, 1897, et de son Discours d'ouverture de la 5ᵉ section du IXᵉ Congrès international de Psychologie, 1900.

On croit que je veux être paradoxal, que je lance une boutade humoristique. Et cependant c'est le fond de mon opinion. *Il n'y a pas d'hypnotisme... Il n'y a pas d'état spécial méritant ce nom.* » — « ...Ainsi envisagée, la doctrine de la suggestion s'élargit singulièrement ; elle comprend l'humanité tout entière ; car la suggestion, c'est l'idée, d'où qu'elle vienne, avec toutes ses conséquences, qui s'impose au cerveau et devient acte ; c'est le déterminisme qui nous fait agir... Elle est dans les idées courantes dont on se pénètre, dans l'imitation, dans les instincts qui imposent les opinions préconçues, dans l'éducation philosophique, religieuse, politique, sociale, dans la lecture, dans les excitations de la presse, dans la réclame... La suggestion, c'est la dynamogénie et l'inhibition psychique. La suggestion, c'est l'action ; c'est la lutte ; c'est la vie ; c'est l'homme et l'humanité tout entière. »

La suggestion, c'est tout ; et par suite ce n'est plus rien. Il n'y a plus ni hypnotisme, comme disent aussi DELBŒUF et HARTENBERG, ni suggestion. Il faut rayer ces mots du vocabulaire scientifique. C'est BERNHEIM, qui a tant fait pour créer l'hypnotisme scientifique et l'étude scientifique de la suggestion, qui les détruit de sa propre main ; et il est suivi dans cette voie par des neurologues éminents comme CROCQ (1), qui trouve la définition, citée plus haut, de BERNHEIM « la meilleure qui ait été donnée jusqu'à présent » et ajoute : « elle montre clairement l'étendue presque infinie du domaine de la suggestion... Ainsi comprise, la suggestion fait partie de notre vie journalière, c'est elle qui donne

_____

(1) CROCQ : *L'Hypnotisme scientifique*, p. 205.

lieu à la plupart de nos actes et de nos sensations. »

C'est en m'appuyant sur les travaux mêmes de BERN-
HEIM que je me sens obligé de combattre cette manière
de voir. Car nul n'a mieux établi que lui que la suggestion est *quelque chose à part,* un phénomène scientifiquement défini, qui doit être soigneusement distin-
gué de ce qui n'est pas lui. Avant BERNHEIM, on eût pu
confondre dans le même bloc mal analysé la suggestion, la persuasion, l'influence. Depuis BERNHEIM ce
n'est plus permis.

Le grand argument de l'École de Nancy est l'énumération et l'étude des termes de transition qui
permettent de passer, d'une manière plus ou moins
insensible, du conseil le moins autoritaire à l'ordre
hypnotique le plus absolu. Mais avec ce genre de raisonnement on arriverait à confondre les choses les plus
disparates, l'amibe et l'homme, le rêve et le délire, et
à supprimer toute démarcation entre le physiologique
et le pathologique. C'est ainsi que TOMLINSON (cité par
DUPRAT) est « allé jusqu'à prétendre que les hallucinations et les illusions ne sont pas un phénomène anormal en soi ».

Au fond, la divergence porte plus sur les *mots* que
sur les *idées.*

Depuis CLAUDE BERNARD surtout, on admet que les
phénomènes pathologiques sont de même *nature* que
les phénomènes physiologiques : la maladie ne crée
pas des phénomènes d'une *espèce* nouvelle ; les symptômes ne sont que les fonctions ordinaires de l'être
vivant, déviées, modifiées, altérées ou abolies. Personne
ne songe à s'élever contre cette idée.

A ce point de vue, l'hallucination et le délire sont de même nature que le rêve, ont de grandes analogies avec le rêve. De même, la suggestion et la persuasion et tous les autres modes d'influence ont de grandes analogies, sont de même nature, ne sont pas des phénomènes d'espèce et d'essence différentes. Mais ce n'en sont pas moins des phénomènes distincts, qui ont des caractères différents et qui doivent être étudiés séparément.

C'est ainsi que, d'après DUPRAT, « les faits pathologiques appartiennent à une synthèse d'un autre genre, évoluant d'une autre façon » que les faits physiologiques, et que WUNDT combat la définition, trop compréhensive, de la suggestion de BERNHEIM.

Il y a un hypnotisme. L'hypnose n'est pas le sommeil naturel et a ses caractères psychologiques propres et certains symptômes indépendants de toute suggestion. Tout le monde n'est pas hypnotisable et tout le monde dort, et, si on peut donner des suggestions vraies à certains dormeurs, c'est à condition de transformer d'abord leur sommeil en hypnose. Pour suggestionner véritablement un sujet en état de veille, il faut d'abord le mettre en hypnose partielle...

L'hypnose et la suggestion sont des phénomènes extraphysiologiques malgré leurs analogies avec certains phénomènes physiologiques. Comme le dit très bien PIERRE JANET, on ne doit donc plus « décrire sous le même nom la leçon d'un professeur à ses élèves et les hallucinations provoquées chez une hystérique ». On ne peut pas confondre l'acte par lequel j'essaie de convaincre mon lecteur et l'acte par lequel l'hypnotiseur fait manger un affreux citron à son sujet en lui disant et en lui faisant croire que c'est une pêche exquise.

La distinction est si réelle que, même chez le sujet suggestible, tout n'est pas suggéré : on peut lui donner un conseil ou un ordre, qui n'est pas une suggestion.

La suggestion est si peu toute idée *acceptée* par le cerveau que, dans la suggestion vraie, l'idée n'est nullement acceptée par le sujet, pas plus qu'elle n'est discutée. Elle est *subie* ; ce qui est tout différent.

Donc, l'hypnose est un état particulier, extraphysiologique, qui ne s'observe pas chez tout le monde ; les mots hypnose et suggestion doivent donc garder un sens scientifique précis qui empêche de les confondre avec d'autres phénomènes.

Quels sont ces caractères spéciaux et distinctifs de l'hypnose et de la suggestion ?

Deux éléments sont nécessaires pour constituer l'état de suggestibilité.

C'est d'abord la désagrégation suspolygonale, prouvée par ce fait que le centre O du sujet n'a plus d'action sur son polygone, les communications centrifuges étant interrompues entre O et le polygone. C'est la pensée que CHARCOT (cité par PIERRE JANET) a exprimée en disant : « l'idée ou le groupe d'idées suggérées se trouvent, dans leur isolement, *à l'abri du contrôle* de cette grande collection d'idées personnelles, depuis longtemps accumulées et organisées, qui constituent la conscience proprement dite, le moi », c'est-à-dire le centre O.

Voilà le premier élément : il ne suffit pas à caractériser l'hypnose. Car, dans beaucoup d'autres états, il y a désagrégation suspolygonale sans qu'il y ait en même temps, état suggestible. Ainsi chez beaucoup de cataleptiques et chez certains somnambules la suggestion est impossible, quoique le polygone de ces sujets soit soustrait à l'action de leur centre O.

Il faut donc un second élément constitutif de l'état de suggestibilité : c'est l'*état de malléabilité du polygone;* c'est l'obéissance immédiate du polygone au centre O du magnétiseur.

C'est l'hypnotiseur qui, volontairement et consciemment, impose au sujet, devenu un automate inconscient, ces suggestions que CHARCOT et PIERRE JANET comparent à des *parasites* installés dans l'esprit.

La conception psychologique la plus simple de l'état de suggestibilité me paraît donc pouvoir être ainsi résumée : *c'est un polygone, émancipé de son centre O, qui obéit au centre O de l'hypnotiseur,* ce polygone du sujet endormi gardant d'ailleurs son activité propre.

Avec cette manière de voir, la suggestion n'est plus nécessairement une « insinuation mauvaise » (LITTRÉ), ni une insinuation « déraisonnable » (BABINSKI (1). Car on peut suggérer des choses très sensées.

Je ne pense pas non plus que « recevoir une suggestion » soit « *croire* fermement à la valeur objective de la parole d'autrui, malgré les apparences contraires » (DUPRAT). On *croit* avec O, le sujet désagrégé *obéit* avec son polygone. J'admets au contraire, avec DUPRAT, que le sujet suggéré manque d'« esprit critique », mais je n'admets pas que le suggestible soit le *crédule.* On est

---

(1) BABINSKI : Définition de l'hystérie. *Société de Neurologie*, 7 nov. 1901 ; *Revue neurologique* et *Revue de l'hypnotisme.*

crédule dans son O, on est suggéré dans son polygone.

BINET (1) repousse ma conception de l'état de suggestibilité parce qu'à son avis « il n'y a pas de séparation nette entre la vie psychique supérieure et la vie automatique ». Mais, comme le lui a très bien fait remarquer ALBERT PRIEUR (2), il a une théorie de la suggestion très analogue à la mienne, notamment quand il dit : « le premier caractère de la suggestion est donc de supposer une *opération dissociatrice*; le second caractère consiste dans un degré plus ou moins avancé d'*inconscience* ; cette activité, quand la suggestion l'a mise en branle, pense, combine des idées, raisonne, sent et agit sans que le moi conscient et directeur puisse clairement se rendre compte du mécanisme par lequel tout cela se produit... Enfin, pour achever cette rapide définition de la suggestion, il faut tenir compte d'un élément particulier, assez mystérieux... le sujet suggestionné n'est pas seulement une personne qui est réduite temporairement à l'état d'automate, c'est en outre une personne qui subit une action spéciale émanée d'un autre individu... »

Je n'ai jamais voulu dire autre chose, quand, avec mon schéma, je dis : chez l'hypnotisé, il y a désagrégation suspolygonale ; l'action annihilée de son O est remplacée par l'action de O de l'hypnotiseur (3).

Très analogue à cette conception est celle de MYERS

---

(1) BINET : *La Suggestibilité*. Bibliothèque de pédagogie et de psychologie, 1900, p. 11.

(2) ALBERT PRIEUR : *Mercure de France*, 1901, p. 499.

(3) BINET « dit lui-même que le premier caractère de la suggestion est de supposer une opération dissociatrice. Or, qu'a fait M. GRASSET, si ce n'est clairement schématiser cette dissociation elle-même ? » (ALBERT PRIEUR, *loco cit.*, p. 499.)

que Mangin a parfaitement développée : « L'hypnotisme est un nom pour un groupe de moyens empiriques, par lesquels nous pouvons arriver à prendre possession des facultés subliminales » (polygonales) ; et ailleurs : « tantôt le moi subliminal » (polygone) « se décide de lui-même » (vie automatique) ; « tantôt il obéit à un étranger » (suggestion) ; « tantôt à son compagnon, le moi supraliminal » (centre O).

Bernheim lui-même a écrit un passage (1) qui permet de rapprocher sa pensée de la mienne : « l'étage supérieur du cerveau (j'appelle ainsi schématiquement la partie du cerveau dévolue aux facultés de contrôle) a une action modératrice sur l'étage inférieur (j'appelle ainsi la partie du cerveau dévolue aux facultés d'imagination, à l'automatisme cérébral)... Cette crédivité qui fait la suggestion, cet automatisme cérébral qui transforme l'idée en acte, sont modérés par les facultés supérieures du cerveau, l'attention, le jugement, qui constituent le contrôle cérébral. » Et Crocq continue : « La suggestibilité s'explique, d'après Bernheim, par l'exaltation de l'excitabilité réflexe idéomotrice, idéosensitive, idéosensorielle, qui fait instantanément la transformation inconsciente, à l'insu de la volonté, de l'idée en mouvement, sensation ou image, par suite de l'inertie des centres modérateurs et du contrôle intellectuel. »

La suggestibilité, dans cette conception de Bernheim, s'écarte de l'état normal, puisqu'il y a ici « inertie des centres modérateurs et du contrôle intellectuel », tandis qu'à l'état normal « l'étage supérieur du cerveau, »

_____

(1) Bernheim, cité par Crocq, *loco cit.*, p. 92.

c'est-à-dire le centre O, a « une action modératrice sur l'étage inférieur », c'est-à-dire sur le polygone.

Donc trop compréhensive est la définition, combattue plus haut, de BERNHEIM : la suggestion est toute idée acceptée par le cerveau (1). Quand l'idée est acceptée par le cerveau avec persistance de l'activité « des centres modérateurs et du contrôle intellectuel », il n'y a pas suggestion, il y aura persuasion, enseignement, conseil, insinuation, ordre... Mais il n'y aura pas suggestion, puisque, dans la suggestion, il y a « inertie » de ces mêmes « centres modérateurs et du contrôle intellectuel ». Dans cette conception de BERNHEIM, l'élément essentiel de l'hypnose est bien l'automatisme cérébral (activité polygonale) émancipé de son O de contrôle et obéissant à O de l'hypnotiseur.

C'est la même idée que CROCQ (2) exprime quand il dit en son propre nom : « L'hypnose peut être considérée comme due à une annihilation plus ou moins accentuée du centre psychique supérieur volontaire et conscient... Il semble logique d'admettre que l'impressionnabilité aux suggestions est avant tout une fonction des centres inférieurs, dont le centre psychique supérieur est chargé de modérer l'action... Tout tend à prouver que l'hypnose dépend d'une dissociation fonctionnelle des centres nerveux. »

Enfin WUNDT lui-même, le grand ennemi du double psychisme, admet (3) que, dans l'hypnose, il y a « arrêt

(1) Ou, comme dit PAULHAN (*loco cit.*, p. 30), « tout ce qui, dans notre conduite, provient de l'influence d'autrui ».

(2) CROCQ, *loco cit.*, p. 95, et Les suggestibilités. *Revue de psychologie*, juin-juillet 1898.

(3) WUNDT : *Hypnotisme et suggestion.* Bibliothèque de philosophie contemporaine, trad. KELLER, 1893, pp. 85, 102 et suiv.

de la volonté » et « arrêt de l'aperception » ou du moins
« compression de la vivacité normale de ces fonctions » :
le libre arbitre et l'attention active ou libre. « Il me
semble, ajoute-t-il, que ce qui nous fournirait l'explication la plus approchante, ce serait encore l'arrêt par
innervation de cette région centrale qu'il nous est permis, à titre d'hypothèse, de considérer comme le substratum des processus de l'aperception, c'est-à-dire du
centre aperceptionnel *(Apperceptionscentrums)...* De
cette manière se développe cette vie psychique étroite
et exclusive qui est le propre aussi bien du rêve normal que du rêve hypnotique... »

J'ajouterai seulement que cette conception psychologique de l'hypnose permet de la distinguer, non seulement (comme je l'ai déjà dit) des influences psychiques
ordinaires sans abdication de O du sujet (persuasion,
conseil, enseignement...), mais encore du sommeil naturel.

Dans le sommeil, O est (comme dans l'hypnose) distrait de sa direction polygonale ; il dort ; mais la
moindre des excitations un peu anormales ou intenses
le réveillera et il reprendra le contrôle actif de son
polygone. On ne peut pas faire faire des choses bien
compliquées à un dormeur ordinaire ; on peut simplement diriger ses rêves, et encore par des excitations
bien superficielles et dans des cas spéciaux. En présence d'un dormeur et d'un hypnotisé, criez : dormez,
le premier s'éveillera, et le second s'endormira plus profondément.

En tous cas, de cette analyse psychologique qu'on
aura peut-être trouvée un peu longue, mais qui était

indispensable, on est en droit de conclure que l'hypnose, sommeil provoqué ou état de suggestibilité, est
un état extraphysiologique de désagrégation suspolygonale, qui peut par conséquent très bien servir à
l'étude de l'activité propre du psychisme inférieur.

2. *Exemples d'automatisme moteur.*

a) Tables tournantes. — C'est en 1853, peu après les
débuts du spiritisme dont je parlerai au paragraphe
suivant, que les expériences commencèrent, en France,
sur les tables tournantes, à Bourges, Strasbourg et
Paris ; les faits antérieurs avaient été annoncés par
une brochure de GUILLARD : *Table qui danse et table
qui répond ;* et très rapidement se développa l' « âge
héroïque des tables tournantes » dont BERSOT (1) a
tracé un remarquable tableau.

« Ce fut une passion et tout fut oublié. Dans un pays
spirituel, dans des salons ordinairement animés d'une
conversation piquante, on a vu, pendant plusieurs mois,
des Français et des Françaises, qu'on accuse d'être légers, assis des heures entières autour d'une table,
sérieux, immobiles, muets, les doigts étendus, les yeux
obstinément fixés sur un même point et l'esprit obstinément fixé sur une même idée, dans une attente pleine
d'angoisses, tantôt se relevant épuisés par des efforts
inutiles, tantôt, si un mouvement se déclarait, si un
craquement s'entendait, troublés et jetés hors d'eux-
mêmes, poursuivant le meuble qui fuyait. Il n'y eut

---

(1) BERSOT : *Mesmer, le Magnétisme animal, les Tables tournantes
et les esprits,* 5ᵉ édit., 1884.

pas d'autre occupation et d'autre conversation pendant tout un hiver. »

Dès cette époque commence l'étude scientifique du phénomène.

Le 13 mai 1853, le *Journal des Débats* publie une lettre de CHEVREUL qui avait paru vingt ans auparavant dans la *Revue des Deux-Mondes* et qui se rapportait à un fait antérieur d'une vingtaine d'années. La même année, ARAGO traite la question à l'Académie des sciences de Paris et FARADAY à la Société royale de Londres. En 1854, BABINET (*Revue des Deux-Mondes*), l'abbé MOIGNO (*Cosmos*), multiplient les expériences positives et citent celles de STROMBO, d'Athènes. En 1855, paraît une curieuse brochure que JANET a retrouvée sur les quais : *Seconde lettre de Gros Jean à son évêque au sujet des tables parlantes, des possessions et autres diableries...* A partir de ce moment, la théorie des tables tournantes est établie et reste la même jusqu'au grand travail de PIERRE JANET.

Le *fait* est indéniable : les tables tournent réellement dans certains cas, alors qu'autour de la table il n'y a, les mains appuyées dessus, que des gens d'absolue bonne foi, c'est-à-dire des personnes ne poussant pas volontairement et ne sentant pas qu'elles poussent involontairement.

J'ai fait moi-même autrefois des expériences très serrées avec plusieurs de mes collègues dans un laboratoire de la Faculté et je peux affirmer que personne de nous ne poussait la table *volontairement* et *consciemment*, et cependant elle tournait, parfois avec une extrême vitesse. Nous avons fait tourner des chapeaux, des assiettes. Je me rappelle l'histoire d'une jeune fille sceptique à qui je contais cela, qui posa ses mains sur une assiette (à elle seule, sans chaîne fermée) et qui, très peu après, à sa profonde terreur, vit l'assiette se mettre à tourner rapidement. Nous avons fait déplacer la table sur ses roulettes vers un mur ou un angle de la pièce, nous lui avons fait soulever un pied, frapper des coups... Tout cela, ai-je besoin de le dire, nous l'avons fait sans jonglerie ni tromperie aucunes, sans diablerie ni évocation d'esprit d'aucun genre.

Le fait existe donc. Comment peut-on l'expliquer ou l'interpréter?

Les auteurs de 1853 et 1854, que j'ai cités plus haut, ont bien démontré qu'il s'agit là de *mouvements incon-scients et involontaires*.

CHEVREUL conclut de ses expériences, dès 1834, « que la pensée d'un mouvement à produire peut mouvoir nos muscles, sans que nous ayons ni la volonté ni la connaissance de ce mouvement ».

FARADAY interpose entre la main et la table des plaques de carton très lisses, unies par un mastic à demi dur, la dernière plaque (sur la table) étant garnie d'un papier de verre : après la rotation de la table, les disques supérieurs avaient glissé sur les inférieurs dans le sens de rotation de la table... L'impulsion partait donc des mains. Les disques inférieurs auraient plus glissé que les supérieurs si l'impulsion était partie de la table.

Une autre fois, il place du mica entre la main et la table. Si le mica était collé à la table, elle tournait ; le mica restant libre, elle ne tournait pas (1).

_____

(1) STRONBO recouvre la table d'une couche de talc très mobile ; les doigts des expérimentateurs glissent sur la table et ne parviennent pas à lui communiquer le mouvement.

Un disque interposé entre la main et la table était fixé à la courte branche d'une aiguille, dont la longue branche marquait, en les amplifiant, les moindres mouvements du disque. Avant que la table tournât, l'aiguille décelait des mouvements dans le disque, mouvements involontaires et inconscients de la main.

D'ailleurs, comme dit PIERRE JANET avec DE MIRVILLE, « il n'est pas nécessaire d'inventer tant d'appareils pour nous prouver que la main du médium remue, nous nous en doutions bien un peu... Ce qu'il nous faut expliquer, c'est de quelle manière, ce mouvement peut être involontaire et inconscient, tout en restant cependant intelligent ».

Le fait était déjà bien intéressant; car il choquait pas mal d'idées courantes. Quant à l'explication, elle a été indiquée pas GROSJEAN et établie par PIERRE JANET.

Un certain nombre de personnes sont autour d'une table, les mains dans la position classique, faisant la chaîne.

Le centre O de chacun est sérieux, ne se moque pas; on ne cause pas; on est absorbé par la pensée de la rotation souhaitée. Chez chacun, O met son polygone en *expectant attention*; et alors la séance, commencée librement, volontairement, se continue polygonalement. O a présidé à l'installation; le polygone va présider à toute la deuxième partie.

Au bout d'un certain temps, parfois très court, d'un des polygones part (à l'insu de O) un mouvement involontaire et inconscient : un des assistants plus nerveux que les autres, entraîné par l'idée de rotation de la table (la seule que O ait imposée et maintenue au polygone), un des assistants pousse, *sans le vouloir* et *sans le savoir*.

Alors tous les autres polygones ou un certain nombre d'autres, sollicités par ce commencement de mouvement de la table, poussent aussi et poussent dans le même sens, toujours inconsciemment et involontairement, avec une énergie considérable et croissante.

A ce moment, c'est le troisième temps, O, stupéfait, voit tourner la table, sans se rendre compte, même après, que c'est son polygone désagrégé qui est l'agent de ce curieux phénomène.

Donc, le phénomène est en somme caractérisé par deux éléments : 1° la désagrégation du polygone, qui, lancé par O, n'est plus dirigé par lui et agit par son activité propre ; désagrégation particulièrement complète pour les voies centripètes qui vont du polygone à O, et qui, quand elles sont perméables, rendent consciente l'activité polygonale ; 2° les mouvements spontanés, inconscients et involontaires de ce polygone ; mouvements aboutissant au déplacement de la table que O constate sans se rendre compte du mécanisme moteur.

On voit que la désagrégation suspolygonale est un élément commun aux divers états que nous passons en revue. Ces divers états se distinguent ensuite les uns des autres par le second élément. Ici ce second élément est constitué par ces petits mouvements très légers qui se superposent et arrivent à produire de gros effets, tout en restant inconscients et involontaires, c'est-à-dire que O, après avoir mis le polygone dans l'état voulu, rompt les chaînes de communication centripète avec ce polygone et attend le résultat.

On comprend par là la nécessité des conditions qui
ont toujours été requises pour la bonne réussite de ces
expériences.

« Surtout, disait AGENOR DE GASPARIN (1), point d'expérience de salon. Les succès sérieux y sont impossibles. Au milieu des distractions, des causeries, des
plaisanteries, les opérateurs perdent immanquablement
toute leur puissance fluidique. » Si un O quelconque,
sceptique et ignorant, fait des plaisanteries, détourne
l'attention des autres, les polygones ne sont plus dans
cet état de désagrégation et d'*expectant attention*, qui
est indispensable pour la réalisation du mouvement
initial et pour la production ultérieure des autres mouvements imitateurs et consécutifs.

Une dernière remarque doit être faite : tous les assistants n'ont pas le même rôle et par suite ne doivent
pas présenter les mêmes qualités. Il y a un polygone
qui commence à donner le mouvement; les autres suivent. Nous trouvons donc là, à un degré léger, la distinction entre polygones dirigeants et polygones diri-
gés, que nous verrons bien plus nette chez les liseurs
de pensées; et nous voyons poindre les médiums.

b) Pendule explorateur. — Vers 1812, on s'était
beaucoup occupé du *pendule explorateur* (GERBOIN, CHE-
VREUL) : c'est un corps lourd pendu à un fil flexible;
on tient, avec deux doigts, le fil suspendu au-dessus de
certains corps, et, quoique le bras soit immobile, le
pendule oscille. On réalise facilement l'expérience en

_____

(1) COMTE AGENOR DE GASPARIN : *Des tables tournantes, du surnaturel
en général et des esprits*, 2ᵉ édit., 1855, t. I, p. 83.

suspendant un bouton ou un anneau à un fil ; on attache le fil au pouce et le bouton pend dans un verre. On fixe son attention et, sans mouvements apparents du pouce, le bouton frappe le verre. « Les anciens et certains de leurs modernes imitateurs se servaient d'un anneau suspendu au milieu d'un cercle sur lequel étaient inscrites les lettres de l'alphabet. L'anneau frappait successivement diverses lettres et formait des mots. » (MAXWELL.) C'est l'odomètre d'HERBERT MAYO.

CHEVREUL (1) a étudié le phénomène de près. Il voit la chose réussir au-dessus de l'eau, d'un bloc de métal ou d'un animal vivant ; plus tard, sur une cuvette contenant du mercure, une enclume, divers animaux. Au contraire, sur le verre, la résine, les oscillations diminuent et s'arrêtent.

Il varie alors l'expérience, appuie de plus en plus son bras sur le support : le mouvement diminue et cesse quand les doigts sont appuyés.

Puis il fait l'expérience les yeux bandés et alors l'effet différent des diverses substances est tout à fait supprimé. La nature des substances en présence n'a plus d'action sur la production ou la cessation des oscillations dès que la vue de ces substances est supprimée.

C'est de ces expériences qu'en 1834 CHEVREUL conclut (comme je l'ai dit plus haut) qu'un mouvement peut être produit par la pensée, sans que ce mouvement soit voulu ni connu du sujet.

C'est un phénomène tout à fait analogue à celui des tables tournantes. On voit bien l'influence de l'idée sur

(1) Voir CHEVREUL : *De la baguette divinatoire, du pendule dit explorateur et des tables tournantes*, Paris, 1854.

ces mouvements polygonaux : c'est à une association
d'idées avec les substances qui conduisent ou ne conduisent pas l'électricité que sont dus les résultats différents avec le métal et avec la résine, quand le sujet
voit les substances.

c) Baguette divinatoire (1). — La *baguette divinatoire*
est « une des pratiques les plus anciennes et les plus
simples ». C'est une baguette de coudrier en forme de
fourche, qui sert à découvrir les sources, les trésors
dissimulés et même les traces des criminels.

« Le devin, car ce n'est qu'une personne privilégiée
qui peut se servir de cet instrument, prend dans ses
deux mains les deux branches de la fourche et s'avance
sur le terrain qu'il doit explorer, en ayant soin de ne
pas bouger volontairement les bras. Si, sur un point du
parcours, la baguette oscille, s'incline jusqu'à tordre
les poignets du devin qui ne peut résister, c'est là
qu'il faut fouiller, pour trouver les sources et les trésors (2). »

Une histoire bien curieuse à ce point de vue est
celle du fameux Aymar, connu pour son habileté à
trouver les sources, les bornes et les métaux cachés.

_____

(1) Voir Pierre Janet, *loco cit.*, p. 367 ; Auenor de Gasparin, *loco cit.*,
p. 126, (Bersot, *loco cit.*, pp. 99, 101.

(2) Dans *La fille de Jorio* (trad. Hérelle, Acte II, Scène ii, édition
de l'*Illustration*, p. 16), Gabriel Annunzio met en scène un « chercheur
de trésors » :

« Aligi. — .. Et toi, Malde, avec ta petite fourche, tu peux découvrir où sont les trésors cachés aux pieds des morts qui sont morts il
y a cent ans, mille ans, n'est-ce pas ?...

»... (Malde et Anna Onna... s'arrêteront pour regarder le chercheur de
trésors, rongé par sa pensée de dessous terre, tenant à la main une
branche effeuillée d'olivier, qui se terminera par une petite fourche et
sera garnie d'une petite boule de cire à l'extrémité la plus robuste...). »

Après un assassinat commis à Lyon, le lieutenant criminel le fait appeler. On le place dans la cave où avait
eu lieu le crime : il est ému, son pouls se précipite, et
la baguette (tenue par les deux extrémités de la partie
fourchue) se met à tourner rapidement. Guidé par la
baguette, il suit les rues où sont passés les meurtriers,
sort de la ville par le pont du Rhône, suit la rive gauche ; dans une maison, il affirme le stationnement des
assassins, la baguette tourne sur une bouteille vide,
qu'ils avaient vidée. Puis il va au Rhône, trouve leurs
traces sur le sable et s'embarque. Il aborde dans une
série de villages, parcourt les hôtels et reconnaît le lit
où avaient couché les meurtriers, la table sur laquelle
ils avaient mangé. A travers mille péripéties, il arrive
enfin à Beaucaire, où, dans un cachot, parmi une quin-
zaine de prisonniers, il désigne « le bossu dont les
aveux ne tardèrent pas à confirmer les indications
d'Aymar ». Cependant il ne fut pas toujours aussi heureux. Après de nombreux succès s'accumulent des
échecs retentissants : à Paris, chez le prince de Condé,
à l'hôtel des Guises et surtout à Chantilly, où il ne
reconnaît pas la rivière qui passe sous une voûte et ne
peut distinguer diverses boîtes fermées contenant :
l'une de l'or, l'autre de l'argent, une autre du cuivre,
une autre des pierres, une autre rien. En fin de compte,
il finit misérablement.

« Le plus sûr de l'affaire, dit Bensot, est qu'il y eut
un malheureux de dix-neuf ans qui, dénoncé par la
baguette, fut roué vif à Lyon. »

« Avant la défense de M. le cardinal Le Camus, dit
Le Brun, l'usage en était très commun (de la baguette)
dans le Dauphiné. Beaucoup de gens de la campagne,

6

hommes, garçons et filles, vivaient du petit revenu de
leur baguette; et une infinité de différends touchant les
limites se terminaient par cette voie; on avait volontiers recours à ces juges qui portaient en leurs mains
la justice et toutes les lois de leur tribunal... Pour
découvrir les choses les plus cachées de près ou de
loin, on consultait la baguette sur le passé, le présent
et l'avenir. Elle baissait pour répondre *oui* et elle s'élevait pour la négative... »

Si, dans tout cela, on met de côté les farceurs et les
trompeurs, il reste encore une catégorie de gens sin-
cères, qui ne font *volontairement* aucun mouvement.
Ceux-là font des mouvements involontaires et inconscients, mouvements automatiques, polygonaux.

Des indices, tirés de diverses circonstances, donnent
au sujet la pensée que là est le trésor ou la source.
Cette pensée peut être purement polygonale, résultant
d'une association d'idées inconscientes. Sans que le
sujet s'en doute, sans qu'il le veuille, sa pensée passe
dans ses doigts et la baguette tourne.

Comme l'ont justement conclu, de longues expériences, SOLLAS et EDW. PEASE, « tout dépend de la
perspicacité ordinaire du devin, et la baguette n'y est
pour rien... L'action de l'objet caché ne porte pas sur
la baguette, mais sur l'esprit du devin. » La baguette
ne sert qu'à révéler à O les conclusions de son polygone.

« Un bon sourcier doit donc, dit le Dr LAURENT (1),

_____

(1) Dr LAURENT : *Les procédés des liseurs de pensée; cumberlandisme
sans contact.*

réunir la connaissance empirique réelle des terrains à une faculté d'abstraction que peuvent favoriser soit l'hystérie, soit la volonté, et qui se rencontre fréquemment chez les gens rendus méditatifs par la vie solitaire, habitués à laisser errer leur rêverie sous la vague conduite d'impressions à peine perceptibles. Cette vie d'isolement mène tout naturellement au grand développement de l'automatisme psychologique. »

Dans un travail bien antérieur, SURBLED (1) avait dit des sourciers que leur divination « se fait *automatiquement* ». Les sourciers *pressentent* les sources. Or, comme dit PIERRE WEBER (2), le pressentiment est le « calcul inconscient et rapide des probabilités ».

Tout cela ramène donc l'opération du sourcier à une fonction polygonale. Seulement il faut ajouter que « n'est pas sourcier qui veut », que tous les polygones ne sont pas capables de cette fonction, comme nous avons vu que tout le monde ne fait pas tourner les tables et comme nous allons voir que tout le monde ne réussit pas le cumberlandisme.

De tout cela il résulte que, depuis CHEVREUL jusqu'à PIERRE JANET, nous n'avons pas la prétention d'étudier ici autre chose que le mécanisme immédiat du mouvement de la baguette divinatoire et du pendule explorateur. Je reconnais très volontiers, avec MAXWELL (3), qu'il y a au delà une autre question à étudier : celle des aptitudes spéciales et des processus

(1) SURBLED : *Science catholique,* septembre 1902.

(2) PIERRE WEBER : *Amour, amour...,* p. 219.

(3) MAXWELL : L'Etude de Chevreul sur la baguette divinatoire et les tables tournantes. *Annales des sciences psychiques,* 1901, pp. 276 et 337.

psychiques particuliers des sourciers, s'ils existent. Ceci est un tout autre problème dont les éléments expérimentaux ne sont pas encore assez nettement posés pour qu'on puisse édifier une théorie quelconque dessus.

La meilleure des preuves que les deux questions sont indépendantes, c'est que Bleton, un sourcier des plus célèbres « ne considérait pas l'usage de la baguette comme nécessaire ».

Je me contente donc, réservant la question de la reconnaissance des sources, de montrer dans la baguette divinatoire, comme dans le pendule explorateur, un moyen de plus pour la démonstration et l'étude de l'automatisme moteur, des mouvements inconscients et involontaires, du psychisme inférieur : ceci, personne ne le nie, je crois, aujourd'hui (1).

d) Liseurs de pensée (cumberlandisme). — On connaît ces expériences faites en représentation ou par des amateurs. Certains de mes collègues actuels, pendant leur internat, les réussissaient fort bien.

On cache un objet à l'insu d'un sujet dont on bande les yeux. Puis, une personne, qui sait où est l'objet, entre en communication avec le sujet, en lui touchant la main ou la tempe. Cette personne directrice pense fortement à la cachette ; le sujet y va droit et découvre l'objet.

(1) BARRETT qui, au rapport de MAXWELL, a fait récemment, sur ce sujet, des expériences très importantes (*Proceedings of the society for psychical research*, t. XIII et XV), admet « que le mouvement de la baguette est dû à une action musculaire inconsciente » (ce que MAXWELL admet aussi), tout en admettant ensuite que ces « automatismes moteurs provoqués par des perceptions inconscientes » appartiennent « à cette classe de phénomènes qui nous révèlent l'existence, chez certaines personnes, de facultés *transcendentales* ».

Ceci peut être varié à l'infini : on pense un acte à accomplir, un num're à trouver, etc.

D'abord, il n'y a là rien de l'hypnose, comme certains le croient. Il n'y a ni clairvoyance ni vue à travers un bandeau. Ce peut aussi n'être pas une jonglerie. Cela réussit très bien, en dehors de tout acrobatisme, entre gens tous d'absolue bonne foi. Il s'agit encore là de mouvements involontaires et inconscients.

Le sujet directeur concentre fortement sa pensée sur l'acte à exécuter; O pense fortement, lance son polygone dans la même direction, mais reste absorbé par sa pensée, distrait des actes de son polygone. Alors le polygone (comme pour les tables tournantes, le pendule explorateur et la baguette divinatoire) fait passer sa pensée dans les doigts, entre en mouvement, à l'insu de O, et, par des pressions ou des attractions inconscientes et involontaires, dirige mécaniquement le sujet qui a les yeux bandés.

J'ai fait moi-même quelques expériences et, les yeux bandés, je me suis très bien rendu compte des pressions ou des attractions que le doigt du directeur exerce à l'insu de ce directeur.

Il faut donc, pour la réussite, que le directeur soit très *actif,* pense très fortement à l'acte désiré, et que le dirigé soit très *passif,* c'est-à-dire annule son propre centre O et laisse son polygone obéir automatiquement aux impulsions du polygone directeur.

Parfois le mouvement du dirigé s'arrête; il hésite, est désemparé. C'est que le directeur est distrait ou pense à autre chose, le dirigé ne reçoit plus d'impression et s'arrête, hésite ou se trompe.

Aussi les qualités requises pour être bon directeur sont-elles différentes des qualités requises pour être un bon dirigé. Elles sont inverses. L'un doit être un autoritaire, extériorisant facilement ses pensées polygonales ; l'autre, un soumis, acceptant facilement dans son polygone les impulsions d'autrui. Les deux doivent avoir aisément une désagrégation suspolygonale. Tout le monde ne réussit pas aussi bien ; les uns réussissent mieux dans l'un des deux rôles, tandis que les autres réussissent mieux dans l'autre.

Janet cite même Osip Feldmann qui réussissait en interposant entre le directeur et le dirigé une troisième personne inerte et ignorante qui touchait les deux autres et qui, évidemment, sans le vouloir et à son insu, transmettait elle-même ces mouvements du directeur au dirigé.

Le même auteur fait remarquer que l'expérience en général réussit d'autant mieux que le sujet, à mouvements inconscients, est naturellement dans un état plus voisin de la désagrégation psychique (de la misère psychologique), comme l'est par exemple un hystérique anesthésique.

Le dirigé peut aussi être dans un état tel de désagrégation suspolygonale qu'il obéit automatiquement et sans s'en rendre compte. Il peut même n'avoir aucune conscience de ce qu'on lui fait faire et qu'il exécute très bien. Dans ces cas, si on hypnotise ensuite le sujet, celui-ci peut retrouver, dans l'hypnose, le souvenir de l'acte qu'on lui a fait exécuter et dont son Oi n'avait pas eu conscience.

Tout cela prouve bien que ce sont là des actes de la vie polygonale émancipée, des manifestations de l'activité isolée du psychisme inférieur.

Dans tous les faits de lecture de pensée dont je viens

de parler, il y a toujours contact quelconque entre le directeur et le dirigé.

Dans les représentations (Pickmann et autres) on voit aussi des expériences de cumberlandisme sans contact. Ceci est obscur.

Il ne faut pas se baser sur des observations faites dans des représentations publiques. Mais les Drs LAURENT et D'ARDENNE DE TIZAC (1) paraissent avoir observé la chose dans des conditions plus scientifiques.

Étudiant, puis répétant, les expériences de Pickmann, LAURENT a « pu exécuter, à la distance de 4 mètres environ, les ordres donnés mentalement par certaines personnes, ordres très simples, bien entendu, tels que le choix d'un objet sur une table ». Cet auteur a très bien analysé le phénomène sur lui-même et a constaté qu'il y avait hyperacousie chez le sujet dirigé et perception par lui de mots inconsciemment prononcés par le directeur : à droite, à gauche, oui ou non...

Au même groupe paraissent appartenir les expériences faites avec le cheval Hans, qui « répond aux questions qu'on lui pose touchant l'arithmétique, les affaires les plus simples de l'existence, etc. Hans répond en frappant de son pied un certain nombre de coups, correspondant à la place qu'une lettre occupe dans l'alphabet ou un chiffre dans la numération — justement comme l'on pratique avec les tables spiritiques... La Commission présidée par le professeur STUMPF, de Berlin, déclare n'avoir rien remarqué dans le cheval qui puisse s'approcher de la raison. Hans agit d'après des signes qui lui sont faits par son maître. Ces signes sont exécutés d'une manière inconsciente ;

---

(1) Voir mon *Spiritisme devant la science*, p. 362.

car la bonne foi de M. von Hosten paraît être hors de doute (1)... »

Le polygone de M. von Hosten dirige le cheval Hans, à l'insu de son O, comme le directeur mène le dirigé dans les expériences de cumberlandisme.

Ainsi analysés, les faits restent très curieux, mais perdent tout caractère mystérieux pour rentrer dans les manifestations du psychisme inférieur.

3. *Spiritisme scientifique et médiums.*

En 1847 (2), en Amérique, dans le village d'Hydesville (État de New-York), une nuit, « un M. Weekman entend frapper à sa porte, ouvre, ne voit personne, entend frapper encore, ouvre de nouveau sans rien voir et, fatigué de cette scène qui se renouvelle, quitte la maison. Il est remplacé par le Dr John Fox et sa famille, composée de sa femme et de deux de ses filles, l'une de quinze ans, l'autre de douze. »

Ce sont ces misses Fox qui deviennent les héroïnes de cette maison hantée, d'où est sorti tout le spiritisme.

Les bruits se reproduisant dans la maison, mystérieux, inexplicables, les misses les attribuèrent naturellement à l'âme d'un individu décédé dans la maison

---

(1) Le verdict de la Commission scientifique sur le merveilleux cheval Hans. *Annales des sciences psychiques,* t XIV, 1904, p. 384. — Voir aussi STUMPF : *Société d'hypnologie et de psychologie,* 27 décembre 1904. Discussion : BÉRILLON, LIONEL DAURIAC BINET-SANGLÉ. *Archives générales de médecine,* 1905, p. 251.

(2) Voir, pour cet historique : PIERRE JANET, *loco cit.,* p. 377; ERNEST BERSOT, *loco cit.,* p. 119 ; JULES BOIS : *Le Monde invisible,* 1902, p. 310 ; ALBERT COSTE : *Les Phénomènes psychiques occultes, état actuel de la question,* thèse de Montpellier, 1894.

et, « avec un courage au-dessus de tout éloge, enga-
gèrent une conversation avec le personnage ».

Pour cela, « la fille aînée de M. Fox s'avise de frapper
dans ses mains plusieurs fois en invitant le bruit à lui
répondre. Il répond en effet. La mère survient et engage
la conversation ; elle entend dire l'âge de ses enfants.
— Si tu es un esprit, frappe deux coups. — Deux
coups sont frappés. — Es-tu mort de mort violente ? —
Deux coups. — Dans cette maison ? — Deux coups.
— Le meurtrier est-il vivant ? — Deux coups.

» En convenant avec l'esprit qu'on récitera un alphabet et qu'il frappera pour désigner la lettre voulue, on
apprit que l'interlocuteur s'appelait Charles Rayn, qu'il
avait été enterré dans la maison même par le meurtrier, que sa femme était morte depuis deux ans et
qu'il avait laissé cinq enfants encore tous vivants.

» Peu à peu, on convint avec lui de certaines abré-
viations pour causer plus vite et, quand la famille Fox
déménagea pour se rendre à Rochester, l'esprit déménagea avec elle. Enfin, au bout de quelque temps d'un
commerce assidu avec cet esprit, la famille Fox fut en
état d'en évoquer d'autres. Les trois femmes condui-
sirent tout.

» En février 1850, on constate authentiquement les
mouvements des tables où les esprits résident et autour
desquelles on fait le cercle obligé, les mains sans
bras qui frappent les assistants, la vue d'un fluide gri-
sâtre et toute espèce de bruits, d'agitations et de phos-
phorescences dans la pièce où l'opération a lieu.

» La famille Fox se transporta alors à New-York,
où l'attendaient les plus grands succès... »

On discutait. Mais, comme dit JULES BOIS, « personne

ne niait que ces demoiselles américaines ne fissent, au propre et au figuré, beaucoup de bruit. Partout où elles passaient, le vacarme suintait des murs. »

Le juge Edwards, qui assistait aux expériences, fut frappé « de la connaissance que les esprits qu'il interrogeait avaient de ses propres pensées », de ses « plus secrètes pensées ». « Grâce aux coups dans les murs et aux mouvements des objets, les esprits se mirent à prêcher en Amérique les vérités spirites. »

« Trois Commissions de savants se déclarèrent vaincues. La population de l'État de New-York menaça de lyncher cette famille inquiétante. Il n'en fallait pas plus pour que le goût des tables parlantes traversât les mers ! »

Non seulement tout le monde se mit alors à faire tourner les tables ; mais « on fit tourner d'autres meubles, des fauteuils, des chaises, puis des chapeaux, et même des personnes, en faisant la chaîne autour de leurs hanches ; on commanda à la table : *danse,* et elle dansa ; *couche-toi,* et elle obéit ; on fit sauter des balais, comme s'ils étaient devenus les chevaux des sorciers ».

« Sous la pression des mains rangées autour d'elle avec méthode, la table ne se contenta plus de tourner et de danser, elle imita les diverses batteries du tambour, la petite guerre avec feux de file ou de peloton, la canonnade, puis le grincement de la scie, les coups de marteau, le rythme de différents airs. »

Avec des coups conventionnels, la table non seulement répondit *oui* et *non*, mais dit ensuite toutes les lettres de l'alphabet.

Puis on attacha un crayon au pied d'une table légère qui écrivit. « Puis on se servit pour cet usage de guéridons plus petits, de simples corbeilles, de chapeaux, et enfin de petites planchettes spécialement construites pour cet usage et qui écrivent sous la plus légère impulsion. »

On constate alors que, dans ces expériences, le rôle de tous les assistants n'a pas la même importance. Certains comparses sont peu utiles, voire même gênants ; d'autres sont nécessaires. On appelle ces derniers *médiums :* « personnes dont la présence, dont l'intermédiaire était nécessaire pour obtenir les mouvements et les réponses des tables parlantes ».

Le médium peut opérer seul : « sa main, entraînée par un mouvement dont il ne se rend pas compte, écrit, sans le concours de sa volonté ni de sa pensée, des choses qu'il ignore lui-même et qu'il est tout surpris de lire ensuite ».

Les médiums opèrent d'ailleurs de manières diverses.

Les uns *écrivent :* avec une planchette, une toupie, une corbeille à bec,... ou un crayon ; à l'endroit, à l'envers, en écriture spéculaire.

D'autres *dessinent :* la main errant au hasard, on trouve la maison habitée par Mozart dans la planète Mars, toute en notes de musique ; la *Revue spirite,* en 1876, offre en prime à ses abonnés un dessin médianimique, représentant une tête de Christ.

D'autres *gesticulent :* ils répondent par des mouvements involontaires de la tête, du corps, de la main, ou en promenant leurs doigts sur les lettres d'un alphabet — ou ils miment des personnages.

D'autres *parlent.*

D'autres (typtologues) « provoquent, par leur seule présence, des bruits dans les murs ou sous les tables ».

En ce temps-là, dit Jules Bois (c'est l'évangile spirite qui s'inaugure), des expérimentateurs de marque se réunissent rue des Martyrs : notamment Tiedmen Marthèse, gouverneur de Java et cousin germain de la reine de Hollande; l'académicien Saint-René Taillandier, professeur à la Faculté des Lettres de Montpellier; Sardou père et fils; Flammarion... « Une souple table devint le réceptacle de tous les grands esprits de l'humanité. Galilée y coudoyait saint Paul, et Voltaire se réconciliait avec Jeanne d'Arc. »

Un soir, « M. Sardou conduisit à une des séances du groupe M. Rivail, teneur de livres au journal l'*Univers* », d'autres disent ancien vendeur de contremarques. « Homme gros et pratique, il éclata de rire aux premiers coups frappés. » Puis il s'intéressa à la chose, et un jour « les esprits déclarèrent : il faut que Rivail mette en ordre et publie nos révélations ». Il accepte, devient l'apôtre de l'Église spirite sous le nom resté célèbre d'ALLAN KARDEC et rédige le *Livre des esprits;* il expose tout ce qu'il appelle la *philosophie spiritualiste* « selon l'enseignement donné par les esprits supérieurs à l'aide de divers médiums ». Ce livre, « dicté, revu et corrigé par les esprits », eut un très grand succès et, comme le fait remarquer PIERRE JANET, devint, à partir de ce moment, le guide des esprits eux-mêmes, qui ne font plus que le commenter.

On fit alors parler et écrire tous les grands esprits, depuis Gutemberg jusqu'à Jean l'Évangéliste.

Puis (1868) arrivent les phénomènes de matérialisation. « Grâce à l'intermédiaire obligé du médium, qui jouait ici un rôle assez difficile à préciser, on fit mouvoir des objets que personne ne touchait, on fit écrire des crayons qui se levaient et se dirigeaient tout seuls, on fit apparaître des écritures sur des ardoises enfermées dans des boîtes scellées, enfin on fit voir aux fidèles stupéfaits des bras, des têtes, des corps qui apparaissaient dans l'air au milieu d'une chambre obscure... Tantôt on photographiait ces apparitions, tantôt on les moulait... M. Reymers, dit la *Revue spirite*, nous a envoyé gracieusement une caisse de pieds et de mains d'esprits, moulés avec de la paraffine. »

Le célèbre physicien CROOCKES étudia de près son fameux médium Home et observa : « 1° l'altération du poids du corps ; 2° l'exécution d'airs sur des instruments de musique, généralement sur l'accordéon, sans intervention humaine directe et dans des conditions qui rendaient impossibles tout contact et tout maniement des clefs. »

Puis vinrent les expériences de LOMBROSO, CHARLES RICHET, SABATIER... avec Eusapia Paladino, etc.

La littérature du spiritisme a pris dans ces derniers temps une extension considérable. On en aura une idée en parcourant, outre les livres de PIERRE JANET, ERNEST BERSOT, JULES BOIS, et ALBERT COSTE, déjà cités en tête de ce paragraphe : la collection des *Annales des sciences psychiques* de DARIEX (1), le compte rendu du IV° Congrès international de Psychologie (Paris, 1900, p. 609), les ouvrages de MYERS (déjà cités plus haut, p. 9),

---

(1) Voir aussi : *L'Écho du merveilleux, l'Initiation, la Revue scientifique et morale du spiritisme,* le *Bulletin de la Société d'études psychiques* de Marseille, de Nancy, etc.

Delanne (1), Encausse (Papus) (2), Surbled (3), Dupouy (4), Flournoy (5), Henry (6), Maxwell (7).

De ce bloc du spiritisme je ne retiens, pour l'étude du psychisme inférieur, sous le nom de *spiritisme scientifique*, que l'histoire des médiums qui agissent *avec contact*. Je ne nie pas la suggestion mentale, la télépathie, les mouvements sans contact (télékinésie), la clairvoyance, l'extériorisation de la sensibilité... Je ne déclare pas *a priori* que ces phénomènes n'existent pas, que la démonstration de leur existence ne sera jamais faite; je saisis même toutes les occasions qui se présentent d'en rechercher la démonstration. Mais je déclare que, *dans l'état actuel de la science, l'existence* de ces phénomènes ne me parait pas encore démontrée.

Je sépare, à ce point de vue, les phénomènes que je viens d'énumérer de la divination et de l'évocation des esprits. Ceci me parait être *hors*, non seulement de la science actuelle, mais *de la science* en général (8),

(1) Delanne : *Le Spiritisme devant la science*, 1883.

(2) Encausse (Papus) : *L'Occultisme et le spiritisme : Exposé des théories philosophiques et des adaptations de l'occultisme.* Bibliothèque de philosophie contemporaine, 1902.

(3) Surbled : *Spiritualisme et spiritisme*, 1898 ; *Spirites et mediums : Choses de l'autre monde*, 1901.

(4) Edmond Dupouy : *Sciences occultes et psychologie psychique*, 1898.

(5) Flournoy : *Des Indes à la planète Mars, étude sur un cas de somnambulisme avec glossolalie*, 1900 ; Nouvelles observations sur un cas de somnambulisme avec glossolalie, *Archives de Psychologie*, 1903, t. I, p. 101.

(6) V. Henry : *Le Langage martien.*

(7) Maxwell : *Les Phénomènes psychiques ; recherches, observations, méthodes.* Bibliothèque de philosophie contemporaine, 1903.

(8) Flournoy m'a reproché (*Archives de Psychologie*, 1903, t. II, p. 311) cette opinion intransigeante. La querelle me parait plutôt porter sur les mots. Qui dit divination dit processus anti ou tout au moins extra-

tandis que les phénomènes énumérés plus haut sont uniquement hors de la science *actuelle*. La question du périsprit, du fluide, des rayons Z à découvrir, de l'extériorisation de la sensibilité et du mouvement... n'est pas encore résolue par la science actuelle, mais peut très bien l'être par la science à venir. Elle n'est pas définitivement et par définition hors de la science biologique.

Ceci me paraît répondre à ceux qui, comme GABRIEL CARAMALO (1), me rangent parmi les « adeptes de la négation à outrance », ou qui, comme GASTON MÉRY (2) et PAPUS (3), disent que je nie, de parti pris, dans le spiritisme, tout ce qui n'est pas explicable par mes théories.

Je nie la démonstration scientifique *actuelle* de certaines choses, voilà tout; mais je ne nie pas la démonstration scientifique *ultérieurement possible* de, ces mêmes choses. Je ne nie donc pas « à outrance ». Comme méthode, je commence (comme on fait toujours en biologie) par établir les *faits,* bien séparer ceux qui

scientifique. En science, on peut prévoir, pressentir, c'est-à-dire indiquer des choses futures en se basant rationnellement sur les choses connues (passées ou présentes); mais on ne devine pas, on ne prophétise pas. Donc, du jour où une *divination* devient *scientifique,* elle cesse d'être une divination pour devenir une présomption ou une *prévision rationnelle.* Voilà comment la divination me paraît être hors de la science, même à venir. — Quant aux *esprits,* leur étude et leur *évocation* supposent l'existence et la survivance au corps d'un esprit, questions graves qui se posent à notre intelligence, mais ne sont pas l'objet de la science telle que je l'envisage ici, c'est-à-dire de la science biologique (voir mes *Limites de la biologie*). Donc, ceci encore est hors de la science, même à venir.

(1) GABRIEL CARAMALO : Manifestations spirites. *L'Echo du merveilleux,* 15 mars 1903.

(2) GASTON MÉRY : Les explications de M. le professeur Grasset. *L'Echo du merveilleux,* 1903, p. 221.

(3) PAPUS : *L'Initiation,* 1903, p. 243.

sont démontrés et ceux qui ne le sont pas encore ; ensuite, mais seulement *ensuite,* je cherche une *théorie* qui s'applique à ceux de ces faits qui paraissent établis. Je ne pars donc pas de la théorie pour retenir certains faits et en écarter d'autres. Je pars d'abord des faits établis et cherche à les interpréter.

Comme je l'ai dit ailleurs (1), un schéma et une théorie sont toujours *aux ordres* des faits. Le jour où on aura scientifiquement établi des faits nouveaux qui, sans le détruire, nécessiteront une modification de mon schéma, je le modifierai, et le jour où on aura scientifiquement établi des faits nouveaux qui seront en contradiction avec ce schéma, je le supprimerai.

MAXWELL (p. 229) regrette la confusion fâcheuse qu'il y a entre le vrai sens du mot spiritisme et celui que je lui prête. C'est vrai. Mais je ne dis pas *spiritisme,* je dis spiritisme *scientifique.* Si, avec MAXWELL, on considère le spiritisme non comme une *science,* mais comme une *religion,* je reconnais que tout ce que je retiens du spiritisme sous le nom de spiritisme scientifique cesse par là même d'appartenir au spiritisme.

J'admets cela ; mais je ne peux plus être d'accord avec MAXWELL quand il dit que je « ne considère comme scientifique dans le spiritisme que ce qui en constitue les phénomènes frauduleux conscients ou inconscients, c'est-à-dire ce qui en forme la partie non spirite ». Pas du tout. J'élimine toujours les fraudes conscientes ; je ne retiens que les faits observés de bonne foi. Quant aux fraudes inconscientes, ce ne sont plus des fraudes,

(1) *Spiritisme devant la science,* p. 372.

et cela fait bien partie des phénomènes dits spirites.

Maxwell continue : « ce qui constitue l'essence même du spiritisme n'est pas scientifique. Mais alors pourquoi étudier sous ce nom des faits connus et classés et qui ne sont pas du tout ceux que le spiritisme affirme ? »

A cela je réponds que tout ce que Maxwell proclame *aujourd'hui hors* du spiritisme et dont je fais le spiritisme scientifique *appartenait* bien au spiritisme *autrefois :* les mouvements par contact, au temps des Fox, le cumberlandisme avec contact étaient alors du spiritisme. Avant l'analyse de Flournoy, les transes d'Hélène Smith n'appartenaient-elles pas au spiritisme ? La curieuse observation d'apports que raconte Pierre Janet dans sa Préface à mon *Spiritisme devant la science* n'a-t-elle pas été scientifiquement extraite du bloc spirite ? Encore aujourd'hui, au moins pour certains, l'écriture automatique, les conversations inconscientes n'apparaissent-elles pas parfois comme des manifestations spirites ?

Donc, il y a eu et il y a un travail fait, une invasion accomplie de la science sur le domaine du spiritisme. Je prends acte de ce travail accompli et je garde ici dans ce paragraphe, sous le nom elliptique de spiritisme scientifique, ce que la science a conquis sur le spiritisme.

Ainsi limité et compris, ce spiritisme scientifique est un puissant élément d'étude du psychisme inférieur, de l'activité polygonale.

Qu'est-ce donc qu'un *médium ?*
Nous avons vu que tous les sujets ne sont pas égaux

devant la table tournante, la baguette divinatoire, le pendule explorateur ou le cumberlandisme. Peuvent déjà être appelés médiums ceux qui réussissent ces diverses expériences mieux que les autres.

Les médiums sont donc des sujets dont le polygone est plus actif, se désagrège plus facilement de son O et réalise plus vite son psychisme en actes ; ce sont des polygones plus expansifs, plus *méridionaux* (puisque nous passons, dans le midi, pour être plus extériorisés et plus gesticulateurs).

D'après PIERRE JANET, « les médiums, quand ils sont parfaits, sont des types de la division la plus complète dans laquelle les deux personnalités s'ignorent complètement et se développent indépendamment l'une de l'autre ».

C'est très juste, mais peut-être incomplet. Le polygone du médium est bien séparé de O. Mais il faut ajouter que chez le médium en fonction, en *transe,* si O se repose de son côté, le polygone a au contraire une très grande activité personnelle.

CHARLES RICHET (1) a bien décrit cet état de transe du médium : « La conscience de cet individu persiste dans son intégrité apparente ; toutefois, des opérations très compliquées vont s'accomplir en dehors de la conscience, sans que le moi volontaire et conscient paraisse ressentir une modification quelconque. Une autre personne sera en lui qui agira, pensera, voudra, sans que la conscience, c'est-à-dire le moi réfléchi, conscient, en ait la moindre notion. » — « Ces mouvements

---

(1) CHARLES RICHET : La suggestion mentale et le calcul des probabilités, *Revue philosophique,* 1884, t. II, p. 650, et *les Mouvements inconscients Hommage à M. Chevreul,* 1886 (citat. PIERRE JANET, *loco cit*, p. 403).

inconscients ne sont pas livrés au hasard ; ils suivent,
au moins lorsqu'on opère avec certains médiums, une
vraie direction logique, qui permet de démontrer, à
côté de la pensée consciente, normale, régulière, du
médium, l'existence simultanée d'une autre pensée
collatérale qui suit ses périodes propres et qui n'appa-
raîtrait pas à la conscience, si elle n'était pas révélée
au dehors par ce bizarre appareil d'enregistrement. »

Quand le médium est ainsi en transe, son activité
polygonale éclate avec une intensité extraordinaire :
les sensations s'associent, s'enchaînent, se manifestent
à l'extérieur, de sorte que le médium a des hallucinations et les extériorise par des mouvements divers.

J'ai développé ailleurs (1) la classification suivante
en six degrés, qui résume la *psychophysiologie du médium* :

TABLEAU II

1er Degré.	Le médium fait tourner la table ou mouvoir un objet qu'il touche (pendule, baguette) : désagrégation suspolygonale, activité propre polygonale, très simple, sans intervention des assistants.
2e Degré.	Le médium obéit à un assistant dont il exécute les ordres : le polygone désagrégé (du médium) obéit à O de l'assistant.
3e Degré.	Le médium obéit à un autre médium : cumberlandisme, liseurs de pensées : le polygone désagrégé du premier obéit au polygone désagrégé du second (le premier médium étant au deuxième degré et le second au premier).
4e Degré.	Le médium répond à une question : le polygone désagrégé, au lieu d'exécuter passivement un ordre donné, répond en faisant acte d'activité propre.
5e Degré.	Le médium répond, comme au quatrième degré ; mais il fait des réponses beaucoup plus compliquées, en parlant ou en écrivant.
6e Degré.	L'activité propre du polygone du médium est à son summum : spontanéité et imagination ; romans polygonaux des médiums.

(1) *Le Spiritisme devant la science*, p. 265.

4. Cristallomancie.

Dans l'observation de maison hantée que j'ai publiée (1), le médium (Jeanne) et sa mère vont consulter
une somnambule qui n'hésite pas : Jeanne est pour-
suivie par quelqu'un qui lui a « jeté un sort ». Pour
lui faire connaître cette personne, la somnambule
place devant Jeanne un verre rempli d'eau reposant
sur une assiette blanche.

Regarde au fond du verre, dit-elle à Jeanne. — Je
regarde ; mais je ne vois rien. — Regarde mieux. Que
vois-tu ? — L'assiette blanche. — Regarde mieux. Tu
n'y vois pas une figure ? — Si, il me semble voir une
tête. — Comment est-elle ? — C'est une vieille, ridée,
avec un bonnet noir, des dents gâtées, un nez camard.
— Si tu la rencontrais, la reconnaîtrais-tu ? — Oui. —
Ce soir, à minuit, conclut la somnambule, faites-lui
refaire l'expérience, elle vous dépeindra mieux cette
vieille.

A minuit, on replace Jeanne devant le verre d'eau
sur l'assiette blanche. Elle voit très nettement au fond
du verre une vieille femme qu'elle décrit dans ses
moindres détails, depuis son jupon sale, son tablier
quadrillé, son corsage noir à raies rouges, jusqu'à ses
bagues, dont une a une pierre grenat...

Et la famille retrouve facilement dans ce portrait
une vieille femme qui avait déjà jeté un sort sur la
grand'mère mourante. Toute la ville s'ameute contre
cette sorcière, et on l'eût certainement jetée à l'eau, si

(1) *Le Spiritisme devant la science*, p. 39.

la somnambule n'avait prudemment conseillé de brû-
ler seulement un chat vivant : ce qui fut fait à onze
heures du soir...

C'est dans une carafe, posée sur une coupe d'or, et
placée dans le sombre enfoncement d'une tonnelle où
quelques rochers factices figuraient une grotte, qu'au
dire d'Alexandre Dumas (1), Joseph Balsamo, le futur
Cagliostro, fait voir à l'archiduchesse Marie-Antoinette,
la future reine de France, l'avenir terrible qui l'attend (2), et à la vue duquel la Dauphine, à genoux,
essaie vainement de se relever, chancelle un instant,
retombe, pousse un cri terrible et s'évanouit...

Joseph, le ministre de Pharaon, fait mettre sa coupe
d'argent dans le sac de Benjamin et charge l'intendant
de sa maison de dire à ses frères : ...la coupe que
vous avez dérobée est celle dans laquelle mon seigneur
boit et *dont il se sert pour augurer* (3).

Dans tous les ouvrages (4) sur les mages et les sorciers, dès le xvi⁰ siècle, on parle de divination par les
boules de verre.

---

(1) Alexandre Dumas : *Joseph Balsamo, Mémoires d'un médecin*, t. I,
p. 279.

(2) Marie-Antoinette interroge sur ce qui arrivera à sa nouvelle
famille : le Dauphin, le comte de Provence et le comte d'Artois. — Ils
regneront tous trois, dit Balsamo. Et cependant Marie-Antoinette aura
un fils. Et elle poursuit l'interrogatoire. — Comment mourra mon
mari? — Sans tête. — Comment mourra le comte de Provence? —
Sans jambes. — Comment mourra le comte d'Artois? — Sans cœur.
— Et moi?... — Joseph Balsamo secoue la tête, ne veut pas répondre ;
puis, pressé, il finit par conduire l'archiduchesse devant la carafe, où
elle voit sa destinée et s'évanouit de terreur.

(3) *La Genèse*, c. xliv, b.

(4) Voir, pour tout ce paragraphe : Pierre Janet : sur la divination par
les miroirs et les hallucinations subconscientes. Conférence faite à la
Société des amis de l'Université de Lyon, le 28 mars 1897. *Bulletin de
l'Université de Lyon*, juillet 1897, et *Névroses et idées fixes*, t. I, p. 407.

Dans l'Inde ancienne, les prêtres prédisaient l'avenir en faisant fixer une feuille d'arbre luisante attachée contre un mur. Chez les Grecs, on regardait l'eau d'une fontaine et des images apparaissaient (hydromancie), ou dans des vases pleins d'huile (lecanomancie : c'est ainsi qu'Ulysse interrogea Teresias), ou dans des miroirs (catoptromancie), ou dans des carafes pleines d'eau, des boules de métal poli, toutes sortes de verres (cristallomancie). Plus simplement on regardait l'ongle de la main couvert d'un peu d'huile (onycomancie)...

Voici comment PIERRE JANET décrit l'expérience que tout le monde peut tenter et que, d'après les auteurs anglais, dix personnes sur cinquante réussiraient (ce chiffre paraît exagéré à PIERRE JANET).

Vous prenez une « boule de verre et vous la disposez dans des conditions particulières : le plus commode, c'est de la placer dans un endroit qui ne soit ni complètement obscur, ni tout à fait lumineux ; il faut une certaine lumière légère qui vienne seulement caresser la boule. Voici le procédé classique : on se place en plein jour, on entoure le cristal d'écrans, de paravents ou d'étoffe noire, puis on installe le sujet commodément et on le prie de regarder fixement. »

Il ne faut pas qu'il s'endorme. Car ceci n'a rien à voir avec le braidisme (hypnotisme par fixation d'un objet brillant).

Le sujet « n'aperçoit au début que des choses insignifiantes ; tout d'abord sa propre figure ; puis le reflet vague des choses environnantes, les couleurs de l'arc-en-ciel, un point lumineux, en un mot les reflets que présente d'ordinaire une boule de verre. Au bout d'un certain temps, les choses changent, c'est-à-dire que la boule s'obscurcit de plus en plus ; il ne distingue plus rien ; le reflet, les objets, tout s'efface ; tout devient sombre ; la boule semble se recouvrir d'une vapeur ; c'est le bon moment.

» Le nuage s'épaissit de plus en plus et, au milieu de ce nuage, il voit apparaître des dessins, des figures d'abord très simples, des étoiles, des lignes, par exemple des barres noires sur fond blanc, mais aussi quelquefois des lignes plus précises et plus intéressantes, comme des lettres, des chiffres. Au bout de quelques instants encore, il aperçoit des figures colorées, des personnages, des animaux, des arbres, des fleurs. Il regarde avec émotion, il se complaît dans ce petit spectacle, d'autant plus qu'il y a des variantes.

» Chez quelques personnes, les images sont immobiles ; chez d'autres, elles remuent, disparaissent, réapparaissent, se saluent, parlent : il y a même des sujets qui entendent ces conversations, ce qui devient tout à fait intéressant !

» Enfin, quelquefois, le phénomène est encore plus précis et plus compliqué » et prend chez certaines personnes un certain caractère de fixité. La personne a beau détourner ses yeux du cristal, si elle recommence l'expérience, elle revoit la même image.

Dans ces cas, l'image gagne naturellement beaucoup en précision et peut être décrite avec de minutieux détails. C'est ce qui est arrivé au médium de la maison hantée dont j'ai parlé plus haut.

Certaines personnes « s'éloignent même de la boule pour aller chercher une loupe ; à leur retour, elles retrouvent le même spectacle, le regardent avec la

loupe et voient les images se développer et les détails
apparaître de plus en plus nets... J'ai même vu une
personne (continue PIERRE JANET) qui pouvait faire sortir ces images de la boule, les objectiver sur un papier
et suivre sur ce papier avec un crayon le dessin de son
hallucination... »

Voilà le phénomène. C'est ce que PIERRE JANET, qui
l'a admirablement analysé, appelle une *hallucination
subconsciente*.

En fait, c'est une hallucination qui se développe
dans ce que l'on appelle le subconscient, c'est-à-dire
dans le polygone, mais à laquelle, au moins dans certains cas, O peut assister et qui par conséquent peut
devenir consciente.

Comme l'a dit un psychologue américain, cité par
PIERRE JANET, NEWBOLD, « le miroir incomplètement
éclairé joue le rôle d'un excitant visuel » sur le polygone ; « il présente un espace vide et invite l'imagination à le combler ».

O s'abstient, ne dit pas au polygone qu'il n'y a rien
dans ce cristal (ce qu'il sait cependant fort bien) ; sans
contrôle de O, le polygone s'hallucine, fait son roman,
voit différentes choses, fait des associations d'images,
les associe, les fixe et forme l'hallucination définitive.

Cette hallucination, le polygone la forme seul, il
peut la décrire à lui tout seul ; mais O, qui n'est en
rien intervenu dans sa formation, peut la découvrir
dans son polygone, en avoir conscience, la prendre
pour une réalité et collaborer à sa description.

Et alors ces révélations de l'imagination polygonale
étonnent, passent pour merveilleuses ou divinatoires,
parce qu'elles révèlent aux assistants et au sujet lui-

même des choses qu'il croyait ne pas savoir ou qu'on croyait inconnues, de lui et qui étaient emmagasinées dans les mémoires inconscientes du polygone.

C'est un phénomène de ce genre que GUY DE MAUPASSANT décrit dans *le Horla,* quand, regardant dans une glace, il ne s'y voit pas et a toute une hallucination prolongée.

III. — ÉTATS PATHOLOGIQUES DE DÉSAGRÉGATION SUSPOLYGONALE

1. *Somnambulisme et automatisme ambulatoire.*

J'ai déjà parlé du somnambulisme, qui, d'ailleurs, appartient à la fois aux états extraphysiologiques et aux états pathologiques.

Le *somnambulisme* (1) est un *syndrome névrosique* à part, qui mérite une description et une place distinctes en physiopathologie nerveuse, sauf à déterminer ensuite les rapports qu'il affecte avec les autres névroses.

Pour donner une idée précise d'une grande crise de somnambulisme, je vais rapporter la description d'un de mes malades, très soigneusement suivi par mon interne d'alors, le Dr CHEINISSE (2).

C'est un militaire qui, un soir, vers cinq heures et

(1) Voir BAIL et CHAMBARD : article Somnambulisme, *Dictionnaire encyclopédique des sciences médicales;* CHARCOT : *Clinique des maladies du système nerveux;* GEORGES GUINON : article Somnambulisme, *Manuel de Médecine,* t. IV, p. 361 ; STÉPHANIE FLINKIND : *Du Somnambulisme dit naturel (noctambulisme), ses rapports avec l'hystérie,* etc., thèse de Paris, 1893. Dans plusieurs des *Traités* récents, il n'y a pas d'article « Somnambulisme » distinct des articles Hystérie et Hypnotisme.

(2) *Leçons de Clinique médicale,* 3e série, p. 127.

demie, se lève lentement, se met debout et, les yeux fermés, fait quelques pas dans la salle. Puis, tout d'un coup, il change sa position nonchalante en attitude militaire rigide et sévère, et cela très rapidement, avec beaucoup de zèle et un air effrayé, comme s'il obéissait à un sergent lui criant tout d'un coup : Fixe ! Puis il fait une longue série d'exercices militaires très variés, toujours exécutés méthodiquement et avec le même zèle que le premier mouvement; après dix minutes, il en est essoufflé. Alors il se dirige d'un pas résolu vers la porte de sortie de la salle. Les obstacles qu'il rencontre sur son chemin l'irritent ; il manifeste son mécontentement par une espèce de grognement sourd et s'efforce d'écarter l'obstacle. Il avance, les yeux toujours fermés, avec beaucoup de précaution, mais d'un pas ferme, les bras étendus en avant, comme un aveugle. La porte étant obstruée par des camarades, il grogne, les poings fermés, la figure menaçante, se donne des coups de poing; puis se dirige vers une fenêtre (très peu élevée), l'ouvre, saute dans le couloir ; après quelques tâtonnements, trouve la rampe, descend l'escalier très rapidement. En bas, il marche avec précaution, évitant les obstacles, sautant un tas de charbon, une grille ouverte de calorifère ; fait un peu de pas gymnastique quand l'espace le permet ; puis se repose un instant, debout, un peu penché sur le côté. Vers 6 heures et demie, brisé de fatigue, il cherche à rentrer dans sa salle, se trompe de chemin, ne se laisse pas diriger. Il entre dans une salle qui n'est pas la sienne, y passe en revue tous les lits, ne trouve pas le sien ; finit par retrouver la fenêtre par laquelle il était sorti de sa salle et y pénètre. Il retrouve très rapidement son lit, paraissant s'aider surtout du palper et de l'odorat, examinant à

chaque lit les couvertures, les oreillers, etc.; à son lit,
il prend un mouchoir, va au lavabo, lave le mouchoir
dans la cuvette, le passe rapidement dans l'eau propre
d'une cuvette voisine, puis l'exprime et l'étend près
d'une bouche de calorifère. Alors il se déshabille :
chaque pièce de son vêtement est pliée avec des soins
infinis, comme à la caserne; il aligne tout son paque-
tage ; sort alors de son pantalon une pipe, se prépare
à l'allumer, y renonce et se couche. Il cherche sur sa
planchette un pot de tisane qu'il vide d'un seul trait. Il
cherche et trouve un verre où on lui prépare tous les
soirs une solution de bromure; il hésite, le sent,
trempe le bout de la langue, puis l'avale. Avec beaucoup de précautions il remet le verre à sa place,
s'étend dans son lit, pince sous l'aisselle sa chemise
toute trempée de sueur, en aspire l'odeur, fait une
grimace, refait absolument la même chose pour l'aisselle de l'autre côté et s'endort... La crise a duré
deux heures et quart.

Cet exemple justifie bien la définition que J. Frank
donnait, deux cents ans après le médecin de Shakespeare : « il y a somnambulisme lorsque les fonctions
qui appartiennent à l'état de veille s'exécutent pendant
un sommeil d'ailleurs normal. »

Sous le nom d'*automatisme ambulatoire,* on décrit
un autre syndrome, très voisin du somnambulisme,
qui présente les caractères de ce dernier état portés à
un haut degré et qu'il est utile de connaître avant
d'essayer l'analyse de ces syndromes.

J'ai étudié (1) un malade qui avait été précédemment

_____

(1) *Leçons de Clinique médicale,* 2ᵉ série, p. 111.

chez Pitres et dont l'observation a été publiée par
Bitot (1).

Une année, en juillet, à Paris, il va à la gare d'Orléans, sans motif. Chemin faisant, il ne voit que des
figures sinistres, et rien ne lui paraît naturel ; il faisait
du reste de l'orage. Au guichet, il demande un billet
pour « n'importe où ». On pense avoir affaire à un original et on lui délivre un billet pour la localité voisine. Pendant le trajet, il croit aller à la rencontre d'un
parent, puis il descend à l'endroit désigné, se promène,
ne rencontre pas de parents et revient à Paris, assez
ennuyé de cette aventure qu'il ne comprend pas.

Mais l'exemple le plus curieux a été fourni par un
malade de Charcot (2).

Le vendredi 18 janvier, après avoir fait plusieurs
courses, il va rue Mazagran, entre chez un banquier,
touche de l'argent pour son patron, puis oublie tout. Il
ne reprend pas la voiture qu'il avait prise, dont le
cocher attend vainement, et se réveille, le 26 janvier, à
deux heures après midi, après une crise de cent quatre-
vingt-neuf heures. Il est à ce moment sur un pont suspendu, dans une ville qu'il ne connaît pas, à côté d'un
régiment en marche, dont la musique avait dû l'éveiller. N'osant pas demander dans quelle ville il se trouve,
il demande le chemin de la gare et lit : Brest. Il n'était
pas sale ; ses souliers n'étaient pas usés ; il avait donc
dû aller en chemin de fer, manger. Sur les neuf cents
francs touchés, il en avait encore sept cents. Malheureusement, il se confie à un gendarme, qui lit le dia-

(1) Bitot, thèse de Bordeaux, 1890.
(2) Charcot : *Leçons du mardi,* 31 janvier 1888 et 21 février 1889.

gnostic de CHARCOT (que le pauvre diable portait sur lui), lui dit : « c'est bien, je connais ça », et le conduit au poste. Le patron, interrogé télégraphiquement, répond : « maintenez l'arrestation, l'argent qu'il porte est à moi. » Ce n'est enfin qu'après une série de vicissitudes des plus pénibles, après avoir passé six jours en prison, qu'il rentre à Paris où il est remercié par son patron et où la Société de Secours mutuels, dont il est membre, lui refuse tout subside, sous prétexte que sa maladie est causée par l'intempérance.

PITRES (1) a également publié un cas très curieux de « voyageur » qui, en dehors de ses fugues, n'avait aucune idée délirante, mais qui faisait une série de voyages impulsifs, comme un véritable Juif errant (2).

PIERRE JANET (3) a très bien montré que l'état de somnambulisme ne peut être caractérisé par aucun signe physique : ni l'insensibilité de la peau, ni l'absence de déglutition, ni l'état des yeux (ouverts ou fermés), ni, comme le voulait CHARCOT, la contracture développée dans les muscles par une friction superficielle ou une simple insufflation sur la peau... Le somnambulisme est un *syndrome psychique*: il ne peut avoir qu'une caractéristique psychique.

---

(1) PITRES : *Leçons cliniques sur l'hystérie et l'hypnotisme*, 1891, t. II, p. 269.

(2) Voir encore, sur cette question : la thèse de TISSIÉ sur les *aliénés voyageurs*; GEHIN : *Contribution à l'étude de l'automatisme ambulatoire ou vagabondage impulsif*, thèse de Bordeaux, 1892 ; MEIGE : *Étude sur certains névropathes voyageurs, le Juif errant à la Salpêtrière*, thèse de Paris, 1893, n° 315 ; ALFRED FOURNIER, J.-CH. KOHNE et GILLES DE LA TOURETTE : Rapport médicolégal sur un militaire déserteur atteint d'automatisme ambulatoire, *Nouvelle Iconographie de la Salpêtrière*, t. VIII, 1893, p. 318.

(3) PIERRE JANET, *loco cit.*, p. 68.

A ce point de vue, une analyse superficielle permet de reconnaître deux grands éléments.

D'abord, le somnambule, dans sa crise, manque à la fois d'intellectualité supérieure et de liberté avec responsabilité morale. Le somnambule fait des actes intelligents, c'est évident ; mais il ne fait ni des inventions ni des jugements élevés ou neufs ; il n'utilise que des souvenirs ou des réminiscences. Ceci est bien évident dans les exemples ci-dessus. Il est de même indiscutable que le pauvre ouvrier de CHARCOT n'était responsable d'aucun de ses actes pendant son voyage de Paris à Brest.

La vie de la crise somnambulique est donc une vie polygonale, tandis que la vie à l'état de veille est la vie psychique totale (activité supérieure de O comprise).

Donc, le somnambulisme nous fournit un nouvel exemple de désagrégation suspolygonale, un nouveau moyen d'étude de l'activité isolée du psychisme inférieur.

Voilà le premier élément constitutif de la crise somnambulique. Mais ce n'est pas le seul. Car cet élément est commun à cet état et à une série d'autres états déjà étudiés (distraction, sommeil...) et cependant le somnambulisme ne peut pas être confondu avec ces autres états.

Ce second élément constitutif, différentiel, propre au somnambulisme, est, dans la désagrégation suspolygonale, la *crise d'activité automatique,* et plus spécialement une crise de l'activité automatique *motrice.* Car elle est surtout localisée dans le centre K (centre moteur ou kinétique du polygone). L'état des autres centres (notamment des centres sensoriels) est secondaire,

puisqu'il varie suivant les cas. Ce qui est constant,
c'est *l'activité de K.*

Le somnambulisme est donc une des formes de la
désagrégation suspolygonale caractérisée par l'activité
morbide des centres K.

C'est même cette activité paroxystique de K, déga-
gée de ses connexions et de ses contrôles habituels,
qui est vraiment l'élément constant et caractéristique
du somnambulisme. La désagrégation suspolygonale
(cessation des communications avec O) est habituelle,
mais elle n'est pas nécessairement totale ; témoins ces
cas exceptionnels où le sujet se rappelle son somnambulisme et en a, en quelque sorte, conscience, comme
mon voyageur cité plus haut. Le sujet, dans ces conditions, a nécessairement gardé quelques communications centripètes du polygone avec O.

C'est là l'objection qu'on peut faire à PIERRE JANET
quand il veut caractériser le somnambulisme par l'oubli au réveil et la mémoire alternante. Nous verrons,
en étudiant la mémoire polygonale (chapitre III), que
ceci se retrouve dans d'autres états de désagrégation
suspolygonale, qu'il faut savoir séparer du somnambulisme.

Donc, le somnambulisme est, en dernière analyse,
caractérisé par des crises d'activité motrice de K dans
un polygone désagrégé (suppression totale des communications centrifuges OK).

On arrive au même résultat en analysant les éléments psychiques de l'automatisme ambulatoire. Seulement, il faut pour cela bien distinguer les cas cités
plus haut des *fugues* de certains *aliénés*, c'est-à-dire
des cas dans lesquels il y a altération du psychisme

supérieur (psychoses, ou lésions organiques de l'écorce).

On comprend en effet que, dans certains cas, une idée délirante en O (idée de persécution par exemple) puisse déterminer la fuite du sujet, qui veut s'en aller pour éviter le danger. De même, un ramolli (lésion corticale) peut errer à l'aventure, uniquement parce que O malade ne dirige pas du tout son polygone.

Dans ces cas, le polygone n'est pas malade, il est simplement mal ou pas dirigé par un O malade, tandis que dans l'automatisme ambulatoire, forme accentuée du somnambulisme, O est sain, mais le polygone est malade puisqu'il a des crises de mouvements automatiques.

Dans l'automatisme ambulatoire, comme d'ailleurs dans certains cas très accentués de somnambulisme, la crise d'excitation ne porte pas seulement sur les centres K, mais aussi sur les autres centres polygonaux E, M... puisque les sujets parlent et parfois écrivent, avec leur polygone, dans leur crise.

2. Catalepsie.

La *catalepsie* se rapproche du somnambulisme par la désagrégation suspolygonale, mais s'en écarte absolument par le genre de trouble du polygone. Les centres psychiques inférieurs sont altérés dans la catalepsie en sens inverse dé ce qu'ils le sont dans le somnambulisme : dans la catalepsie, ils sont en *inertie,* tandis que dans le somnambulisme ils sont en hyperactivité.

On connaît le tableau clinique de la catalepsie au

degré le plus simple qui correspond à l'inertie la plus grande du polygone. Le mot καταληψις (1) (saisissement) dépeint très bien cette immobilisation qui frappe le sujet, comme la fillette de TISSOT, qui, choquée de voir un morceau convoité lui échapper, s'immobilise pendant une heure, le bras étendu vers le plat ; ou bien le militaire d'HENRI FRANÇOIS, qui, dans une querelle, saisit une bouteille pour frapper et reste immobile, le bras en l'air ; ou encore le magistrat de FEHR qui, injurié au milieu de son réquisitoire, demeure muet, la bouche béante, les yeux ouverts et menaçants et le poing tourné vers l'insulteur.

Si le cataleptique est inanimé, inerte, il conserve toutes les positions qu'on donne artificiellement à ses membres. Les membres sont mobiles, légers ; ils ne sont ni raides, ni flasques : *flexibilitas cerea.*

On peut parfois lui imprimer des mouvements : si, par exemple, on fait faire deux ou trois oscillations au bras, celui-ci continue à osciller.

De plus, le sujet ne voit ni n'entend.

Comme dans les états précédents, il y a encore ici désagrégation suspolygonale, complète et totale, à la fois centripète (idéosensorielle) et centrifuge (idéomotrice) : le sujet n'a aucune conscience de son état et ne fait aucun mouvement volontaire.

Ceci est commun au somnambulisme et à la catalepsie et, par suite, ne suffit pas à caractériser la catalepsie.

(1) De καταλαμβανειν (saisir). ASCLEPIADE de Bithynie (100 ans av. J.-C.) et surtout CÆLIUS AURELIANUS.

En second lieu (et ceci est le caractère différentiel), l'activité polygonale, au lieu d'être exagérée, comme dans le somnambulisme, est au contraire déprimée ; dans la catalepsie, il y a vraie *inertie* polygonale, sans trace de spontanéité, même dans le psychisme inférieur.

Seulement c'est une inertie *vitale*. Dans les corps inanimés, l'inertie consiste dans l'obéissance passive ou plutôt la continuation passive de la vibration communiquée. L'être vivant, même inerte, obéissant passivement à la vibration communiquée, la transforme ; d'une sensation il fait un mouvement.

Quand on place un membre dans une position donnée ou qu'on lui communique un mouvement, il y a une impression kinesthésique qui arrive dans le polygone en T. Sans provoquer aucune activité spontanée, cette impression va de T en K provoquer une impulsion motrice correspondante, soit pour maintenir la position donnée, soit pour continuer le mouvement commencé (ce qui est la même chose).

Voilà l'inertie polygonale très complète, mais qui reste vitale ; c'est le fonctionnement polygonal réduit à son minimum, mais non supprimé. Car, comme le remarque PIERRE JANET, pour lutter contre la pesanteur et empêcher le membre de tomber, il faut une contraction délicatement systématisée de tous les muscles.

Le tableau suivant résume les caractères psychiques de la catalepsie et les trois types que j'ai décrits ailleurs (1) :

---

(1) *Leçons de clinique médicale,* 3ᵉ série, p. 198.

TABLEAU III

GROUPE DES CATALEPSIES

CARACTÈRES PSYCHIQUES GÉNÉRAUX : 1° désagrégation suspolygonale totale, centripète (idéosensorielle) et centrifuge (idéomotrice) ; ni conscience ni volonté ; 2° inertie de l'activité polygonale (psychisme inférieur) à un degré variable suivant les types.

1er Type. — Activité polygonale au minimum : TK seul conservé parmi les communications intrapolygonales.

Caractères : continuation, persistance de toutes les modifications que l'on peut produire dans l'état du sujet ; maintien des attitudes communiquées, continuation d'un mouvement commencé.

2e Type. — Activité polygonale à un degré moyen : TK, VK, AM, AK conservés parmi les communications intrapolygonales.

Caractères : imitation visuelle (spéculaire) des actes vus ou auditive (écholalie) des mots ou des bruits entendus.

3e Type. — Activité polygonale au degré normal : toutes les communications intrapolygonales conservées.

Caractères : mouvements associés (syncinésies) bilatéraux symétriques ou de tout le corps (poses ou scènes).

Dans tous ces types, même dans le dernier, il y a toujours *immobilité* dans la crise, quand une fois le polygone a réalisé une pose ou une scène.

3. *Hystérie.*

Pour comprendre l'importance de l'hystérie comme moyen d'étude du psychisme inférieur, il suffit de rappeler tout d'abord que les syndromes somnambulique et cataleptique dont je viens de parler sont très souvent une manifestation de l'hystérie.

CHARCOT n'admettait même que : 1° un somnambulisme naturel (physiologique) ; 2° un somnambulisme épileptique ; 3° un somnambulisme hystérique, et 4° un somnambulisme provoqué ou hypnotique.

Ce serait trop étendre le domaine de l'hystérie que

d'y comprendre tous les cas de somnambulisme et de catalepsie spontanés non épileptiques. Mais on peut retenir de cela le rôle de ces syndromes dans la symptomatologie de l'hystérie et prévoir la désagrégation suspolygonale dans cette névrose.

Tous les travaux contemporains cherchent dans les éléments psychiques la caractéristique de l'hystérie.

Briquet avait dit déjà que la maladie est surtout caractérisée par « la perturbation des actes vitaux qui servent à la manifestation des sensations affectives et des passions ». Charcot précise : « beaucoup d'accidents de l'hystérie sont des accidents d'ordre psychologique et sont dus aux pensées des malades. » Mœbius en fait une maladie de l'esprit, « un ensemble de maladies par représentations » (Vorstellungen).

Pierre Janet a analysé la chose de près. Étudiant d'abord les attaques, puis les autres symptômes, stigmates, etc., il arrive à faire du dédoublement de la personnalité le caractère psychologique de l'hystérie. C'est, dit-il, la formation et la désagrégation dans l'esprit « de deux groupes de phénomènes : l'un constituant la personnalité ordinaire ; l'autre, susceptible d'ailleurs de se subdiviser, formant une personnalité anormale différente de la première et complètement ignorée par elle ». C'est l'idée exprimée par Jules Janet : « l'état incomplet de la personnalité première constitue les tares hystériques ; il permet l'action désordonnée de la personnalité seconde, c'est-à-dire les accidents hystériques. La seconde personnalité, toujours cachée derrière la première, d'autant plus forte que celle-ci est plus affaiblie, profite de la moindre occasion pour la terrasser et paraître au grand jour »;

et par BREUER et FREUD (1) : « cette division de la
conscience que l'on a constatée avec netteté dans
quelques cas célèbres de double existence se retrouve
d'une façon rudimentaire chez toute hystérique ; la
disposition à cette dissociation et en même temps à la
formation d'états de conscience anormaux que nous
proposons de réunir sous le nom d'états hypnoïdes
constitue le phénomène fondamental de cette névrose. »

PIERRE JANET comprend dans les caractères de l'hystérie : « ...un affaiblissement de la faculté de synthèse
psychologique, un rétrécissement du champ de la conscience ; un certain nombre de phénomènes élémentaires, sensations et images, cessent d'être perçus et
paraissent supprimés de la perception personnelle ; il
en résulte une tendance à la division permanente et
complète de la personnalité, à la formation de plusieurs
groupes indépendants les uns des autres... » Plus suc-
cinctement, « l'hystérie est une forme de désagrégation
mentale caractérisée par la tendance au dédoublement
permanent et complet de la personnalité ».

Toute une école contemporaine veut identifier l'hystérie et l'hypnotisme.

« Les sujets hystériques sont seuls hypnotisables », dit
PAUL MAGNIN (2) exposant la doctrine de la Salpêtrière.
Entre la léthargie, la catalepsie et le somnambulisme
hypnotiques et les états de même nom appartenant à
l'hystérie, il n'existe pour GILLES DE LA TOURETTE (3)

(1) Voir aussi OPPENHEIM et STRUMPELL.

(2) PAUL MAGNIN, *Revue de l'Hypnotisme*, 1901, p. 3.

(3) GILLES DE LA TOURETTE : *Traité clinique et thérapeutique de l'hystérie*, t. I, p. 298.

que cette différence, à savoir que les premiers états
sont provoqués, les autres spontanés. Pour PITRES (1)
l'hypnose artificielle « est une des manifestations de
la diathèse névropathique, un des symptômes hystériques qui peuvent être provoqués ou arrêtés par des
excitations expérimentales ».

BABINSKI, qui avait déjà énoncé et développé cette
pensée que « l'hypnotisme... se manifeste par des phénomènes... qui sont identiques aux accidents hystériques », est revenu sur la question et, pour définir
l'hystérie, a dit (2) : ce qui en « caractérise les troubles
primitifs, c'est qu'il est possible de les reproduire par
suggestion avec une exactitude rigoureuse chez certains
sujets et de les faire disparaître sous l'influence exclusive de la persuasion... Au contraire, aucune des
affections actuellement bien classées hors du cadre de
l'hystérie ne peut être reproduite par suggestion... »

Je crois qu'il y a exagération dans l'opinion de ces
divers auteurs qui veulent identifier l'hypnose et l'hystérie. Je crois que l'hypnotisme peut simuler des
névroses, comme la chorée et la neurasthénie, qui ne
sont pas l'hystérie et que, d'autre part, il est souvent
difficile (pour ne pas dire plus) de guérir certains hystériques par la persuasion.

Mais enfin c'est l'exagération d'une analogie vraie et
de toutes ces analyses des éléments psychiques de l'hystérie, il faut retenir ce fait que dans l'hystérie il y a
très souvent (sinon toujours) un état de désagrégation
suspolygonale qui fait de cette névrose un bon moyen

(1) PITRES : *Leçons cliniques sur l'hystérie et l'hypnotisme*, t. II, p. 346.
(2) BABINSKI : Définition de l'hystérie. Société de neurologie, 7 novembre 1901 ; *Revue de l'Hypnotisme*, 1902, p. 198.

d'étude de l'activité émancipée du psychisme inférieur.

L'observation des hystériques nous permettra d'étudier plus spécialement les désagrégations suspolygonales *partielles*.

Dans certaines manifestations de l'hystérie (grandes crises de l'hysteria major) il y a bien désagrégation totale. Mais ces faits bruyants et dramatiques ne nous seront pas d'une grande utilité pour l'analyse, que je poursuis, du psychisme inférieur.

Dans beaucoup d'autres cas, le sujet assiste à ses crises ; la désagrégation n'est donc que partielle. Mais ce caractère apparaît surtout dans les stigmates, les anesthésies, les paralysies, etc. Là, la désagrégation est tout à fait et exclusivement localisée à une fonction et à une partie de fonction, le reste du psychisme étant intact.

Ce sont surtout ces états qui nous serviront dans le chapitre suivant pour étudier l'activité propre du polygone, du psychisme inférieur.

Bernheim a récemment nié l'hystérie comme il avait nié l'hypnotisme.

Pour lui, l'hystérie n'est pas une entité morbide, n'est pas une maladie. Les crises de l'hystérie, quelle que soit leur forme, « ne sont que l'exagération d'un phénomène habituel d'ordre psychophysiologique ». Elles constituent uniquement « une réaction psychophysiologique exagérée, d'origine émotive... chez les sujets qui ont un appareil hystérogène, qui sont *hystérisables* ».

Ce n'est pas le lieu de reproduire les arguments qui

me font maintenir l'hystérie dans les maladies, et
refuser de confondre les phénomènes physiologiques
et les phénomènes pathologiques malgré leurs analogies et les termes de transition qui les unissent.

De même, je me refuse à fondre, avec Dubois de
Berne, l'hystérie dans la psychonévrose : état vague
qui oublie toutes les analyses de ces cinquante dernières années qui spécifient bien nettement l'hystérie.

Plus intéressantes me paraissent être les applications
que CLAPARÈDE a faites à l'hystérie de ses idées (exposées plus haut, p. 48) sur le sommeil.

Pour les anesthésies, les amnésies, etc., de l'hystérique, tous les auteurs (PIERRE JANET, SOLLIER...) aboutissent à l'idée d'épuisement, d'engourdissement des
centres nerveux ; ils en font des phénomènes passifs :
« idée de passivité, idée d'un processus fatal sur lequel
le moi du sujet ne peut avoir aucune prise », dans
lequel il n'y a aucune activité du sujet.

Dès lors, on ne comprend pas les caractères de ces
manifestations hystériques, leur caprice, leur mobilité,
leur systématisation, leur dépendance de l'attention du
sujet, leur mélange avec des phénomènes actifs (contractures, douleurs) chez les mêmes sujets et dans les
mêmes régions d'un même sujet. « Comment, dit CLA-
PARÈDE, cet état d'engourdissement cérébral, tout négatif, pourrait-il être le concomitant physiologique de
phénomènes aussi mobiles, aussi vivants, aussi *actifs*
que ceux que manifestent les hystériques ? »

CLAPARÈDE applique alors à l'hystérie son idée du
processus actif dans le sommeil : « le sommeil est,
psychologiquement, un état de désintérêt, de distrac-

tion totale de la situation présente. L'hystérie est aussi regardée comme un état de distraction ; mais c'est une distraction partielle, systématisée, ne portant que sur certains objets. »

« Quel que soit l'intérêt qu'il y aurait pour lui à prendre les objets en considération », l'hystérique s'en désintéresse ; il échappe à la loi de l'intérêt momentané. Il a « pour certains stimuli une *crampe de désintérêt* », c'est-à-dire un *désintérêt actif,* une réaction inhibitive. « Le stigmate hystérique est la conséquence d'une *réaction* exagérée de désintérêt. »

La déviation psychique de l'hystérique est donc une *réaction exagérée.* Ceci rapproche CLAPARÈDE de BERNHEIM, mais sans que CLAPARÈDE tombe dans les exagérations de BERNHEIM, puisqu'il dit au contraire nettement : « on ne comprend pas que BERNHEIM nie que l'hystérie soit une entité morbide, parce qu'elle se manifeste par des réflexes émotifs exagérés. »

La réaction de désintérêt est en général une *réaction de défense.* « Le sujet se désintéresse de tel objet, de telle partie de son corps ou de tel souvenir, *parce qu'il lui répugne* de les prendre en considération. Cette réaction de désintérêt est pour l'esprit ce que le réflexe du dégoût, du vomissement, est pour le corps : dans un cas comme dans l'autre, on expulse ce qu'il répugne d'assimiler. »

A côté des réflexes d'attention, il y a donc les réflexes d'inhibition, également actifs : réflexe de dégoût psychique, de désintérêt, sorte d'*autotomie psychologique.*

Ces idées de CLAPARÈDE, qu'il ne faudrait évidemment pas trop généraliser mais qui s'appliquent au moins à certaines manifestations de l'hystérie, jettent un jour tout particulier sur l'activité propre du sujet dans certaines désagrégations suspolygonales d'allure passive.

4. Tics.

En me basant toujours sur les principes développés ci-dessus, et complétant les belles études de Brissaud sur le torticolis mental, j'ai divisé (1) les *tics* en tic bulbomédullaire, tic polygonal, tic mental proprement dit : le tic mental est celui qui dépend directement et étroitement d'une idée actuelle qui réside en O, dans l'intellectualité vraie et supérieure ; le tic bulbomédullaire n'a aucun des caractères du psychisme ; entre les deux, le tic polygonal a les caractères du psychisme, mais du psychisme inférieur automatique.

Feindel (2) a beaucoup discuté cette séparation des tics polygonaux et des tics mentaux. Mais, dans la discussion d'un travail de Meige et Feindel (3), à la Société de neurologie, Dupré (4) applique ce qu'il appelle mon « heureuse terminologie » et dit « qu'après avoir été suspolygonal, le diastaltisme pathologique du tic devient polygonal, c'est-à-dire un acte automatique et subconscient ».

Dans une thèse présidée par Pitres, Cruchet (5),

(1) Tic du colporteur. Spasme polygonal postprofessionnel. *Nouvelle Iconographie de la Salpêtrière,* 1897, t. X, p. 217, et *Leçons de clinique médicale,* 3ᵉ série, p. 386.

(2) Feindfl : Le traitement médical du torticolis mental. *Nouvelle Iconographie de la Salpêtrière,* 1897, t. X, p. 406.

(3) Meige et Feindfl : Les causes provocatrices et la pathogénie des tics de la face et du cou. *Revue neurologique,* 1901, p. 378.

(4) Dupré, Société de neurologie, 18 avril 1901. *Revue neurologique,* 1901.

(5) René Cruchet : *Étude critique sur le tic convulsif et son traite-*

reprenant toute la question, a répondu, d'une manière très serrée, à toutes les objections faites à mon schéma et conclut que ma « systématisation judicieuse » « ne lui paraît guère entamée par ces objections » ; il l'adopte « complètement » et, la rapprochant de la terminologie (que nous retrouverons dans le paragraphe IV de ce même chapitre) de Pitres pour les aphasies, il admet : des tics psychiques en O ou psychonucléaires (suspolygonaux), des tics polygonaux ou nucléaires, des tics transpolygonaux ou internucléaires et des tics bulbomédullaires.

La question a été reprise dans le livre de Meige et Feindel sur *les tics,* dans le Rapport de Noguès au Congrès de Grenoble (1902) et dans la discussion à laquelle il a donné lieu (1).

En tous cas, il y a là dans ces tics polygonaux une nouvelle manifestation et, par suite, un nouveau moyen d'étude de l'activité isolée du psychisme inférieur.

5. *Phénomènes morbides d'habitude.*

Les tics que nous venons d'étudier sont des *habitudes* pathologiques ; ils appartiennent à tout un groupe intéressant pour l'étude du psychisme inférieur : le groupe des phénomènes morbides d'habitude.

Des tics (Brissaud, Meige et Feindel) on peut, en effet, rapprocher d'autres mauvaises habitudes *motrices,* plus

ment *gymnastique (méthode de Brissaud et méthode de Pitres),* thèse le Bordeaux, 1902, p. 81.

(1) Voir ma communication à ce Congrès. *Revue neurologique,* 1902, p. 782.

ou moins graves. Avec DROMARD (1) on peut distinguer dans ce groupe : 1° les tics d'habitude qu'on décrit chez les gens normaux ; 2° les tics proprement dits qu'on attribue aux psychasthéniques ; 3° les mouve ments automatiques qu'on désigne encore sous le nom de tics chez les idiots ; 4° la stéréotypie ou les mouve- ments stéréotypés.

Au Congrès de Bruxelles (1904), BRISSAUD a attiré l'attention sur les *douleurs* d'habitude. Leur caractère essentiel (quels que soient leur siège, leur intensité...) est « de survenir soit à date fixe et sans influence extérieure appréciable, soit à un moment quelconque, mais alors sous l'influence apparente d'une circon- stance invariable et cependant manifestement insigni- fiante ». Le rythme de ces douleurs a son point de départ dans une provocation polygonale.

CROCQ insiste (1904) sur l'*insomnie* d'habitude que l'on guérit en rompant artificiellement cette mauvaise habitude de ne pas dormir et décrit dans un second travail (2) les *attaques* d'habitude : un hystérique, par exemple, a une première attaque sous une influence occasionnelle quelconque ; puis il la reproduit par habi- tude, avec une certaine périodicité de rythme.

6. *Maladies mentales.*

Si j'ai tenu à ce qu'un paragraphe de ce chapitre portât ce titre, c'est surtout pour avoir l'occasion de

(1) DROMARD : Psychologie comparée de quelques manifestations mo- trices communément désignées sous le nom de tics. *Journal de Psy- chologie normale et pathologique*, 1905, p. 16.

(2) CROCQ : Les phénomènes morbides d'habitude. *Journal de neuro- logie*, 1905, p. 141.

bien spécifier ce qu'il faut entendre par maladies *mentales* et en quoi elles diffèrent des maladies *psychiques*.

D'un mot, les maladies mentales sont des maladies du psychisme supérieur, tandis que le terme plus général de maladies psychiques s'applique aux altérations de tous les centres psychiques.

Dans l'œuvre de CHARCOT, de PIERRE JANET et de leurs élèves, il est dit indifféremment de l'hystérie qu'elle est une maladie psychique ou une maladie mentale. Or, comme nous le verrons dans notre chapitre v, une maladie mentale entame toujours plus ou moins profondément la responsabilité et conduit plus ou moins vite à l'asile. Or, beaucoup d'hystériques restent responsables, et beaucoup d'hystériques ne pourraient pas être enfermés.

La meilleure des preuves que l'hystérie n'est pas nécessairement et par définition une maladie mentale, c'est que l'on décrit des symptômes vraiment mentaux qui sont une *complication* dans certains cas d'hystérie. Donc, l'hystérie est une maladie habituellement psychique et exceptionnellement mentale : c'est ordinairement une maladie du polygone. Si O participe à l'altération, c'est une complication : l'hystérique est devenu fou.

Cet exemple montre bien la différence qu'il me paraît nécessaire d'établir entre les maladies mentales et les maladies psychiques et, d'une manière plus générale, entre le psychique et le mental.

Cette différence résulte tout naturellement de la distinction (qui me paraît démontrée maintenant) entre le psychisme supérieur et le psychisme inférieur. Le mot psychique s'applique à tout l'ensemble de ces phénomènes, de ces centres et de ces maladies, qu'ils aient leur siège en O ou dans le polygone. Le mot mental ne s'applique qu'aux phénomènes, aux centres et aux maladies du psychisme supérieur.

Ainsi exposée, cette conception de la maladie mentale ne me paraît pas mériter les objections qu'on m'a faites, spécialement quand FEINDEL m'a reproché de vouloir aiñsi ressusciter l'antique, métaphysique et surannée distinction entre ψυχή et *mens*.

Ai-je besoin de répéter qu'il n'y a pas l'ombre de métaphysique ou d'ontologie dans ma conception des centres psychiques?

Toute l'écorce est psychique : dans cette écorce, la physiologie et la clinique obligent à séparer des neurones préposés à un psychisme supérieur et des neurones préposés à un psychisme inférieur. J'appelle mental tout ce qui a trait au premier groupe (O), conservant au mot psychisme son sens plus général qui l'applique aux deux groupes (O et polygone).

Il n'y a là ni résurrection de ψυχή et de *mens*, ni création d'âme de seconde majesté...

Ainsi définies, les maladies mentales, étant des altérations de O, semblent devoir avoir moins d'intérêt que les états étudiés plus haut pour l'analyse du psychisme inférieur.

Cependant, chez un certain nombre de mentaux, l'altération même de O émancipe la vie polygonale de remarquable façon. Les maladies mentales dans lesquelles O est plutôt déprimé, affaibli, annihilé, pourront donc aussi dans un certain nombre de cas servir à l'étude de l'activité isolée du psychisme inférieur.

J'ai souvent cité l'histoire d'un paralytique général
qui ne se reconnaissait pas dans les rues de Montpellier et s'égarait quand il cherchait à s'y retrouver
avec O, mais qui rentrait chez lui automatiquement,
polygonalement, quand il occupait ses débris de O à
autre chose et revenait chez lui sans y penser volontairement, à l'heure du déjeuner. BERNHEIM (1) a publié le
cas analogue d'un malade incapable de se rappeler
la topographie des rues et places de Nancy, ne sachant
plus quels monuments contient la place Stanislas et
qui cependant trouvait son chemin.

Dans le chapitre IV, j'indiquerai divers exemples de
lésion du lobe préfrontal dont la symptomatologie se
ramène à l'affaissement ou la disparition des fonctions
psychiques supérieures et à l'exubérance et l'hyperactivité des fonctions psychiques inférieures.

IV. LÉSIONS ORGANIQUES PERMETTANT D'ÉTUDIER
LE PSYCHISME INFÉRIEUR

A la fin d'une critique d'ailleurs fort bienveillante,
A. BINET (2) dit : « ce sont là encore des questions bien
obscures, et il faudra bien, un jour, se décider à mettre de côté les hystériques et à étudier ces phénomènes
sur des individus normaux sachant s'analyser exactement. »

Je ne crois pas qu'il faille « mettre de côté les hystériques » parce qu'on peut tirer de leur étude des

---

(1) BERNHEIM : Contribution à l'étude de l'aphasie et de la cécité psychique des choses. *Revue de médecine*, 1885, p. 625.

(2) A. BINET, *Année psychologique*, 1897, t. III, p. 640.

renseignements bien utiles ; mais je crois qu'il serait fâcheux de se limiter à l'étude des hystériques.

Pour les sujets normaux, même quand ils savent « s'analyser exactement », l'analyse est bien difficile entre les centres de la vie automatique et les centres de la vie psychique supérieure. Chez l'homme sain, il faut le sommeil ou la distraction intense, touchant à la névrose, pour opérer cette dissociation ; il faut l'hypnose... et ce n'est déjà plus l'état normal.

L'expérimentation chez les animaux n'est guère possible pour ces phénomènes à cause de l'élévation des fonctions à étudier.

Il n'y a qu'un autre moyen d'étudier cette dissociation et, par suite, de prouver péremptoirement l'existence séparée de ces deux ordres de centres psychiques, c'est l'expérimentation chez l'homme par la maladie, c'est la méthode anatomoclinique, l'étude des *lésions* organiques, scientifiquement analysées, qui, par leur localisation, permettent de dissocier les deux degrés du psychisme normal.

Étudier ces lésions, c'est bien suivre le conseil·de BINET et « mettre de côté les hystériques » pour établir l'existence distincte des centres psychiques supérieurs (O) et des centres psychiques inférieurs (polygone).

1. *Troubles du langage. Aphasies et Paraphasies.*

J'ai déjà dit un mot (p. 29) de la physiologie du langage. Le tableau suivant (développement de la figure 5) résume la série des voies nerveuses par lesquelles passe un mot entendu ou lu pour arriver au polygone,

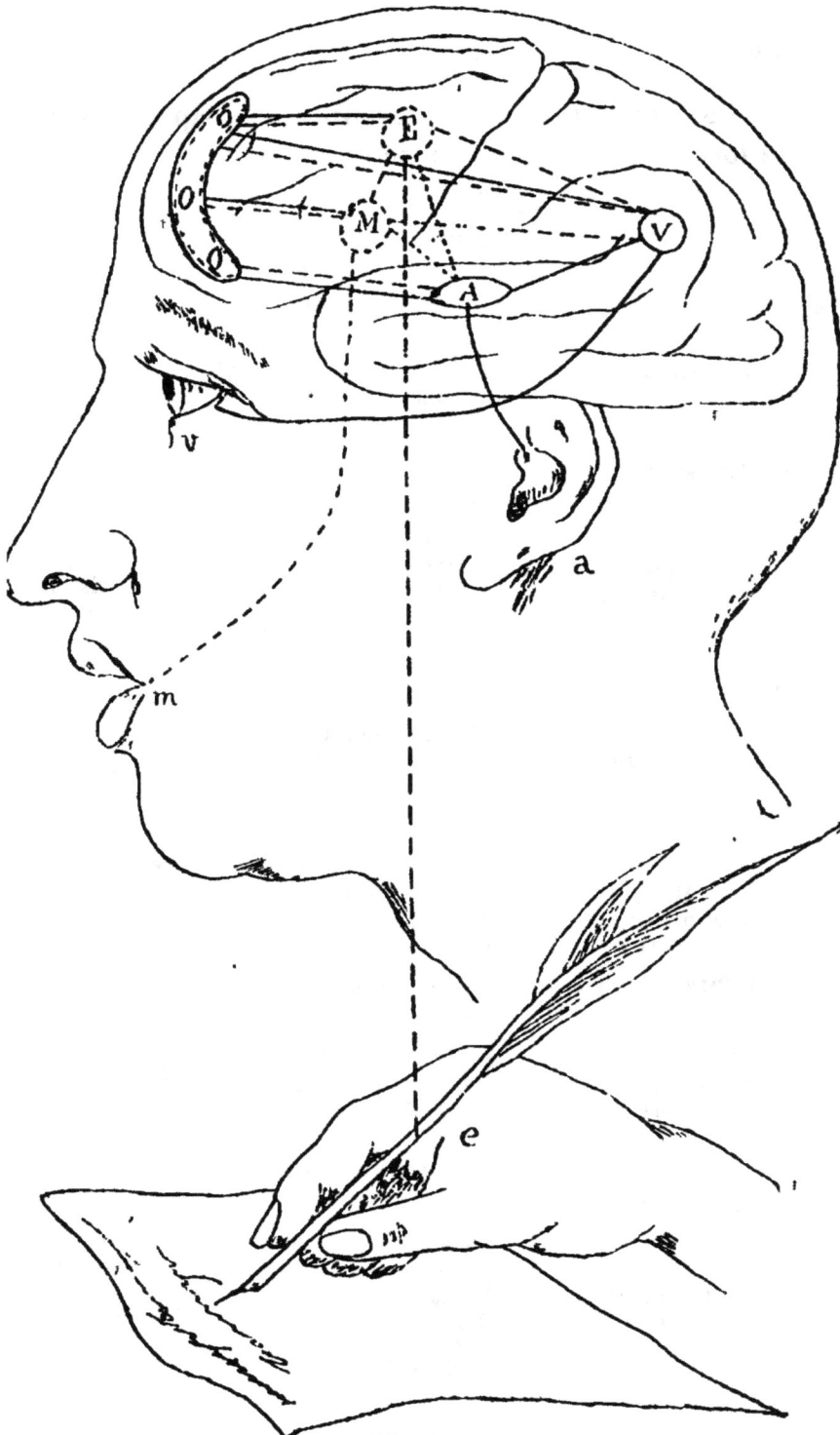

Fig. 5.

puis au centre O, et de là revenir à la périphérie sous la forme d'une réponse écrite ou parlée.

TABLEAU IV

	MOT ENTENDU	MOT LU
I. CENTRES INFÉRIEURS DE RÉCEPTION.	Nerf labyrinthique. Ganglion spiral.	Première couche de la rétine. Cellules ganglionnaires de la 2ᵉ couche rétinienne.
II. CENTRES MÉSOCÉPHALIQUES.		
III. CENTRES CORTICAUX GÉNÉRAUX.	Ruban de Reil. Centre auditif général : écorce de la partie moyenne de la scissure parallèle et de ses lèvres.	Nerfs hémioptiques. Centre visuel général : écorce de la scissure calcarine et de ses lèvres.
IV. CENTRE CORTICAL D'ASSOCIATION : insula.		
V. CENTRES CORTICAUX AUTOMATIQUES : POLYGONE.	Centre auditif des mots A : 1ʳᵉ temporale.	Centre visuel des mots V : pli courbe.
VI. CENTRE MENTAL O : région préfrontale.		

	RÉPONSE ÉCRITE	RÉPONSE PARLÉE
VII. CENTRES CORTICAUX AUTOMATIQUES : POLYGONE.	Centre du langage écrit E : pied de la 2ᵉ frontale gauche.	Centre du langage parlé M : pied de la 3ᵉ frontale gauche.
VIII. CENTRE CORTICAL D'ASSOCIATION : insula.		
IX. CENTRES CORTICAUX GÉNÉRAUX.	Écorce de la partie inférieure de la région périrolandique. Centre du membre supérieur. Centre ovale. Faisceau pyramidal.	Centres du facial, du spinal et de l'hypoglosse. Capsule interne. Faisceau géniculé.
X. CENTRES MÉSOCÉPHALIQUES.		
XI. CENTRES INFÉRIEURS D'ÉMISSION.	Cellules grises antérieures de la moelle. Nerfs moteurs du membre supérieur droit.	Noyaux du facial du spinal et de l'hypoglosse. Nerfs moteurs des lèvres, du voile du palais, de la langue et du larynx.

Pour le clinicien, l'appareil nerveux du langage est en somme constitué par trois grands étages de centres : 1° le centre O de l'idéation, de la conscience et de la volonté ; 2° le polygone cortical des centres de la formation des mots et des signes ; 3° les centres basilaires et mésocéphaliques de l'articulation des mots et de l'expression des signes.

Les troubles du centre O sont purement *mentaux* et produisent par exemple le mutisme de l'aliéné. Les troubles du polygone et de ses voies de relation, soit avec le centre O, soit avec les centres inférieurs de l'articulation, entraînent les *aphasies* et *paraphasies*. Les troubles des centres de l'articulation et de leurs connexions supérieures et inférieures entraînent les *anarthries* et *dysarthries*.

Le deuxième groupe (aphasies) (1) nous intéresse seul ici pour l'étude du psychisme inférieur.

Le groupe des aphasies comprend les troubles de la faculté proprement dite du langage : faculté d'exprimer notre pensée par des signes. L'idéation, d'un côté, la fonction d'articulation des mots, de l'autre, sont suffisamment conservées pour que le langage soit possible ; mais il y a impossibilité (ou difficulté) de passer soit de l'idée au signe, soit du signe à l'idée, le langage comprenant la parole, l'écriture et les gestes (mimique).

Pour classer un malade et analyser cliniquement une aphasie, il faut étudier les huit points suivants (GILBERT BALLET) (2) et rechercher : 1° si le sujet com-

---

(1) « L'aphasie, syndrome psychique, est un trouble du langage ; la dysarthrie, syndrome moteur, un trouble de la parole. » (DUPRÉ, *loco cit.*, p. 1076.)

(2) Voir JEAN CHARCOT : Article Aphasie. *Manuel de médecine*, 1894, t. IV. p. 647.

prend les mots parlés ; si oui, intégrité de aAO (fig. 6) ;
2° s'il comprend les mots lus : intégrité de vVO; 3° s'il
peut parler volontairement : intégrité de OMm ; 4° s'il
peut écrire volontairement : intégrité de OEe ; 5° s'il
peut répéter les paroles entendues : intégrité de aAMm;
6° s'il peut lire tout haut : intégrité de OVMm ; 7° s'il
peut écrire sous la dictée : intégrité de aAEe ; 8° s'il
peut copier un texte : intégrité de vVEe.

En inscrivant sur un schéma les voies conservées
et les voies altérées chez un sujet, on arrive le plus
souvent à classer son aphasique dans un des types
suivants.

a) Aphasies polygonales, nucléaires de PITRES (1) :
lésion d'un des centres polygonaux M, E, A ou V.

α. *Aphasie motrice* ordinaire, aphémie de CHARCOT :
lésion en M.

Si elle est pure et complète, le sujet comprend les
mots entendus (aAO) et lus (vVO), ne parle pas volontairement (OMm), ne répète pas les mots entendus
(aAMm) et lus (vVMm), écrit sous la dictée (aAEe) ou
en copiant (vVEe).

Si l'aphasie est incomplète (lésion partielle de M), les
variétés sont nombreuses : certains mots manquent
et pas d'autres, il ne reste que des jurons ou des mots
quelconques ou des syllabes sans signification ; le polyglotte ne conserve qu'une langue (2); le chant ou la
musique en général peuvent être intéressés (amusie :

(1) PITRES, *Revue de médecine,* 1899. Voir aussi CROCQ, *Journal de
neurologie,* et MORAT : *Traité de Physiologie de Morat et Doyon.*
Fonctions d'innervation, 1902, p. 702 à 705.

(2) Voir PITRES, *Revue de médecine,* 1895, p. 873.

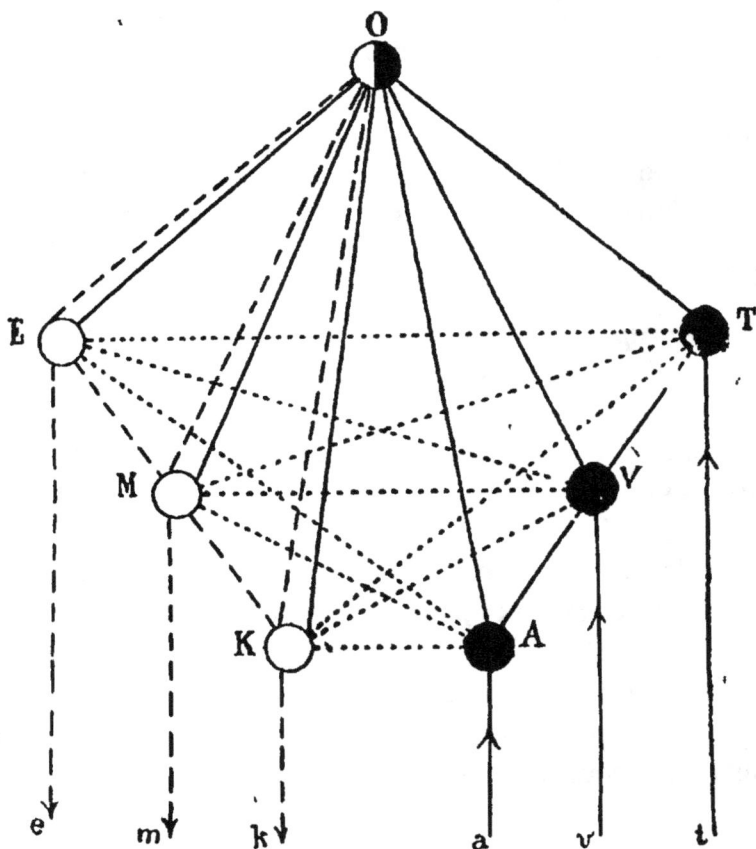

Fig. 6. — Schéma général des centres automatiques.
(Centres psychiques inférieurs.)

O. centre psychique supérieur :
de la personnalité consciente,
de la volonté libre,
du moi responsable.

A V T E M K. polygone des centres automatiques (centres psychiques inférieurs ou de l'automatisme psychologique) :
A. centre auditif.
V. centre visuel.
T. centre tactile (sensibilité générale).
E. centre de l'écriture.
M. centre de la parole.
K. centre kinétique (mouvements généraux).

KNOBLAUCH 1888, BLOCQ 1894) ou épargnés (1) ; on conserve ou non la faculté de moduler l'intonation (BRISSAUD) (2) et de garder ainsi le langage des animaux.

Suivant l'état des voies centripètes MO, le sujet peut s'apercevoir ou non de l'incorrection de son langage.

β. *Agraphie* : lésion en E.

Le sujet comprend les mots entendus (aAO) et lus (vVO), parle volontairement (OMm), n'écrit pas volontairement (OEe), répète les mots entendus (aAMm) ou lus (vVMm), n'écrit ni sous la dictée (aAEe) ni en copiant (vVEe).

Si la lésion est partielle, il y a des variétés analogues à celles de l'aphasie motrice. Comme la parole, l'écriture est multiple : le pouvoir de dessiner, de copier une figure de géométrie, de copier même des lettres d'imprimerie... peut se trouver dissocié et plus ou moins conservé dans l'agraphie partielle.

γ. *Cécité verbale* (KUSSMAUL 1877) : lésion en V.

Le sujet peut : comprendre les mots entendus (aAO), les répéter (aAMm), écrire sous la dictée (aAEe), parler (OMm) et écrire (OEe) volontairement. Mais il ne peut pas lire à haute voix (vVMm), ni copier (vVEe), ni comprendre ce qu'il lit (vVO). Il écrit donc, comme s'il avait les yeux fermés, sans pouvoir se relire et se

---

(1) Von PROBST : Ueber die Localisation des Tonvermogens. *Archiv für Psychiatrie und Nervenkrankheiten*, sept. 1899, t. XXXII, p. 387 ; MARINESCO, Des amusies. *Semaine médicale*, 1905, p. 49.

(2) BRISSAUD : *Leçons sur les maladies nerveuses*, 1895, t. I, p. 521.

contrôler. Certains (par rééducation) lisent ce qu'ils écrivent, par évocation des images graphiques en E.

Si la cécité verbale est partielle, le trouble est dissocié plus ou moins bizarrement : chiffres, heure à la montre, cartes à jouer, monnaie à compter, lettres écrites ou lettres imprimées, syllabes, mots, dessin... donnent lieu à des réactions diverses suivant les cas. Mon malade de 1878 trouvait la date sur un almanach, en comptant les pages (pour les mois), et puis les lignes jusqu'au jour qu'il voulait désigner.

δ. *Surdité verbale* (WERNICKE 1874, KUSSMAUL 1876) : lésion en A.

Le sujet peut comprendre les mots lus (vVO), parler (OMm) et écrire volontairement (OEe), lire tout haut (vVMm), copier (vVEe). Il ne peut pas : comprendre les mots parlés (aAO), répéter ce qu'on dit (aAMm), écrire sous la dictée (aAEe).

La surdité verbale incomplète peut se limiter à certains mots, certaines voyelles ou consonnes, certaines syllabes, à une seule langue chez un polyglotte, à la musique *(amusie)* (1).

BRISSAUD admet trois degrés au symptôme : 1° le sujet entend le bruit, sans savoir qu'on lui parle ; 2° il sait qu'on lui parle, mais ne sait pas la langue qu'on lui parle ; 3° il reconnaît la langue, mais ne la comprend pas.

Dans le fonctionnement polygonal du langage, les centres peuvent avoir des actions frénatrices mutuelles (HUGHLINGS JACKSON); le centre auditif A a une action

---

(1) Il y a autant de types d'amusie que de types d'aphasie (DEJERINE).

directrice sur le centre moteur M du langage (WER-
NICKE, BROADBENT) et spécialement une action frénatrice (PICK) (1). Aussi, quand la surdité verbale survient
brusquement, certains malades présentent-ils de la
« logorrhée ». PICK écarte la théorie de l'excitation et
fait de cette logorrhée une « conséquence de la perte
d'une fonction d'arrêt directrice dévolue au centre
auditif ». Au même groupe appartiennent les malades
verbeux et ceux qui ont de la *jargonaphasie* (création
de mots de toutes pièces, syllabes sans suite).

Chez tous ces malades, il y a trouble dans l'action
régulatrice que les divers centres du langage exercent
les uns sur les autres (DEJERINE).

De plus, il faut se rappeler que chaque sujet a un
tempérament polygonal différent; les divers centres sont
plus ou moins développés et exercent par suite une
action plus ou moins considérable, suivant que le sujet
est auditif, visuel, moteur ou graphique. DEJERINE a
bien montré qu'il ne fallait pas donner à cette conception de CHARCOT une portée trop absolue; mais il
reste vrai qu'en fait, de naissance ou par éducation
(PITRES), les centres prédominants dans le polygone ne
sont pas les mêmes chez chacun.

Si le sujet frappé de surdité verbale était un auditif,
le retentissement de la lésion sera bien plus grand, la
lecture et l'écriture pourront en être influencées.

b) Aphasies souspolygonales, souscorticales ou pures
de DEJERINE, lésion de quelqu'une des voies souspolygonales afférentes (aA, vV) ou efférentes (Mm, Ee).

(1) PICK : Rapport au Congrès de Paris, 1900, section de neurologie.

Il faut bien distinguer ces cas des lésions capsulaires qui entraînent la dysarthrie et le bredouillement (aphasies souscorticales de PITRES).

Il est très difficile de distinguer les aphasies sous-polygonales des aphasies polygonales correspondantes.

LICHTHEIM et DEJERINE ont proposé, pour cette différenciation, l'expérience suivante (déjà faite par PROUST) : le sujet atteint, par exemple, d'aphasie souspolygonale motrice (lésion en Mm) ne peut pas plus parler volontairement ou répondre oralement que l'aphasique moteur proprement dit (lésion en M). Mais il a conservé les images verbales motrices en M (que le second n'a pas) et il peut, dès lors, indiquer d'une façon quelconque, par un certain nombre de serrements de main MKk (LICHTHEIM) ou par un certain nombre d'efforts d'expiration (DEJERINE), combien de syllabes, c'est-à-dire combien de parties articulées, renferme un mot donné.

L'épreuve n'est pas concluante, parce que la persistance des autres images verbales (auditives, visuelles, graphiques) peut la faire réussir, en l'absence des images motrices.

Il faut dire seulement que les lésions souspolygonales, étant plus éloignées des centres corticaux supérieurs que les lésions polygonales, laissent en général l'intelligence et le langage intérieur beaucoup plus intacts.

c) *Aphasies suspolygonales,* psychonucléaires de PITRES, transcorticales de PICK (1) : lésion de quel-

_____

(1) PICK, *Archiv für Psychiatrie und Nervenkrankheiten,* 1899. (*Revue neurologique,* 1900, p. 323.)

qu'une des voies suspolygonales, centripètes (AO, VO)
ou centrifuges (1) (OM, OE).

Ce groupe, auquel appartient la célèbre autoobservation de Lordat (2), est caractérisé par l'intégrité du
polygone et par suite la persistance de l'entier langage
automatique avec disparition d'une des fonctions idéomotrices ou idéosensorielles.

Dans l'aphasie *idéomotrice* (lésion en OM), la parole
volontaire (OMm) est seule supprimée ; tout le reste est
conservé, même la parole automatique. Ces malades,
ne pouvant pas parler volontairement, peuvent chanter,
réciter des prières, proférer des jurons, répondre par
écrit aux questions écrites ou orales (aAMm, vVMm).
Brown Séquard a cité un aphasique à l'état de veille
qui parlait dans le sommeil chroroformique : il parlait
quand son polygone, émancipé de O par le chloro-
forme, présidait seul à la fonction du langage.

Dans l'aphasie *idéographique* (lésion en OE), tout est
conservé (même l'écriture automatique), sauf l'écriture
volontaire (OEe).

Dans l'aphasie *idéovisuelle* (lésion en VO), *cécité
psychique,* alexie souscorticale de Wernicke, le malade
lit à haute voix (vVMm), mais sans comprendre ce
qu'il lit (VO), à la façon du distrait (Brissaud).

De même pour l'audition dans l'aphasie *idéoauditive*
(lésion en AO).

---

(1) Ce sont les aphasies dans lesquelles, dit Brissaud *(Leçons sur
les maladies nerveuses,* t. I, p. 535), « le déficit intéresse non pas les
fibres de projection de la troisième frontale, mais certaines fibres qui
réunissent le centre de Broca à des régions de l'écorce où l'on place
provisoirement et hypothétiquement le centre de l'idéation ».

(2) J'ai réédité, presque en entier, ce curieux mémoire de Lordat
(1843) dans le *Montpellier médical* (1884).

d) Aphasies transpolygonales, internucléaires de
PITRES : lésion de quelqu'une des voies intrapolygonales (AM, VM, AE, VE), qui unissent entre eux les
divers centres polygonaux.

Dans ce groupe qui est l'opposé (ou plutôt le complémentaire du précédent), le langage volontaire OMm est
conservé et le langage automatique plus ou moins
compromis : toutes les aphasies de ce type sont *sensoriomotrices.*

Dans les *visuelles,* tout est possible sauf la lecture à
haute voix (vVMm) ou la copie d'un texte lu (vVEe).

A ce groupe *optomoteur* appartient *l'aphasie optique*
de FREUND (1889) ; le sujet ne peut pas prononcer le
nom d'un objet qu'il voit, mais bien d'un objet qu'il
touche ou flaire : « l'image visuelle de l'objet est incapable de réveiller l'image motrice d'articulation correspondante ; au contraire, les mémoires tactile, olfactive,
gustative, réveillent facilement cette image (1) ». C'est
la lésion sur VM.

Dans les aphasies *auditives, auditivomotrices,* la
seule chose impossible est ou la parole en écho (aAMm),
répétition des mots entendus, ou l'écriture sous la
dictée (aAEe).

Dans ces types, plus que dans tout autre, le tempérament du sujet influera sur la gravité du trouble
symptomatique. Suivant que le sujet est un auditif, un
visuel, un moteur ou un graphique, la perte des connexions d'un centre donné avec les autres entraînera
des conséquences plus ou moins importantes.

(1) DEJERINE : *Traité de Pathologie générale de Bouchard,* t. V,
p. 407.

On conçoit aussi dans ce même groupe la possibilité de l'interruption des connexions entre les divers centres moteurs KME (aphasies *motomotrices*) ou entre les divers centres sensitifs AVT (aphasies *sensoriosensorielles*).

Ainsi, dans l'audition colorée, il y a des relations spéciales entre A et V; chez un sujet de cet ordre, une lésion entre A et V entraînerait des symptômes spéciaux. De même, un graphique (sujet qui pense mieux la plume à la main) éprouverait de vrais désastres fonctionnels d'une lésion entre E et M.

e) Paraphasie.

Créé par ARMAND DE FLEURY (1865), ce mot a été bien défini par KUSSMAUL (1884) : « ce trouble de la parole dans lequel les idées ne répondent plus à leurs images vocales, si bien qu'au lieu de mots conformes au sens surgissent des mots d'un sens contraire, complètement étrangers ou incompréhensibles. » PITRES (1899) a légitimement étendu le mot aux diverses formes du langage. C'est la *paralalie* de LORDAT, l'*ataxie du langage*, comme l'aphasie en est la paralysie. PITRES étudie séparément la *paraphémie*, la *paralexie*, la *paragraphie* et leurs rapports mutuels.

WERNICKE a surtout montré dans ces cas le trouble des communications transpolygonales, mais en insistant trop exclusivement sur le rôle du centre A. On a en effet observé des faits de paraphasie sans surdité verbale (1). LICHTHEIM a bien vu, avec le trouble transpolygonal, le trouble suspolygonal idéoauditif.

(1) Voir notamment TOUCHE, *Archives générales de médecine*, 1899, t. II, p. 641.

Pitres, qui discute les diverses théories, montre que, dans les paraphasies, il y a deux éléments : 1° surtout un trouble suspolygonal idéomoteur (idéophonétique et idéographique); 2° d'une manière moins constante, un trouble des associations intrapolygonales. La paraphasie devient ainsi un symptôme des aphasies suspolygonales (c), psychonucléaires de Pitres, et des aphasies transpolygonales (d), internucléaires de Pitres,

Les deux groupes de paraphasie se distingueront l'un de l'autre par les signes habituels du groupe. Dans les paraphasies suspolygonales, il y aura intégrité du langage automatique et, dans les aphasies transpolygonales, il pourra y avoir de la logorrhée (jargonaphasie, verbosité) par la suspension de l'action frénatrice ou directrice, déjà indiquée, des centres sensoriels sur les centres moteurs du langage.

2. *Troubles de la connaissance. Agnosies et asymbolies* (1).

Une malade dont j'ai publié l'observation (2), hémiplégique par lésion cérébrale organique, n'avait pas de trouble de la sensibilité générale, mais ne reconnaissait pas les objets mis dans sa main et n'appréciait pas les différences peu importantes dans le poids ou les dimensions des objets.

(1) Voir, pour tout ce paragraphe : Claparède : Perception stéréognostique et stéréognosie. *Anné psychologique*, t. V, p. 65 ; Revue générale sur l'agnosie (cécité psychique, etc.), *Année psychologique*, t. VI, p. 74.

(2) *Maladies de l'orientation et de l'équilibre*, p. 22, observation VIII.

Les cas de ce genre (astéréognosie sans troubles des autres modes de sensibilité) ne sont pas rares. Dejerine et Egger (1) en ont pré enté un bel exemple à la *Société de neurologie*, et dans la discussion qui a suivi Pierre Marie a dit : « la perte isolée du sens stéréognostique n'est pas rare chez les hémiplégiques vulgaires. J'ai eu fréquemment l'occasion de le constater sur des malades de Bicêtre, et je crois que chez les hémiplégiques récents, même lorsque la sensibilité tactile est, sinon absolument indemne, du moins assez bien conservée, le sens stéréognostique est souvent plus ou moins atteint. »

Le mot stéréognostique, dit Claparède, a été introduit dans la terminologie médicale par Hoffmann dans sa thèse en 1883 : « les expériences qui sont instituées dans le but de fixer la façon selon laquelle l'homme est en état de reconnaître les corps par le toucher *(Gefühlsinn)* peuvent être désignées tout court par *stéréognostiques* (du grec τὸ στερεόν, le corps, neutre de στερεός, solide, ferme, dur). » En d'autres termes, la perception stéréognostique est la perception de la corporalité des objets.

En France, le *stereognostisches Vermögen* de Hoffmann est appelé (improprement d'ailleurs) *sens stéréognostique* (2). En tous cas, de là est venu pour le symptôme correspondant le mot de *astéréognosie* ou

---

(1) Dejerine et Egger : Sur un cas de perte du sens stéréognostique avec intégrité de la sensibilité tactile. Société de neurologie, 7 décembre 1899. *Revue neurologique*, 1899, p. 891. Discussion : Pierre Marie, Brissaud, Joffroy.

(2) Voir notamment Raymond : *Clinique des maladies du système nerveux*, t. III, 1898, p. 268, et Gasne : Sens stéréognostique et centres d'association. *Nouvelle Iconographie de la Salpêtrière*, t. XI, 1898, p. 46.

stéréoagnosie, premier type du groupe des *agnosies* (1)
(FREUD), qui comprend aussi la *cécité psychique* (MUNK,
puis SPAMER et FURSTNER), la *surdité psychique* (CHAUF-
FARD) etc. (2), au même titre que l'agnosie tactile
(REINHARD).

Dans la cécité psychique, « l'individu a conservé la
perception visuelle brute, mais est incapable d'en interpréter la signification ; il a perdu ses images visuelles
commémoratives (3) ». L'orientation est alors profondément troublée, les malades perdent leur sens topographique. « Notre vieil atlas tactile de l'espace est peu
à peu envahi et recouvert par les signes de l'espace
visuel ; il en résulte que, quand nous perdons la
mémoire visuelle des lieux, ce qui subsiste des éléments
tactiles, articulaires ou musculaires de nos représentations de ce genre, a subi trop profondément les effets
de l'atrophie d'inactivité pour nous être d'un grand
secours dans les premiers temps qui suivent la cécité
(JULES SOURY). L'orientation, qui primitivement tient
au domaine tactile, devient graduellement et presque
exclusivement visuelle (NODET). Les malades peuvent
donner le nom d'un objet placé dans le champ visuel
correspondant à la vision centrale, mais ne peuvent se
représenter la place occupée par cet objet dans l'espace.

---

(1) Voir NODET : *Les agnoscies, la cécité psychique en particulier,*
thèse de Lyon, décembre 1899 ; PAULY, *Lyon médical,* 1898, t. LXXXVIII,
p. 364 ; Mᵘ˟ KLAVDIA MARKOVA : *Contribution à l'étude de la perception
stéréognostique,* thèse de Genève, 1900 ; CHRÉTIEN : *De la perception
stéréognostique,* thèse de Paris, 1903, n° 200. — L'orthographe (*agnosie*
et non *agnoscie*) que j'adopte est celle de FREUD et de CLAPARÈDE.

(2) Sous le nom d'*apraxie,* déjà employé par KUSSMAUL, ALLEN STARR
décrit la perte de la compréhension de l'emploi des objets, de la manière de s'en servir.

(3) DEJERINE, *loco cit.,* p. 168.

Leurs sensations tactiles actuelles ou les images de leurs sensations tactiles antérieures sont insuffisantes pour suppléer les sensations visuelles (1). »

Dans la surdité psychique (2), le sujet « n'est pas sourd physiquement, continue, de recevoir les impressions sonores et réagit contre elles par un grand nombre d'actes complexes de mécanisme automatique ou instinctif et de nature surtout défensive ; mais cet individu est sourd psychiquement. » Le sujet perçoit la sensation auditive, mais il ne la reconnaît pas. Il « ne reconnaît pas l'objet qui lui a fourni la sensation » (cloche, voix connue).

Dans la stéréoagnosie, il n'y a étymologiquement que la perte de la faculté d'apprécier les dimensions et la forme d'un objet. Dans la cécité psychique, il y a impossibilité de *reconnaître* l'objet : il y a *asymbolie* (FINKELBURG ; puis GOGOL et WERNICKE). De là, l'utilité du mot *asymbolie tactile* pour compléter celui d'astéréognosie.

Donc, *agnosie* est un mot à sens général exprimant l'impossibilité de reconnaître un objet par un sens quelconque (vue, ouïe, toucher). Dans les agnosies figurent la *cécité psychique,* la *surdité psychique,* etc. Pour le toucher, on fait une subdivision : il y a *stéréoagnosie* si le sujet ne peut pas reconnaître les dimensions et la forme d'un objet ; il y a *asymbolie tactile* si, appréciant ses dimensions et sa forme, le sujet ne peut pas reconnaître l'objet.

(1) MARCHAND : Un cas de sclérose symétrique des lobes occipitaux. *Nouvelle Iconographie de la Salpêtrière,* t. XVI, 1903, p. 106.

(2) Voir MORAT, *loco cit.,* p. 656.

En quoi ces faits d'observation clinique peuvent-ils servir à l'étude du psychisme inférieur?

CLAPARÈDE admet deux degrés dans *la perception :* 1° la *perception au premier degré* ou *perception simple* « correspond à la première phase du processus, celle où l'objet nous est donné comme une unité, comme un tout faisant partie du monde extérieur, indépendamment des idées, sentiments qu'il peut susciter ; cette phase n'est autre que l'identification primaire qui produit la *reconnaissance sensorielle, assimilation* de HERBART, *sinnliches Wiedererkennen* de MULLER » ; 2° la *perception au second degré* ou *perception compliquée* « comprenant les phases ultérieures du processus, compréhension de la signification des objets, c'est-à-dire reconnaissance intellectuelle ; identification secondaire, *Complication* de HERBART, *begrifliches Erfassen* de MULLER ».

La première de ces reconnaissances, perception au premier degré, est une fonction du psychisme inférieur. La seconde reconnaissance, perception au deuxième degré, est une fonction du psychisme supérieur.

CLAPARÈDE ajoute : « Ces deux degrés de la perception sont d'ailleurs dans une dépendance réciproque, et il est souvent impossible de les délimiter. *Leur distinction nous paraît cependant propre à faciliter l'étude des cas pathologiques ;* mais, ajoute-t-il, à condition qu'on se souvienne qu'il ne s'agit que d'une division tout artificielle. »

Pourquoi considérer comme *artificielle* une division qui n'est pas *réalisée* dans la vie physiologique, mais qui apparaît nettement dans la vie pathologique ? La division est bien *réelle,* puisque la lésion organique peut détruire l'une de ces fonctions et pas l'autre.

CLAPARÈDE dit d'ailleurs plus loin : ces observations (pathologie) « montrent que l'identification implique bien deux termes (sinon anatomiques, du moins physiologiques) qui peuvent exister l'un à l'exclusion de l'autre ou qui, présents tous les deux, peuvent ne pas se fusionner ou se superposer, comme cela doit avoir lieu normalement ».

Je crois même que la dissociation des deux fonctions par une *lésion organique* prouve qu'il y a deux termes *anatomiques* comme il y a deux termes physiologiques.

CLAPARÈDE (1) se refuse cependant à appliquer mon schéma à l'explication des troubles d'identification parce qu'il n'explique pas les mouvements qui sont à la fois automatiques et conscients, ni ce fait que dans l'asymbolie on a encore conscience des sensations élémentaires; ce n'est que leur association qui est détruite; tandis que, lorsque le centre O est séparé d'un des centres polygonaux, c'est, par définition, l'inconscience forcée.

J'ai essayé de répondre que, sans doute, mon schéma est trop simple. Un schéma simplifie artificiellement. Mais j'ai toujours dit que là où il y a un point ou une ligne il faut mettre une série de neurones et de fibres ; que, par suite, il y a des altérations et des dissociations incomplètes et partielles : c'est ce qui se produit dans les cas que m'objecte mon éminent collègue de Genève. D'autre part, je n'ai jamais nié les mouvements à la

---

(1) CLAPARÈDE, *Archives de Psychologie,* t. I, 1902, p. 260.

fois automatiques et conscients, c'est-à-dire ayant leur
point de départ dans le polygone, mais perçus par O.

En tous cas, la *reconnaissance* d'un objet est un
jugement. Ce jugement de reconnaissance est à deux
degrés.

Quand un sujet a reçu toutes les sensations venues
d'un objet, il fait dans son polygone une première
reconnaissance inférieure, inconsciente, qui commande
l'attitude du sujet vis-à-vis de l'objet automatiquement
reconnu. Dans certains cas, tout se borne là.

Dans d'autres cas, tout l'ensemble des centres psychiques (supérieurs et inférieurs) intervient, réunit,
rapproche, combine toutes les impressions venues de
l'objet, les compare aux impressions plus ou moins
analogues déposées antérieurement dans la mémoire et
couronne cet acte psychique par un jugement de reconnaissance supérieure ou consciente.

En dernière analyse, le jugement de reconnaissance
localise un objet *extérieur* dans l'*espace* et une image
intérieure dans le *temps*. La reconnaissance est un
jugement d'orientation et de localisation d'une impression dans le temps et dans l'espace.

Ce jugement de reconnaissance, qui peut être fort
rapide et alors simuler une perception simple, n'en est
pas moins toujours un jugement (1) et doit être attri-
bué à des centres psychiques distincts de ceux qui
président à la sensibilité générale, puisque certaines
lésions organiques du cerveau dissocient ces deux fonctions.

(1) C'est ce qui fait l'inexactitude du mot *sens* stéréognostique.

Cette faculté de reconnaissance n'est d'ailleurs pas une faculté native (DEJERINE) (1) ; elle est l'application de diverses facultés natives, mais en elle-même elle est le résultat de l'éducation. C'est une faculté acquise et dont la perfection va même en grandissant au fur et à mesure qu'on l'applique et qu'on la cultive, au moins jusqu'à un certain âge et jusqu'à un certain degré, variable suivant la direction de l'éducation reçue.

L'enfant n'a pas encore cette faculté de perception stéréognostique, du moins à un certain âge et avant une certaine éducation. Dès lors, quand une lésion frappera un enfant encore dans ces conditions, quand la maladie atteindra chez lui l'appareil d'orientation (hémiplégie cérébrale infantile, par exemple), la main restera « vierge » de l'initiation stéréognostique ultérieure, et le sujet, en grandissant, continuera à ne pas reconnaître les objets avec sa main paralysée.

Il y a donc souvent, dans les paralysies qui remontent, pour leur début, à l'enfance, une astéréognosie par défaut d'éducation, que l'on peut le plus souvent faire disparaître, en faisant spécialement l'éducation de la main.

C'est bien là un exemple d'astéréognosie pure, sans autre trouble des diverses sensibilités, sous la dépendance d'une lésion organique.

Cela posé, comme il y a deux espèces de reconnaissance, il y a deux espèces d'agnosie : une agnosie primaire, trouble de l'identification primaire, et un trouble de l'identification secondaire ou asymbolie.

(1) DEJERINE, *loco cit.*, p. 588.

On comprend dès lors le principe du tableau suivant « des cas possibles d'agnosie » dressé par CLAPARÈDE.

TABLEAU V

AGNOSIE

I. TROUBLES DE L'IDENTIFICATION PRIMAIRE : agnosie primaire

- Agnosie visuelle pour les formes.
- Agnosie achromatopsique.
- Agnosie stéréoscopique (troubles de la perception du relief et de la profondeur).
- Stéréoagnosie (toucher).
- *Pour les mots :* cécité et surdité verbales pures.

II. TROUBLES DE L'IDENTIFICATION SECONDAIRE : asymbolie

AVEC CONSERVATION	AVEC PERTE DES REPRÉSENTATIONS MENTALES :
Optique.	Cécité psychique proprement dite.
Acoustique.	Surdité psychique.
Tactile. { Vraie ? / Cécité tactile.	Amnésie tactile ?
Olfactive,	Anosmie psychique.
Gustative,	Agueusie psychique.
Vasomotrice (apathie).	
Kinesthésique et motrice.	Apraxie. Akinésie. Troubles d'orientation
Générale avec perte de la volonté.	

POUR LES MOTS :

Aphasie optique.	Aphasies sensorielles vraies.
Aphasie acoustique. Asymbolie verboptique.	
Asymbolie verbo-acoustique.	Aphasie motrice.

En résumé, on peut supposer que les images des dimensions ou les images qui servent à apprécier les dimensions sont dans le polygone, tandis que la reconnaissance de l'objet nécessite les images supérieures qui sont en O.

S'il en est ainsi, l'astéréognosie correspondrait à une lésion polygonale ou souspolygonale, tandis que l'asymbolie tactile répondrait à une lésion suspolygonale.

Sans faire d'hypothèse, on peut toujours dire que la lésion est physiologiquement plus élevée dans l'asymbolie tactile que dans l'astéréognosie complète.

De même, pour la cécité psychique et pour la surdité psychique.

Bien plus haut que chez le sourd ordinaire doit être la lésion cérébrale qui permettait au malade de RIGHETTI (1) d'entendre la voix, de reproduire des sons et surtout l'intonation, mais sans qu'il pût parler. Il « ne peut assigner une signification aux paroles entendues ; il ne peut associer l'image verbale auditive au sens qu'elle représente. En d'autres termes, son centre auditif est incapable de transmettre aucun stimulus aux centres d'idéation. Par contre, il communique avec le centre d'articulation des mots, puisque les paroles peuvent être répétées. »

D'une manière plus générale, les troubles de l'identification primaire (agnosies primaires) correspondraient à une altération polygonale ou souspolygonale ; les troubles de l'identification secondaire (asymbolies) correspondraient à une altération suspolygonale.

En tous cas, il ressort de tout cela que l'observation des faits cliniques d'agnosie est un bon moyen de plus pour l'étude du psychisme inférieur.

(1) RIGHETTI : *Rivista di patologia nerv. e mentale*, 1900, p. 337. (*Revue neurologique*, 1901, p. 241.)

3. *Troubles du mouvement : mouvements associés et imités chez les hémiplégiques, parakinésies, épilepsie corticale.*

Dès mes premières leçons de 1896 (1), je parlais d'un parallèle intéressant à établir entre les paralysies d'origine corticale et les aphasies. Dans l'hémiplégie cérébrale, il y a, comme dans l'aphasie, des variétés suivant que la lésion siège dans les centres polygonaux ou dans les fibres sus ou souspolygonales. Et j'ajoutais : « le moyen notamment de distinguer ces variétés, c'est d'apprécier l'état des mouvements associés, syncinétiques. Certains hémiplégiques ne peuvent pas mouvoir les membres paralysés seuls, mais peuvent les mouvoir simultanément avec les membres sains : la lésion est alors suspolygonale ; les communications intrapolygonales persistent et les mouvements associés sont possibles ; de même, dans certains cas, on peut observer des mouvements d'imitation, des mouvements d'entraînement automatique. Quand un centre polygonal est voisin de la lésion, il est excité : alors se produit l'épilepsie Bravais Jackson. »

Babinski (2) a ainsi cité un exemple de mouvements se produisant dans le membre inférieur paralysé à l'occasion de mouvements volontaires dans les bras, et Friedel Pick (3) a cité un exemple de mouvements du bras sain imités par le membre paralysé.

(1) *Loco cit.*, p. 242.
(2) Babinski : *Société médicale des hôpitaux*, 1897. (*Revue neurologique*, 1898, p. 151.)
(3) Friedfl Pick. Congrès de Paris de 1900, section de neurologie. *Revue neurologique*, 1900, p. 729.

Il ne faut rien exagérer ; tous ces mouvements ne sont pas nécessairement polygonaux. Car la communication de l'influx cérébral sain au côté malade peut se faire plus bas que dans le polygone, même dans la moelle. Mais certains cas doivent se rapporter au polygone. C'est la pensée de PICK puisqu'il rapproche ces cas de son aphasie transcorticale (notre aphasie suspolygonale).

On peut aussi rapprocher ces faits de ceux que DE BUCK (1) a étudiés sous le nom de *parakinésies* (par analogie avec les paraphasies dont j'ai parlé plus haut), et attribués à la « lésion des fibres d'association reliant les centres idéogènes et les centres de projection ». « Pour nous, dit-il, il existe, entre les neurones de projection, des neurones d'association sensitivomoteurs, qui relient entre elles les diverses images sensorielles et kinétiques qui nous mettent en rapport avec le monde extérieur »; c'est mon polygone. « Mais au-dessus de cet étage nous mettons un autre ordre de neurones d'association », mon centre O, « qui sont les neurones psychiques, les neurones évocateurs des images sensoriomotrices, le véritable organe différencié des facultés purement psychiques (2) ». C'est « dans la transmission de la sphère mentale à la sphère des images de motilité que se produit la perturbation qui

(1) DE BUCK : Les Parakinésies : *Journal de Neurologie*, 1899, p. 361.
(2) DE BUCK admet, contre PITRES, que les centres psychiques sont anatomiquement et fonctionnellement différenciés, au point qu'on peut « les considérer comme l'organe propre et exclusif des opérations mentales ». Seulement, pour lui, « ces neurones ne se localisent pas dans un centre limité, mais existent sur toute la surface du cerveau ou ils forment la sphère psychique ou les sphères psychiques en opposition avec les sphères sensoriomotrices ». (Voir, plus loin, le chapitre IV.)

donne lieu à la parakinésie » : lésion suspolygonale.

Dans les mêmes voies idéomotrices (suspolygonales) siège la lésion du malade de DEJERINE et LONG (1), dont la motilité inconsciente était normale et la motilité volontaire très gênée. BRUNS et PICK ont observé des cas analogues (2). Au même groupe encore appartiennent mon malade et celui de BERNHEIM (dont j'ai parlé plus haut, p. 127) qui rentraient chez eux automatiquement, mais s'égaraient dans la direction volontaire.

Il y a bien là un dernier groupe de faits cliniques utile pour l'étude du psychisme inférieur.

(1) LONG : *Les Voies centrales de la sensibilité générale*, thèse de Paris, 1899, observation XXXIX, p. 155.

(2) Voir les idées de STORCH et d'ADLER sur ces troubles dans le schéma de la stéréopsychie (p. 29) dans le travail déjà cité de DE BUCK. (*Journal de neurologie*, 1904, p. 472.)

CHAPITRE III

LES FONCTIONS PSYCHIQUES INFÉRIEURES. — PHYSIOPATHOLOGIE DU PSYCHISME INFÉRIEUR

CLASSIFICATION DES ACTES ET DES FONCTIONS PSYCHIQUES EN GÉNÉRAL.
I. SENSIBILITÉ DU POLYGONE.
    1. *Quelques définitions.*
    2. *La sensibilité polygonale à l'état physiologique et dans certains états extraphysiologiques.*
        a) Distraction.
        b) Sommeil.
        c) Cumberlandisme, hypnose, médiums.
    3. *La sensibilité polygonale élective.*
        a) Sommeil.
        b) Somnambulisme et hypnose.
    4. *Les anesthésies avec conservation de la sensibilité polygonale.*
        a) Anesthésies paradoxales des hystériques.
        b) Amauroses et dyschromatopsies hystériques.
        c) Expériences qui prouvent l'arrivée au polygone de l'impression non perçue par O.
    5. *La sensibilité polygonale dans les lésions organiques.*
II. IDÉES POLYGONALES.
    1. *Les idées polygonales à l'état physiologique.*
        a) L'idée polygonale.
        b) Divers groupes d'idées polygonales.
    2. *Les tempéraments suivant les idées polygonales.*
    3. *Les idées polygonales dans les états pathologiques.*
        a) Idées erronées; illusions polygonales.
        b) Hypoidéation polygonale.
        c) Hyperidéation polygonale.
        d) Idée fixe polygonale.
III. MÉMOIRE POLYGONALE.
    1. *Généralités et définitions.*
    2. *La mémoire dans les divers états de désagrégation suspolygonale.*

a) Distraction.

b) Sommeil.

c) Hypnose.

  α. Sans suggestion.

  β. Avec suggestion.

  γ. Suggestions à longue échéance.

d) Somnambulisme.

e) Hystérie.

f) Intoxications.

3. *Évocation des souvenirs polygonaux dans d'autres états, non similaires, de désagrégation suspolygonale.*

a) Hystérie et hypnose; hystérie et distraction; somnambulisme et hypnose; catalepsie et somnambulisme.

b) Sommeil et distraction.

c) Distraction et cristallomancie.

d) Sommeil et hypnose.

e) Étendue de la mémoire dans l'hypnose.

4. *Évocation des souvenirs polygonaux à l'état de veille.*

a) Distraction et veille.

b) Sommeil et veille.

c) Hypnose (ou somnambulisme) et veille.

d) Divers modes de réaction de O sur les souvenirs polygonaux.

  α. O reconnaît la nature polygonale du souvenir.

  β. O hésite sur la nature polygonale du souvenir.

  γ. O méconnaît l'origine mnésique de l'idée : réminiscence.

  δ. O reconnaît une impression qu'il n'a jamais éprouvée : sensation du « déjà vu ».

5. *Les tempéraments suivant la mémoire polygonale.*

6. *Les divers types pathologiques de mémoire polygonale.*

a) Paramnésies générales avec hypermnésie polygonale; hypermnésies suggérées.

b) Amnésies générales totales.

c) Amnésies générales avec conservation de la mémoire polygonale.

d) Amnésies polygonales.

e) Paramnésies polygonales.

IV. IMAGINATION POLYGONALE. ASSOCIATION DES IDÉES ET DES IMAGES. OBJECTIVATION ET CRÉATION. LE POLYGONE ET L'INSPIRATION.

1. *Généralités.*

a) Association polygonale et ses lois.

b) Imagination et ses éléments constitutifs.

2. *Association et objectivation.*

    a) État normal : flânerie, distraction, association médiate.

    b) Sommeil.

    c) Hypnose.

    d) Somnambulisme et Hystérie.

    e) Médiums. Leurs romans.

3. *Imagination créatrice et inspiration.*

    a) Théorie polygonale de l'inspiration.

    b) Caractères inférieurs des romans polygonaux.

    c) Puérilité des conceptions polygonales en général.

    d) Rôle des deux psychismes dans la création et l'inspiration.

4. *Les tempéraments suivant l'association et l'imagination polygonales.*

    a) Types physiologiques suivant la force d'association polygonale : rapidité de l'évocation et durée de l'association.

    b) Types physiologiques suivant la force d'objectivation et de création polygonales et suivant la stabilité de l'imagination polygonale.

    α. Imagination forte.

    β. Imagination faible.

    γ. Imagination mobile ou cristallisée.

    c) Ces divers types physiologiques dans l'inspiration.

    α. Types polygonaux.

    β. Types O.

5. *Les divers types pathologiques d'association et d'imagination polygonales.*

    a) Troubles pathologiques de l'association polygonale.

    α. Associations paradoxales.

    β. Affaiblissement de la durée de l'association et exagération de la rapidité d'évocation.

    γ. Affaiblissement du pouvoir d'évocation et conservation ou accroissement de la durée de la représentation.

    δ. Affaiblissement de la rapidité d'évocation et de la durée de l'association.

    b) Troubles pathologiques de l'imagination polygonale.

    α. Troubles hypo.

    β. Troubles hyper.

    γ. Troubles partiels et localisés. Hallucinations polygonales.

c) Rapports du génie et de la névrose.

V. Raisonnements et Jugements polygonaux.

1. *Généralités.*

2. *Les tempéraments suivant la force polygonale de jugement et de raisonnement.*

3. *Les divers types pathologiques de raisonnement et de jugement polygonaux.*

  a) Troubles hypo.

    α. Affaiblissement de la faculté polygonale de juger et de raisonner en général.

    β. Affaiblissement de la faculté polygonale de reconnaissance.

  b) Troubles para.

    α. Idées polygonales délirantes.

    β. Paragnosie.

    γ. Méfiance de ses jugements.

    δ. Jugements contradictoires; négateurs par trouble du jugement.

VI. Volonté polygonale.

1. *Généralités.*

  a) Volonté, décision polygonales.

  b) Extériorisation de la décision; passage à l'acte moteur.

  c) Attention psychique.

  d) Synthèse totale.

2. *Les tempéraments suivant la force.*

  a) De la volonté.

  b) De la faculté d'extériorisation.

  c) De l'attention.

  d) De la synthèse psychique totale.

3. *Les types pathologiques.*

  a) Troubles de la volonté.

    α. Troubles hypo; aboulies.

    β. Troubles para; obsessions, paraboulies.

  b) Troubles de la faculté d'extériorisation.

    α. Troubles hypo; aboulie d'exécution; paralysies nocturnes.

    β. Troubles para; impulsions; agitations et manies.

  c) Troubles de l'attention.

    α. Troubles hypo; aprosexie.

    β. Troubles para.

  d) Troubles de la synthèse psychique totale.

VII. Le psychisme inférieur dans la vie individuelle.

1. *Généralités.*

a) Les perceptions (sensations et émotions) que chacun a de soi et de sa vie. Cenesthésie et peur polygonales.

b) Les idées que chacun a de soi et de sa vie.

c) Les volitions que chacun a pour soi et pour sa vie.

2. *Les divers types physiologiques.*

a) Suivant l'intensité des perceptions que chacun a de soi et de sa vie.

b) Suivant la force de l'idée du moi et de l'idée de personnalité.

c) Suivant la force de la volonté de vivre et d'accroître sa vie.

3. *Les types pathologiques.*

a) Troubles de la cenesthésie.

α. Phénomènes autoscopiques.

β. Fausses sensations cenesthésiques.

b) Troubles de la peur.

c) Troubles de l'idée de personnalité.

α. Dans l'hypnose.

β. Dans l'hystérie.

γ. Chez les médiums.

δ. Dans les maladies aiguës.

ε. Avec trouble de O.

ζ. Conception générale des troubles de l'idée de personnalité.

d) Impulsions de défense ou de destruction personnelles.

VIII. LE PSYCHISME INFÉRIEUR DANS LA VIE SOCIALE.

1. *Actes psychiques de l'homme en société : actes psychiques sociaux.*

2. *Actes psychiques des sociétés d'hommes : actes psychiques collectifs.*

a) Généralités.

b) Types physiologiques.

c) Types pathologiques.

IX. LE PSYCHISME INFÉRIEUR DANS LA VIE DE L'ESPÈCE.

1. *Actes psychiques relatifs à la vie sexuelle.*

a) Généralités.

b) Types physiologiques.

c) Types pathologiques.

2. *Actes psychiques relatifs à la vie de famille.*

CONCLUSION GÉNÉRALE DU CHAPITRE.

Quand la question du psychisme inférieur sera faite et qu'on pourra en écrire autre chose qu'une ébauche, ce chapitre troisième sera le plus important, car il comprend l'essence même du sujet : l'exposé du fonctionnement de ce psychisme inférieur, à l'état normal et pathologique, l'entière physiopathologie des centres psychiques inférieurs.

Actuellement, on ne peut guère indiquer qu'un plan d'étude qui servira à provoquer et à classer les recherches ultérieures.

Les fonctions psychiques sont les mêmes, comme nombre et espèces, dans le psychisme inférieur et dans l'ensemble du psychisme (supérieur compris). Leurs caractères et leur histoire, seuls, sont différents.

Comme ordre d'étude, nous pouvons donc adopter la classification que j'ai proposée ailleurs (1) pour les actes et les fonctions psychiques en général, classification que résume le tableau suivant.

C'est en suivant cette classification (dont je n'ai pas à discuter ici les bases) que nous étudierons successivement dans ce chapitre : 1° la sensibilité polygonale ; 2° les idées polygonales ; 3° la mémoire polygonale ; 4° l'imagination polygonale ; 5° les jugements polygonaux ; 6° la volonté polygonale ; 7° le psychisme inférieur dans la vie individuelle ; 8° le psychisme inférieur dans la vie sociale ; 9° le psychisme inférieur dans la vie de l'espèce.

(1) Plan d'une physiopathologie clinique des centres psychiques. *Montpellier médical* (1901), p. 193. — Voir une importante critique de ce Plan dans les *Archives de Psychologie* (1905), t. V, p. 54.

TABLEAU VI

CLASSIFICATION DES FONCTIONS ET DES ACTES PSYCHIQUES EN GÉNÉRAL

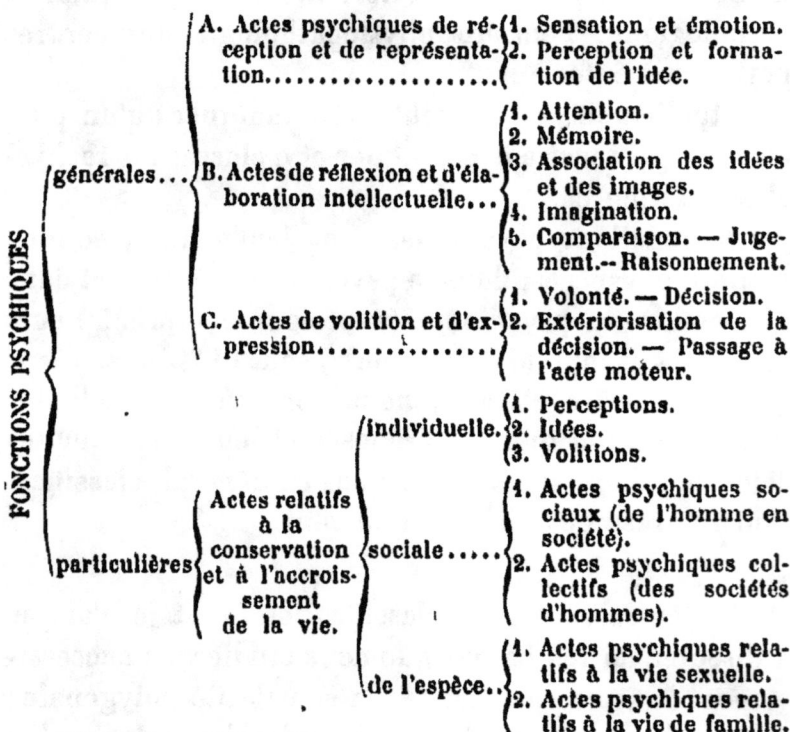

FONCTIONS PSYCHIQUES

générales...

A. Actes psychiques de réception et de représentation......................
  1. Sensation et émotion.
  2. Perception et formation de l'idée.

B. Actes de réflexion et d'élaboration intellectuelle...
  1. Attention.
  2. Mémoire.
  3. Association des idées et des images.
  4. Imagination.
  5. Comparaison. — Jugement.-- Raisonnement.

C. Actes de volition et d'expression.................
  1. Volonté. — Décision.
  2. Extériorisation de la décision. — Passage à l'acte moteur.

particulières — Actes relatifs à la conservation et à l'accroissement de la vie.

individuelle.
  1. Perceptions.
  2. Idées.
  3. Volitions.

sociale.....
  1. Actes psychiques sociaux (de l'homme en société).
  2. Actes psychiques collectifs (des sociétés d'hommes).

de l'espèce..
  1. Actes psychiques relatifs à la vie sexuelle.
  2. Actes psychiques relatifs à la vie de famille.

I. SENSIBILITÉ DU POLYGONE.

1. *Quelques définitions.*

La *sensation* est le phénomène psychique produit par l'arrivée d'une impression centripète aux neurones supérieurs de la conscience.

La sensation *simple* se conçoit ; mais je ne crois pas qu'elle existe, pas plus que l'excitation d'*un* neurone. En fait, la sensation est toujours complexe. L'*image* est le résultat de ces associations de sensations.

Si le processus se complique et s'étend à un plus grand nombre de neurones, la sensation devient agréable ou désagréable, entraîne *plaisir* ou *douleur*. (On peut éprouver des sensations, auxquelles on reste indifférent, qu'on enregistre sans plaisir ni douleur.)

Si les choses se compliquent encore et si le processus s'étend à d'autres centres neuroniques, la douleur devient *tristesse* ou le plaisir devient *joie*, la sensation devient *émotion*. Un des signes de cette extension de l'excitation à d'autres neurones, caractère essentiel de l'émotion, est l'apparition des troubles vasomoteurs et en général des phénomènes extrapsychiques (physiologiques des auteurs). Cet élément physiologique, très étudié dans ces derniers temps, fait partie intégrante de l'émotion (1).

La plupart de ces phénomènes supposant l'intervention nécessaire de la conscience ne peuvent pas (d'après nos définitions du chapitre 1) se retrouver dans le psychisme inférieur. Il n'y a dans le polygone ni sensation au vrai sens du mot, ni image perçue, ni source de plaisir ou de douleur.

Il y a cependant des impressions centripètes qui pénètrent jusqu'au psychisme inférieur sans le dépasser, sans atteindre O, sans devenir conscientes, et qui produisent dans les neurones du polygone un phénomène

(1) J'ai discuté ailleurs les idées de WILLIAM JAMES, LANGE et SERGI sur la nature même de l'émotion.

analogue à celui que l'on appelle sensation quand il se passe dans les neurones de O.

La preuve de ce phénomène polygonal est donnée non pas par l'auto-observation qui est impossible ici par définition, mais par la constatation de phénomènes ultérieurs (mouvements par exemple) (1) qui sont liés à cette impression centripète et dont la production démontre ainsi l'existence de cette *sensation polygonale,* qui est une sensation inconsciente, une sensation non sentie. C'est la sensation sans la perception de la sensation que nous avons déjà vue signalée par GERDY il y a soixante ans.

L'impression centripète en général peut d'ailleurs s'arrêter bien plus bas que le polygone, dans les centres de la base de l'encéphale ou même dans la moelle, et se manifester par des mouvements : c'est le mécanisme de l'acte réflexe.

Pour admettre que l'impression est arrivée jusqu'au psychisme inférieur, il faut avoir la preuve de la nature *psychique* de la réaction à l'impression. En somme, *la sensation polygonale est un phénomène psychique inconscient causé par une impression centripète dans les neurones du psychisme inférieur.*

Dans l'émotion, il y a un élément de conscience que l'activité polygonale seule ne réalise pas; mais il y a aussi un élément vasomoteur et physiologique que l'impression polygonale peut réaliser. On peut éprouver les effets physiologiques d'une émotion sans avoir conscience de cette émotion. Et, comme les phénomènes

_____

(1) En étudiant plus loin la mémoire, nous trouverons d'autres procédés pour découvrir l'enregistrement polygonal des impressions centripètes inconscientes.

physiologiques peuvent être perçus par O, ils peuvent
y développer les éléments complets de l'émotion (conscience comprise (1).

Ainsi, quelques symptômes de maladie, de fonctionnement anormal des organes n'arrivent pas jusqu'à O,
ne sont pas perçus par moi et par suite ne me donnent
pas d'émotion. Mais la connaissance de ces mêmes
symptômes arrive au polygone, y détermine une sensation inconsciente ou polygonale; l'excitation s'étend
aux neurones des réactions physiologiques, et je réalise
les phénomènes physiologiques de la tristesse. Jusqu'ici tout a été inconscient. Maintenant ces phénomènes physiologiques arrivent à O, la conscience intervient et je deviens triste, *sans savoir pourquoi*.

Donc, dans le psychisme inférieur isolé, la sensibilité se manifeste par des sensations polygonales inconscientes et par des émotions polygonales également
inconscientes (au moins dans leur stade initial, qui est
le seul exclusivement polygonal).

2. *La sensibilité polygonale à l'état physiologique et dans
certains états extraphysiologiques.*

a) Distraction. — Les actes du *distrait* que j'ai déjà
décrits plus haut (p. 51) supposent un grand nombre
de sensations polygonales.

Quand, tout en réfléchissant à autre chose, je sens
un courant d'air, je me rends compte d'où il vient et

---

(1) Voir ma leçon publiée dans *La Province médicale*, 1905, n° 2 :
Ceux qui sont tristes parce qu'ils pleurent et ceux qui pleurent parce
qu'ils sont tristes.

vais fermer une porte entr'ouverte, sans interrompre mes réflexions; mon polygone a bien eu une série d'impressions utilisées. Que d'impressions sont nécessairement parvenues au polygone de Xavier de Maistre pour lui permettre d'atteindre la porte de Mme de Haut-Castel sans avoir cogné aucun passant et sans avoir été écrasé par aucune voiture !

Sur le distrait, on peut non seulement observer, mais aussi expérimenter, ces impressions polygonales.

A un ami qui vous expose avec animation une idée importante, dites doucement: nous allons à tel endroit, et non à tel autre. Son O n'a pas cessé et ne cesse pas de poursuivre sa démonstration ; mais son polygone a enregistré votre phrase et y obéit : il suit très exactement le chemin, peut-être compliqué, qui conduit au but désiré.

Les sensations polygonales sont donc démontrées chez le distrait par leur influence sur ses actes. Elles peuvent aussi révéler leur existence à O du sujet lui-même, notamment quand elles prennent une certaine intensité. Xavier de Maistre se sent brûlé par les pincettes qu'il n'avait maniées jusque-là qu'avec son polygone.

D'ailleurs, la désagrégation suspolygonale est peu solide dans la distraction; elle peut disparaître facilement. C'est ainsi qu'un pianiste peut, en lisant une partition, jouer, tantôt avec O, tantôt avec son polygone. La facilité avec laquelle il continue volontairement prouve bien que les impressions centripètes arrivaient avant comme après; seulement, dans un cas, elles ne dépassaient pas le polygone, et, dans l'autre, elles allaient jusqu'à O.

b) Sommeil. — La sensibilité polygonale est plus intéressante à étudier dans le *sommeil*.

Dans le sommeil très profond, toute communication centripète avec l'extérieur est interrompue. Certaines personnes ne s'éveillent pour aucune excitation : « On les touche, on les choque, on les frappe même, sans les réveiller. Prevost de Genève a cité l'exemple d'une personne à laquelle on brûla pendant son sommeil un calus au pied, sans qu'elle s'en aperçût. » (Maury.)

Dans d'autres cas, l'impression sensorielle peut pénétrer jusqu'au polygone du dormeur et, si elle n'est pas assez intense pour l'éveiller, elle peut diriger, modifier ses rêves.

Un bruit de cloche deviendra « un glas funèbre qui sera celui d'un être aimé ou le vôtre ». Une bougie allumée sera un incendie « qui aura été allumé par le feu du ciel ; il vous enveloppera et vous serez en grand péril ».

Maury entend des bruits de marteau et sue pendant un sommeil ; il rêve qu'on lui a placé la tête sur une enclume, qu'on la martèle à coups redoublés et qu'elle se fond en eau comme une cire molle. — On lui chatouille avec une plume les lèvres, puis l'extrémité du nez ; il rêve qu'on le soumet à un horrible supplice : il a un masque de poix sur la figure ; puis, ce masque, arraché brusquement, lui déchire la peau des lèvres, du nez, du visage. — On fait vibrer les pincettes : il rêve une cloche, le tocsin, les journées de 1848. — On approche un fer chaud de sa figure : il rêve des chauffeurs qui mettent des gens à la question en leur plaçant les pieds sur un brasier ; de là, il passe à la duchesse d'Abrantès, dans les Mémoires de laquelle il avait lu des détails sur les chauffeurs, et rêve qu'il est son secrétaire...

Certaines personnes arrivent, par là, à diriger leurs rêves.

Ainsi Mme RACHILDE écrit à CHABANEIX (1) : « Je peux rêver à ce que je veux et continuer le rêve commencé... comme un feuilleton dont on attend la suite. Pour rêver que je suis dans un très beau jardin, avec de l'eau et des fleurs, il me suffit de regarder, avant de m'endormir, le bouchon de cristal bleu taillé à facettes d'un flacon qui est sur ma table de chevet ou de toucher une étoffe de soie verte. Cela me réussit presque toujours. »

Dans cette observation de l'influence qu'a sur le rêve la dernière impression avant le sommeil est le principe d'un traitement des mauvais rêves chez certaines personnes : leur faire choisir et soigner leur dernière impression, par exemple leur dernière lecture avant le sommeil.

Les impressions viscérales peuvent aussi diriger les rêves. Les mauvaises digestions font rêver aux plaies intérieures. Les vertigineux rêvent chutes, navigation, escarpolette. Les dyspnéiques rêvent de bête, de monstre, qui leur pèse sur la poitrine.

Les rêves peuvent ainsi révéler un état somatique particulier. De là, dérivaient, pour les anciens, les interprétations divinatrices et, pour les modernes, les déductions séméiologiques des rêves.

GALIEN raconte déjà qu'un jeune homme rêva qu'il avait une jambe de pierre et fut, un peu plus tard, frappé d'une paralysie du même côté.

VASCHIDE et PIERON (2) ont montré que dans beaucoup

---

(1) CHABANEIX, *loco cit.*, p. 49.

(2) VASCHIDE et PIERON : *La Psychologie du rêve au point de vue médical.* Actualités médicales, 1902.

de rêves il y a un substratum physique, un trouble pathologique que le rêve aide à découvrir.

Tissié (1) a également consacré un chapitre intéressant aux rêves d'origine pathologique et à leur valeur séméiologique, spécialement au début des maladies. « Les maladies, dit-il, débutent généralement par un travail pathologique lent, quelquefois inconscient à l'état de veille, mais qui peut devenir très sensible à l'état de sommeil et provoquer des rêves qui ont des rapports plus ou moins sympathiques avec l'organe lésé. »

Dans ces cas, on peut vivre soi-même sa souffrance ou l'attribuer à un animal, un cheval par exemple qu'on voit suffoquer péniblement sous ses yeux, quand on a soi-même une crise d'asthme commençant dans le sommeil.

Ces faits prouvent non seulement l'existence, mais l'*étendue* et l'importance de la sensibilité polygonale, puisqu'elle peut nous révéler des phénomènes que la sensibilité consciente ignorait.

Comme dans la distraction, la désagrégation suspolygonale n'est pas ici absolue. Dans certains cas, O assiste au rêve sans pouvoir le modifier ; il peut même essayer de lutter plus ou moins victorieusement ; il discute son rêve, cherche à reprendre la direction du mouvement et, après des efforts plus ou moins grands, se rendort ou s'éveille.

c) *Cumberlandisme, hypnose, médiums.* — Dans

_____

(1) Tissié, *loco cit.*, p. 60.

certains états extraphysiologiques, la désagrégation est plus complète et la sensibilité polygonale y reste très évidente.

Dans les expériences de *Cumberlandisme*, le polygone du chercheur *sent* les impulsions du polygone directeur.

Dans *l'hypnose*, le sujet, en désagrégation suspolygonale complète, entend les suggestions et y obéit. Quand le sujet exécute une suggestion antérieure, un temps plus ou moins long après l'hypnose, il est en état de désagrégation et n'agit que par son polygone au moment où il obéit : à ce moment, il marche, va, vient, peut même demander des renseignements sur son chemin comme c'est arrivé à une de mes malades (1), cause, écrit... par conséquent reçoit dans son polygone et utilise une série d'impressions centripètes venues de l'extérieur.

Les *médiums* en transe reçoivent aussi des impressions de divers côtés dans leur polygone. On les interroge, on cause avec eux, ils se déplacent, miment des scènes...

Voilà donc une série d'exemples qui montrent bien ce qu'est la sensibilité polygonale.

3. *La sensibilité polygonale élective : sommeil, somnambulisme, hypnose.*

a) Sommeil. — *L'électivité* est un caractère curieux que peut présenter la sensibilité polygonale et qui apparaît déjà dans le *sommeil* : dans certains cas, le dormeur perçoit certaines impressions, alors que

---

(1) *Leçons de clinique médicale*, 1ʳᵉ série, p. 633.

d'autres excitations, souvent plus fortes, mais de qualité différente, ne paraissent pas parvenir à son polygone et l'influencer.

Ainsi, si on dort en chemin de fer, on peut entendre nommer les diverses stations, alors qu'on n'entend pas les coups de sifflet de la locomotive. Si on dort en société, on peut dire au réveil une grande partie de la conversation entendue, alors qu'on n'entendait pas les autres bruits.

La nature de l'impression a certainement une importance : ainsi un bruit continu (chemin de fer, moulin) ou régulièrement discontinu (passage des trains, heures de la pendule) ne sera pas perçu, tandis qu'un bruit moindre, mais irrégulier et inhabituel, sera perçu.

Mais il y a des faits plus curieux dans lesquels cet élément n'intervient pas. Un enfant a un rêve agité, un cauchemar; une personne étrangère lui parle, il n'entend pas ; sa mère intervient, le rassure ; sans s'éveiller, l'enfant reconnaît la voix de sa mère et se tait. MAURY rapporte l'histoire d'une femme qui s'endormait le soir, au coin de son feu, entendait son mari ou son fils et n'entendait pas les autres personnes. Que de mères qui n'entendent aucun bruit dans leur sommeil et sont éveillées par le moindre vagissement de leur enfant !

Voilà bien des exemples de sensibilité élective, partielle, systématisée.

b) *Somnambulisme et Hypnose.* — Le distrait, lui aussi, ne voit que certaines personnes ou certains objets : il a donc aussi un certain degré de rétrécissement du champ de la sensibilité polygonale.

La chose est bien plus nette chez le *somnambule*. Que de choses voit lady Macbeth et que de choses elle ne voit pas ! Même opposition entre les objets vus et les objets non vus chez l'automatique de CHARCOT qui va de Paris à Brest, en crise.

Mais c'est dans *l'hypnose* que le phénomène est le plus facile à étudier et le plus complet.

C'est par ce que l'on appelle la *suggestion sensitive négative* partielle que l'on crée le plus facilement chez un sujet une sensibilité polygonale élective. Par ordre, on supprime à un sujet endormi la vue de certaines couleurs, de certains objets, l'audition de certains sons ; on détermine l'anesthésie d'un membre ou d'un fragment de membre. On fera disparaître une personne présente, et alors le sujet endormi ne la verra pas, ne l'entendra pas parler, ne sentira pas son contact... elle a disparu pour lui.

Et la suggestion peut être aussi bien posthypnotique, c'est-à-dire qu'on peut suggérer à un sujet qu'à son réveil, ou un temps donné après son réveil, il ne verra que certains objets ou n'entendra que certains sons.

Au même groupe de sensibilité élective suggérée appartiennent ces « garde-malades du Dr FOREL, qui pouvaient, grâce à la suggestion, dormir profondément à côté des malades qu'elles avaient à surveiller et ne se réveiller que lorsque ceux-ci avaient besoin d'être contenus (1) ».

Cette sensibilité élective peut aussi être *spontanée* dans l'hypnose, c'est-à-dire exister sans qu'aucune suggestion l'ait fait naître. Ainsi (2) « LIÉBEAULT admet

---

(1) MYERS : *La Personnalité humaine*, p. 177.
(2) CROCQ : *L'Hypnotisme scientifique*, p. 103-145.

parfaitement la sensibilité élective ; il dit que presque toujours les somnambules artificiels sont en relation par l'esprit et les sens avec les endormeurs, mais rien qu'avec, eux ». Beaunis déclare également « que le sujet hypnotisé n'est en rapport qu'avec la personne qui l'a endormi ». Binet et Feré décrivent aussi des cas d'hypnose élective, dans lesquels « l'expérimentateur a seul le pouvoir de produire des contractures et de les détruire, lui seul peut suggérer ».

L'électivité spontanée de la sensibilité polygonale s'observe aussi très couramment chez les *médiums*. En parlant des romans polygonaux d'Hélène Smith, nous la verrons, en Marie-Antoinette, ne percevoir la présence que de deux assistants avec qui elle converse comme avec deux seigneurs de sa cour.

4. *Les anesthésies avec conservation de la sensibilité polygonale.*

a) Anesthésies paradoxales des hystériques. — Les *anesthésies hystériques* présentent souvent des caractères d'apparence *paradoxale* qui, à un examen superficiel, font croire à la simulation et dont l'étrangeté disparaît dès qu'on admet que ce sont des anesthésies suspolygonales avec persistance de la sensibilité polygonale.

Une femme anesthésique des deux mains pourra se coiffer, fixer des épingles dans ses cheveux derrière la tête, sans y voir, alors que l'insensibilité de ses mains devrait lui rendre ces mouvements impossibles. Un anesthésique du côté droit s'habille et boutonne ses vêtements sans regarder.

A un anesthésique complet d'un côté je ferme les yeux et je dis : je vais vous piquer des deux côtés ; dites rapidement *oui* quand je vous toucherai à un endroit où vous sentez et *non* quand c'est un endroit où vous ne sentez pas. Cette épreuve bizarre réussit souvent une fois, ou deux ; puis le sujet comprend qu'il ne doit pas dire *non* quand il ne sent pas et ne répond plus ; mais cela réussit assez pour qu'il faille chercher l'explication de la chose.

A un malade semblable (anesthésique à droite) je mets un crayon dans la main droite et je lui dis d'écrire ; il écrit. Continuez, lui dis-je ; et je lui ferme les yeux. Il continue. Quelques lettres chevauchent (à cause de l'occlusion des yeux) ; mais enfin il continue à écrire, quoiqu'il ne sente pas le crayon.

A ces mêmes malades mettez des ciseaux dans la main anesthésiée : ils passent les doigts dans les anneaux, ouvrent et ferment l'instrument. Avec une aiguille, ils font le mouvement de coudre.

Les mêmes expériences réussissent avec une anesthésie provoquée dans l'hypnose.

La main anesthésique d'un sujet étant placée derrière un écran, il ne sent ni une boîte d'allumettes ni un crayon qu'on lui met dans la main ; mais il s'en sert.

L'explication de tous ces faits est bien simple : les impressions centripètes parties de la région anesthésique ne parviennent pas jusqu'à O, n'entraînent donc pas de sensation consciente, ne sont pas perçues. Mais ces mêmes impressions centripètes arrivent jusqu'au polygone et donnent lieu à l'acte polygonal inconscient habituel, c'est-à-dire à l'acte automatique ; de sorte que le sujet conserve la possibilité de faire avec sa main anesthésiée tous les mouvements automatiques (se coiffer, s'habiller, écrire). Et ainsi il n'y a plus rien de paradoxal ni de contradictoire dans les faits que je viens de citer.

En somme, ces anesthésies sont suspolygonales ; l'activité polygonale, plus spécialement la sensibilité polygonale, persiste chez les malades, qui sont comparables aux alexiques suspolygonaux (ne comprenant pas ce qu'ils lisent, mais pouvant lire tout haut ou copier sans comprendre).

Une conséquence naturelle de cette persistance des mouvements automatiques est l'inconscience qu'ont les malades de ces anesthésies. C'est le médecin qui les découvre et les révèle aux sujets.

Lasègue a très bien décrit cette ignorance de certaines anesthésies parfois profondes, étendues, qui devraient être fort gênantes ; et Jules Janet cite un fait typique : une jeune fille, en tombant au travers d'une porte vitrée, se fait une entaille au poignet et, par section de quelques branches du médian, réalise une anesthésie de la paume de la main, pour laquelle elle vient consulter. Or, en l'examinant, on constate, à côté de cette anesthésie traumatique à droite, une hémianesthésie complète de tout le côté gauche. Et le médecin de se moquer d'elle : « comment, Mademoiselle, venez-vous gémir pour une insensibilité qui occupe une toute petite région de la paume de la main droite, tandis que vous ne vous apercevez même pas que vous ne sentez absolument rien sur tout le côté gauche ? » La jeune fille fut interloquée et ne sut que répondre, tandis que, comme dit Pierre Janet, elle eût pu répondre : « que voulez-vous ? Je constate ce que j'éprouve ; mon insensibilité de la paume de la main droite me gêne et mon insensibilité de tout le côté gauche ne m'a jamais gênée. Quant à vous, médecin, expliquez cela comme vous voudrez. »

Rien de plus juste : le fait est évident et n'a d'ailleurs rien de contradictoire.

Ce qui gêne la vie courante, ce qui par suite frappe l'attention du malade, c'est la perte de l'activité automatique qui est la base exclusive de la vie habituelle de tous les jours. Or, les anesthésies de cause souspolygonale ou polygonale troublent ou empêchent cette vie automatique : elles s'imposent donc péniblement à l'attention du sujet qui ne peut les méconnaître. Au contraire, les anesthésies de cause suspolygonale, laissant subsister la sensibilité polygonale, laissent intacte l'activité automatique, et alors le sujet ne se doute pas de l'existence de ce symptôme.

b) Amauroses et dyschromatopsies hystériques. — La même explication s'applique à des phénomènes tout aussi curieux qu'on peut observer, chez ces mêmes sujets, du côté de la vue.

Un sujet dyschromatopsique, qui par exemple ne voit pas le vert, voit cependant blanc le disque de NEWTON en rotation. Il superpose donc aux autres couleurs ce vert qu'il ne voit pas (CHARCOT, REGNARD). — Au repos, le même sujet ne distingue pas un disque rouge et blanc et un disque rouge et vert. On les fait tourner : le sujet les distingue et voit à chacun d'eux sa couleur normale. Le résultat est le même si à ce même sujet qui ne voit pas le vert on superpose des rayons verts, au moyen de verres superposés.

De même, ces sujets peuvent voir la couleur complémentaire d'une couleur qu'ils ne voient pas et dont la
vue les fatigue cependant (REGNARD). Un sujet ne voyant
pas le rouge fixe longuement un carré rouge sur fond
blanc ; il le voit gris. Mais, par la fatigue, il finit par
voir le carré vert (couleur complémentaire du rouge)
(BINET et FÉRÉ, RICHER).

Un œil ne voit pas le vert dans la vision ordinaire.
On dissocie les images de la vision binoculaire par un
prisme placé devant un œil : les deux images sont vertes,
au lieu d'être, l'une verte, l'autre grise (PARINAUD).

Dans la boîte de FLEES, où deux pains à cacheter,
l'un bleu, l'autre rouge, se disposent (grâce à un jeu
de miroirs) de telle sorte que celui vu par l'œil droit
apparaît à gauche et réciproquement, une hystérique
amaurotique (d'un côté) se trompera de côté comme
un simulateur ou verra les deux pains à cacheter (1)
(PITRES).

Toutes ces expériences réussissent de la même manière, que l'anesthésie sensorielle soit spontanée (hystérie) ou provoquée (hypnose).

Ces faits prouvent d'abord (REGNARD) l'inexactitude
de la théorie de YUNG, d'après laquelle à chaque couleur
correspondraient des bâtonnets spéciaux de la rétine. Si
la dyschromatopsie spontanée ou suggérée portait sur
les bâtonnets du vert ou sur ceux du rouge, on aurait
beau superposer ces deux couleurs, par la rotation ou
autrement, le vert ou le rouge n'interviendrait toujours

---

(1) Analogue est l'expérience de BERNHEIM (*Revue de l'Hypnotisme*,
t. 1, 1887, p. 68) avec l'appareil de STŒBER, modification de celui de
SNELLEN, qui sert à déjouer les amauroses simulées.

pas dans la sensation résultante. — Chez l'achromatopsique, la couleur non vue dépasse la rétine ; elle dépasse les centres basilaires puisque la pupille conserve ses réflexes (1). Elle arrive au polygone.

Dans la région du polygone se fait la superposition des couleurs, l'apparition de la couleur complémentaire par fatigue... et c'est le résultat de ce travail polygonal qui est transmis à O. Quand, par une cause suspolygonale, le vert n'est pas transmis, O ne voit pas quand la couleur transmise par le polygone est verte, mais il voit quand elle est blanche ou rouge, alors même que le vert a servi dans le polygone à former ce blanc ou ce rouge.

Donc, ces sujets sont achromatopsiques pour certaines couleurs en O, mais pas dans leur polygone qui a conservé intacte sa sensibilité visuelle.

De même, chez les amaurotiques, l'impression visuelle n'arrive pas jusqu'à O ; mais elle arrive jusqu'au polygone. C'est là que les deux images (droite et gauche) se fondent, et c'est la résultante qui est envoyée à O. De là, les erreurs avec la boîte de FLEES et les instruments similaires quand la cause de l'amaurose unilatérale est suspolygonale.

C'est le fait que vise JOLLY (2) quand il dit d'enfants atteints d'amaurose hystérique : « ces enfants, qui paraissent ne percevoir aucune lumière, évitent les obstacles placés inopinément devant eux, et cependant ils ne se conduisent pas par le tact..., ils ne ressemblent

_____

(1) PHILIPS a montré que la pupille obéit à la lumière chez un sujet rendu aveugle par suggestion.

(2) JOLLY cité par PIERRE JANET : *Accidents mentaux de l'hystérie,* p. 272.

pas à des aveugles..., il doit y avoir ici quelque espèce
de perception. » Non, il n'y a pas perception, puisque
O ne perçoit pas la lumière. Mais la sensation lumineuse
arrive jusqu'en V dans le polygone, et, toutes les communications intrapolygonales étant intactes, tous les
actes correspondant à ces sensations et se passant dans
le polygone restent possibles.

De ces amauroses hystériques BERNHEIM (1) dit : « le
sujet voit avec sa rétine ; il voit avec son cérveau...
oculos habet et non videt. » Non. Il ne voit pas avec *tout*
son cerveau. Il voit avec ses centres polygonaux, mais
pas avec son centre O.

Il est classique dans l'analyse d'un trouble visuel de
chercher à préciser, en clinique, jusqu'où l'excitation
lumineuse pénètre chez ɩe sujet. Ainsi, chez un aveugle,
suivant l'état des réflexes palpébraux, pupillaires, on
précise si la lésion est en-deçà des centres primaires
optiques ou au delà (vers l'écorce). A l'avenir, il faudra
tâcher, dans ce dernier cas, de dire si la lésion est ou
non suspolygonale. C'est avec les faits que nous étu-
dions ici qu'on éclaircra ce point nouveau de diagnostic
différentiel.

*c) Expériences qui prouvent l'arrivée au polygone de
l'impression non perçue par O.* — Donc, tous ces faits
sont des exemples d'anesthésie sensitive ou sensorielle
avec persistance de la sensibilité polygonale.

α. Les expériences citées de PHILIPS prouvent que
dans ces cas l'impression centripète arrive jusqu'aux
centres inférieurs.

(1) BERNHEIM : De l'amaurose hystérique et de l'amaurose suggestive.
Revue de l'hypnotisme, t. I, 1887, p. 68.

β. Les faits suivants prouvent qu'elle arrive plus haut encore au centre vasomoteur des réactions vasomotrices de l'émotion.

Mosso (1) a vu « que les perceptions inconscientes peuvent, comme les perceptions conscientes, provoquer un afflux de sang au cerveau. Mosso inscrivait le pouls cérébral d'un sujet endormi et constatait que toutes les fois qu'un bruit inopiné, bruit de parole, de porte, etc., se faisait entendre dans le laboratoire silencieux, le pouls s'élevait en dilatation sur le tracé, bien que le sujet ne se fût pas réveillé. TAMBURINI et SEPPILLI ont fait des observations analogues sur le pouls de l'avant-bras chez une femme hystérique qu'ils avaient endormie en léthargie et qui semblait être séparée complètement du monde extérieur ; une piqûre d'épingle, l'articulation du nom de la malade, impressionnaient son pouls. Enfin, HALLION et COMTE, tout dernièrement, ont répété, confirmé et étendu cette expérience, qu'ils ignoraient d'ailleurs, sur des hystériques de la Salpêtrière, mises en état de léthargie, et sur des hystériques anesthésiques totales ; la piqûre non vue et non sentie provoque une vasoconstriction, et une parole qui ne paraît pas entendue a le même effet (2). »

γ. Il faut démontrer que l'impression centripète va encore plus haut chez les anesthésiques et arrive jusqu'au polygone. Voici quelques faits qui font cette démonstration expérimentale.

(1) BINET et COURTIER : Effets du travail intellectuel sur la circulation capillaire. *Année psychologique*, t. III, 1897, p. 43.

(2) Ces expériences prouvent surtout qu'il ne faut tenir aucun compte de ces signes physiques pour déjouer les simulations : une impression non sentie produira ces signes de réaction physique.

Un malade de PIERRE JANET a un rétrécissement considérable du champ visuel et, d'autre part, il a une attaque dès qu'il voit une petite flamme (névrose consécutive à une frayeur initiale par un incendie). Son œil étant fixé sur le périmètre, on fait arriver, sans le prévenir, une allumette enflammée au lieu du morceau de papier attendu. A peine est-on arrivé à la division 80, c'est-à-dire à un endroit où il ne voit pas du tout, qu'il tombe en convulsion en criant : « au feu! » L'allumette avait agi comme d'habitude quoiqu'elle eût influencé une partie du champ visuel insensible.

Une malade de SABRAZÈS tombe en catalepsie quand elle voit une souris empaillée. Son champ visuel s'arrête à la division 20. Or, la souris empaillée, placée à 50 ou 55, la fait tomber en crise.

La constatation est là même s'il s'agit d'une suggestion à point de repère et si on excite le point de repère sur une région insensible.

Je dis à un sujet : vous lèverez le bras quand je vous pincerai ; ou bien : vous verrez une fleur quand je vous pincerai. Je le pince en pleine région anesthésique : la suggestion s'exécute très bien ; le sujet ne sent pas le pincement, mais exécute l'ordre lié au pincement.

Ces faits démontrent bien que l'impression centripète a pénétré chez ces sujets jusqu'à leur polygone, puisqu'elle y provoque l'explosion d'une attaque ou l'exécution d'une suggestion. On peut plus élégamment encore démontrer l'arrivée de l'impression dans le polygone.

On pince un sujet éveillé (qui a les yeux fermés) dans une région anesthésique : il ne sent rien. On l'en-

dort, on fait ainsi disparaître son anesthésie, et alors
non seulement il sent les impressions nouvelles que
vous lui envoyez, mais il retrouve dans son polygone
désagrégé les sensations antérieures (le pincement) que
vous lui aviez provoquées avant l'hypnose et qu'il
n'avait pas senties.

BEAUNIS (1) a montré qu'une personne rendue invisible par suggestion peut endormir le sujet au moyen
de passes : elle est donc restée visible au polygone du
sujet qu'elle désagrège.

On peut faire retrouver par le sujet la sensation non
sentie dans tous les états de désagrégation suspolygonale. Ainsi (2), on prend l'index anesthésique d'un
sujet « et on lui demande ce qu'on lui fait. Il répond
qu'il n'en sait rien. Mais, si on le met en présence de
la boule (cristallomancie) (3), il voit la main qui pince
son index et il sait alors ce qu'on lui fait. Si vous
détournez ses regards et que vous déplaciez ses doigts,
il ne le sent pas ; mais, dans la boule, il verra la position que vous avez donnée à ses doigts. »

δ. De tous ces faits on peut donc bien conclure que
la caractéristique des anesthésies paradoxales des hystériques et provoquées de l'hypnose (sensitives ou
sensorielles) *est la conservation de la sensibilité polygonale.*

Comme dit PIERRE JANET (4), « au moment où (ces

---

(1) BEAUNIS et FÉRÉ : *Le Magnétisme animal.* Bibliothèque scientifique
internationale, 1887, p. 230.

(2) PIERRE JANET : *Névroses et idées fixes,* t. I, p. 418.

(3) Voir plus haut, p. 100.

(4) PIERRE JANET : article Anesthésie. *Dictionnaire de Physiologie de
Charles Richet,* p. 511.

anesthésies) semblent être complètes, au moment même
où le sujet affirme sincèrement qu'il ne sent rien, on
constate une quantité de mouvements et d'actions en
rapport avec cette sensation disparue qui prouvent son
existence. » Duprat (1) constate, lui aussi, les mêmes
caractères à ces anesthésies psychiques. Seulement il
ajoute : « les anesthésies psychiques ne sont donc pas
des anesthésies réelles. » Pourquoi?

Ce sont bien des anesthésies réelles, puisque le sujet
ne sent rien. Seulement ce ne sont pas des suppressions
totales de l'excitation centripète, qui, sans atteindre O,
arrive dans l'écorce cérébrale et impressionne les neurones polygonaux du psychisme inférieur.

5. *Sensibilité polygonale dans les lésions organiques.*

Enfin on retrouve nettement des manifestations de
la sensibilité polygonale dans les cas de lésion organique suspolygonale entrainant soit de l'aphasie, soit de
l'agnosie, soit de la parakinésie.

Ainsi dans l'alexie souscorticale de Wernicke le malade lit à haute voix ; donc les impressions visuelles
arrivent jusqu'au polygone (VM); certains aphasiques
suspolygonaux peuvent même répondre par écrit à des
questions écrites ou orales...

Dans la cécité psychique, le sujet voit l'objet sans
le reconnaître. Le sourd psychique perçoit les sensations auditives sans reconnaître l'objet qui les produit
(cloche). L'impression centripète sensorielle est bien
arrivée jusqu'au polygone.

(1) Duprat, *loco cit.*, p. 112.

De même, mon malade et celui de Bernheim, qui ne pouvaient retrouver leur chemin, à Montpellier et à Nancy, qu'automatiquement et inconsciemment, recevaient bien une série d'impressions centripètes utiles dans leur psychisme inférieur.

II. — Idées polygonales.

1. *Les idées polygonales à l'état physiologique.*

a) L'idée polygonale. — La sensation fait naître l'idée. Pour cela, l'impression centripète, qui a produit la sensation, l'image, la douleur ou le plaisir dans certains groupes de neurones, s'étend à des groupes voisins dans lesquels l'idée prend naissance.

J'entends ici le passage simple, direct, de la sensation ou de l'image à l'idée, sans intervention autre des centres, sans raisonnement, jugement, association ou mémoire. C'est l'idée de l'objet, de la cause extérieure ou intérieure actuelle de l'impression initiale.

L'idée simple, ainsi réduite, est d'ailleurs un phénomène psychique très difficile à isoler dans la vie physiologique.

Pour produire l'idée, l'impression centripète n'a pas besoin d'aller jusqu'en O et d'y devenir consciente sous forme de sensation. Il suffit qu'elle atteigne dans l'écorce les neurones polygonaux du psychisme inférieur.

Voilà l'origine inconsciente de l'idée polygonale.

Ce n'est d'ailleurs pas la seule origine. A l'état tout à fait normal, sans désagrégation suspolygonale, le psy-

chisme inférieur se meuble d'idées comme le psychisme
supérieur.

Comme dit HERZEN, cité par PIERRE JANET, « une idée
qui disparaît de la conscience ne cesse pas pour cela
d'exister; elle peut continuer à agir à l'état latent et,
pour ainsi dire, sous l'horizon de la conscience... Dans
cet état subconscient, elle peut avoir encore des effets
moteurs et influer sur d'autres idées ».

L'idée polygonale est donc une idée née ou passée
dans l'inconscient.

b) *Divers groupes d'idées polygonales.* — Dans l'acte
polygonal ordinaire, cette présence de l'idée entre l'impression centripète et le mouvement centrifuge est le
principal caractère qui distingue cet acte automatique
supérieur de l'acte réflexe simple, comme le soulève-
ment de la jambe par la percussion du tendon rotulien.

Cette idée polygonale intermédiaire est souvent très
courte et difficile à démontrer entre les deux temps de
l'acte. C'est ce qui se passe le plus souvent chez le distrait.

Cependant, nous verrons, au paragraphe de la *mémoire,* qu'on peut acquérir des souvenirs polygonaux
dans la distraction, comme aussi dans le sommeil.
Cela prouve bien des idées polygonales plus longues.

En somme, au point de vue de leur durée et de leur
degré de fixité dans le polygone, on peut diviser ces
idées en trois groupes :

1° L'idée polygonale courte, fugitive, n'occupant le
polygone que pendant le temps (parfois infinitésimal)

qui sépare une impression centripète de l'acte mani-
festateur consécutif ; — ou qui est très rapidement
remplacée par une autre idée. (Voir le paragraphe de
l'imagination.)

2° L'idée plus longue, qui dure par exemple pendant
la durée d'une expérience de cumberlandisme ou de
table tournante. Dans le somnambulisme, l'hypnose,
chez les médiums, on voit des idées qui se prolongent
ainsi un temps souvent assez long dans le polygone.

3° Enfin, il y a des idées polygonales qui se fixent,
qui ne durent pas seulement pendant toute une expérience, mais que l'on retrouve d'un sommeil à l'autre
ou d'une transe à l'autre. C'est ce qui arrive chez
Mme de Rachilde quand, d'une nuit à l'autre, elle continue ses rêves comme les tranches d'un feuilleton, et
chez Hélène Smith quand elle vit, pendant des mois,
le même roman. Mais, dans ces cas, le phénomène est
plus complexe et nécessite, pour durer, l'intervention
de la mémoire.

2. *Les tempéraments suivant les idées polygonales.*

Le processus polygonal est, dans son essence, le
même chez tout le monde ; c'est-à-dire que chez tous il
y a une idée polygonale entre l'impression centripète et
la volition motrice. Mais il y a de nombreuses variétés
individuelles suivant l'importance de cette idée intermédiaire.

Aux deux extrêmes, il y a d'un côté le type qui réagit
pour ainsi dire instantanément, chez lequel, presque

sans idée, l'impression devient expression ; c'est le type
à extériorisation facile et rapide ; ce que j'ai déjà appelé
le polygone méridional. Puis il y a le type lent, qui
reçoit l'impression, mûrit l'idée qui en résulte, la
.umine et n'agit que bien après : l'idée joue ici un rôle
considérable et provoque toujours la réflexion.

Pour le passage de l'impression centripète à l'idée
polygonale il y a aussi bien des variétés : les uns (ce
sont les sensitifs polygonaux) gardent les impressions
sous forme d'impressions et d'images, raisonnent, associent avec ces images et très peu avec des idées. Les
autres, au contraire (intellectuels polygonaux), rem-
placent immédiatement les impressions par les idées
et ne vivent plus ultérieurement qu'avec ces idées.

En somme, suivant les sujets, les idées polygonales
sont trop faciles, trop nombreuses et trop tenaces ou, au
contraire, trop lentes, trop rares et trop fugitives. Ces
tempéraments physiologiques font prévoir les variétés
pathologiques.

3. *Les idées polygonales dans les états pathologiques.*

a) *Idées erronées. Illusions polygonales.* — Un premier groupe d'idées polygonales pathologiques est
formé par les idées *erronées* : le polygone est susceptible d'*illusions* (1).

_____

(1) Le mot illusion n'est pas très exact, appliqué au psychisme inférieur. L'illusion est une perception inexacte, *crue* exacte par le sujet.
Pour ce jugement faux d'exactitude ne faut-il pas l'intervention de O ?
Je crois à cause de cela qu'un rêve ne devient illusion que si le sommeil est assez peu profond pour que O se rende compte de son rêve
et y croie.

Je ne parle ici ni des hallucinations polygonales, qui supposent un trouble de l'imagination, ni des faux jugements polygonaux qui supposent un trouble du raisonnement.

Bien réduite à son sens strict et à sa simplicité essentielle, l'illusion polygonale est rare. Mais elle existe, notamment toutes les fois qu'une impression centripète fait naître dans le polygone une idée qui n'est pas l'idée correspondante à l'objet impressionnant; cette impression pouvant d'ailleurs venir de l'extérieur ou de l'intérieur de notre corps.

Il faut, bien entendu, que cette illusion reste inconsciente et ne se juge que par les actes; car, si elle est consciente, elle n'appartient plus au psychisme inférieur.

Ainsi certains dyspeptiques iront se mettre à table, tout en pensant à autre chose, guidés inconsciemment par une sensation de faim qui est illusoire. De même, un sujet qui se promène en lisant peut recevoir une sensation polygonale erronée par sa plante des pieds ou par son ouïe et tomber dans un bourbier ou dans une rivière, par erreur ou illusion uniquement polygonale.

b) Hypoidéation polygonale. — Dans un second groupe de cas, les idées polygonales ne pèchent pas tant par leur qualité que par leur *quantité* et d'abord par leur trop petit nombre ou leur absence.

Chez ces malades, l'impression polygonale évoque difficilement une idée : cela est dû à l'inintelligence polygonale, à la faiblesse même des centres du psychisme inférieur ou à l'absorption de ces centres par un autre phénomène morbide, comme les idées fixes que j'étudierai tout à l'heure (*d*).

Ce symptôme fait partie de l'apathie intellectuelle de certains neurasthéniques. Mais il est difficile à distinguer de l'apathie intellectuelle en O, qui s'y associe à peu près constamment (psychasthénie de PIERRE JANET).

c) *Hyperidéation polygonale.* — Chez d'autres malades, il y a trop d'idées polygonales, elles sont trop mobiles et fugaces, se succédant trop rapidement pour être utilisées : c'est la vie de rêve à l'état de veille.

Cet état s'observe quand la maladie (mentale) supprime ou diminue fortement l'action inhibitrice et frénatrice de O. — Aux degrés inférieurs, c'est l'invasion de la vie normale par la distraction, par le rêve ou par le sommeil, distraction morbide, délire onirique, somnambulisme...

Il y a vraiment chez certains un verbiage automatique, réelle logorrhée polygonale.

Nous retrouverons ces troubles au paragraphe de la volonté sous forme de règne des caprices.

d) *Idée fixe polygonale.* — La forme la plus curieuse et la plus utilement étudiée d'idée polygonale morbide est l'*idée fixe*.

En dehors des idées fixes conscientes, dont le sujet est mentalement obsédé, qu'il connaît, avec lesquelles et conformément auxquelles il vit volontairement et qui, par conséquent, ont leur siège en O, il y a tout un autre groupe d'idées fixes dont le sujet n'a pas conscience, qu'il ignore, qui influent puissamment cependant sur sa vie psychique, mais sans qu'il puisse indiquer la cause de ces perturbations psychiques... ce sont les idées fixes polygonales.

Pour les révéler il faut dégager le psychisme inférieur

en mettant le sujet dans un des états de désagrégation
suspolygonale que nous connaissons ; c'est-à-dire que
cette idée fixe se révélera dans la distraction, le sommeil, par l'écriture automatique ou mieux encore dans
une crise de somnambulisme spontané ou provoqué.
L'hypnotisme est le meilleur moyen de les déceler.

L'histoire classique d'une malade de JANET fera bien
comprendre la chose.

Tous les mois, à l'approche des règles, elle change
de caractère, devient sombre, violente, présente des
douleurs et des secousses nerveuses. Les règles arrivent;
vingt-quatre heures après, elles s'arrêtent subitement.
Alors un grand frisson secoue la malade et une grande
crise convulsive éclate ; puis il survient un délire avec
terreur. Après quarante-huit heures, la scène se termine par un vomissement de sang. Dans l'intervalle
des crises (qu'elle oublie entièrement) quelques stigmates persistent, notamment de la cécité gauche et de
petites crises de terreur.

Après une longue observation, JANET hypnotise la
malade et découvre alors une scène qui s'est passée à
l'âge de treize ans : réglée à cette époque pour la
première fois, elle croit qu'il faut arrêter le flux men-
struel et va se plonger dans un baquet d'eau froide.
Le succès fut complet : les règles sont arrêtées, un
frisson se produit, du délire se montre. Pendant cinq
ans, il n'y a plus de menstruation. Et quand la menstruation reparaît, elle s'accompagne des troubles
décrits. Chaque mois, évidemment, la scène initiale se
reproduit : les règles s'arrêtent brusquement, il y a
du frisson, du délire, jusqu'à l'hémorragie complémentaire par l'estomac.

Les crises de terreur intercalaires reproduisent une émotion qu'elle a eue à l'âge de seize ans : elle a vu une vieille femme se tuer en tombant d'un escalier.

La cécité gauche provient de ce qu'elle a eu une gourme à la face gauche, contractée après avoir été obligée de coucher avec un enfant de son âge atteint de gourme à gauche.

La guérison de ces idées polygonales (dont le sujet, à l'état de veille, ne se doutait pas) se fit par suggestion. Janet suggère que la vieille femme avait trébuché sans se tuer et il efface ainsi les crises de terreur. Puis il suggère que l'enfant avec qui elle a couché est très gentil, n'a pas de gourme, et fait disparaître ainsi la cécité.

Janet cite encore une anorexique qui menaçait de mourir de faim, quand on apprit, dans le sommeil hypnotique, qu'elle était hantée par les apparitions de sa mère qui lui disait de la rejoindre au ciel et, pour cela, de mourir de faim. Elle fut guérie par suggestion.

Ces idées fixes polygonales se retrouvent derrière divers symptômes de l'hystérie : dysesthésies, quand tout a l'odeur de l'éther ou du poisson ; hypéresthésies, quand l'attention sensorielle est localisée et concentrée sur certains points, ou quand le contact de la peau est possible ou insupportable suivant le but du contact... Beaucoup de tics, mouvements choréiques (toux, hoquet, rire, tremblement), représentent de mauvaises habitudes prises sous l'influence et la dépendance d'une idée polygonale constituée. Ainsi la toux s'établira après une angine ou un rhume, l'aboiement par l'imitation d'un chien ou d'un jouet...

Tout cela confirme et précise la phrase de Charcot : « beaucoup d'accidents de l'hystérie sont dus aux pensées des malades. » Ceci est vrai à condition d'ajouter le mot polygonales après le mot pensées.

J'ai combattu à diverses reprises (1) les idées de Charcot quand il voulait voir dans l'hystérotraumatisme et ensuite dans toute hystérie un phénomène psychique général sans faire la distinction entre le psychisme supérieur et le psychisme inférieur. Mais si on fait la distinction et si on parle de phénomène psychique inférieur, on peut, en effet, trouver le plus souvent cet élément dans l'hystérotraumatisme (2) et en général dans l'hystérie.

III. Mémoire polygonale (3).

1. *Généralités et définitions.*

La *mémoire* est un ensemble d'actes *psychiques*. Certains auteurs veulent étendre ce mot à des phénomènes analogues qui se passent dans des neurones non psychiques ; ce qui rend le langage inintelligible.

A la séance de rentrée (1898) de l'Université de Lyon,

---

(1) *Leçons de clinique médicale*, t. I, pp. 101 et 437, et t. II, p. 563.

(2) Un cas d'hystérotraumatisme. Un traumatisme brusque, peu intense, ruminé par le polygone, fait et défait une hystérie de dix-huit mois. L'hystérie est non une maladie mentale, mais une maladie psychique. *Archives générales de médecine*, 1903, t. I, p. 19.

(3) Voir van Biervliet : *La Mémoire*. Bibliothèque internationale de psychologie expérimentale normale et pathologique, 1902 ; Ribot : *Les maladies de la mémoire*. Bibliothèque de Philosophie contemporaine, 16ᵉ édition, 1904 ; Paul Sollier : *Le Problème de la mémoire, Essai de psychomécanique*. Même bibliothèque, 1900

RÉNAUT (1) a prononcé un remarquable discours sur « le neurone et la mémoire cellulaire », développant cette idée que le « neurone est une cellule avant tout sensible et qui se souvient, c'est-à-dire en qui chaque impression reçue détermine une empreinte telle, et si parfaitement élective d'ailleurs, qu'elle demeure et n'est pas effacée par la superposition des impressions nouvelles, agissant du reste sur le neurone pour leur propre compte de la même façon ». C'est une « mémoire élémentaire, qui se définit la conservation de certains états et leur reproduction si facile que, si l'on n'y regarde pas de près, elle arrive à paraître spontanée ».

On est allé beaucoup plus loin dans l'extension du mot mémoire. CHARLES RICHET a décrit comme une sorte de mémoire *élémentaire* la persistance de l'excitabilité, après une excitation, dans la moelle de la grenouille. SOLLIER a comparé les neurones qui se souviennent à la fibre musculaire qui, après chaque excitation, devient plus apte à l'action et même au barreau aimanté qui fixe son aimantation et l'évoque toutes les fois qu'il se retrouve en présence de la limaille de fer. De même, pour VAN BIERVLIET, « toutes les parties solides ou semi-solides de l'organisme retiennent aussi bien, peut-être mieux, que l'écorce cérébrale ». Il montre la mémoire du rachis ; « les germes se souviennent... la mémoire est répandue dans tout notre corps ».

PITRES (2) a bien montré les dangers de cette con-

---

(1) RÉNAUT. Le neurone et la mémoire cellulaire. *Annales des sciences psychiques,* 1899, p. 201.

(2) PITRES : L'aphasie amnésique et ses variétés cliniques. *Progrès médical,* 1898, p. 321.

fusion de langage : « quand on a confondu la mémoire avec la propriété générale de revivabilité, on a appliqué le nom d'amnésie à la suppression de tous les phénomènes de reviviscence qui se passent ou peuvent se passer dans les éléments anatomiques. On en est ainsi arrivé à dire que les paralysies n'étaient au fond que des amnésies, la perte des réflexes cutanés ou tendineux, des amnésies de la réflectivité médullaire. Je ne sais vraiment pas pourquoi on s'est arrêté en si belle voie, pourquoi on n'a pas dit que l'inertie d'un muscle isolé de ses nerfs moteurs était une amnésie de la contractilité et la gangrène d'un membre l'amnésie de sa nutrition ! »

Pour porter remède à cela, il faut « qu'on consente à cesser de confondre la mémoire dite organique, ou la propriété de revivabilité, avec la mémoire psychique », qui est la seule à laquelle doive s'appliquer, en langage précis, le mot mémoire.

Si je combats ainsi ceux qui veulent trop étendre le mot mémoire, je combats également ceux qui, voulant le trop réduire, définissent la mémoire avec SERGI : « la reviviscence des *états de conscience.* »

Il y a des actes psychiques inconscients, et leurs neurones ont, eux aussi, de la mémoire : il y a une mémoire polygonale comme il y a une mémoire des actes psychiques conscients ou supérieurs.

A l'état physiologique habituel, ces mémoires se confondent ou sont difficiles à séparer et à distinguer, comme ressources et comme résultats. Mais, dans les divers états de désagrégation suspolygonale, on voit nettement la mémoire polygonale apparaître et fonctionner à part.

Je rappelle, en terminant ces généralités, que l'on divise classiquement les actes de mémoire en actes de *fixation* et actes de *reproduction*. On fait le plus souvent un troisième groupe avec les actes d'*identification* et de *reconnaissance* : ce sont là des parties d'actes plus complexes, dont l'étude est mieux placée dans le paragraphe du jugement.

La *fixation* (Richet) comprend la *pénétration* et la *conservation* de l'image ou de l'idée ; c'est la constitution du souvenir *latent*. La *reproduction* ou *récollection* comprend l'*évocation* et la *représentation* actuelle de ce souvenir emmagasiné.

2. *La mémoire dans les divers états de désagrégation suspolygonale.*

a) Distraction. — Dans la *distraction,* on peut acquérir des souvenirs qui pénètrent et segra vent dans le polygone, à l'insu de O. Ces souvenirs reparaissent alors sous forme d'actes automatiques dans des périodes ultérieures de distraction.

Jules Soury a signalé à Pierre Janet un curieux passage de *Crime et châtiment* dans lequel Dostoïewski décrit admirablement cet emmagasinement inconscient des impressions dans la distraction et leur reviviscence ultérieure sous forme d'actes automatiques, dont l'origine reste inconsciente.

« J'allais chez vous, commença Raskolnickoff ; mais comment se fait-il qu'en quittant le marché au foin, j'aie pris la perspective ? Je ne passe jamais par ici, je prends toujours à droite au sortir du marché au foin ;

ce n'est pas non plus le chemin pour aller chez vous.
A peine ai-je tourné de ce côté que je vous aperçois,
chose étrange ! — Mais, vous avez apparemment dormi
tous ces jours-ci, répond Svidrigaïloff ; je vous ai moi-
même donné l'adresse de ce trackis et il n'est pas
étonnant que vous y soyez venu tout droit. Je vous ai
indiqué le chemin à suivre et les heures où l'on peut
me trouver, vous en souvenez-vous ? — Je l'ai oublié,
dit Raskolnickoff avec surprise. — Je le crois ; à deux
reprises, je vous ai donné ces indications ; l'adresse
s'est gravée machinalement dans votre mémoire et elle
vous a guidé à votre insu. Du reste, pendant que je
vous parlais, je voyais bien que vous aviez l'esprit
absent (1). »

Évidemment Raskolnickoff avait « l'esprit absent »,
O occupé à autre chose, quand Svidrigaïloff avait
déposé tous ces renseignements dans son polygone. Et
Raskolnickoff n'avait pas oublié, il s'était souvenu,
mais avec son polygone qui avait seul reçu l'impression. O n'avait rien oublié, n'ayant rien appris.

b) *Sommeil.* — L'état de distraction fournit donc un
premier exemple, peu caractérisé encore, de mémoire
alternante, c'est-à-dire de souvenirs disparaissant entre
deux crises, mais se retrouvant d'une crise à l'autre.
La chose est déjà bien plus nette dans le *sommeil.*

Certaines personnes retrouvent dans un sommeil
ultérieur les souvenirs du sommeil précédent, elles
retrouvent leurs rêves d'un sommeil à l'autre, alors

(1) DOSTOÏEWSKI : *Crime et châtiment,* t. II, p. 219. Cital. PIERRE JANET,
loco cit., p. XVI.

que dans l'intervalle des sommeils, à l'état de veille, toute trace de souvenir de ces rêves avait disparu.

J'ai déjà cité MADAME DE RACHILDE continuant son rêve, d'un sommeil à l'autre, comme les numéros d'un feuilleton (1).

On trouvera dans le livre de MAURY (2) divers faits de ce genre, de valeur démonstrative d'ailleurs inégale.

« J'ai repris bien souvent, dit-il, à l'état de rêve le fil d'un rêve antérieur que j'avais oublié après m'être réveillé et que j'ai eu parfaitement la conscience d'avoir fait, une fois que ce nouveau rêve m'en eut rappelé le souvenir. Il y a quelques années, je me vis en songe dans une boutique imaginaire de la rue Castiglione : je reconnus celle où j'avais fait antérieurement des emplettes ; j'y parlai au marchand, qui retrouva en moi une de ses pratiques.... Le rappel de souvenirs, se rapportant à un songe antérieur et se produisant dans un songe subséquent, bien qu'ils paraissent complètement effacés dans l'état de veille intermédiaire, semble même pouvoir remonter jusqu'à des rêves fort anciens... Je rêvais que j'étais en chemin de fer dans le train-poste et que j'avais été obligé de descendre à une station située près de Lagny. J'entrai dans un café d'où l'on découvrait toute la campagne ; l'on y apporta de la bière... Assis à une table, je reconnus un café où j'étais descendu jadis, lors d'un autre voyage, purement fantastique, que je racontais dans mon rêve, comme remontant à sept ou huit années, à ma femme qui

_____

(1) Dans les travaux de MYERS on trouve aussi « de bons exemples, où un songe est évidemment le souvenir d'un autre songe oublié pendant la veille » (PIERRE JANET).

(2) MAURY, *loco cit.*, pp. 121 et 231.

m'accompagnait. J'étais, dans ce rêve, persuadé que je reconnaissais les lieux, la table et toutes les circonstances de l'excursion antérieure, faite soi-disant avec mon frère cadet... mort il y avait alors plus de dix années et que j'ai tant regretté... Je rêvais un jour que j'étais dans une église et que je voyais le Christ sous forme humaine, encore vivant sur la terre. Je le reconnus pour l'avoir vu dans un rêve antérieur dont je n'avais gardé au réveil nulle mémoire ; mais dans le second rêve je me le rappelai comme un fait réel et positif...»

Ces observations sont d'inégale valeur parce que dans certaines, comme le remarque MAURY lui-même, il peut y avoir eu *fausse reconnaissance* (1) polygonale. Mais enfin le fait de la mémoire polygonale se retrouvant d'un sommeil à un autre est démontré.

c) *Hypnose.* — La mémoire polygonale peut être étudiée dans *l'hypnose* à trois points de vue : sans suggestion, avec suggestion, dans les suggestions à longue échéance.

α. *Sans suggestion* aucune, ma malade F que j'ai longuement observée (2) présentait ce que l'on peut appeler le type classique de la mémoire dans l'hypnose.

---

(1) Voir, plus loin, ce que nous disons de la sensation de « déjà vu » et de l'illusion de fausse reconnaissance, soit à l'état physiologique, soit à l'état pathologique (même chapitre, même paragraphe, 4. d. δ).

(2) Histoire d'une hystérique hypnotisable. Contribution à l'étude clinique des caractères somatiques fixes des attaques de sommeil spontanées et provoquées chez les hystériques (en collaboration avec BROUSSE). *Archives de neurologie,* t. XIV, 1887, p. 321, et *Leçons de clinique médicale,* 1re série, p. 633.

Au réveil, elle ne se rappelle absolument rien de ce qui s'est passé dans l'hypnose. Dans l'hypnose, au contraire, elle se rappelle à la fois tout ce qui s'est passé dans les hypnoses précédentes (ordres donnés, ordres exécutés, etc.) et tout ce qui s'est passé en dehors de l'hypnose.

Sa mémoire des périodes hypnotiques (mémoire polygonale et mémoire de O) est beaucoup plus étendue (1) que sa mémoire des périodes de veille (mémoire de O).

Cet état de la mémoire est exprimé habituellement par les trois lois suivantes (2) : 1° les personnes hypnotisées se rappellent, dans l'état de sommeil, tout ce qu'elles ont appris antérieurement lorsqu'elles étaient à l'état de veille ; 2° les personnes qui ont été hypnotisées ne conservent au réveil aucun souvenir de ce qu'elles ont fait ou appris pendant qu'elles étaient en état de sommeil hypnotique ; 3° les personnes en état de somnambulisme spontané ou provoqué se souviennent de tout ce qu'elles ont appris, soit dans l'état de veille normale, soit dans les états hypnotiques antérieurs.

Plus simplement, dans l'hypnose le sujet se rappelle tout (hypnoses antérieures et état de veille) ; à l'état de veille, il ne se rappelle rien des hypnoses.

---

(1) MYERS (De la conscience subliminale, Compte rendu par MARCEL MANGIN, *Annales des sciences psychiques*, 1897, 1898 et 1899 ; plus spécialement 1899, p. 229) établit trois degrés dans la mémoire polygonale : 1° le polygone contient des souvenirs que O a déposés, qu'il a connus par conséquent, mais qu'il a oubliés ; 2° le polygone contient des souvenirs qu'il a acquis directement, sans que O les ait jamais connus ; 3° le polygone contient des notions tirées par déduction et raisonnement polygonaux des données précédemment acquises.

(2) Voir CHOCQ, *loco cit.*, pp. 103, 107 et 120.

Ce sont là des caractères fréquents, mais pas absolus et constants. D'où l'opinion de BERNHEIM que « l'amnésie au réveil est tout ce qu'il y a de plus variable », et celle de DELBŒUF : « l'absence de souvenir au réveil n'est pas un caractère essentiel du rêve hypnotique ».

Ce n'est en effet ni un caractère nécessaire ni un caractère essentiel, mais c'est un caractère très fré-'quent.

Des deux propositions, la première est le plus souvent réalisée : étendue de la mémoire hypnotique à la fois aux périodes hypnotiques et aux périodes extra-hypnotiques (1). Quant à la seconde (amnésie au réveil), elle ne s'applique, comme l'a fait remarquer CROCQ, qu'aux hypnoses profondes.

Le fait de l'oubli au réveil et de la réviviscence du souvenir de l'hypnose dans l'hypnose suivante ne nous apprend rien : c'est un nouvel exemple de mémoire alternante. Nouvelle au contraire est la persistance dans l'hypnose de la mémoire de l'état de veille.

Ce fait prouve que dans l'hypnose, si O a perdu toute direction sur le polygone (ce qui est le caractère même de l'hypnose), toutes les communications du polygone avec O ne sont pas complètement abolies : le polygone peut utiliser les souvenirs déposés dans les neurones supérieurs comme à l'état de veille.

De plus, il faut même admettre qu'à l'état de veille O exerce une certaine inhibition sur la mémoire polygonale, et alors, dans l'hypnose, cette action restreignante

---

(1) CROCQ a cependant vu souvent des sujets ne pas se remémorer dans l'hypnose les faits écoulés pendant un sommeil antérieur.

disparaissant, la mémoire polygonale apparaît plus brillante qu'à l'état de veille.

Ainsi dans l'hypnose un sujet de Richet chantait un air de l'*Africaine* dont il ne pouvait retrouver aucune note au réveil.

Pour Crocq, « rien ne prouve l'exaltation spontanée de la mémoire des hypnotisés ; tout, au contraire, porte à croire que la mémoire, tant de conservation que de rappel, est semblable pendant l'hypnose à ce qu'elle est à l'état de veille ». Ceci est évident pour la mémoire de conservation ou d'emmagasinement. Les souvenirs emmagasinés ne changent pas suivant que le sujet veille ou dort. Quant à la faculté de rappel de ces souvenirs emmagasinés, elle s'exerce par des associations d'images et d'idées : ces associations, dans le polygone, paraissent se mieux faire dans l'hypnose que dans l'état de veille.

Ce qui semble le prouver (comme Binet et Féré l'ont fait remarquer), c'est la facilité avec laquelle les hypnotisés trouvent et se rappellent les points de repère dans les hallucinations suggérées ; merveilleuse est la mémoire avec laquelle un hypnotisé reconnaît un carton sur lequel personne ne voit rien et sur lequel il y a une image suggérée.

β. Le Général Noizet avait déjà constaté que par *suggestion* on peut modifier toutes ces lois de la mémoire polygonale. « Quoiqu'il arrive ordinairement que les somnambules oublient à leur réveil ce qu'ils ont éprouvé pendant le somnambulisme, ils peuvent cependant, par un acte de leur volonté, faire en sorte d'en garder le souvenir. Il s'agit de dire à un somnambule de fixer dans son cerveau une idée ou une image quelconque, pour qu'il se la rappelle en effet. Lorsque, à son réveil, on lui demande s'il ne se souvient de rien, il répond ordinairement qu'il a rêvé et raconte ce qu'on lui a fait graver dans sa mémoire (1). »

BERNHEIM a confirmé cette observation et montré qu'on peut même, dans l'hypnose, réveiller des souvenirs qui paraissent complètement effacés. « Preuve, dit BERNHEIM (2), que la conscience n'était pas abolie, que le somnambule n'agit jamais comme un automate inconscient; qu'il voit, qu'il entend, qu'il sait ce qu'il fait. » La preuve ne me parait pas péremptoire : c'est un rappel artificiel et suggéré d'un souvenir déposé dans la mémoire polygonale.

Le même auteur a montré qu'on peut aussi rappeler même des hallucinations négatives, c'est-à-dire que, suggéré dans ce sens, un sujet se rappellera tout ce qu'il est sensé n'avoir ni senti, ni vu, ni entendu. Preuve que, même dans le polygone, l'impression centripète et sa conservation dans la mémoire sont indépendantes de la perception elle-même : une première suggestion empêche la perception polygonale d'une impression, mais n'empêche pas le dépôt de l'impression dans la mémoire polygonale où une seconde suggestion contradictoire la retrouve.

On peut aussi, par la suggestion, fausser la mémoire d'un sujet, lui suggérer le souvenir de choses irréelles, lui donner une hallucination rétroactive, ce que FOREL appelle un souvenir illusoire rétroactif : nous retrouverons ces faits au chapitre V.

(1) GÉNÉRAL NOIZET. Citation PITRES, *loco cit.*, p. 202.
(2) BERNHEIM : *Hypnotisme, suggestion, psychothérapie,* 1891, p. 133.

γ. Quand un sujet exécute une *suggestion à longue échéance* (un nombre de jours fixé après le réveil), l'état dans lequel le sujet exécute l'ordre paraît n'être complètement ni l'état de veille, ni l'état d'hypnose complète : c'est un état d'hypnose partielle.

En fait, pour la mémoire, c'est un état d'hypnose. La mémoire se comporte donc dans ces cas comme dans nos cas α. Seulement le centre O, à moitié éveillé, assiste aux divers actes exécutés, actes qui sont donc des actes de vie polygonale s'exécutant en présence et sous les yeux d'un centre O passif, éveillé ou à moitié éveillé.

Le temps est souvent fort long entre l'hypnose dans laquelle la suggestion a été donnée et l'hypnose dans laquelle l'ordre est exécuté : 42 et 43 jours chez ma malade F, 63 jours dans un cas de BERNHEIM, 172 jours dans un de BEAUNIS et un an dans un de LIÉGEOIS (1).

Comment se comporte la mémoire, comment s'entretient le souvenir de l'ordre donné pendant cette période intercalaire ?

Le sujet est éveillé, dans son état normal ; le souvenir de la suggestion est donc *latent*. Ce mot offusque les philosophes.

« Un souvenir latent est une fiction, dit DUPRAT (2) ; on reviendrait à une sorte d'atomisme psychologique en considérant le souvenir comme une acquisition figée, indépendante de la conscience dans laquelle elle séjournerait ignorée…. Il n'y a pas dans l'esprit comme

_____

(1) ALFRS raconte que MILNE BRAMWELL a ordonné à un sujet hypnotisé de tracer une croix lorsque 20180 minutes seraient écoulées et que l'ordre fut exécuté.

(2) DUPRAT, *loco ci.*, pp. 123 et 191.

un cliché photographique dont on tire de nouvelles épreuves en l'amenant à la lumière, qui devienne plus net dans des circonstances données. La mémoire est faite de virtualités que l'on peut actualiser, de représentations en puissance. » Ailleurs, le même auteur ne veut pas non plus dire, avec JANET, que, dans ces cas, « les suggestions avec leur développement automatique et indépendant sont de véritables parasites dans la pensée ». Non, dit-il, « une croyance, pas plus qu'un souvenir ne demeure dans l'esprit comme une *chose* dans un récipient ».

Il faut excuser les biologistes s'ils parlent encore mal la langue des philosophes.

Je veux bien ne pas parler de souvenir latent si ce mot est synonyme d' « acquisition figée », de « cliché photographique », ou de « chose dans un récipient ». Je veux bien, si c'est plus correct, appeler cela « une virtualité que l'on peut actualiser » ou une « représentation en puissance », ou dire que « certaines actions sont comme en puissance chez un sujet dès que la suggestion en a introduit dans son esprit la conception plus ou moins vive ».

En fait, il y a, chez ces sujets (comme dans beaucoup d'autres cas), hors de la conscience, hors du centre O, il y a des impressions déposées dans le polygone, dont O ne se doute pas, qui restent là un temps souvent fort long et qui ont la virtualité de passer, un jour donné, à l'acte.

Au fond, il y a là une sorte de *repérage* (1).

_____

(1) Voir BINET : *Les altérations de la personnalité*, p. 259. C'est ce que WUNDT (*loco cit.*, p. 109) appelle « association mnémonique » et « indice mnémonique ».

Dans la vie polygonale physiologique ces repérages
sont très fréquents. Non seulement nous nous éveillons
souvent à l'heure que nous désirons, en tout cas à
l'heure de nos occupations habituelles, mais encore
nous exécutons automatiquement ce que nous savons
devoir faire tel jour de la semaine ou du mois : on va
à un marché, à une foire ou à un cours, un jour donné ;
on fait maigre ou on va à la messe ou au temple tel
autre jour. Ce sont là des actes de mémoire polygonale
à distance.

Comment le polygone compte-t-il le temps pour
exécuter son ordre à jour et heure fixes (1) ?

La mémoire du polygone s'entretient de temps en
temps par des réminiscences passagères, spécialement
dans de petits sommeils spontanés qui passent inaper-
çus ou qui sont constatés, dans le sommeil naturel,
dans les divers états accidentels de désagrégation suspolygonale : BERNHEIM l'a très bien constaté.

Ceci n'est d'ailleurs pas une explication du phénomène ; mais ceci le rapproche d'autres phénomènes
connus et bien établis de mémoire polygonale.

d) Somnambulisme. — Dans le *somnambulisme* la
mémoire se comporte comme dans l'hypnose et obéit
aux mêmes lois (2) : 1° oubli au réveil ; 2° souvenir
d'une crise à l'autre ; 3° souvenirs de la veille dans la
crise.

DELEUZE (1819) faisait déjà de l'oubli au réveil le
caractère du somnambulisme. La troisième loi est la

---

(1) Pour la discussion des idées de BERNHEIM sur ce point, voir
L'Hypnotisme et la suggestion, p. 315.
(2) Voir PIERRE JANET, *loco cit.*, p. 73.

moins constante. Les trois sont appliquées dans la scène de Macbeth.

Ces phénomènes de mémoire ont fait admettre chez certains somnambules comme un dédoublement de leur personne. Chez un malade de GEORGET, « c'était comme deux existences différentes ». Une jeune fille, raconte ÉRASME DARWIN, « conservait pendant ses accès des idées de la même espèce que celles qu'elle avait eues le jour précédent et ne se rappelait plus l'instant suivant quand il y avait absence d'accès; ses parents s'imaginaient qu'elle avait deux âmes ». Une malade de MESNET met, une nuit, des sous à infuser dans un verre d'eau et écrit qu'elle veut mourir. Elle enferme sa préparation dans une armoire dont elle cache la clef et se réveille. La nuit suivante, l'accès reprend, et la voici qui retrouve la clef et court à l'armoire chercher son verre. On connaît aussi le rêveur de DESPINE qui, toutes les nuits, se vole à lui-même des pièces d'or et va toujours les cacher au même endroit (1). »

e) Hystérie. — La même mémoire alternante, d'une crise à l'autre, peut se rencontrer aussi dans « le délire qui suit la crise d'épilepsie et surtout la crise d'*hystérie.* Rose avait la mauvaise habitude d'injurier régulièrement une servante de l'hôpital à la fin de ses crises. Elle ne s'en souvenait plus après son réveil et ne pouvait y croire quand on le lui disait. Cependant, à la crise suivante, elle reprenait ses injures au même point

(1) GEORGET : *Maladies mentales,* 1827, p. 129; ÉRASME DARWIN : *Zoonomie,* trad., 1810, t. II, p. 163; REGNARD : *Sorcellerie,* 1887, p. 221; GILLES DE LA TOURETTE : *Hypnotisme,* p. 236; DESPINE : *Somnambulisme,* p. 93. (Citations PIERRE JANET, *loco cit.,* p. 77.)

et insistait en criant : j'ai eu bien raison de dire ceci
et cela, c'était bien vrai ; et elle répétait tous les détails
du délire précédent (1). »

Dans cette névrose la règle est d'ailleurs moins fixe
que dans les autres syndromes décrits. Ainsi PIERRE
JANET raconte l'histoire de certaines malades qui ont
divers types de crise n° 1, n° 2, n° 3, et chez lesquelles
la mémoire est alternante dans les crises d'un même
type, ou bien, dans un type, il y a la mémoire de tous
les autres, ou encore certains types ne laissent aucun
souvenir...

f) Intoxications. — Enfin PIERRE JANET cite des faits
analogues de mémoire alternante pendant l'ivresse de
l'opium (2) et surtout de l'alcool.

« Un nègre complètement ivre dérobe des instruments de chirurgie au Dr Keulemans. Le lendemain,
il soutient qu'il ne les a pas touchés et les cherche en
vain sans pouvoir les retrouver ; deux jours après, on
le rencontre ivre de nouveau et on lui parle encore de
la perte des instruments. Il réfléchit cette fois, part de
suite et, malgré l'obscurité, va tout droit les trouver
dans une boite où il les avait cachés pendant sa première ivresse. »

Dans ces cas, il s'agit bien toujours d'une scène de
la vie polygonale, le contrôle et l'inhibition de O étant
supprimés par le poison.

(1) PIERRE JANET, *loco cit.*, p. 78.
(2) MYERS. Citat. PIERRE JANET.

3. *Évocation des souvenirs polygonaux dans d'autres*
    états, non similaires, de désagrégation suspolygo-
    nale.

Dans tous les faits précédents, les souvenirs polygonaux se retrouvaient d'une crise à l'autre d'un même
état de désagrégation suspolygonale, d'une crise de
somnambulisme à l'autre, d'une crise d'hypnose à l'autre..... Actuellement nous allons parler des souvenirs
polygonaux qui se retrouvent d'une crise d'un premier
état donné de désagrégation suspolygonale dans une
crise d'un second état, non similaire, de désagrégation
suspolygonale.

a) Hystérie et hypnose ; hystérie et distraction ; som-
nambulisme et hypnose ; catalepsie et somnambulisme.
— J'ai déjà cité des faits de ce groupe quand j'ai parlé
d'idées fixes polygonales, nées dans une crise spontanée
quelconque et retrouvées dans une crise d'hypnose
provoquée. La reviviscence des souvenirs peut aussi se
faire, d'une manière générale, d'une crise d'hystérie à
une crise d'hypnose (1). Ainsi un sujet est frappé, après
une émotion, d'une attaque d'hystérie et d'amnésie
rétrograde, c'est-à-dire qu'il ne peut plus acquérir de
souvenirs pendant une période donnée (2). On l'endort :
il retrouve tous ces souvenirs qu'il paraissait n'avoir

(1) Voir notamment CHARCOT, *Journal de médecine et de chirurgie*
pratiques et *Revue de l'Hypnotisme*, t. VI, 1892, p. 334, et PIERRE JANET,
Congrès de Londres, août 1892. *Revue de l'Hypnotisme*, t. VII, 1893,
p. 85.
(2) Nous reviendrons plus loin (4) sur les amnésies.

pas acquis. Dans ces cas, l'enregistrement s'est fait dans
la mémoire polygonale, sans parvenir à O; dans la
désagrégation suspolygonale provoquée de l'hypnose,
le sujet parle avec ses souvenirs polygonaux et il
retrouve ceux-là comme les autres.

L'écriture automatique (en distraction) permet aussi
de révéler dans le polygone des souvenirs qui y ont été
déposés dans une crise antérieure (hystérie, somnambulisme).

Le sujet de Tissié (1) « se rappelle, à l'état hypnotique, tout ce qu'il a fait à l'état de somnambulisme.
C'est ainsi que j'ai pu reconstituer toute sa vie de
voyage. Et il le fait avec une précision et une verve
étonnante ».

Certains sujets se rappellent, en somnambulisme,
des crises antérieures de catalepsie. Léonie, en somnambulisme, raconte à Pierre Janet (2) une crise de
catalepsie : « vous m'aviez mis les mains comme cela,
comme si je jouais de la flûte, vous m'avez fermé les
poings, etc. »

b) Sommeil et distraction. — Dans l'état de désagrégation suspolygonale du *sommeil,* dans le rêve, on
retrouve parfois des souvenirs déposés dans le polygone
dans cet autre état de désagrégation suspolygonale
qu'est la *distraction.*

Ainsi Maury voit en rêve, plusieurs jours de suite,
« un certain monsieur à cravate blanche, à chapeau à
larges bords, d'une physionomie particulière et ayant

(1) Tissié, *loco cit.,* p. 197.
(2) Pierre Janet, *loco cit.,* p. 24.

dans sa tournure quelque chose d'un Anglo-Américain ».
Ce monsieur lui est absolument inconnu. Mais plus
tard il le rencontre, absolument tel que, dans un quartier où il était allé souvent avant son rêve et où il
l'avait certainement vu, sans s'en rendre compte.

Voilà qui donne au rêve l'apparence d'une divination,
ou d'une prémonition, alors qu'en réalité il s'agit seulement d'une résurrection des impressions inconsciemment reçues et emmagasinées.

Une autre fois, MAURY rêve l'association de trois
noms propres avec les noms de trois villes de France ;
il ne comprend pas ce rêve ; mais il retrouve ensuite
un vieux journal où cette association figurait dans une
annonce. --- Il l'avait lue distraitement, l'avait, à l'insu
de O, retenue dans son polygone et dans la désagrégation suspolygonale du sommeil l'avait retrouvée.

Le sommeil peut révéler ainsi des souvenirs que O
a déposés, plus ou moins anciennement et plus ou
moins distraitement, dans son polygone et qu'il y a
oubliés.

DELBŒUF rêve le nom *aspleniun ruta muralis* comme
un nom familier. Au réveil, il ne peut pas se rendre
compte d'où il a tiré ces mots qui ne lui rappellent
rien, qui ont l'air d'être une création de son polygone.
Longtemps après, il découvre ce nom *asplenium ruta
muraria* écrit de sa propre main dans une collection
de plantes qu'il avait faite sous la dictée d'un ami
botaniste.

BROCKELBANK perd un couteau de poche, le cherche
vainement, n'y pense plus. Six mois après, il en rêve,
voit la poche d'un vieux pantalon abandonné où est
son couteau. Il s'éveille, y va, le trouve. Divination !

Non. Souvenir polygonal réapparaissant dans le sommeil.

Myers, à qui j'emprunte ces derniers exemples, cite d'autres cas d'objets égarés et retrouvés en rêve, toujours par ce même mécanisme. La chose devient bien plus jolie, mais pas plus mystérieuse, quand le polygone agrémente sa ressouvenance d'un peu de roman.

Une fillette perd un petit couteau auquel elle tenait beaucoup et ne le trouve plus. Une nuit, elle rêve qu'un frère qu'elle avait perdu et beaucoup aimé lui apparaît et la conduit par la main à l'endroit précis où était le couteau. Elle s'éveille, y va et le trouve.

On prévoit combien il sera difficile d'empêcher cette enfant de croire à une révélation d'outre-tombe. Et cependant c'est un simple fait de mémoire polygonale. On voit de quelles précautions il faut s'entourer, avec quel soin il faut faire l'enquête avant de déclarer supranaturelle une expérience.

c) *Distraction et cristallomancie.* — Cette révélation d'un souvenir polygonal, dont O ignore l'origine par ce qu'il a été recueilli en distraction, peut être faite par des états de désagrégation suspolygonale autres que le sommeil, par exemple la *cristallomancie.*

« Mⁱˡᵉ Goodrich Freer, raconte Myers, voit dans un cristal l'annonce de la mort d'une de ses amies, fait totalement étranger à son moi conscient d'ordinaire. En se reportant au *Times,* elle trouve, dans une feuille dont elle s'était servie pour protéger sa face contre la chaleur de la cheminée, l'annonce de la mort d'une personne portant le même nom que son amie ; de sorte que, ajoute Myers, les mots ont pénétré dans le champ de sa vision, sans atteindre son esprit éveillé. »

Voilà bien en effet toute l'explication de ce phénomène d'apparence divinatoire ou clairvoyante : en pensant à autre chose avec son O devant le feu, cette demoiselle a lu et retenu avec son polygone ce nom (qu'elle connaissait) dans le *Times* qui lui servait d'écran. Elle n'a eu aucune conscience, aucun souvenir conscient du fait. Mais quand son polygone a été de nouveau désagrégé par la contemplation du cristal, il a retrouvé ce nom, qui était celui d'une personne chère, il a dramatisé son souvenir et a fait apparaître dans le cristal la mort de cette amie.

d) Sommeil et hypnose. — La reviviscence d'un souvenir polygonal peut se retrouver du sommeil naturel dans l'hypnose ou réciproquement.

Dans l'hypnose, AUGUSTE VOISIN (1) ordonne à un sujet d'assassiner, au réveil, une femme couchée dans un lit voisin et de tout oublier. Éveillé, le sujet y va, poignarde un mannequin couché à la place indiquée. Des magistrats, qui avaient assisté à l'expérience, ne purent obtenir de lui l'aveu de l'acte ni le nom du complice qui l'avait suggéré. Mais, trois jours après, le sujet revenait à la Salpêtrière. Sa physionomie portait les traces d'une souffrance morale et de l'insomnie qu'il se plaignait d'éprouver depuis ce temps. Il se plaignait de voir, la nuit, l'apparition d'une femme qui lui reprochait de l'avoir frappée d'un coup de couteau. Quelques suggestions le débarrassèrent facilement de ce souvenir polygonal.

(1) AUGUSTE VOISIN. Les suggestions criminelles posthypnotiques. *Revue de l'Hypnotisme*, t. V, 1891, p. 382.

Dans le même ordre d'idées, Albert, le sujet de Tissié (1), voit apparaître son médecin dans le sommeil
naturel et exécute un ordre donné dans une hypnose
précédente ; sa femme constate le fait et le rapporte à
Tissié.

Inversement, le même sujet révèle à Tissié, dans
une hypnose, un rêve de départ prochain qu'il a fait
dans le sommeil naturel.

c) Étendue de la mémoire dans l'hypnose. — Quoiqu'on puisse ainsi retrouver des souvenirs polygonaux
dans tous les états de désagrégation suspolygonale, pris
deux à deux, l'*hypnose* (sommeil ou somnambulisme
provoqué) paraît être l'état dans lequel la mémoire est
le plus étendue. Parlant d'une jeune fille de treize ou
quatorze ans qui présentait différents états nerveux
distincts (veille, crises nerveuses, somnambulisme
naturel, somnambulisme artificiel ou magnétique),
Bertrand (2) dit : « Quoique la malade eût le libre
exercice de son intelligence dans tous ces différents
états, elle ne se souvenait dans son état ordinaire de
rien de ce qu'elle avait fait ou dit dans chacun d'eux ;
mais ce qui paraîtra étonnant, c'est que, dans le somnambulisme magnétique, dominant pour ainsi dire sur
toutes les espèces de vies dont elle jouissait, elle se
souvenait de tout ce qui était arrivé soit dans le somnambulisme, soit dans les crises nerveuses, soit à l'état
de veille... Dans l'état de veille, comme au plus bas
degré, elle perdait le souvenir de tout ce qui s'était
passé en elle dans les états supérieurs. »

(1) Tissié, *loco cit.*, p. 198.
(2) Bertrand : *Traité du somnambulisme*, 1823, p. 318. (Citat. Pierre
Janet.)

Je ne crois pas que cette supériorité du champ de
la mémoire suffise à faire appeler « supérieurs » ces
états maladifs de désagrégation suspolygonale. Mais
l'observation est très juste en elle-même et très frap-
pante.

4. *Évocation des souvenirs polygonaux à l'état de veille.*

Reste la question difficile des rapports entre ces
divers états de désagrégation suspolygonale et l'état
de veille, toujours au point de vue de la mémoire.
Dans quelles conditions et dans quels cas O prend-il
possession et conscience des souvenirs polygonaux?

a) Distraction et veille. — Dans la *distraction* la
désagrégation est lâche et peu complète. Avec un rappel et un peu d'insistance, O peut prendre conscience
d'une impression déposée dans son polygone.

Vous faites une question à une personne distraite.
Quoi? dit-elle. Elle a entendu que vous l'interpelliez,
mais n'a pas fait attention à la question posée. Sans
répéter la question, vous insistez : réfléchissez; je vous
ai demandé quelque chose. — Ah! oui, reprend-elle.
Elle fait effort, retrouve votre question dans son polygone et y répond.

De même, spontanément ou plus souvent sous l'influence d'une impression nouvelle et forte, O sort de
sa distraction et retrouve à ce moment certains souvenirs polygonaux. A la porte de Madame de Haut-Castel,
Xavier de Maistre reconnaît sa distraction.

Dans une conversation on s'aperçoit, après coup, en

O, d'un mot qu'on a inconsciemment substitué à un autre, déjà depuis un moment, une série de fois : c'est bien un souvenir polygonal qui est saisi par O.

Le problème se complique, mais reste du même ordre, si, quand O recueille un souvenir polygonal, ce souvenir a déjà été modifié par un raisonnement polygonal, par une association polygonale d'idées ou d'images.

MYERS cite le cas d'un « étudiant en botanique qui, passant distraitement devant l'enseigne d'un restaurant, crut y lire les mots *verbascum thapsus*. Or, le mot qui y était imprimé réellement était *Bouillon ;* et le mot bouillon constitue la désignation française vulgaire de la plante verbascum thapsus. Il s'est produit ici, continue MYERS, une transformation subliminale de la perception optique actuelle, et les mots verbascum thapsus ont été le message envoyé au moi supraliminal distrait par le moi subliminal plus occupé de botanique que d'un dîner, »

Nombreux sont les témoignages qui subissent cette transformation, polygonale et par suite inconsciente, entre le crime et la cour d'assises. Que de faux témoins qui ne sont pas coupables (1), parce que leur fraude est inconsciente et involontaire (comme celles de certains médiums), que par suite il n'y a pas fraude ! La première impression, vraie et réellement reçue, est dénaturée par l'imagination polygonale (2), et les centres supérieurs l'expriment, consciemment et volontairement, sous cette forme qui, à leur insu, est devenue

(1) Nous reviendrons sur cette question au chapitre v.
(2) Voir, plus loin, iv dans le même chapitre.

absolument erronée. Vous pouvez affirmer avoir rencontré M. A. à tel endroit, alors que vous y avez vu
distraitement M. B. et que la couleur des gants ou de la
jaquette a associé l'idée de M. A. à l'idée de M. B. dans
votre polygone, qui a finalement gardé le souvenir
précis de M. A.

L'entraînement passionnel, l'entraînement grégaire,
tous les états de semi-désagrégation suspolygonale
aboutissent ainsi à des raisonnements polygonaux dont
les conclusions sont souvent extrêmement dangereuses
quand O les soutient et les affirme, en toute sincérité,
même sous la foi du serment.

b) Sommeil et veille. — La question a été mieux
étudiée pour les rapports réciproques du *sommeil* et de
l'état de veille.

Beaucoup de rêves ne laissent pas de souvenir au
réveil : des mouvements, des cris dans le sommeil ont
prouvé le rêve, et, au réveil, on ne se rappelle rien.

Il y a au contraire des rêves qu'on se rappelle au
réveil. Ce sont ceux qu'on raconte, spécialement ceux
de la période hypnagogique ; certaines personnes se les
rappellent mieux que d'autres et y réussissent mieux,
en s'y exerçant.

Ce rappel de mémoire polygonale par O, du sommeil
à la veille, « peut être provoqué par une impression
sensorielle ayant un rapport plus ou moins direct avec
le rêve ; quelquefois le rappel est dû à une représentation visuelle ou auditive. Le mot *bourgeois* prononcé
dans un rêve et prononcé le lendemain réveille le souvenir du rêve et fait vivre ce rêve pendant quelques
instants. Un costume original vu à l'état de veille rap-

pelle un rêve dans lequel une personne était apparue
costumée de la même façon (1). »

Inversement, la mémoire de l'état de veille enjambe
parfois sur le sommeil. Très souvent les souvenirs de
la veille provoquent et dirigent le rêve suivant. Ces
souvenirs dans le rêve peuvent prendre même toute
l'apparence d'une hypermnésie vraie. « Cette intensité
peut faire croire au miracle, dit encore Tissié. L'employé cité par Abercrombie se rappelle à l'état de sommeil un acte qu'il avait accompli neuf mois avant, à
l'état de veille, et le propriétaire de Bowland retrouve
dans cet état un souvenir très important de sa jeunesse.
Cette hypermnésie avait été provoquée par une concentration d'esprit et un travail en dessous, à l'état ce
veille. »

Ces faits se rapprochent beaucoup des cas cités plus
haut (p. 207), dans lesquels le polygone désagrégé
retrouve, dans le sommeil, des souvenirs polygonaux
oubliés à l'état de veille.

c) *Hypnose (ou somnambulisme) et veille.* — Reste à
parler des rapports de mémoire entre l'*hypnose* et le
somnambulisme, d'une part, et l'état de veille, de l'autre.

Quand il n'y a pas de suggestion spéciale, l'oubli
au réveil est la règle après l'hypnose. Il y a seulement
« une certaine mémoire persistante après les sommeils
hypnotiques très légers, qui d'ailleurs se rapprochent
beaucoup de la veille. Un sujet hypnotisé pour la première fois, dit Gurney, se souvenait de tout, non seulement des actions qu'il avait faites, mais encore des

(1) Tissié, *loco cit.*, p. 193.

sentiments de surprise qu'il avait eus en les faisant.
Il semblait qu'il y eût deux moi, l'un regardant les
actions involontaires de l'autre sans penser qu'il fût
utile de les faire cesser... J'ai moi-même, ajoute
PIERRE JANET (1), constaté cette persistance du souvenir chez un jeune homme que j'avais hypnotisé plusieurs fois, mais très légèrement. Ses paupières étaient
restées fermées malgré lui, et ses bras ne pouvaient,
malgré ses efforts, quitter les positions où je les met-
tais. Réveillé, il put se souvenir facilement de tout. »

J'ai déjà exposé l'opinion de DELBŒUF : « l'absence
du souvenir au réveil n'est pas un caractère essentiel
du rêve hypnotique. »

Il ne faut donc pas donner, avec BRAID, comme caractéristique de l'hypnotisme, « la perte de la mémoire de
façon qu'au réveil le patient n'ait aucun souvenir de
ce qui s'est passé pendant le sommeil (2) ».

J'ai déjà indiqué ici que, depuis les travaux du GÉNÉ-
RAL NOIZET, de BERNHEIM et d'autres, on sait que la suggestion peut modifier tout cela : on peut suggérer à
un sujet la mémoire partielle ou totale, au réveil, de
ce qui s'est passé dans l'hypnose.

TISSIÉ (3) a bien étudié, chez son sujet Albert, ces
passages de la mémoire de la veille au sommeil somnambulique et du sommeil somnambulique à la
veille.

Dans ce dernier cas, « le rappel de mémoire a lieu,
comme dans les cas précédents, par représentation

(1) PIERRE JANET, *loco cit.,* p. 80.

(2) PAUL MAGNIN. Les rapports de l'hypnotisme avec l'hystérie. *Revue de l'hypnotisme,* 1901, p. 8.

(3) TISSIÉ, *loco cit.,* p. 193.

visuelle ou auditive, par association d'idées. Albert rêve (dans son sommeil physiologicosomnambulique) qu'un monsieur lui dit qu'il trouvera du travail à Bazas. Le lendemain, il ne se souvient de rien au réveil ; il fait 6 à 7 kilomètres pour se rendre au chantier où il travaille, et ce n'est que lorsqu'il reprend son travail qu'il se rappelle le rêve et qu'il part. » C'est là plutôt le mécanisme des autosuggestions posthypnotiques à longue échéance.

L'exemple de Heidenhain, que cite également Tissié, est mieux dans le paragraphe actuel. Ayant endormi son frère, Heidenhain « lui fit boire un verre de bière ; il le réveilla et lui demanda s'il n'avait pas soif. Sur sa réponse négative et voyant qu'il ne se rappelait rien, il dit qu'il faisait chaud, et aussitôt son frère lui apprit qu'il venait de boire. »

d) Divers modes de réaction de O sur les souvenirs polygonaux. — Reste un point intéressant à analyser, c'est l'impression que produit sur O la connaissance plus ou moins brusque d'un souvenir polygonal, c'est-à-dire les idées que fait naître dans O l'arrivée de ce souvenir dont, jusque-là, il ignorait l'existence en lui.

α. Dans le cas le plus simple, on se rappelle un rêve ou une séance d'hypnose au réveil, en comprenant très bien l'origine de ce souvenir. O n'est ni étonné ni trompé : il a conscience qu'il s'agit d'un souvenir polygonal, datant d'un état antérieur de désagrégation suspolygonale, distraction, sommeil ou hypnose.

β. Parfois O hésite sur l'origine et la véritable nature de cette impression qui se révèle à lui brusquement, au sortir du sommeil, par exemple : pendant un certain temps, on se demande si on rêve ou si on est éveillé ou plutôt si l'idée qui se présente à votre esprit est une réalité ou une rêverie.

Chez certaines personnes, l'hésitation est persistante.

Un soldat, cité par Tissié, rêve qu'il passe en conseil de guerre et rend son sabre. Au réveil, il porte la main sur son sabre à côté du lit pour voir s'il y est encore.

A Rémy de Gourmont il arrive, d'après Chabaneix, « de ne pouvoir distinguer le rêve de la réalité, de confondre, par exemple, ce qu'un ami m'a dit la veille et ce que j'ai rêvé la nuit. Je suppose, continue-t-il, que mon esprit est ainsi plein de fausses notions qui, au bout d'un certain temps, sont, dans ma mémoire, sur le même plan que les faits exacts. »

Chabaneix cite encore Madame Rachilde qui dit : « parfois je me trompais, je me figurais que ma vie réelle était mes songes »; et Edgar Poe qui dit : « les réalités du monde m'affectaient seulement comme des visions, et seulement ainsi, pendant que les idées folles du pays des songes devenaient en revanche non seulement la pâture de mon existence quotidienne, mais positivement cette unique et entière existence elle-même. »

Il y a bien le même genre d'erreur d'O sur un souvenir polygonal chez l'individu dont parle Charles Richet (1), « qui non seulement se souvenait de ses actions suggérées pendant le somnambulisme, mais

(1) Charles Richet : *L'homme et l'intelligence*, 1884, p. 169.

encore se figurait toujours les avoir faites librement ».

γ. Le souvenir polygonal peut apparaître à O absolument comme une vraie *réminiscence* ; O ne se doute alors pas du tout que c'est un souvenir, et il se croit l'auteur de l'idée. L'acte inspiré en réalité par la mémoire semble un acte spontané des centres supérieurs.

C'est ce qui arrive à Raskolnickoff dans la scène citée plus haut de Dostoïewski. Il croit que c'est de son propre mouvement, spontanément, qu'il a pris à droite au sortir du marché au foin, alors qu'en réalité il n'a fait qu'obéir à un souvenir polygonal.

Louis Duvur a très curieusement décrit ce phénomène dans son roman : *Un coco de génie* (1) : un grainetier somnambule passe ses nuits à meubler son polygone de littératures variées ; réveillé, le centre O sert comme œuvres personnelles ces lectures de la nuit précédente, dans une petite ville de province, où on a peu de littérature et où on trouve détestables les vers qu'il débite, alors qu'ils sont de Victor Hugo, de Lamartine ou de Musset.

Son centre O, qui ignore complètement l'origine de ces vers, intervient dans le choix de ces souvenirs polygonaux et les adapte à l'actualité. Ainsi, de l'*Enfant grec* des *Orientales,* il fait l'enfant boër ; et les premiers vers :

Les Turcs ont passé là, tout est ruine et deuil,
Chio, l'île des vins, n'est plus qu'un sombre écueil.

(1) Louis Duvur : *Un coco de génie. Mercure de France,* 1901, 1902.

deviennent :

> Roberts a passé là, tout est ruine et deuil,
> Le Veldt, du Rand au Cap, n'est plus qu'un sombre écueil.

Ailleurs O, qui a l'horreur du plagiat, supprime certains vers ou titres qu'il connait et reconnaît.

Ainsi d'*Athalie* il fait une pièce qu'il intitule : *Joas*, et qui est textuellement l'entière pièce de Racine, sauf, en dehors du titre, le songe d'Athalie, qui a été déchiré sur son livre (et dont il ajourne la rédaction), et sauf le premier vers qu'il connait et ne veut pas copier.

> Oui, je viens dans son temple adorer l'Éternel,

devient :

> Gloire à Dieu, cher Joas, gloire au Dieu d'Israël.

On traite le somnambule de *coco* ; on lui refuse pour le feuilleton d'un journal local *Madame Bovary*, dont il connaissait le titre et qu'il avait offert sous le nom de *Cette pauvre Emma* ; tandis qu'un Parisien, plus lettré, égaré dans cette société, reconnaît les pièces démarquées et prend d'abord le pauvre garçon pour un plagiaire volontaire et farceur. Puis il voit sa réelle bonne foi et le considère comme un plagiaire inconscient, comme un fou.

Cela dure ainsi à travers mille péripéties curieuses, jusqu'au jour, ou plutôt à la nuit, dans laquelle le malade met involontairement feu à la bibliothèque où il allait lire toutes les nuits et voit à jamais disparaître son inspiration.

Certes, ceci n'a rien d'une démonstration scientifique ; mais c'est une bien jolie exposition du fait psychique énoncé plus haut : O accueillant un souvenir polygonal comme une idée spontanée personnelle (réminiscence).

ε. Dans des cas plus compliqués, O, en éprouvant une sensation, la reconnaît parce que c'est un souvenir déposé par son polygone dans sa mémoire générale et en même temps il ne peut pas se rendre compte de l'origine de ce souvenir, du lieu et du temps où il l'a acquis. Il *reconnaît ainsi une chose qu'il n'a jamais vue.* Ces deux « évidences inconciliables », cette faillite de sa raison devant une reconnaissance d'une sensation non éprouvée déjà entraine une *angoisse* toute spéciale, et le sujet éprouve alors cette sensation bizarre connue sous le nom de sensation du « déjà vu », du « déjà entendu », du « déjà éprouvé », ou illusion de fausse reconnaissance (1).

Il ne faut confondre le « déjà vu » ni avec la réminiscence (dans laquelle il n'y a pas reconnaissance et qui est la révélation d'un souvenir oublié) ni avec le « déjà vu » des aliénistes, qui est une hallucination de O. Le malade d'Arnaud retrouvait, dans sa mémoire, même le souvenir de la locomotive suspendue lors de l'accident de la gare Montparnasse (c'est-à-dire qu'il reconnaissait une chose qu'il n'avait certainement jamais vue, ni consciemment ni inconsciemment). Cette dernière forme constitue le délire *palingnostique* de Mendel, dans lequel « le malade croit reconnaître dans ce qu'il voit pour la première fois, dans un milieu tout

---

(1) Aux travaux que j'ai cités dans le *Journal de psychologie*, il faut joindre : Jean de Pury. Observations de paramnésie. *Archives de psychologie*, t. II, 1903, p. 58, et Aug. Lemaitre. Des phénomènes de paramnésie à propos d'un cas spécial. *Ibidem*, t. III, 1904, p. 101.

à fait nouveau, des objets, des individus qu'il aurait déjà connus auparavant, un milieu dans lequel il se serait trouvé autrefois (1) ». Ceci appartient à l'aliénation mentale, aux altérations de O et par conséquent pas à notre sujet (2).

Le « déjà vu » *physiologique* est au contraire un vrai phénomène de psychisme inférieur.

Rien ne le décrit mieux que ce passage de l'autoobservation de PAUL BOURGET : « ...La sensation de fausse reconnaissance m'est très habituelle... Voici comment d'habitude cette fausse reconnaissance se produit. Quelqu'un prononce une phrase et, avant que cette phrase ne soit terminée, j'ai l'impression soudaine et irrésistible que j'ai déjà entendu les mêmes mots, dits par la même personne, avec le même accent. L'illusion va plus loin. Aussitôt, ma propre réponse que je n'ai pas encore prononcée me paraît avoir été entendue par moi. Ou, pour être plus précis, j'ai l'impression que j'ai déjà émis les sons que je vais émettre, et cela à mesure que je les émets. C'est alors et pendant que je parle que l'illusion arrive à son comble. Il me semble tout d'un coup que cette phrase et ma réponse s'accompagnaient d'émotions que je ne retrouve plus. C'est comme si tout un monde de sentiments parus allaient reparaître, qui ne reparaît pas et qui est là cependant. Je suis pris, malgré moi, d'une *angoisse* analogue à celle qui m'étreint dans mon rêve le plus

---

(1) SIGLAS : *Traité de pathologie mentale de Gilbert Ballet*, p. 270.

(2) C'est à ce groupe qu'appartient la malade de GILBERT BALLET (Société de neurologie, 1er décembre 1904 ; *Revue neurologique*, 1904, p. 1221), à propos de laquelle l'auteur dit, très justement, que c'est « un trouble de la perception » plutôt qu' « un trouble de la mémoire ».

fréquent, qui consiste à *voir*, bougeant et vivant, un ami que, même dans mon sommeil, je *sais* être mort. Pareillement, dans ces instants de fausse reconnaissance, je *sais* que les mots échangés entre la personne avec qui je cause et moi n'ont jamais été échangés auparavant. Je *sais* surtout que mes relations émotives avec cette personne sont actuelles, et je *sens* que ces mots ont déjà été dits... Cette *dualité d'évidences inconciliables* joue dans le champ de conscience, pendant un instant qui est d'ordinaire très court et qui me paraît infiniment long. Puis le phénomène cesse, et j'ai physiquement la sensation que l'on a au sortir d'un accès d'absolue distraction... »

Dans tous ces faits, la reconnaissance est réelle ; O reconnaît bien l'impression perçue ; mais comme cette impression est arrivée dans sa mémoire générale à un moment où le polygone était désagrégé, il n'a pas eu conscience de l'arrivée de ce souvenir et ne peut comprendre quand et comment cette impression est parvenue une première fois à son cerveau. Comme dit FERNAND GREGH, « vous sentez que vous vivez identiquement une minute que vous avez déjà vécue (1), mais *vous ne pouvez pas la situer dans votre passé* ».

C'est à propos de ces phénomènes que JULES LEMAITRE (2) dit très justement : « ...Notre vie intellectuelle est en grande partie inconsciente ; continuellement les objets font sur notre cerveau des impressions dont nous

---

(1) FERNAND GREGH, cité par LEROY. *Étude sur l'illusion de fausse reconnaissance* (identificirende Erinnerungtauschung de Kraepelin) *chez les aliénés et les sujets normaux,* thèse de Paris, 1898, n° 655, p. 180.

(2) JULES LEMAITRE, citat. CHARLES MÉRÉ. La sensation du « déjà vu ». *Mercure de France,* t. XLVII, 1903, pp. 73 et 74.

ne nous apercevons pas et qui s'emmagasinent sans
que nous en soyons avertis (1). »

Dans un récent travail, DROMARD et ALBÈS (2) ont émis,
à propos de l'illusion de fausse reconnaissance, des
idées qu'il me paraît intéressant de rapprocher de
celles que je viens d'exposer.

Les auteurs appellent « invagination de l'attention »
un état de distraction dans lequel O se désintéresse de
l'extérieur, absorbé qu'il est par l'observation intro-
spective, et ils ajoutent : « dans cet état d'invagination
de l'attention, que va-t-il se passer en présence d'une
situation M ?

» En temps ordinaire, le psychisme inférieur (centres
polygonaux) recueillerait une série de sensations four-
nies par M et le psychisme supérieur (centre O) trans-
formerait au fur et à mesure ces sensations en perceptions, d'où il résulterait une représentation consciente
de M, avec sentiment d'adaptation ou d'effort pour la
prise de possession de la réalité.

» Au contraire, le cas échéant, il n'y a plus coopéra-
tion des deux psychismes (centre O et centres polygonaux) pour la prise de possession de M. Le psychisme
inférieur (centres polygonaux) emmagasine la représentation de M, sans le concours et à l'insu du psychisme supérieur (centre O) qui est occupé, comme

---

(1) Voir aussi, sur cette question : Dr EMILE LAURENT. L'illusion de
fausse reconnaissance, illusion de « déjà vu », *Revue de philosophie*,
1903, p. 513, et MICHEL-LÉON KINDBERG. Le sentiment du déjà vu et
l'illusion de fausse reconnaissance. *Revue de psychiatrie et de psychologie expérimentale*, t. IX, 1903, p. 139.

(2) DROMARD et ALBÈS. Essai théorique sur l'illusion dite de fausse
reconnaissance. *Journal de psychologie normale et pathologique*, 1905,
p. 216.

nous le savons, à l'introspection et détaché de la réalité.
La représentation emmagasinée de la sorte aura donc
pour caractère d'être automatique, c'est-à-dire de ne
s'accompagner d'aucun sentiment d'effort en vue d'une
adaptation du moi au non-moi. Pendant ce temps, le
psychisme supérieur (centre O) utilise son activité,
contrairement à ce que l'on peut observer chez le
rêveur; seulement, au lieu d'appliquer cette activité
sur M, il l'applique sur l'image de M recueillie par le
psychisme inférieur (centres polygonaux) dans les conditions que nous venons de dire et avec les attributs
que nous venons d'indiquer.

« Au total, l'opération envisagée dans son ensemble
comporte deux éléments : *a.* présence dans le subconscient d'une représentation de M emmagasinée en
dehors de tout effort d'adaptation ; *b.* application de
l'activité consciente à cette représentation de M...

» ...En résumé, *fixation automatique des représentations* d'une part et *application d'une activité consciente
à ces représentations* d'autre part, telles sont les conditions dont doit dépendre, selon nous, l'illusion du *déjà
vécu.* Ces conditions se trouvent réalisées dans certains
états de distraction, quand ces états conduisent d'une
manière inconsciente à une sorte d'invagination de
l'attention, au lieu de se terminer purement et simplement par un retour à l'activité normale de l'esprit. »

5. *Les tempéraments suivant la mémoire polygonale.*

Je n'ai pas à m'occuper ici des divers types physiologiques basés sur les différences de la mémoire en

général, mais uniquement des tempéraments distingués par l'état de la mémoire polygonale.

Le classement d'une étude complète serait d'ailleurs basé sur les mêmes principes que pour la mémoire générale : l'un a beaucoup de mémoire, l'autre peu. L'un a surtout de la mémoire de pénétration (mémoire *facile*), un autre a plutôt de la mémoire de conservation (mémoire *fidèle*, sûre), un troisième a plutôt de la mémoire de reproduction (mémoire *présente*). Les sujets se divisent aussi suivant la nature des images ou des idées qu'ils se rappellent plus facilement : il y a les visuels, les auditifs, les abstraits...

Je n'ai à insister un peu que sur un point : c'est la division des tempéraments suivant l'importance relative de la mémoire polygonale par rapport à la mémoire générale et suivant l'invasion plus ou moins grande du psychisme général par les souvenirs polygonaux.

Les exemples que j'ai donnés plus haut (p. 218) de Rémy de Gourmont, de Madame Rachilde, d'Edgar Poe, correspondent au type de prédominance très marquée de la mémoire polygonale qui envahit, dans ces cas, la vie psychique générale au point que ces sujets vivent leurs songes, même à l'état de veille.

On voit comment, chez ces sujets, le sommeil développe ce que CHARLES LAURENT appelle un véritable état secondaire en tout semblable aux états créés par la maladie ou l'hypnose, état secondaire qui crée chez l'individu une personnalité subconsciente, distincte de la personnalité vraie, supérieure et consciente. C'est la personnalité polygonale qui peut s'imposer à la personnalité consciente, même après le

réveil, et que nous retrouverons au paragraphe VII de
ce même chapitre.

Voilà un premier type physiologique à prédominance
très grande de la mémoire polygonale dans la vie psychique générale.

Le type inverse est caractérisé par le peu d'importance qu'a la mémoire polygonale dans la vie psychique
générale ; ce sont les sujets chez lesquels O garde une
très haute, très grande et très habituelle autorité sur
l'entier psychisme.

Il faut d'ailleurs remarquer que : 1° il y a beaucoup
de termes intermédiaires entre ces tempéraments extrêmes ; 2° le tempérament d'un individu n'est pas
immuable ; diverses circonstances, spécialement l'éducation, le développement par l'âge et l'instruction,
peuvent accroître chez un individu la force de contrôle
de O, diminuer progressivement la prédominance exagérée de la mémoire polygonale et même transformer
parfois un polygonal en psychique supérieur.

Dans son autoobservation dont j'ai reproduit un
extrait plus haut, PAUL BOURGET fait très bien remarquer
qu'il a commencé à avoir la sensation de « déjà vu »
dans son enfance, « si jeune que je ne me rappelle pas
une période de ma vie où je ne l'aie éprouvée. Peut-
être est-ce dans mon enfance que j'en ai été le plus
fortement la victime. Car, à cette époque, incapable
d'exercer la moindre critique sur mon propre esprit,
elle me jetait dans une espèce de désarroi intérieur
extrêmement pénible... Quand j'étais enfant, il m'arrivait d'être distrait de la conversation qui me pro-
duisait cette impression au point de ne pas entendre
matériellement les deux ou trois phrases qui suivaient

celle où j'avais été saisi par l'illusion. Aujourd'hui la
correction mentale se fait trop immédiatement pour
que le phénomène acquière cette amplitude. »

Ce qui prouve encore que, toutes choses égales
d'ailleurs, l'importance relative de la mémoire polygonale décroît avec l'âge est la comparaison entre les
procédés employés par l'enfant ou l'adulte pour graver
quelque chose dans sa mémoire. Plus il est avancé en
âge et en instruction, plus le sujet apprend en comprenant; l'adulte ne retient que ce qu'il comprend; il
retient d'autant mieux qu'il comprend mieux. L'enfant
au contraire, ou l'individu peu développé comme intelligence personnelle, apprend machinalement, comme
un perroquet, sans comprendre; il retient des assonances et des consonances, il emploie les moyens mné-
motechniques. Ce sont les procédés de la mémoire
polygonale, tandis que, chez le premier, c'étaient les
procédés de la mémoire supérieure ou générale.

6. *Les divers types pathologiques de mémoire polygonale.*

*a) Paramnésies générales avec hypermnésie polygo-
nale ; hypermnésies suggérées.* — Je ne crois pas
qu'il y ait de véritable *hypermnésie* générale, comme
ailleurs je n'ai su trouver de véritable trouble hyper
pour aucune fonction psychique (1).

(1) PIÉRON *(Revue scientifique,* 1904, t. II, p. 839) considère cette manière de voir comme une « exagération dangereuse ». « Dans certaines maladies du scrupule, dit-il, il y a souvent des troubles de raisonnement qui sont de la plus haute importance, dont rien ne prouve
qu'ils ne soient pas à la base des autres manifestations et qui consistent

L'hypermnésie générale *apparente*, telle qu'on l'observe dans certains cas de fièvre, de troubles circulatoires cérébraux, d'intoxication, de manie, est toujours
une hypermnésie *partielle* de reproduction, jamais une
hypermnésie de fixation et de conservation. Le sujet
ressort ses souvenirs sans en acquérir plus facilement
de nouveau. Et alors le symptôme répond à un trouble
de l'association des idées et des images, au moins
autant qu'à un trouble de mémoire. De plus, dans
ces cas, la mémoire de fixation et de conservation non
seulement n'est pas exaltée, mais encore est le plus
souvent abolie ou au moins diminuée ; c'est-à-dire que
l'hypermnésie partielle (de reproduction) est réellement
associée à une amnésie partielle (de fixation et de
conservation) et rentre plutôt dans le cadre des paramnésies.

Ces considérations s'appliquent aussi bien à la clinique de la mémoire polygonale qu'à la clinique de la
mémoire générale.

Seulement, quand on n'étudie, comme je le fais ici,
que les troubles pathologiques de la seule mémoire
polygonale, il faut signaler les cas (et ceux cités plus
haut en sont des exemples) dans lesquels la maladie
donne à la mémoire polygonale une prédominance
morbide très grande : ce sont bien là, si l'on veut, des
paramnésies générales avec hypermnésie polygonale

essentiellement dans une exagération. » Je ne tiens pas beaucoup à
ma formule qui est peut-être en effet trop absolue ; mais même chez
les malades dont parle PIÉRON, il me semble qu'il y a plutôt trouble
para que trouble hyper ; la fonction raisonnement n'est pas exagérée,
elle est *faussée* ; de même que le verbiage et la logorrhée sont des
paraphasies plutôt que des hyperphasies. Le vrai hyperphasique c'est
l'orateur ou le bavard : ce ne sont pas là des malades.

(l'hypermnésie ne portant toujours d'ailleurs que sur la mémoire polygonale de reproduction).

C'est dans le même sens qu'il faut comprendre les hypermnésies suggérées. « On peut, dit Crocq (1), par suggestion, exalter considérablement la mémoire de l'hypnotisé. » Pitres semble admettre aussi le fait.

Mais, comme le fait remarquer Beaunis (2), la puissance de fixation des souvenirs ne peut pas être artificiellement augmentée. La faculté de mémoire polygonale n'est pas accrue et ne peut pas l'être dans son fond. Mais le rappel peut être plus facile et la fixation plus profonde, quand, sous l'influence d'une suggestion, un sujet concentre fortement et exclusivement toute son attention polygonale sur un seul objet.

b) Amnésies générales totales. — Il y a des *amnésies générales* et *totales,* c'est-à-dire des amnésies qui portent à la fois sur la mémoire générale et sur la mémoire polygonale ; ces amnésies pouvant d'ailleurs être plus ou moins *complètes,* c'est-à-dire atteindre plus ou moins' profondément cet ensemble des mémoires.

A ces amnésies s'applique habituellement la *loi de régression* de Ribot : « la destruction progressive de la mémoire suit une marche logique, une loi. Elle descend progressivement de l'instable au stable. Elle commence par les souvenirs récents qui, mal fixés dans les éléments nerveux, rarement répétés et par conséquent faiblement associés avec les autres, repré-

(1) Crocq, *loco cit.,* p. 124.
'2) Voir Pitres, *loco cit.,* p. 205.

sentent l'organisation à son degré le plus faible. Elle
finit par cette mémoire sensorielle instinctive, qui,
fixée dans l'organisme, devenue une partie de lui-même
ou plutôt lui-même, représente l'organisation à son
degré le plus fort (1). »

Pour les cas où la mémoire persiste pour les souvenirs anciens tandis que les souvenirs récents ont
disparu, il faut aussi savoir que souvent un sujet peut
perdre la mémoire de fixation actuelle, c'est-à-dire ne
plus fixer de souvenirs nouveaux et conserver la mémoire de fixation antérieure, c'est-à-dire retrouver les
souvenirs antérieurs.

Un de mes confrères avait une amnésie telle qu'il ne
se rappelait rien de ce qu'il avait fait ou vu deux heures
avant; mais il formulait encore très correctement tous
les médicaments dont il avait appris et retenu la poso-
logie avant sa maladie. Une typhoïsante, à qui j'ai
donné une série de consultations au plus fort moment
de sa maladie et qui chaque fois me reconnaissait parfaitement et me causait très sensément, n'a jamais pu,
après sa guérison, se rappeler m'avoir vu; et cependant
elle n'avait perdu aucun des souvenirs acquis et fixés
avant le début de la maladie.

L'amnésie générale totale est ou *congénitale* (arrêt
de développement, plutôt qu'abolition, de la fonction
mnésique : idiotie, imbécillité, crétinisme) ou *acquise*
(certains traumatismes) à invasion rapide et à durée
courte (épilepsie, infections aiguës), ou à marche progressive et chronique (cérébrosclérose progressive,
paralysie générale, démence).

(1) RIBOT, *loco cit.*, p. 94.

c) Amnésies générales avec conservation de la mémoire polygonale. — L'amnésie peut être générale sans être totale, c'est-à-dire ne porter que sur la mémoire générale sans porter atteinte à la mémoire polygonale.

Les sujets qui sont atteints de ces *amnésies générales avec conservation de la mémoire polygonale* peuvent être rapprochés des anesthésiques étudiés plus haut (p. 171) avec conservation de la sensibilité polygonale. Ils ont toutes les apparences cliniques des précédents (amnésies générales totales) quand ils sont à l'état de veille, c'est-à-dire quand ils vivent dans leur psychisme général. Mais quand on peut les observer dans des états (spontanés ou provoqués) de désagrégation sus-polygonale, ils diffèrent des précédents en ce qu'alors on retrouve et on révèle dans leur polygone désagrégé le souvenir qui paraissait totalement disparu de leur cerveau.

On peut donc, chez ces amnésiques, réveiller les souvenirs disparus en interrogeant directement leur polygone émancipé dans le sommeil par exemple, l'attaque d'hystérie, l'écriture automatique, l'hypnose...

Janet cite une malade qui, interrogée sur le nom de l'interne du service, ne le sait pas. On détourne son attention sur autre chose, par une conversation ; on lui glisse un crayon dans la main et on lui dit d'écrire le nom de l'interne : elle l'écrit.

L'exemple le plus typique du phénomène est la malade dont Charcot (1) a raconté l'histoire dans sa

---

(1) Charcot : Sur un cas d'amnésie rétroantérograde probablement d'origine hystérique. *Revue de Médecine*, t. XII, 1892, p. 81.

leçon du 22 décembre 1891. Cette dame, après une violente émotion morale, a une violente crise le 28 août
1891 ; le 31 août, elle sort du délire et a perdu le souvenir de tout ce qui s'est passé, à sa connaissance,
depuis six semaines au moins, c'est-à-dire depuis le
14 juillet au soir (amnésie rétrograde). De plus, à partir
de ce même moment, la malade est devenue incapable
désormais d'enregistrer dans sa mémoire les faits actuels
quels qu'ils soient. A peine conserve-t-elle le souvenir
de l'impression pendant une minute et puis tout s'efface
irrévocablement, qu'il s'agisse de phénomènes visuels,
auditifs ou moteurs (amnésie actuelle, rétroantérograde).

« En réalité, continue CHARCOT, les faits qu'elle
oublie si vite à l'état de veille et qu'elle ne peut plus
faire apparaître dans sa conscience, elle les a vraiment
enregistrés. La preuve en est que, spontanément, elle
a pu les faire connaître, la nuit, dans son sommeil.
Nous l'avons fait observer par ses deux voisines de lit
et nous avons ainsi appris qu'elle rêvait tout haut et
que, dans ces rêves, elle faisait parfois allusion aux
événements des jours précédents, évoquant ainsi dans
son sommeil des souvenirs qu'elle est incapable de
faire revivre à l'état de veille. Mais la preuve en est
surtout dans le fait suivant : cette femme, que nous
avons pu hypnotiser, retrouve dans le sommeil hypnotique la mémoire de tous les faits écoulés jusqu'au
moment présent, et tous ces souvenirs ainsi enregistrés
inconsciemment revivent dans l'hypnose, associés, sys-
tématisés, ininterrompus, de manière à former une
trame continue et comme un second moi, mais un moi

latent, inconscient, qui contraste étrangement avec
le moi officiel dont vous connaissez l'amnésie profonde (1). »

J'ai déjà dit que BERNHEIM (2) a démontré, par plusieurs faits, qu'on peut, dans l'hypnose, réveiller des
souvenirs qui paraissent complètement effacés. Il a
montré qu'on peut aussi de la même manière rappeler
des hallucinations négatives, c'est-à-dire effacer dans
l'hypnose des amnésies antérieurement suggérées :
suggéré dans ce sens, le sujet se rappellera tout ce
qu'il est sensé n'avoir ni senti, ni vu, ni entendu.

Ces derniers faits sont moins intéressants que les
précédents pour caractériser ce groupe des amnésies
générales avec conservation de la mémoire polygonale.

d) Amnésies polygonales. — Il y a aussi des amnésies
qui portent exclusivement sur les idées polygonales;
c'est un groupe complémentaire du précédent.

J'en ai déjà indiqué plus haut un premier exemple
dans certaines formes d'aphasie : les sujets oublient
les images auditives, visuelles, motrices ou graphiques
des mots. Ainsi, un malade oubliera une des langues
qu'il savait, une catégorie de mots; il oubliera des
lettres en écrivant et mettra une orthographe fantaisiste (polygonalement).

De même, certaines paralysies peuvent rentrer dans
un mécanisme analogue. Ainsi, dans l'astasie abasie,
le sujet oublie les images polygonales nécessaires pour

---

(1) Voir, sur cette même malade : SOUQUES. Essai sur l'amnésie
rétro-antérograde dans l'hystérie, les traumatismes cérébraux et l'alcoolisme chronique. *Revue de Médecine*, t. XII, 1892, pp. 567 et 867, et
PIERRE JANET : *Névroses et idées fixes*, t. I, p. 116.

(2) BERNHEIM : *Hypnotisme, suggestion, psychothérapie*, 1891, p. 133.

marcher. Il en est de même dans beaucoup de paralysies systématisées.

Ces amnésies polygonales interviennent encore dans
beaucoup de distractions et de bizarreries de certains
hystériques : tel oublie la page qu'il vient de lire ; tel
autre, la question à laquelle il voudrait répondre.

Ce sont des sujets chez lesquels la vie psychique
polygonale est très troublée, alors que la vie psychique
supérieure, consciente et volontaire, fonctionne relativement bien.

Janet fait ainsi remarquer qu'avec ces amnésies
l'hystérique ne devient pas stupide comme il devrait
l'être et comme il le serait s'il était amnésique général.
L'intelligence, le raisonnement, sont conservés, quoique
le fonctionnement intellectuel soit ordinairement lié
à l'intégrité de la mémoire. L'intelligence supérieure,
en O, n'est pas atteinte parce que, dans ces cas, l'amnésie est exclusivement polygonale.

Richet (1) a bien montré qu'on peut réaliser, par
suggestion, ces amnésies polygonales.

« On peut, dit-il, faire perdre à une somnambule la
mémoire, et non seulement la mémoire, mais encore
certaine mémoire spéciale, par exemple la mémoire des
noms... On peut ainsi par une simple affirmation faire
perdre la mémoire des noms propres, la mémoire des
localités. On peut même faire perdre toute la mémoire. »

Pitres (2) a cité de très bons exemples de cette amnésie suggérée et a étudié le phénomène de près.

Bernheim (3) a montré de plus que l'amnésie sug-

(1) Charles Richet, loco cit., p. 195.

(2) Pitres, loco cit., p. 203.

(3) Bernheim : Hypnotisme, suggestion, psychothérapie, p. 132, et
Revue de l'Hypnotisme, t. IV, 1890, pp. 12 et 168.

gérée peut même être rétroactive ou rétrograde, c'est-à-dire porter, à la volonté de l'hypnotiseur, sur une certaine période antérieure à l'hypnose actuelle.

Au fond, dans tous ces derniers cas, il y a plutôt *inhibition* que disparition de la mémoire polygonale.

C'est ainsi que, dans d'importantes expériences, LIÉGEOIS a montré qu'avec des subterfuges, en évitant d'aller directement contre la suggestion, on peut faire retrouver au sujet, dans son polygone, ces souvenirs qu'il croyait disparus ou inexistants. C'est dans ce sens et sous ces réserves qu'il faut prendre la proposition de Crocq (1) : on ne peut pas diminuer ou abolir la mémoire par suggestion.

C'est vrai de la mémoire des souvenirs *fixes* ; mais on peut diminuer ou abolir le *rappel* de certains souvenirs polygonaux. Ce qui, au point de vue du résultat phénoménal, est identique.

Cette amnésie polygonale partielle, PIERRE JANET (2) a montré qu'elle fait en quelque sorte partie de toute suggestion. « Au moment où les sujets s'abandonnent à une suggestion, ils ont tout oublié et ne peuvent rappeler aucun souvenir opposé à l'idée qui envahit leur conscience... Une amnésie considérable accompagne toujours les actes accomplis par suggestion. » Ces cas sont autant des troubles de l'attention polygonale que de la mémoire.

e) Paramnésies polygonales. — Ce groupe est plutôt indiqué ici pour mémoire, parce que les faits me paraissent manquer pour établir l'existence de paramnésies vraiment et exclusivement polygonales.

(1) CROCQ, *loco cit.*, pp. 125 et 131.
(2) PIERRE JANET : *L'Automatisme...*, p. 186.

Dans les paramnésies par mauvaise distribution (distribution à contre-temps) des forces mnésiques, dans les hallucinations de la mémoire comme le « déjà vu » des aliénés (indiqué plus haut p. 221), dans le phénomène inverse du « jamais vu » (amnésie de reconnaissance), dans les troubles illusoires de la mémoire que présentent par exemple les déments séniles,..., il me paraît y avoir toujours un élément intellectuel profond, un trouble de O lui-même, qui ne permet pas de classer ces cas ici dans les paramnésies polygonales.

Tout au plus pourrait-on y faire figurer les « récits imaginaires » (des hystériques et des psychoses polynévritiques), étudiés par DELBRÜCK et KŒPPEN, que l'on classe souvent dans les troubles de mémoire. Mais je crois que ce sont là des cas plus complexes dans lesquels le trouble de l'association des images et des idées, le trouble de l'imagination est prédominant et dont l'étude sera par conséquent mieux placée dans le paragraphe suivant (romans polygonaux).

IV. Imagination polygonale. Association des idées et des images. Objectivation et création. Le polygone et l'inspiration (1).

1. Généralités.

Je réunis dans le même paragraphe ce qui a trait à l'association des idées et des images et ce qui a trait à l'imagination, dans le polygone.

(1) Voir CLAPARÈDE : L'Association des idées, et DUGAS : L'Imagination. Bibliothèque internationale de Psychologie normale et pathologique, 1903. RIBOT : Essai sur l'imagination créatrice. Bibliothèque de philosophie contemporaine, 1900.

a) *Association polygonale et ses lois.* — Il me paraît impossible d'admettre, avec CLAPARÈDE, que par association on doit toujours entendre « association des faits de conscience ». Il faut dire « association des faits psychiques ». Or, j'ai déjà dit (p. 9) et tout ce livre s'efforce de démontrer qu'il ne faut pas définir le psychique par le conscient.

En réalité, il y a une association des idées et des images déposées dans la conscience (centres conscients O) et il y a une association des idées et des images déposées dans les centres inconscients polygonaux. Ceci est mis hors de doute par la clinique.

Cette dernière association (polygonale), la seule dont j'ai à m'occuper ici, obéit d'ailleurs aux mêmes lois que l'association des idées et des images en général.

Plus encore que les autres fonctions psychiques déjà étudiées, l'association affirme *l'activité* propre des centres psychiques.

Les idées et les images ne s'évoquent pas mutuellement dans des centres *passifs :* provoqués par une idée ou une image nouvelles, les centres évoquent dans la mémoire des souvenirs ayant quelque rapport avec l'impression provocatrice ; ce sont les centres qui associent, comme ce sont les centres qui font attention et qui se souviennent. La meilleure des preuves en est le rôle que joue la nature propre du sujet dans cette association, soit à l'état normal, soit à l'état pathologique. Les idées et les images ne s'appellent pas mutuellement, comme l'aimant attire la limaille. Ce n'est qu'aux amants que, comme dit PLATON, une lyre remet en pensée l'image de celui à qui elle a appartenu.

Les *lois* de cette fonction psychique sont les *raisons*

qu'ont les neurones de faire telle association plutôt
que telle autre. Elles doivent être recherchées dans les
rapports qui unissent les divers phénomènes psychiques à associer.

Depuis ARISTOTE (1), on admet que, quand nous
poursuivons une pensée qui ne s'offre pas immédiatement à nous, nous y sommes conduits, en partant d'une
autre idée, par le moyen de la ressemblance ou du contraste ou de la contiguïté (dans l'espace et dans le
temps).

Les modernes ont ramené le contraste à la ressemblance et, avec HÖFFDING (2), admettent trois lois :
1° l'association par ressemblance ; deux sensations
s'appellent : a) quand elles ont été d'abord évoquées ensemble par une seule cause ; b) quand il y a entre elles
une ressemblance qualitative ; c) quand il y a entre elles
un rapport, une analogie (métaphores, symboles) ;
2° l'association de la partie au tout (un son évoquant
une mélodie) ; 3° l'association par contiguïté (d'un
joueur à la table verte).

Schématiquement, on peut dire qu'il y a deux lois
de l'association : la loi de ressemblance et la loi de
rapprochement (dans le temps et dans l'espace).

HÖFFDING montre qu'en somme la loi fondamentale
de l'association est une loi de *totalisation*. « Toute association est une synthèse. » On trouve donc là une manifestation de «-l'unité formelle » des centres psychiques. HÖFFDING ne veut pas avec les associationistes

_____

(1) CLAPARÈDE, *loco cit.*, p. 12.
(2) HARALD HÖFFDING : *Esquisse d'une psychologie fondée sur l'expérience*, trad. POITEVIN, Bibliothèque de philosophie contemporaine.
2ᵉ édition, 1903.

décomposer l'activité psychique en éléments absolument indépendants, dont l'association expliquerait tous les faits psychiques. « L'association est une forme particulière de la force unifiante, de l'activité synthétique » qui forme la nature des centres psychiques.

CLAPARÈDE, lui aussi, trouve « franchement insuffisante » l'opinion de RABIER d'après lequel la raison de l'association est dans l'idée antécédente. Il appelle « force d'association » cet élément actif propre, duquel, toutes choses égales d'ailleurs, dépend l'évocation d'une nouvelle idée ; et il discute longuement la doctrine des associationistes.

b) Imagination et ses éléments constitutifs. — Ici personne ne nie plus l'activité propre des centres neuroniques. Personne ne veut plus assimiler uniquement l'imagination à une « imagerie mentale ». BAIN montre dans l'imagination la « constructivité », la « fonction constructive, plastique ou poétique, au sens étymologique du mot ». RIBOT étudie l'imagination « créatrice » et DUGAS conclut que l'imagination est le concours difficilement réalisé de deux qualités distinctes : la puissance d'objectivation et la force combinatrice.

L'imagination revient en somme à deux éléments : l'*objectivation* et la *création*.

C'est une fonction de centres psychiques spéciaux qui font son unité et sa stabilité derrière la nouveauté, la diversité et la variabilité de ses manifestations. Tous les auteurs insistent sur ce « principe d'unité » de la vie imaginative (RIBOT, DUGAS). Cette unité et cette stabilité ne peuvent être faites que par l'activité propre des centres neuroniques.

Seulement il faut s'entendre sur cette unité et porter quelque restriction au principe. Comme tous les autres centres psychiques, les centres de l'imagination sont divisibles en deux groupes. L'imagination peut être *consciente*, s'exerçant normalement avec l'ensemble des centres psychiques ; elle peut aussi être *inconsciente* et automatique (polygonale). C'est de cette dernière uniquement que je m'occupe dans ce paragraphe.

2. *Association et objectivation.*

a) État normal : flânerie, distraction, association médiate. — Dugas a bien étudié les « formes inférieures de l'imagination » et les a montrées notamment se développant dans le repos de O, dans la *flânerie*.

Amiel appelle la flânerie « le dimanche de la pensée », et Renan prétend profiter des flâneries ancestrales. D'après Topfffer, Socrate flâne des années, Rousseau jusqu'à quarante ans, La Fontaine toute sa vie. Combien profitables, ces flâneries, au développement de l'imagination polygonale ! « L'esprit fait fête à qui ne l'agace point, à qui laisse aller et ne prétend pas diriger le mécanisme mental, à qui respecte le travail de la cérébration inconsciente, c'est-à-dire l'éclosion spontanée des images. » (Dugas.)

C'est sur cette imagination polygonale physiologique qu'exercent une action si forte et si universelle l'opinion, la coutume, l'habitude...

Dans la *distraction*, le polygone associe et imagine. Quand, dans l'exemple cité plus haut (p. 213), l'étudiant en botanique lit « Bouillon » et communique

« Verbascum thapsus » à O, c'est par association polygonale.

Mais c'est dans *l'association médiate* (1) qu'apparait
le plus nettement le rôle du psychisme inférieur dans
cette fonction.

Deux représentations conscientes A et B sont liées
chacune à une troisième C, sans jamais avoir été asso-
ciées entre elles. A un moment donné, A évoque B
par l'intermédiaire de C, sans que ce terme C ait jamais
été conscient. Voilà le fait de l'association médiate :
le chaînon intermédiaire est formé par la représentation polygonale.

Hobbes « raconte qu'au milieu d'une conversation sur
la guerre civile d'Angleterre, quelqu'un demanda tout
à coup combien valait le denier romain, et que le lien
qui nouait ces deux idées (à savoir : la guerre civile
sous Charles Ier, Charles Ier livré par les Écossais pour
deux cent mille livres sterling, Jésus-Christ livré par
Judas pour trente deniers), que ce lien n'a pu être
retrouvé qu'après un peu de réflexion ».

Toujours d'après Claparède, c'est Hamilton qui a
attiré l'attention sur ce processus psychique qu'il appelle *association latente*. « Dernièrement, comme je
pensais au Ben Zomond (montagne d'Écosse), cette idée
fut suivie immédiatement par l'idée du système prus-
sien d'éducation. Or, il n'y avait pas de connexion
imaginable entre ces deux idées. Un peu de réflexion,
cependant, explique l'anomalie. Dans une dernière
visite à la montagne, j'avais rencontré au sommet un
gentleman allemand et, quoique je n'eusse pas con-

(1) Voir Claparède, *loco cit.*, p. 173.

science des chaînons intermédiaires entre le Ben Zomond et les écoles prussiennes, ces chaînons existaient certainement. — L'Allemand. — L'Allemagne. — La Prusse. — Ces intermédiaires admis, la connexion des deux extrêmes était manifeste. »

« Féré raconte qu'un malade souffrant de migraine avait associé l'idée de Jeanne d'Arc au mot biscuit : ce mot avait éveillé successivement l'idée d'une assiette de biscuits disposés en quadrilatères superposés, puis celle de bûcher et enfin celle de Jeanne d'Arc. »

Claparède rapporte ensuite les expériences ingénieuses de Scripture, de Münsterberg, de W.-G. Smith, de Cordes, qui n'ont obtenu aucun résultat satisfaisant.

Mais les faits ne sont pas douteux. « N'arrive-t-il pas parfois que, pensant à quelqu'un, on voit tout à coup surgir l'image d'une autre personne ; et l'on se rend bien compte que c'est un rapport de ressemblance qui est à la base de l'association ; mais on est incapable de trouver quel est le caractère commun qui constitue la ressemblance de ces deux personnes, ou ce n'est qu'au bout de quelques instants qu'on y parvient. »

De ces associations médiates on peut rapprocher les phénomènes de synopsie, qui sont « parfois le résultat d'une association sousjacente, dont le chaînon médiat serait, ainsi que l'a supposé Flournoy, un état affectif ».

Dans tous ces faits on reconnaît nécessairement, avec Claparède, une « incubation intellectuelle », des « rêveries subconscientes », de « l'imagination subliminale (Flournoy) », tous processus « qui prouvent surabondamment la possibilité d'enchaînements en dehors de la conscience », c'est-à-dire l'existence de l'association et de l'imagination polygonales à l'état physiologique.

b) Sommeil. — « Dans le sommeil, dit CLAPARÈDE, des excitations très légères et dont la nature réelle n'est nullement perçue suffisent à faire naître certaines idées ou à changer leur cours. »

C'est par l'association polygonale que le rêve dévie très rapidement ; il se fait des successions d'idées et d'images sous l'influence des circonstances les plus superficielles : consonnances de mots, similitudes de lettres, comme chez les enfants ou les aliénés.

MAURY rêve de *jardin :* jardin évoque l'idée de *plantes ;* de là il passe à *Chardin* qu'il rencontre au Jardin des Plantes et qui lui donne un roman de Jules *Janin.* — Dans un autre rêve, il marche sur une *route :* route éveille l'idée de *kilomètre ;* de là, il passe à *kilogramme* et se trouve sur la *balance* d'un épicier ; puis, de kilogramme, il arrive à l'île de *Gilolo,* où l'épicier lui dit qu'il se trouve ; il voit alors une fleur *lobelie,* puis le général *Lopez,* et finit par faire une partie de *loto.*

Toute cette auto-analyse ne peut se faire que dans le sommeil peu profond et, encore mieux, dans ce que MAURY a appelé hallucination hypnagogique, c'est-à-dire dans ce demi-sommeil que l'on observe au commencement et à la fin du sommeil complet.

c) Hypnose. — La suggestion *psychique* est complexe et n'entraîne pas seulement l'exécution immédiate et

isolée de l'ordre donné : elle est le point de départ
d'une série d'*actes* combinés par l'imagination polygonale du sujet endormi.

BERNHEIM (1) dit à une ménagère de son service :
« Levez-vous donc, puisque vous êtes guérie. Faites
votre ouvrage. — La voilà qui se lève, s'habille, cherche une chaise, grimpe sur l'appui de la fenêtre, ouvre
celle-ci, trempe ses mains dans la cruche contenant la
tisane qu'elle croit de l'eau destinée aux usages domes-
tiques et se met à laver les vitres consciencieusement
sur les deux faces. Puis, elle fait son lit, ou balaie le
parquet de la salle avec un balai qu'on lui apporte. »

L'association polygonale d'idées peut conduire aussi
à des images sensorielles multiples, en même temps
qu'à des actes. Ainsi (2) on dit à un sujet : « Regardez ;
vous avez un oiseau sur votre tablier. — Aussitôt que
ces simples paroles ont été prononcées, elle voit l'oiseau,
elle le sent sous ses doigts et quelquefois même elle
l'entend chanter. »

Les sensations ainsi provoquées dans le polygone
par associations d'images peuvent même être des sensations organiques.

A neuf heures du matin, BINET et FÉRÉ suggèrent à un
sujet qu'il est deux heures de l'après-midi. « A cette
nouvelle, la malade ressent la faim la plus vive et nous
supplie de la laisser partir pour aller manger... Cette
faim imaginaire fut facilement apaisée par un repas
également imaginaire. On fit apparaître par suggestion
sur un coin de la table une assiette de gâteaux que la

---

(1) BERNHEIM : *De la suggestion*, etc.; 3ᵉ édition, p. 45.
(2) BINET et FÉRÉ, *loco cit.*, pp. 149 et 135.

malade dévora ; au bout de cinq minutes elle n'avait plus ni faim ni appétit. »

L'imagination de l'hypnotisé peut s'affirmer beaucoup plus vive et plus féconde.

CHARLES RICHET (1) dit à une malade de Beaujon : « venez avec moi ; nous allons sortir et voyager. — Et alors, successivement, elle décrivait les endroits par où elle passait ; les corridors de l'hôpital, les rues qu'elle traversait pour se rendre à la gare, puis elle arrivait à la gare ; et comme elle connaissait tous ces endroits, elle indiquait avec assez d'exactitude les détails des lieux que son imagination et sa mémoire également surexcitées lui représentaient sous une forme réelle. Puis, brusquement, on pouvait la transporter dans un site éloigné qu'elle ne connaissait pas, au lac de Còme, par exemple, ou dans les régions glacées du Nord. Son imagination, livrée à elle-même, s'abandonnait alors à des conceptions qui ne manquaient pas de charmes ou qui intéressaient toujours par leur apparente, précision ; toujours nous étions surpris par la vivacité avec laquelle elle percevait ces sensations imaginaires. »

De même, quand on suggère un acte délictueux ou criminel sans indiquer les moyens de le faire réussir et la voie à suivre, le sujet imagine ces moyens.

Ainsi (2) on suggère à un sujet d'empoisonner une personne avec un verre d'eau qu'on lui donne : le sujet s'approche de la victime désignée et, pour l'engager à boire (comme c'est en été), lui dit : n'est-ce pas qu'il fait chaud aujourd'hui ? — ou, si le sujet suggéré doit

(1) CHARLES RICHET : *L'Homme et l'intelligence*, p. 178.
(2) BINET et FÉRÉ, *loco cit.*, p. 213.

voler un mouchoir, il s'approche de la victime et distrait son attention par une question ou un acte quelconques et profite de sa distraction pour commettre son
larcin.

Les mêmes expériences réussissent aussi bien si, au
lieu d'être verbales et pénétrer par l'ouïe (1), les suggestions sont présentées par la vue (geste), par la sensibilité tactile et générale (un objet connu et usuel,
comme un savon, placé dans la main du sujet), par le
sens kinesthésique, sens musculaire, sens de l'attitude
(mouvement ou attitude locale réalisée artificiellement...).

Dans tous ces cas, une première idée ou une première
image est communiquée au sujet endormi, et, de là,
le polygone désagrégé de l'hypnotisé associe des idées
et des images et fait œuvre d'imagination.

La manifestation la plus élevée de cette fonction du
polygone désagrégé par l'hypnose est dans les dédoublements suggérés de la personnalité et dans les formations de personnalités nouvelles : je crois la description de ces cas mieux placée dans le vii° paragraphe
de ce même chapitre, quand nous parlerons du moi.

d) Somnambulisme et hystérie. — J'ai suffisamment
insisté plus haut (p. 105) sur les crises de somnambu-

---

(1) C'est dans les associations polygonales provoquées par des sensations auditives dans l'hypnose que rentre le cas de la danseuse en
état de rêve, Madeleine G..., qui accompagne les sensations éveillées en
elle par la musique (dans le somnambulisme provoqué) d'attitudes
plastiques magnifiques et montre une capacité naturelle d'expression
qui dépasse en puissance celle des plus grands artistes dramatiques.
(Analyse dans la *Revue neurologique*, 1904, p. 1106, du travail de
SCHRENCK NOTZING et OTTO SCHULTZE, 1904.)

lisme et d'automatisme ambulatoire pour ne pas avoir
à insister pour démontrer dans ces cas l'association et
l'imagination du psychisme inférieur.

De même, dans l'hystérie. Comme le dit très bien
CLAPARÈDE, « ce fait que des hystériques dont les mains
sont insensibles remuent précisément celui de leurs
doigts que l'on a touché à leur insu, lorsqu'on leur
ordonne d'en remuer un à leur choix, prouve encore
le rôle joué par les impressions restées subconscientes
sur le cours de la pensée (JANET, BALLET) » et sur l'association polygonale des idées et des images.

e) Médiums. Leurs romans. — C'est dans l'histoire
des médiums et dans les romans polygonaux qu'ils
vivent dans leurs transes qu'éclate dans toute sa splen-
deur la facilité d'association et la puissance d'imagination du polygone désagrégé, la force d'objectivation
des centres psychiques inférieurs.

Pour donner immédiatement une idée de cette fonction polygonale, je vais résumer le cycle royal des
romans imaginés et vécus, dans ses transes, par Hélène
Smith, le célèbre médium de FLOURNOY.

Voici (1) d'abord comment naît et se développe la
réincarnation de Marie-Antoinette.

Dans ses états somnambuliques de transe, Hélène a
un guide, un esprit qui se révèle à elle et la dirige
par des coups de table ou des communications directes.

Au début, pendant cinq mois, le seul guide est
Victor Hugo, qui fait des petits vers de mirliton ou de
cantique :

---

(1) D'après l'ouvrage déjà cité de FLOURNOY, que je suis pas à pas,
dans ce paragraphe et dans une partie du suivant.

L'amour, divine essence, insondable mystère,
Ne le repousse point, c'est le ciel sur la terre.
L'amour, la charité, seront ta vie entière ;
Jouis et fais jouir, mais n'en sois jamais fière.

Puis, pendant une période de transition d'environ
un an, la protection de Victor Hugo devient impuissante à défendre Hélène contre les invasions d'un intrus
nommé Léopold, qui aurait eu avec le médium de
mystérieuses relations dans une existence antérieure.

La période de lutte est curieuse : Victor Hugo est là,
Hélène est tranquille. Tout d'un coup, un esprit s'annonce : c'est Léopold. Il dit tout de suite : je suis seul
ici, je veux être le maître ce soir. Et, de fait, tandis
que Victor Hugo veut tenir Hélène éveillée, Léopold
veut l'endormir. Ni la douleur, ni les paroles dures ne
font lâcher la partie à Léopold. Il taquine tout le monde,
enlève sa chaise à Hélène qui tombe lourdement sur
le plancher et se blesse au genou.

Léopold prend peu à peu une autorité croissante et
finit par supplanter totalement Victor Hugo qui, battu,
disparaît.

Ce Léopold reste d'abord un personnage assez vague,
peu précis ; on ne sait pas bien encore de qui il est
la réincarnation.

Hélène donnait des séances chez Madame B..., qui
faisait depuis longtemps du spiritisme et pour laquelle
un des désincarnés les plus fréquents était Joseph Balsamo. C'est là le nom vrai de Cagliostro, de cet étrange
personnage sur lequel s'est établie une légende le
représentant comme ayant eu de grandes relations avec
Marie-Antoinette et ayant joué un rôle important dans
la préparation de la Révolution française. Cette légende

a été lancée et très accréditée dans le grand public par ALEXANDRE DUMAS dans un livre qui s'appelle d'abord *Mémoires d'un médecin,* et plus tard *Joseph Balsamo.*

Un jour, chez cette dame B... que fréquentait l'esprit de Joseph Balsamo, Léopold désigna à Hélène une carafe. Madame B... pensa immédiatement à une scène (1) célèbre de la vie de Cagliostro, « la fameuse scène de la carafe entre Balsamo et la Dauphine au château de Taverney », et présenta à Hélène une gravure détachée d'une édition illustrée d'ALEXANDRE DUMAS, représentant cette scène. En même temps elle émit la pensée que le guide d'Hélène (Léopold) pourrait bien être l'esprit de Joseph Balsamo, sous un faux nom. Et, en effet, peu après, dans une séance, Léopold dit par la table que son vrai nom est Joseph Balsamo.

Comme corollaire, Madame B... démontra à Hélène qu'elle devait être elle-même la réincarnation du médium du grand magicien Cagliostro : Lorenza Feliciani. Et, en effet, Hélène se crut pendant quelques semaines l'incarnation de Lorenza Feliciani.

Mais, plus tard, une autre dame démontra à Hélène que cette réincarnation était impossible, Lorenza Feliciani n'ayant jamais existé que dans l'imagination d'ALEXANDRE DUMAS. Et alors Hélène déclara par la table qu'elle était, non plus Lorenza Feliciani, mais Marie-Antoinette.

Voilà commencé le roman royal d'Hélène Smith.

Léopold apparaît alors à Hélène, habillé à la mode du xviii⁰ siècle, avec une figure à la Louis XVI, au

_____

(1) J'ai déjà parlé de cette scène plus haut (p. 101) à propos de la cristallomancie.

milieu de son laboratoire et de ses ustensiles d'alchi-
miste sorcier, ou en médecin débitant des élixirs secrets
aux malades, ou philosophant de haut en mauvais vers
qui rappellent ceux de son prédécesseur Victor Hugo.

Il cause d'abord avec la table, puis avec la main ou
un seul doigt (sur le conseil de FLOURNOY) ; il dicte des
messages à Hélène qui écrit ; il finit par écrire directement par la main d'Hélène.

Il écrit avec l'orthographe du xvIII° siècle, mettant
o au lieu de a dans « j'aurais ». Il parle par la voix
même d'Hélène qui prend alors un timbre caverneux
et profond avec accent italien. A ces moments, Hélène
« se redresse fièrement, se renverse même légèrement
en arrière, tantôt ses bras croisés sur sa poitrine d'un
air magistral, tantôt l'un d'eux pendant le long du
corps, tandis que l'autre se dirige solennellement vers
le ciel avec les doigts de la main dans une sorte de
signe maçonnique toujours le même ». Hélène a sur sa
cheminée un portrait de Cagliostro, extrait d'une vie
de Joseph Balsamo, dans cette attitude.

Elle grasseye, zézaye, prononce tous les u comme
des ou ; emploie de vieux mots : fiole au lieu de bouteille, omnibus au lieu de tramway.

En parlant, Hélène prend bien l'accent italien (son
père, qui était Hongrois polyglotte, parlait souvent italien avec ses amis). Mais Balsamo-Léopold refuse de
répondre aux questions qu'on lui pose en italien :
Hélène ne connaissait pas cette langue...

Quant aux consultations médicales de Balsamo-Léopold, ce sont des remèdes populaires de bonne femme,
dans la connaissance desquels la mère d'Hélène était
très experte.

Voilà le premier personnage du « beau poème subliminal » (comme dit FLOURNOY) que construit Hélène dans son polygone en transe. Voici maintenant le second : Marie-Antoinette.

L'incarnation ne se manifesta d'abord que par des récits dans la langue ordinaire de la table. Puis Hélène personnifia la reine dans ses pantomimes muettes, dont Léopold précisait le sens par des indications digitales. L'année suivante (car toute cette évolution dure fort longtemps), elle parle son rôle et, encore un an après, elle écrit.

Il faut distinguer (toujours avec FLOURNOY) dans cette incarnation deux groupes de phénomènes ou de caractères : 1° l'objectivation du type général de souveraine ou du moins de très grande dame ; 2° la réalisation des caractères individuels de Marie-Antoinette d'Autriche.

Le premier point ne laisse presque rien à désirer. Le polygone d'Hélène a évidemment son idée complète d'une reine et l'exprime fort bien. Il faut voir, dans ces cas, « la grâce, l'élégance, la distinction, la majesté parfois, qui éclatent dans l'attitude et le geste d'Hélène. Elle a vraiment un port de reine..., ses jeux de mains avec son mouchoir réel et ses accessoires fictifs : l'éventail, le binocle à long manche, le flacon de senteur fermé à vis, qu'elle porte dans une pochette de sa ceinture, ses révérences; le mouvement plein de désinvolture dont elle n'oublie jamais, à chaque contour, de rejeter en arrière sa traîne imaginaire ».

Beaucoup moins parfaite est l'objectivation de cette reine particulière : Marie-Antoinette.

FLOURNOY a publié des autographes de Marie-Antoinette et des autographes de la même reine réincarnée dans Hélène : il n'y a aucune ressemblance. Mais Hélène écrit alors *instans, enfans, étois,* comme au xviii° siècle. Quand elle parle Marie-Antoinette, Hélène prend un accent étranger, plutôt l'accent anglais que l'accent autrichien. D'ailleurs, à l'état de veille, mais surtout dans les états anormaux autres que celui de reine, l'écriture, l'orthographe et l'accent de Marie-Antoinette se glissent momentanément au milieu d'une autre vie.

Le polygone d'Hélène commet aussi quelques erreurs historiques, excusables d'ailleurs. La veille de sa mort, dans sa prison, Marie-Antoinette-Hélène adresse de touchantes exhortations à une dame présente qu'elle prend pour la princesse de Lamballe. Or, celle-ci avait été massacrée trois mois avant.

Les scènes se passent en général au Petit-Trianon, et les mobiliers décrits sont « toujours du pur Louis XVI ».

Les personnages interlocuteurs sont d'abord Balsamo-Léopold, « mon sorcier » ou « ce cher sorcier » ; puis Louis-Philippe d'Orléans (Égalité) et le vieux marquis de Mirabeau qu'elle voit incarnés dans deux spectateurs réellement présents. Elle aperçoit un de ces messieurs : « oh ! marquis, vous êtes ici et je ne vous avais point encore aperçu ! » Et elle engage la conversation avec ces messieurs, qui soutiennent de leur mieux leur rôle.

Elle mange et boit avec eux. Un jour même, elle accepte de Philippe Égalité une cigarette et la fume (ce qu'elle ne fait jamais à l'état de veille). Un assistant remarque que c'est là une habitude invraisemblable que Marie-Antoinette n'a pu prendre qu'après sa mort. Ultérieurement elle n'accepte plus le tabac que dans la tabatière.

Ces messieurs se permettent parfois de lui tendre des

pièges. Si le piège est grossier, elle l'évite avec beaucoup d'art. Ainsi, si Mirabeau ou Égalité lui parlent de
téléphone, de bicyclette ou de locomotive, elle reste
interdite avec un grand naturel et manifeste de l'in-
quiétude sur l'état mental de ses interlocuteurs.

Mais elle n'échappe pas à de petites erreurs plus difficiles à dépister. Elle emploie les mots *dérailler* (au
figuré), *mètre* ou *centimètre*. Les mots *tramway* et *pho-
tographie* n'ont soulevé son étonnement qu'au bout
d'un certain temps ; elle les avait d'abord laissé passer.

A certains moments, le médium Marie-Antoinette
évoque notre grand Barthez, qui apparaît comme
amoureux de la Reine, regrettant les jours où il
guettait son passage sur le boulevard du Temple et
répétant : où sont-ils les jours où, trottinant sur le
boulevard, je n'avais qu'un seul but et désir, celui de
voir passer votre carrosse et d'y surprendre votre ombre ?
Où sont-ils ces jours, où sont-ils ces instants de
bonheur, où mon âme pour quelques heures était *si
tant* ravie ? Ce « si tant ravi » se retrouve dans la
correspondance d'Hélène, mais nulle part dans les
livres du chancelier de l'Université de Montpellier,
qui avait le titre honorifique de médecin du duc
d'Orléans (le père de Philippe Égalité), mais n'a probablement jamais connu Marie-Antoinette.

Lemaitre a même pris la peine de comparer l'écriture des messages médiamniques de Barthez avec des
autographes vrais de ce médecin, obligeamment com-
muniqués par Kuhnholtz Lordat (fils adoptif de Lordat)
et n'a trouvé aucune ressemblance...

Cet extrait, un peu long, de la belle Étude de

Flournoy m'a paru de nature à montrer bien nettement l'*étendue* et les *limites* de l'imagination polygonale, de sa force d'objectivation et de sa puissance d'association (1).

3. *Imagination créatrice et inspiration.*

a) Théorie polygonale de l'inspiration. — Dans les romans polygonaux dont je viens de parler, il y a certainement un élément de *constructivité* et de *création* qui est indiscutable ; ce qui prouve que l'imagination du psychisme inférieur est, elle aussi, complète, c'est-à-dire à la fois associatrice, objectivante et créatrice.

Mais il ne faut rien exagérer, et je crois qu'il est impossible de suivre l'École actuelle dans la tendance qu'elle a à faire jouer à cette imagination polygonale le rôle vraiment prépondérant dans l'*inspiration*.

RIBOT déclare désigner sous le nom de « facteur inconscient » de l'imagination « ce que le langage ordinaire appelle l'inspiration ».

Les défenseurs de cette doctrine ont été particulièrement frappés de la *brusquerie* avec laquelle arrive l'inspiration et de l'*inconscience* qui l'accompagne : il semble à l'inspiré qu'il reçoit une révélation venue du dehors, au point qu'il en extériorise souvent l'origine (symbole de la muse).

Ces mêmes auteurs insistent aussi beaucoup sur le

(1) Voir Miss FRANK MULLER : Quelques faits d'imagination créatrice subconsciente. *Archives de psychologie*, t. V, 1905, p. 36.

rôle du sommeil chez certains, inspirés et citent par exemple, avec CHABANEIX, les faits suivants.

« Le célèbre compositeur TARTINI s'était endormi après avoir essayé en vain de terminer un morceau de musique. Cette préoccupation le suivit dans son sommeil ; au moment où il se croyait de nouveau livré à son travail et désespéré de composer avec si peu de verve et de succès, il voit tout à coup le diable lui apparaître et lui proposer d'achever sa sonate s'il veut lui abandonner son âme. Entièrement subjugué par son hallucination, il accepte le marché proposé par le diable et l'entend très distinctement exécuter sur le violon cette sonate tant désirée, avec un charme inexprimable ; il se réveille alors, dans le transport du plaisir, court à son bureau et écrit de mémoire le morceau », resté célèbre sous le nom de *Sonate du Diable*.

De même, « vers le milieu d'une nuit, SCHUMANN se leva hagard et prêta l'oreille à des sonorités étranges, effrayantes, et Schubert lui apparut, porteur d'un thème qu'il voulut noter sans retard. Le thème envoyé par les mânes de Schubert en *mi bémol* majeur parut dans le volume complémentaire des œuvres de SCHUMANN ».

Enfin « COLERIDGE s'endormit en lisant et, à son réveil, il sentit qu'il avait composé quelque chose comme deux ou trois cents vers qu'il n'avait qu'à écrire, les images naissant comme des réalités avec les expressions correspondantes sans aucune sensation ni conscience d'effort. L'ensemble de ce singulier fragment comprend cinquante-quatre lignes qui furent écrites aussi vite que la plume pouvait courir ».

« Il est des individus, dit REGIS dans la Préface du livre de CHABANEIX, qui présentent à certains moments, soit le jour, soit la nuit, un état particulier, difficile à définir, tenant le milieu entre le sommeil et la veille, entre la conscience ou l'inconscience : sorte de rêve somnambulique ou, comme on dit, de subconscience. » Puis il veut établir « que la personnalité des hommes de talent et de génie, si diversement interprétée, est plutôt faite d'éréthisme nerveux que de folie et que les grands créateurs sont souvent, non des insensés (1), mais des dormeurs éveillés perdus dans leur abstraction subconsciente, en un mot, des êtres à part, marchant vivants dans leur rêve étoilé ».

Plus loin, CHABANEIX formule plus nettement la théorie, montre le subconscient « apportant une idée, une émotion créatrice », se manifestant « par des actes » et donnant naissance « à des œuvres de longue haleine ». C'est là, ajoute-t-il, « le phénomène d'inspiration, la création automatique, à un tel point que l'œuvre semble à l'auteur celle d'un étranger ».

Et il cite à l'appui le témoignage de MOZART qui, décrivant sa manière de composer, dit : « tout cela, l'intervention et l'exécution, se produit en moi comme dans un beau songe très distinct. »

RIBOT (2) développe les mêmes arguments : « l'inspiration ressemble, dit-il, à une dépêche chiffrée que l'activité inconsciente transmet à l'activité consciente, qui la traduit. » Et il conclut nettement : « ce qui

_____

(1) Je reprendrai plus loin, au paragraphe des types pathologiques, la question des rapports de la supériorité intellectuelle avec la névrose.

(2) RIBOT, *loco cit.*, pp. 42 et 283.

17

semble acquis, c'est que la génialité ou du moins la richesse dans l'invention dépend de l'imagination subliminale, non de l'autre, superficielle par nature et promptement épuisée. Inspiration signifie imagination inconsciente et n'en est même qu'un cas particulier. L'imagination consciente est un appareil de perfectionnement. »

Voilà la théorie polygonale de l'inspiration; et, ce qui le prouve, c'est que Ribot cite comme exemple d'imagination créatrice subliminale le roman martien du médium Hélène Smith.

b) Caractères inférieurs des romans polygonaux. — Pour discuter cette théorie polygonale de l'inspiration, que je crois positivement exagérée, je pourrais rappeler simplement ce que j'ai dit du Cycle royal des créations polygonales d'Hélène Smith. On a vu combien peu ce roman était vraiment neuf, original, créé, les erreurs dont il était rempli. La démonstration sera bien complétée par l'exposé critique (toujours d'après Flournoy) du Cycle martien de la vie polygonale d'Hélène, exemple cité par Ribot pour prouver la puissance créatrice de l'inconscient.

On sait combien, vers 1892, on s'est occupé de la planète Mars, de la question de savoir si elle est habitée ou non, de la question des communications à établir quelque jour avec ses habitants. Dans des publications très lues (à Genève en particulier, autour d'Hélène), Camille Flammarion avait étudié les conditions d'habitabilité de Mars et avait prophétiquement décrit la merveille que serait dans l'avenir l'établissement de communications entre les habitants de la terre et ceux de Mars. On parlait aussi à ce moment des fameux canaux de Mars et des « inondés » de cette planète..., et de tout cela beaucoup dans le milieu où vivait Hélène.

En 1894, Hélène donne ses expériences chez le professeur LEMAITRE, en présence d'une dame (gravement malade des yeux) qui, ayant perdu son fils unique Alexis, trois ans auparavant, demande à ce qu'on évoque son fils. Dès la première séance, Alexis arrive en effet, accompagné de Raspail qui donne pour les yeux de la mère un traitement au camphre (comme dans son *Manuel de la santé*).

Le mois suivant, dès le début de la transe, Hélène voit dans le lointain et à une grande hauteur une vive lueur ; elle se sent balancée, puis est dans un brouillard épais, bleu, rose vif, gris, noir. Elle flotte. Elle voit une étoile qui grandit, devient plus grande qu'une maison. Hélène sent qu'elle monte, et la table dit : LEMAITRE, ce que tu désirais tant !

Le médium, qui était mal à l'aise, se trouve mieux ; elle distingue trois énormes globes, dont un très beau. — Sur quoi est-ce que je marche ? demande-t-elle. Et la table répond : sur une terre, Mars. C'était bien la réalisation du rêve de LEMAITRE qui, l'été précédent, avait dit à un familier d'Hélène : ce serait bien intéressant de savoir ce qui se passe dans d'autres planètes !

Hélène décrit alors toutes les choses drôles qu'elle voit dans Mars : « des voitures sans chevaux, ni roues, glissant en produisant des étincelles ; des maisons à jets d'eau sur le toit ; un berceau ayant en guise de rideaux un ange en fer aux ailes étendues... Les gens sont tout à fait comme chez nous, sauf que les deux sexes portent le même costume formé d'un pantalon très ample et d'une longue blouse serrée à la taille et chamarrée de dessins ».

Dans une vaste salle de conférence, Raspail enseigne, et, au premier rang des auditeurs, est Alexis. Raspail disparaît. Alexis occupe le premier plan. Il avait parlé français d'abord ; maintenant il ne le sait plus, le comprend, mais parle uniquement le martien : « c'est la langue de la planète Mars, et Hélène parlera elle-même martien ».

Hélène monte dans un char, arrive à Mars et décrit les salutations à l'arrivée dans ce pays ou plutôt les mime : « gestes baroques dés mains et des doigts ; chiquenaudes d'une main sur l'autre, tapes ou applications de tels et tels doigts sur le nez, les lèvres, le menton..., révérences contournées, glissades et rotation des pieds sur le plancher ».

Hélène décrit et dessine des paysages martiens : un pont rose avec des barrières jaunes plongeant dans un lac bleu et rose pâle, rivages et collines rougeâtres, sans verdure ; tous les arbres sont dans des tons rouge brique, pourpres et violets.

Astané, un habitant, a le teint jaune, des cheveux bruns, des sandales brunes, un rouleau blanc à la main ; costume panaché or, rouge et bleu ; ceinture et bordure rouge brique.

Les habitants ont à leur disposition des instruments qui lancent des flammes jaunes et rouges et leur servent pour voler dans les airs.

« La végétation martienne ne diffère pas essentiellement de la nôtre, sans en reproduire cependant aucun échantillon nettement reconnaissable. »

La *langue martienne,* si bien étudiée et analysée par FLOURNOY et par V. HENRY (1), est d'abord rudimentaire, mal faite ; c'est un « pseudomartien », un « galimatias désordonné », « une puérile contrefaçon du français, dont elle conserve en chaque mot le nombre des syllabes et certaines lettres marquantes ». C'est « analogue au baragouinage par lequel les enfants se donnent parfois dans leurs jeux l'illusion qu'ils parlent chinois, indien ou sauvage ».

Il faut une demi-année pour la « fabrication subliminale d'une langue proprement dite ». Quand la composition de la langue a été complète, il y a une écriture spéciale, des caractères spéciaux, chaque lettre martienne ayant d'ailleurs son équivalent exact dans l'alphabet français.

Dans cette langue, qui n'est « qu'un travestissement enfantin du français », le rapport des mots aux idées est cependant constant ; c'est vraiment une langue qui a ses consonnances, son accent, ses lettres de prédilection ; ce qui fait qu'on la reconnaît quand Hélène la parle.

Ce n'est cependant pas une langue *neuve.*

D'abord, « le martien se compose de sons articulés qui tous, tant consonnes que voyelles, existent en français ». Or, cela n'arrive jamais : dans les langues géographiquement les plus voisines de la nôtre (à plus forte raison dans les plus éloignées), il y a toujours quelques sons spéciaux à chacune d'elles (allemand, anglais, espagnol). « La langue de la planète Mars ne se permet pas de pareilles originalités phonétiques. » S'il y a une différence, le martien serait plus pauvre

(1) V. HENRY : *Le Langage martien.*

que le français ; il lui manquerait quelques sons articulés.

De même pour l'écriture : tous les caractères martiens et tous les caractères français se correspondent absolument deux à deux.

De plus, dans le martien, il y a une masse « d'équivoques, d'exceptions, d'irrégularités, qui font qu'une seule et même lettre revêt des prononciations très différentes suivant le cas et que réciproquement un même son s'écrit de diverses manières, sans qu'on puisse apercevoir aucune explication rationnelle pour toutes ces ambiguïtés ». — Tout cela est identique en français.

En d'autres termes, on rencontre « dans ce prétendu idiome extraterrestre une collection de singularités et de caprices... dont la réunion, lorsqu'on y réfléchit, défie l'œuvre du hasard et constitue un signalement auquel il est impossible de se méprendre ».

Tout cela conduit bien à cette conclusion : « le martien n'est que du français déguisé ». Les règles de la grammaire martienne, « si jamais elle voit le jour, ne seront guère qu'un décalque ou une parodie de celles du français ».

En français, il y a des mots uniques à sens divers : ainsi la préposition *à* et le verbe *a*, l'article et le pronom *le*... Les mêmes analogies auditives « sans égard pour le sens véritable » se retrouvent dans le martien.

Ainsi *à* et *a*, analogues de son en français, mais si différents de sens, se rendent en martien par le même mot *é* ; *le* (article ou pronom) est toujours *zé* ; *que* (aux multiples emplois) est toujours *ké*. — Notre mot *si* devient *ii* dans l'acception *oui* comme dans celle *tellement*.

Dans les phrases, l'ordre des mots est absolument le même en martien qu'en français. Et cela jusque dans les détails : la division ou l'amputation de *ne pas* ou l'introduction en martien d'une lettre inutile comme *t* de *quand reviendra-t-il ?* (Kevi bérimir *m* hed.)

Cette possibilité de traduction juxtolinéaire, cette correspondance absolue mot pour mot, est « un fait extraordinaire et sans exemple dans les langues d'ici-bas. Car, continue FLOURNOY, il n'en est pas une, que je sache, où chaque terme de la phrase française se trouve toujours rendu par *un* terme, ni plus ni moins, de la phrase étrangère ».

De plus, une notable proportion de mots martiens « reproduit d'une façon suspecte le nombre de syllabes ou de lettres de leurs équivalents français et imitent parfois jusqu'à la distribution des consonnes et des voyelles ».

Il devient de plus en plus clair que « cet idiome fantaisiste est évidemment l'œuvre naïve et quelque peu puérile d'une imagination enfantine qui s'est mis en tête de créer une langue nouvelle et qui, tout en donnant à ses élucubrations des apparences baroques et inédites, les a coulées sans s'en douter dans les moules accoutumés de la seule langue réelle dont elle eût connaissance ». « Le procédé de création du martien paraît consister simplement à prendre des phrases françaises telles quelles et à y remplacer chaque mot par un autre quelconque fabriqué au petit bonheur. »

Un jour, pour ne pas laisser s'éterniser ce roman, FLOURNOY dit à Hélène toutes ses objections sur l'authenticité du martien et ses preuves. Alors, après quelque résistance, le médium perfectionne ou au moins complique sa langue martienne qu'elle place alors dans une autre planète innommée : c'est le cycle *ultra* martien avec un personnage nouveau, *Ramié*.

« J'avais, dit FLOURNOY, accusé le rêve martien de n'être qu'une imitation, vernie aux brillantes couleurs orientales, du milieu civilisé qui nous entoure. Or, voici un monde, d'une bizarrerie affreuse, au sol noir, d'où toute végétation est bannie et dont les êtres grossiers ressemblent plus à des bêtes qu'à des humains. J'avais insinué que les choses et les gens de là-haut pouvaient bien avoir d'autres dimensions et proportions que chez nous; et voici que les habitants de ce globe arriéré sont de vrais nains avec des têtes deux fois plus larges que hautes et des maisons à l'avenant. J'avais fait allusion à l'existence probable d'autres langues, relevé la richesse du martien en *i* et en *é*, incriminé sa syntaxe et son *ch* empruntés au français. Et voici une langue absolument nouvelle, d'un rythme très particulier, extrêmement riche en *a*, sans aucun *ch* jusqu'ici et dont la construction est tellement différente de la nôtre qu'il n'y a pas moyen de s'y retrouver. »

Je crois inutile d'insister sur les contradictions et les impossibilités que présente ce roman martien.

Léopold, en Mars, sait d'abord le français, puis il l'oublie totalement, puis il le retrouve assez pour traduire le martien.

Mort en juillet 1891, il a, en février 1896, 5 ou 6 ans,

« alors que les années de cette planète sont presque
doubles des nôtres ».

Rien sur la biologie et la sociologie en Mars : on y
vit comme sur la terre ; les mœurs y sont comme les
nôtres. « Il y a moins de distance entre les mœurs
martiennes et notre genre de vie européen qu'entre
celui-ci et la civilisation musulmane ou les peuples
sauvages ».

Donc, on le voit, rien de neuf, rien de *créé* dans ce
roman polygonal.

« C'est une bonne et sage petite imagination de dix
à douze ans, qui trouve déjà suffisamment drôle et original de faire manger les gens de là-haut dans des assiettes carrées avec une rigole pour le jus, de charger une
vilaine bête à œil unique de porter la lunette d'Astané, d'écrire avec une pointe fixée à l'ongle de l'index au lieu d'un porte-plume, de faire allaiter les bébés
par des tuyaux allant directement aux mamelles d'animaux pareils à des biches... Rien des *Mille et une Nuits,*
des *Métamorphoses d'Ovide,* des *Contes de fées* ou des
Voyages de Gulliver; pas trace d'ogres, de géants ni de
véritables sorciers dans tout ce cycle. On dirait l'œuvre d'un jeune écolier à qui on aurait donné pour tâche
d'inventer un monde aussi différent que possible du
nôtre, mais réel, et qui s'y serait consciencieusement
appliqué, en respectant naturellement les grands cadres
accoutumés, hors desquels il ne saurait concevoir l'existence, mais en lâchant la bride à sa fantaisie enfantine
sur une foule de points de détail, dans les limites de
ce qui lui paraît admissible d'après son étroite et courte
expérience. »

Cet exemple, cité avec raison par RIBOT comme une

des plus complètes manifestations de l'imagination polygonale, prouve en même temps, mieux que tout autre, que l'élément polygonal n'est pas tout, n'est pas même l'élément principal de la création, de l'inspiration.

c) Puérilité des conceptions polygonales en général. — Cette infériorité des productions polygonales éclate avec au moins autant de netteté dans toutes les autres formes de désagrégation suspolygonale (hypnose, somnambulisme) dans tous les cas où le polygone émancipé est réellement réduit à ses seules forces : toutes les fois que l'imagination polygonale est *lâchée,* elle est vraiment la « folle du logis », « maîtresse d'erreur ou de fausseté », comme dit PASCAL.

Nous avons déjà indiqué et montrerons avec plus de détails en étudiant les changements de personnalité (VII de ce même chapitre) combien sont limitées les ressources imaginatives d'un sujet que l'on transforme, dans l'hypnose, en prédicateur ou en général. Il réalise un Bossuet ou un Napoléon très modestes, souvent ridicules, toujours à la taille de son polygone.

De même, dans le somnambulisme et dans les transes dirigées des médiums.

On interroge un médium (1) sur les astres. — Les astres ressemblent absolument au nôtre, c'est-à-dire à la terre. — Y a-t-il de l'air dans la lune ? — Il n'y a pas d'air dans la lune ; sans cela, les hommes y seraient déjà allés. Mais Dieu ne veut pas qu'on sorte de sa sphère. — Comment sont les habitants de la lune ? — Ils sont

(1) Dr SURBLED, *loco cit.,* p. 36.

comme vous, seulement ils ne peuvent vivre avec de
l'air, et vous, vous ne pouvez pas vivre sans air. —
Y a-t-il des habitants dans le soleil ? — Oui. — Comment ne brûlent-ils pas ? — Dieu leur a donné un corps
qui supporte toujours la chaleur...

Tout cela n'est ni génial, ni même bien fort, parce
que le médium n'en sait pas plus et il n'invente ni ne
crée rien. Il se contente de déballer tout ce, que sait
son petit polygone.

Le plus souvent même, le polygone désagrégé présente de l'absurdité ou au moins de la puérilité dans
ses personnages et dans ses scènes.

PIERRE JANET l'a admirablement fait ressortir quand
il dit à propos des messages que les esprits plus ou
moins illustres envoient à la terre par les médiums :
« comment les lecteurs de ces messages ne se sont-ils
pas aperçus que ces élucubrations, tout en présentant
quelques combinaisons intelligentes, sont, au fond,
horriblement bêtes et qu'il n'est pas nécessaire d'avoir
sondé les mystères d'outre-tombe pour écrire de semblables balivernes ? Corneille, quand il parle par la main
des médiums, ne fait plus que des vers de mirliton, et
Bossuet signe des sermons dont un curé de village ne
voudrait pas pour son prône. WUNDT, après avoir assisté
à une séance de spiritisme, se plaint vivement de la
dégénérescence qui a atteint, après leur mort, l'esprit
des plus grands personnages ; car ils ne tiennent plus
que propos de déments et de gâteux. ALLAN KARDEC,
qui ne doute de rien, évoque tour à tour des âmes qui
habitent des séjours différents et les interroge sur le
ciel, l'enfer et le purgatoire. Après tout, il a raison ;
car c'est là un bon moyen d'être renseigné sur des

questions intéressantes. Mais qu'on lise la déposition
de M. Samson ou de M. Jobard, de ce pauvre Auguste
Michel ou du prince Ouran, et l'on verra que ces bra-
ves esprits ne sont pas mieux informés que nous et
qu'ils auraient grand besoin de lire eux-mêmes les descriptions de l'enfer et du paradis, données par les poè-
tes, pour savoir un peu de quoi il s'agit... Ce serait
vraiment à renoncer à la vie future, s'il fallait la passer avec des individus de ce genre ».

Tout cela fait prévoir mon argumentation contre la
théorie polygonale de l'inspiration.

*d) Rôle des deux psychismes dans la création et dans
l'inspiration.* — Malgré l'autorité de ses parrains, la
théorie polygonale de l'inspiration me paraît renverser
en quelque sorte le rôle respectif des deux psychismes.

D'abord je ferai remarquer que les deux grands caractères « soudaineté, impersonnalité » invoqués par les
auteurs pour démontrer la nature inconsciente de l'inspiration, ces caractères ne prouvent rien ni pour ni
contre la théorie polygonale. Ce sont là des caractères
mystérieux qui peuvent se présenter dans tous les psychismes, dans le supérieur comme dans l'inférieur.

Dans les réflexions et les méditations les plus volontaires et les plus conscientes, se passant certainement
en O, nous avons parfois brusquement de ces révélations subites, que nous ne nous expliquons pas.

Ce sont des associations rapides et neuves, dont nous
ne voyons pas le mécanisme.

Donc, ceci ne prouve rien. Tout en restant soudaine,
imprévue, et tout en prenant ainsi, par là même, le

caractère impersonnel (la soudaineté du processus et le mystère du mécanisme font croire à certains que l'origine en est extérieure), avec tous ces caractères l'inspiration peut être en O comme dans le polygone.

Voici un autre argument qui ne me paraît rien prouver non plus pour la théorie polygonale de l'inspiration.

RIBOT (*Psychologie du sentiment*. Citation CHABANEIX) parle de « l'inconscient qui produit ce qu'on nomme vulgairement l'inspiration ». Il rappelle les nombreuses anecdotes qu'on connaît « sur les habitudes des artistes pendant qu'ils composent : marcher à grands pas, être étendu dans son lit, chercher l'obscurité complète ou la pleine lumière, tenir les pieds dans l'eau ou dans la glace, la tête en plein soleil, user du vin, de l'alcool, de boissons aromatiques, du haschisch et autres poisons de l'intelligence ». Et il ajoute: « à part quelques bizarreries difficilement explicables, tous ces procédés poursuivent le même but: créer un état physiologique particulier, augmenter la circulation cérébrale pour provoquer ou maintenir l'activité inconsciente. »

Je veux bien que tout cela soit pour créer un état physiologique particulier, peut-être même pour augmenter la circulation cérébrale et provoquer ou maintenir l'activité psychique ; mais pourquoi Ribot dit-il « provoquer ou maintenir l'activité *inconsciente* »? Pourquoi ces divers actes ne provoqueraient-ils pas ou ne maintiendraient-ils pas aussi bien l'activité de O ou toutes les activités psychiques à la fois ?

Voilà donc des arguments qui ne prouvent rien pour la théorie *exclusivement* polygonale de l'inspiration.

En fait, je crois que physiologiquement, chez les équilibrés, l'inspiration, l'imagination créatrice a pour organes à la fois les *deux* ordres de centres psychiques qui *s'unissent dans la collaboration quotidienne.* Dans la plupart des cas d'inspiration bien analysés, on trouve la preuve de cette collaboration.

GŒTHE décrit cela très bien. « Ici se présentent, dit-il, les divers rapports entre la conscience et l'inconscience. Les organes de l'homme par un travail d'exercice, d'apprentissage, de réflexion persistante et continue, par les résultats obscurs, heureux ou malheureux, par les mouvements d'appel et de résistance, ces organes amalgament, combinent inconsciemment ce qui est instinct et ce qui est acquis, et, de cet amalgame, de cette combinaison, de cette chimie, *à la fois inconsciente et consciente,* il résulte finalement un ensemble harmonieux dont le monde s'émerveille ».

CHABANEIX ajoute justement à cette citation : « la vie psychologique est un équilibre, et si ce subconscient existe à l'état normal, il n'existe que dans des proportions incapables de détruire cet équilibre. » Et plus loin : il ne faut pas « voir du subconscient là où il y a au contraire exagération d'attention consciente. »

Dans le cas où le polygone paraît avoir la plus grande activité, c'est encore O qui lui a donné l'idée et l'a lancé sur une piste.

WALTER SCOTT (1) se couchait, confiant à son psychisme inférieur une idée à exprimer ou à développer ; au réveil, il avait l'expression cherchée (BRIERRE DE BOISMONT).

_____

(1) Voir CHABANEIX, *loco cit.*

D'après DE FLEURY, « MICHELET avait l'habitude de ne se coucher qu'après s'être occupé, au moins un instant, des documents ou des sujets qui devaient faire l'objet de ses études du lendemain. Il comptait sur le travail de la nuit, rêve ou automatisme, pour mûrir les concepts ainsi déposés dans sa conscience. »

Il est probable que c'est après avoir lancé son psychisme, le soir, sur le sujet que LA FONTAINE (à ce que raconte LOMBROSO) composa les *Deux Pigeons* en rêve.

Donc, l'inspiration n'est pas uniquement un acte polygonal ; c'est un acte à la fois de O et du polygone.

Dans cette collaboration, *O crée, le polygone rumine* et contribue puissamment à trouver *l'expression*. RIBOT parle très bien de cette « rumination inconsciente » ou polygonale.

« SCHOPENHAUER comparait à la rumination le travail obscur et continu du subconscient au milieu des perceptions prisonnières dans la mémoire. » — « ALFRED DE VIGNY se fiait au subconscient du soin de mûrir ses idées. »

Une théorie exclusive paraît également insoutenable pour placer en O seul ou dans le polygone seul le centre de l'inspiration.

S'il y a désagrégation dans l'inspiration, ce n'est pas désagrégation suspolygonale entre O et le polygone, c'est plutôt désagrégation souspolygonale. Si le compositeur s'abstrait, ce n'est pas de lui-même (il concentre au contraire toutes ses forces psychiques), mais uniquement du monde extérieur.

Les bruits extérieurs n'arrivaient pas, même au polygone de GŒTHE et de HEGEL, quand ils continuaient leur travail, l'un à côté de la bataille de Valmy, l'autre à côté de la bataille d'Iéna, sans s'apercevoir du bruit terrible du canon et du danger qu'il leur faisait personnellement courir.

Ce qui alimente trop souvent la discussion, c'est que le mot inspiration n'est pas très clair. Chez certains sujets, la rumination du polygone peut arriver à des résultats tels qu'ils apparaissent comme des découvertes et, par suite, paraissent réaliser une véritable inspiration.

Le polygone a en effet une grande activité propre (1); il *trouve* beaucoup de choses et *paraît* les *créer ;* mais à une condition, c'est que son activité propre soit entretenue, dirigée, ravitaillée par O. Livré à lui-même, le polygone n'est plus le même, devient très inférieur comme producteur.

Comme dit JANET, « l'automatisme ne crée pas de synthèses nouvelles, il n'est que la manifestation des synthèses qui ont déjà été organisées à un moment où l'esprit était plus puissant ».

RÉMY DE GOURMONT (2) semble parfois exagérer le rôle du polygone ; mais, au fond, sa doctrine ne s'écarte guère de celle que je résume ici.

« La conscience, dit-il, qui est le principe de la liberté, n'est pas le principe de l'art... Loin d'être liée

---

(1) Ce travail polygonal, inconscient de sa nature, peut être partiellement révélé à O par une certaine angoisse mal définie. CARPENTER, cité par RIBOT *(loco cit.,* p. 283), « a rapporté beaucoup d'observations où la solution d'un problème mathématique, mécanique, commercial, etc., apparaît brusquement après des heures et des jours de malaise vague, indéfinissable, dont la cause est inconnue ; mais qui n'est que le résultat d'un travail cérébral sousjacent : car ce trouble, qui s'élève quelquefois jusqu'à l'angoisse, cesse dès que le résultat inattendu est entré dans la conscience ».

(2) RÉMY DE GOURMONT : La création subconsciente. *La Culture des idées,* 1900, p. 47.

au fonctionnement de la conscience, l'activité intellectuelle en est le plus souvent troublée... On pense mal,
quand on sait que l'on pense ; la conscience de la
pensée n'est pas la pensée... La création intellectuelle
imaginative est inséparable de la fréquence de l'état
subconscient... il n'est pas d'œuvre, si volontaire, qui
ne doive au subconscient quelque beauté ou quelque
nouveauté... On sait combien il est difficile de trouver
volontairement le mot dont on a besoin et on sait
aussi avec quelle aisance et quelle rapidité tels écrivains évoquent, dans la fièvre de l'écriture, les mots
les plus insolites ou les plux beaux. »

Mais le même auteur reconnaît la collaboration des
deux psychismes ; il proclame leur « concert », grâce
auquel « s'achèvent la plupart des œuvres, d'abord
imaginées soit par la volonté » (O), « soit par le rêve »
(polygone).

« Il arrive, dit-il encore, que le travail conscient du
cerveau se prolonge durant le rêve et même se para-
chève et qu'au réveil, sans réflexion, sans peine, on
se trouve maître d'un problème, d'un poème, d'une
combinaison que l'esprit, dans la veille, avait été
impuissant à trouver. BURDACH, professeur à Kœ-
nigsberg, fit en rêve plusieurs découvertes physiologiques qu'il put ensuite vérifier. Un rêve fut parfois
le point de départ d'une œuvre, parfois une œuvre fut
entièrement conçue et exécutée pendant le sommeil ».
Mais il ajoute immédiatement : « il est cependant fort
probable que c'est la raison consciente qui, au réveil,
jugeant et rectifiant spontanément le rêve, lui donne
sa véritable valeur et le dépouille de cette incohérence
particulière aux songes les plus sensés. »

O lance le travail du polygone, le documente et ensuite, au réveil, coordonne et utilise les résultats de la rumination du polygone et conclut.

Donc, et je termine par là ce trop long paragraphe, dans le psychisme normal de l'inspiration et de l'imagination créatrice, les deux ordres de centres interviennent. Mais si on veut analyser et essayer de distinguer le rôle respectif de chacun des psychismes, il faut dire que, chez chaque individu, O symbolise la personne créatrice et géniale du savant et de l'artiste, le polygone symbolisant l'extériorisation de la pensée supérieure, qu'il rumine, développe et exprime.

4. *Les tempéraments suivant l'association et l'imagination polygonales.*

a) Types physiologiques suivant la force d'association polygonale : rapidité de l'évocation et durée de l'association. — Pour classer les types physiologiques suivant l'intensité de la force de leur association polygonale, il faut rappeler les lois de cette force d'association que CLAPARÈDE exprime ainsi : une association est d'autant plus forte qu'elle persiste plus longtemps et que son évolution est plus prompte. La force d'une association a donc pour facteurs : la durée de l'association et la rapidité de son évocation.

On trouvera dans le livre de CLAPARÈDE (pp. 83 et 258) l'exposé critique d'une série de méthodes pour mesurer cette force de l'association chez un sujet donné.

Au point de vue plus particulier qui m'occupe ici, il

faut distinguer les types physiologiques : 1° suivant la force de leur association polygonale ; 2° suivant la force *relative* de cette association et sa prédominance plus ou moins grande sur l'association de l'entier psychisme.

Les sujets à forte association polygonale sont ceux qui rêvent beaucoup, dont les rêves présentent des tableaux très rapidement changeants et restent fixés dans la mémoire, au point d'en imposer même au réveil, les médiums, les hypnotisables dont l'hypnose est imagée, variée et mouvementée...

Certaines circonstances, comme la fatigue (ASCHAFFENBURG) et la faim (WEYGANDT), peuvent modifier le type d'associations présenté par le sujet, remplacer les associations ordinaires (supérieures) par des associations inférieures, automatiques ou polygonales (associations d'habitude, par assonance). L'alcool, lui aussi (KRAEPELIN), ne stimule nullement l'association vraie et supérieure, mais développe les associations d'idées stéréotypées et les associations verbales ou par assonance (polygonales).

b) Types physiologiques suivant la force d'objectivation et de création polygonales et suivant la stabilité de l'imagination polygonale.

α. Le type à imagination *forte* a, à la fois, une grande force d'objectivation de ses pensées et une grande facilité de création d'images et de pensées nouvelles. Tels sont, pour le psychisme entier, les grands romanciers et spécialement les auteurs de romans romanesques. Plus spécialement, pour le polygone, ce sont les sujets qui, en transe ou en somnambulisme provoqué, imaginent et objectivent une série de scènes, comme Hélène Smith et d'autres que nous retrouverons dans le paragraphe des modifications de la personnalité.

Il y a aussi des types *partiels* d'imagination forte : dans l'un, on objective bien sans beaucoup créer, tels certains peintres ; dans l'autre, on crée beaucoup sans objectiver mieux qu'un autre, tels certains savants peu artistes. Le premier de ces deux tempéraments est beaucoup plus polygonal que le second.

Enfin, toujours dans ces types à imagination forte, il faut encore distinguer ceux chez lesquels l'équilibre est physiologique et O garde et exerce normalement ses fonctions de contrôle, de direction et de création, et ceux chez lesquels l'imagination polygonale l'emporte de beaucoup et domine en quelque sorte la scène. Il y a des types équilibrés, des types O et des types polygonaux.

L'équilibre parfait n'est d'ailleurs pas signe de plus grande supériorité ; au contraire. Les très équilibrés sont des médiocres, tout au plus des talents. Les grands supérieurs, les génies sont des déséquilibrés, parce qu'ils ont une grande prédominance d'une partie de leur psychisme, tout en restant physiologiques.

β. Les types à imagination *faible* peuvent aussi être faibles pour l'objectivation et pour la création ou seulement pour l'une de ces deux fonctions psychiques.

Avec Ribot, nous rattacherons à ce groupe : 1° les esprits positifs ou réalistes, qu'ils soient bornés et terre à terre ou énergiques et hommes d'action ; 2° les esprits abstraits, mathématiciens ou métaphysiciens purs. Ces derniers surtout ont une imagination polygonale faible et vivent particulièrement en O.

DUGAS classe dans ce même groupe : l'avare, qui est pour lui « l'être le plus dénué d'imagination et le plus dévoré de convoitise » (alors qu'ARVÈDE BARINE en fait au contraire un poète et un idéaliste!) et aussi l'homme de devoir tel que KANT l'a conçu, impassible, froid, incapable d'un élan du cœur, d'un mouvement de charité, tandis que Don Juan et l'homme de cœur sont des esprits à la vision concrète, des imaginatifs. On peut bien dire que, toutes choses égales d'ailleurs, l'homme de devoir est un type à faible imagination polygonale.

γ. Enfin, on peut établir un troisième groupe avec les types qui présentent beaucoup d'imagination, mais une imagination *mobile* et *instable* (fantasques) et les types dont l'imagination est tout entière orientée dans un unique sens donné par une pensée ou une émotion, autour de laquelle l'entier psychisme *cristallise,* comme dirait STENDHAL.

A cette dernière variété appartiennent les sujets dont toute l'imagination manœuvre autour d'une idée fixe polygonale.

c) Ces divers types physiologiques dans l'inspiration. — De tout ce qui précède il résulte que l'activité polygonale, comme toutes les fonctions physiologiques, est, à un haut degré, contingente et différente d'elle-même, d'un individu à un autre. Certains sont plus polygonaux que d'autres, et la force de ces centres varie infiniment suivant les gens : certains ont dans leur polygone une force intellectuelle infiniment plus forte que d'autres dans O.

Ces faits d'observation ne peuvent qu'avoir un retentissement sur la théorie de l'inspiration. Le rôle de l'élément polygonal dans l'inspiration sera évidemment très différent suivant le tempérament du sujet, suivant que l'inspiré sera un polygonal, un O ou un équilibré.

α. Voici d'abord des exemples de polygonaux (1).

Goethe : « tout talent implique une force instinctive agissant dans l'inconscience. »

Sully-Prudhomme parle de démonstrations géométriques volontairement déposées dans son polygone et comprises plus tard, après le travail de maturation subconsciente.

Vincent d'Indy montre comment son polygone lui permet de trouver « soit le complément d'une idée (phrase) musicale, soit la bâtisse architecturale d'une œuvre de musique ».

Voltaire raconte qu'il rêva une nuit un chant complet de sa *Henriade* écrit tout autrement.

Schopenhauer et Mᵐᵉ Rachilde étaient de grands polygonaux quand ils disent, le premier : « l'abstraction constitue une existence séparée, indépendante, une nouvelle vie qui donne à son possesseur une double personnalité » ; la seconde : « je me demandais souvent si je n'existais pas sous deux formes : ma personnalité vivante et ma personnalité rêvante ».

Camille Mauclair travaille aussi sous la dictée de son polygone : « j'écris vite, sans jamais m'arrêter, presque comme un télégraphiste qui enregistre une dépêche » ; et il ajoute : « c'est évidemment d'une façon analogue que naissent les images du rêve et les paroles

(1) Voir, pour tous ces exemples, Chabaneix, *loco cit.*

que prononcent les dormeurs, jusqu'à s'éveiller par leur propre voix. »

D'après François Clément (1), Nietzsche est un des plus grands imaginatifs polygonaux du xix° siècle.

β. Voici maintenant des types O.

« On demandait à Newton comment il était arrivé à la découverte de ses lois : en y pensant toujours, dit-il. » C'est avec O qu'il y pensait toujours.

C'est bien avec O qu'Archimède avait trouvé son problème, et avec O que certainement Laennec, Claude Bernard et Pasteur ont fait toutes leurs découvertes.

Ce sont là de ces intellectuels, dont parle Chabaneix, « à qui sont surtout familières l'abstraction et l'observation des faits exacts ; la subconscience, dénuée pour ainsi dire de formes objectives, ne retentira pas sur les rêves et vivra une vie obscure, souvent cachée, même à celui qui en profite ».

C'est bien dans son O que Mozart est inspiré quand il dit : « vous me demandez comment je travaille et comment je compose les grands et importants sujets. Je ne puis, en vérité, vous dire plus que ce qui suit, car je n'en sais pas moi-même plus long et ne peux trouver autre chose. Quand je me sens bien et que je suis de bonne humeur, soit que je voyage en voiture ou que je me promène après un bon repas, ou dans la nuit quand je ne puis dormir, les pensées me viennent en foule et le plus aisément du monde. »

Ces sujets qui composent surtout avec O peuvent aussi travailler sur les données de leur polygone.

(1) François Clément, *Journal de Psychologie*, 1904, p. 280.

Ainsi, CHARLES RICHET a tenté d'arranger un rêve qu'il avait fait; « il a paru, quelque peu modifié, sous la forme d'un conte pour les enfants. » Et RICHEPIN (toujours cité par CHABANEIX) a « gardé de ses rêves des associations d'idées et d'images pouvant servir à une œuvre littéraire ».

L'analyse des tempéraments physiologiques classés d'après l'association et l'imagination polygonales est bien, on le voit, le complément indispensable de l'étude . du rôle de chacun des psychismes dans le mécanisme de la création imaginative et de l'inspiration.

5. *Les divers types pathologiques d'association et d'imagination polygonales.*

a) Troubles pathologiques de l'association polygonale (1). — Les troubles de l'association polygonale se présentent dans les maladies simultanées de O et du polygone, dans les maladies isolées du polygone et aussi dans les maladies isolées de O, quand, par suite du défaut de direction, de contrôle et d'inhibition supérieurs, les associations polygonales dominent follement la scène.

α. *Associations paradoxales.* — Au lieu de se faire par ressemblance ou par contiguïté dans le temps ou dans l'espace, l'association polygonale se fait sans règle, paradoxale, étrange, inintelligible. Ainsi, chez

(1) Voir CLAPARÈDE, *loco cit.*

un catatonique de SOMMER : clair-bleu, foncé-vert, blanc-brun, noir-bonjour, Wilhelm, rouge-brun, etc.

Chez une idiote, le même auteur a vu l'association se faire par synonymie (ressemblance extrême) : solide-dur, chaud-brûlant ; ou par contraste (ressemblance renversée) : clair-foncé, dur-mou.

C'est une première sorte de négativisme (1) par association des idées.

β. *Affaiblissement de la durée de l'association et exagération de la rapidité d'évocation.* — Ces sujets font des associations rapides, courtes, basées sur des caractères secondaires, souvent même des mots ou des assonances.

Comme exemple, HOFFDING rappelle ce passage (2) dans lequel « le roi Lear, atteint de folie, veut conso-

---

(1) Nous retrouverons dans ce même chapitre les négateurs par trouble du jugement (V), les négateurs par trouble de la volonté (VI) et les négateurs par trouble de l'idée du moi (VII).

(2) Voici ce passage d'après la récente traduction de PIERRE LOTI et ÉMILE VEDEL (édition de l'*Illustration*, scène XX, dans la campagne, près de Douvres) :

LEAR. — Crois-moi, mon ami, moi dont le pouvoir sait rendre silencieuses les lèvres qui accusent. Mets des lunettes là-dessus *(montrant les yeux crevés)* et, comme un ministre taré, fais semblant de voir ce que tu ne vois pas. Allons, allons, enlève-moi mes bottes, tire/ ferme !

EDGAR. — Dans sa folie, encore tant de profondeur de raison.

LEAR. — *(Reconnaissant Gloster.)* Si tu veux pleurer mes malheurs, prends mes yeux. Oh ! je te connais bien, ton nom est Gloster. Résigne-toi. Tu sais que nous sommes venus au monde en pleurant : notre premier souffle a été pour crier. Je vais te faire un sermon. Écoute.

GLOSTER. — Hélas ! Hélas !

LEAR. — Oui, dès l'instant de notre naissance, nous nous mettons à pleurer, d'être venus sur ce grand théâtre des fous. *(Prenant son chapeau.)* Eh ! c'est une jolie forme de chapeau ! Quel bon stratagème, si l'on ferrait les chevaux avec du feutre ! J'essayerai, et mes gendres, quand je les aurai attrapés, alors, tue, tue, tue, tue, tue, tue !

ler de son malheur Glocester, aveugle ; cette consola-
tion lui rappelle un sermon où l'orateur, suivant la
coutume des prêcheurs puritains, tient son chapeau à
la main ; à son tour, le feutre du chapeau l'amène à
penser à un stratagème possible, qui consisterait à
envelopper de feutre les pieds des chevaux, pour tomber sans bruit sur ses ennemis ».

Il faut d'ailleurs ne rien exagérer et se garder de
qualifier, avec NORDAU, de *dégénérés*, tous les auteurs
dont les œuvres contiennent des enchaînements d'idée
ne reposant que sur l'assonance. Comme le remarque
CLAPARÈDE, les associations par assonance, quand elles
sont voulues ou du moins acceptées par le psychisme
supérieur de l'auteur, ne prouvent pas l'affaiblissement
mental. Dans beaucoup de poésies d'hommes sains
d'esprit, on trouve des intoxications par des lettres
(a, e...) qui sont souvent les lettres les plus sonores
du titre.

Mais il y a des cas vraiment morbides, dans lesquels
ce trouble apparaît très nettement : la *manie* en est le
meilleur exemple. Ce trouble de l'association est l'élément fondamental de la *logorrhée*. L'association se fait
par le mot, l'assonance, la rime. Témoins les vers
(cités partout) d'un malade de REGNARD :

> Magnan ! à mon souhait, médecin magnanime,
> Adore de mon sort la force qui t'anime.
> Admirant son beau crâne... autre renard de Phèdre
> Nargue Legrand du Saulle et sois un grand du Cèdre.

Parfois aussi, dans la manie, l'association est plus
lointaine (en apparence) : bleu-œuf de Pâques, amer-
minéral, Château-Dame blanche.

Chez ces malades, le temps d'association est plus court qu'à l'état normal (Mlle WALITSKAIA). BECHTEREW a constaté aussi une accélération dans l'état d'hypnose (comme dans l'état de distraction). On voit donc bien qu'il s'agit toujours d'associations polygonales.

γ. *Affaiblissement du pouvoir d'évocation et conservation ou accroissement de la durée de la représentation.* — C'est le trouble constaté chez les obsédés, les hallucinés, les mélancoliques, d'une manière générale les *absorbés* ou *concentrés,* tandis que le trouble précédent (β) appartient plutôt aux *expansifs* ou aux *extériorisés.*

Chez ces malades, le temps d'association est accru (Mlle WALITSKAIA). C'est dans ce groupe qu'il faut placer les répétitions ou *stéréotypie* (1) (répétition du mot inducteur) et l'absence de réponse qu'on observe chez certains sujets et qui nous conduisent déjà au paragraphe suivant.

δ. *Affaiblissement de la rapidité d'évocation et de l'association.* — Tout est affaibli et finit par disparaitre, au point de vue de l'association polygonale, chez ces malades : les déments, par exemple, les imbéciles, les faibles.

Ces sujets commencent par faire encore des associations automatiques par mots ou assonances. « Il y a mille ans que le monde est monde, Milan, la cathédrale de Milan », dit un dégénéré imbécile de BALLET. De même, chez les déments, quand, dit HOFFDING, « la

---

(1) Voir GABRIEL DROMARD : Étude psychologique sur la stéréotypie. *Revue de Psychiatrie,* t. VIII, 1904, p. 278. (*Revue neurologique,* 1905, p. 54.)

sphère des représentations est atteinte par la dissolution, l'association des représentations est déterminée par la seule assonance des mots ; la ressemblance des sons amène à sa suite toutes les représentations liées aux mots ».

Par ce symptôme, le dément semble se rapprocher du maniaque. Mais ils diffèrent largement l'un de l'autre par la quantité intellectuelle que l'on découvre derrière ces associations, toujours bizarres, mais bêtes chez l'imbécile et le dément, tandis qu'elles sont souvent drôles et intéressantes chez le maniaque. De plus, le temps d'association, que nous avons vu raccourci chez le maniaque, est prolongé chez le dément et le faible comme chez le mélancolique (Mlle WALITSKAIA).

A un degré plus accentué, les associations par assonance sont, comme dans le type précédent, remplacées par la répétition du mot adducteur ou même par l'absence de réponse.

b) Troubles pathologiques de l'imagination polygonale.

α. Troubles hypo. — Les troubles hypo de l'imagination polygonale n'ont pas un grand intérêt. La maladie ne détruit en général l'imagination que tardivement : on n'en constate donc la disparition que chez des sujets qui, comme les déments, les imbéciles, les faibles, ont déjà un affaiblissement antérieur et très marqué d'autres fonctions psychiques plus élevées. C'est le dégoût et l'apathie qui marquent l'invasion de ce symptôme.

Au même groupe on peut cependant aussi rattacher les types physiologiques à imagination faible (voir plus

haut, p. 276), quand ils atteignent un degré qui en fait
de vrais phénomènes pathologiques.

β. *Troubles hyper.* — A un degré inférieur, c'est le
groupe des fantasques, des flâneurs, rêveurs, originaux..., les types physiologiques du troisième groupe
(p. 277) portés au degré pathologique. C'est déjà l'invasion de l'entière vie psychique par l'imagination, la
fantaisie (φαντασια).

A un degré plus élevé, c'est la vie imaginaire complètement systématisée et permanente qui exclut l'autre (RIBOT). Si cette vie imaginaire prédominante est
transitoire et alterne avec la vie normale, elle peut
laisser des souvenirs tels que, guéri, le sujet regrettera
ses périodes morbides, comme GÉRARD DE NERVAL et
CHARLES LAMB.

RIBOT donne ensuite la caractéristique de ces états
pathologiques de l'imagination : l'imaginatif fort, mais
encore physiologique, distingue les deux mondes dans
lesquels il vit successivement : il y a alternance ; l'imaginatif aliéné ne distingue plus entre ces deux mondes :
il n'y a plus d'alternance.

Dans ce groupe, on peut, du reste, encore avec RIBOT,
admettre des subdivisions suivant que prédomine ma-
ladivement telle ou telle imagination polygonale particulière, suivant que « les créations folles » envahissent
« la vie pratique, religieuse, mystique, la poésie, les
beaux-arts et les sciences, les projets industriels, com-
merciaux, mécaniques, militaires, les plans de réforme
sociale et politique... ».

γ. *Troubles partiels et localisés. Hallucinations poly-*

gonales. — SEGLAS et beaucoup d'aliénistes considèrent l'hallucination comme une forme pathologique, non de l'imagination mais de la perception. Certainement il y a un phénomène de perception dans l'hallucination ; il y a perception d'une impression sans sujet extérieur réel correspondant. Mais il y a aussi un phénomène d'imagination qui est cause et point de départ de perception, phénomène d'objectivation qui est le phénomène initial et justifie l'hallucination à cette place.

Ce qui est essentiel et caractéristique dans l'hallucination, ce n'est pas, en effet, la perception d'un objet purement imaginatif ou imaginaire, c'est de *croire* réel et *extérieur* cet objet perçu. Je m'imagine un cavalier sur son cheval ; je me le représente parfaitement avec tous les détails du costume et du harnachement ; je le vois. Seulement, je sais qu'il n'existe réellement pas : ce n'est pas une hallucination. J'ai identiquement la même perception ; mais je crois que le cavalier existe réellement hors de moi : c'est une hallucination.

L'élément caractéristique de l'hallucination est donc l'arrivée à la perception d'une image qui s'est formée inconsciemment dans le polygone et s'y est formée avec une telle force d'objectivation que le centre percepteur croit à l'existence réelle et extérieure de cet objet de sa perception.

Ce centre de perception peut être et est le plus souvent O ; le polygone n'intervient alors que comme organe de formation de l'image. Mais la perception peut, elle aussi, s'exercer dans le polygone, qui forme alors, à lui tout seul, l'entière hallucination.

Ainsi, dans le sommeil, dans l'hypnose, dans le somnambulisme, dans la transe du médium, toutes les fois

que le polygone est désagrégé de O, physiologiquement, extraphysiologiquement ou pathologiquement,
c'est dans le polygone que se forme l'image, et c'est le
polygone qui la perçoit et l'extériorise avec assez de
force d'objectivation pour la croire réelle.

Donc, dans toute hallucination, il y a avant tout et
surtout un trouble de l'imagination polygonale. Mais
il faut aussi une grande faiblesse de l'intelligence qui
perçoit, quel que soit le groupe de centres psychiques
qui perçoit. Ce second élément, qui est le point de départ des théories centrales intellectuelles de l'hallucination, est tellement réel que, dans certains cas graves,
l'hallucination « revêt toutes les allures d'un véritable
délire, dans le sens le plus général du mot » (SEGLAS).

Il y a donc toujours un peu de « faux jugement »
dans l'hallucination. Il faudrait néanmoins se garder
d'identifier l'hallucination et le faux jugement ; il y a,
entre ces deux actes psychiques, la même différence
qu'entre la perception et le jugement.

De même, il faut continuer à distinguer l'hallucination de l'illusion, quoique le plus souvent une certaine
impression puisse être considérée comme ayant évo-
qué l'image hallucinatoire (c'est là le point de départ
des théories périphériques ou sensorielles de l'hallucination). Mais l'impression *fait naître* l'hallucination,
elle n'est pas elle-même faussement perçue comme dans
l'illusion.

En somme, comme la plupart des symptômes psychiques, l'hallucination est un phénomène complexe
dans lequel il y a un élément de sensation (ou d'impression) et un élément de perception ; mais le trouble
intermédiaire de l'imagination semble être le princi-

pal et le plus caractéristique élément de l'hallucination
en général (1).

c) *Rapports du génie et de la névrose* (2). — •Si,
comme on l'a si brillamment soutenu, le génie est une
névrose, c'est de l'imagination qu'il est une maladie ;
c'est donc bien ici le lieu d'indiquer la question des
rapports de la supériorité intellectuelle et de la névrose.

« Les hommes ordinaires sont les seuls qui jouissent
toujours d'une santé normale », dit Tchekhov dans *le
Moine noir*. « Tant pis, dit Arvède Barine, pour celui qui
n'a pas eu son frère mystique (c'est-à-dire un dédoublement maladif de la personnalité) au moins par
hasard et en passant, il a de grandes chances de ne pas
appartenir à l'humanité supérieure... dans le royaume
des sensations, le superhomme c'est le névrosé. »

Anatole France souhaite à tous ceux qu'il aime un
petit grain de folie, comme, déjà au xv° siècle, Érasme
disait : « toutes choses sont d'une telle nature que plus
elles renferment de folie, plus elles continuent à faire
vivre les hommes... tout ce qui se fait chez les hommes est plein de folie ».

« Oh! que le génie et la folie se touchent de bien
près ! s'écrie Diderot. Ceux que le ciel a signés en bien
ou en mal sont sujets plus ou moins à ces symptômes ;
ils les ont plus ou moins fréquents, plus ou moins violents. On les enferme et on les enchaîne, ou on leur
élève des statues... Les hommes d'un tempérament pen-

_____

(1) Voir Tanzi, *Rivista di Patologia nervosa e mentale*, t. IX, 1904,
p. 322, et Roncoroni, *Ibidem*, p. 314 (*Revue neurologique*, 1905, p. 56),
(2) Voir : La supériorité intellectuelle et la névrose. *Leçons de clinique médicale*, 4° série, p. 683.

sif et mélancolique ne doivent qu'à un dérangement de
leur machine cette pénétration extraordinaire et presque
divine que l'on remarque chez eux par intervalles et
qui les porte à des idées tantôt sublimes, tantôt folles ».

C'est Moreau de Tours qui a, le premier, formulé
scientifiquement cette doctrine fameuse : « le *génie,*
c'est-à-dire la plus haute expression, le *nec plus ultra*
de l'activité intellectuelle, une *névrose !* Pourquoi non?
On peut très bien, ce nous semble, accepter cette définition ». Tout en apportant des restrictions au mot
névrose (1), il proclame nettement la « nature morbide » du génie.

Lombroso est ensuite allé bien plus loin, et non seulement il a enseigné que le génie est une névrose, mais
pour lui le génie est une névrose particulière : c'est
de l'épilepsie. « Après tout cela, dit-il, nous pouvons,
sans crainte, affirmer que le génie est une véritable psychose dégénérative, du groupe des folies morales, qui
peut temporairement se former au sein d'autres psychoses et en prendre la forme, tout en conservant certains caractères spéciaux qui la distinguent des autres ».
La « création géniale » est « une forme de psychose
dégénérative appartenant à la famille des épilepsies ».

Et ainsi, comme l'a dit Regnard, on a mis « dans le
même sac les fous, les criminels et les grands hommes ».

En réalité, les faits sont nombreux qui prouvent que
les supérieurs intellectuels sont souvent des névrosés,

---

(1) Il ne faut pas, dit-il, attacher au mot « névrose un sens aussi
absolu que lorsqu'il s'agit de modalités différentes des organes nerveux » ; il faut en faire « simplement le synonyme d'exaltation (nous
ne disons pas trouble) des facultés intellectuelles ».

ou ont des maladies organiques des centres nerveux ou ont une hérédité névropathique plus ou moins chargée : GUY DE MAUPASSANT, AUGUSTE COMTE, VILLEMAIN, SCHUMANN, JEAN-JACQUES ROUSSEAU, LE TASSE, GÉRARD DE NERVAL, FRÉDÉRIC NIETZSCHE, SCHOPENHAUER, SWIFT, NEWTON, SALOMON DE CAUX, ZIMMERMANN, O'CONNEL, DONIZETTI, MUNKACZY, ANDRÉ GILL, BAUDELAIRE, VOLTAIRE, FLAUBERT, BERNARDIN DE SAINT-PIERRE, GŒTHE, PASCAL, BALZAC etc., etc., etc. (1).

Mais tous ces faits, même mieux contrôlés et plus nombreux, ne prouvent nullement (2) la thèse de LOMBROSO.

D'abord la coïncidence de l'épilepsie et du génie n'est pas très fréquente. Les exemples en sont peu nombreux, et encore pour certains le diagnostic pourrait-il en être discuté.

A cela, LOMBROSO répond que le génie est une manifestation non convulsive de l'épilepsie, qu'il peut remplacer les convulsions, être un équivalent des convulsions. Mais alors il faudrait trouver aux manifestations du génie les caractères des symptômes épileptiques. Or, il n'en est rien.

Chez le supérieur et chez l'épileptique, on trouve souvent de l'hérédité nerveuse, des stigmates de dégé-

(1) Voir MOREAU DE TOURS : *La Psychologie morbide dans ses rapports avec la philosophie de l'histoire ou de l'influence des névropathies sur le dynamisme intellectuel*, 1859 ; CESARE LOMBROSO: *L'Homme de génie*, trad. (2ᵉ édition sur la 6ᵉ édition italienne) de COLONNA D'ISTRIA et CALDERINI, préface de CHARLES RICHET. Bibliothèque d'anthropologie et de sociologie ; la collection de *La Chronique médicale* de CABANÈS.

(2 Voir REGNARD : *Genie et Folie. Réfutation d'un paradoxe*, 1899 ; HENRI JOLY : *Psychologie des grands hommes*, 2ᵉ édition, 1891 ; ÉDOUARD TOULOUSE : *Enquête médico-psychologique sur les rapports de la supériorité intellectuelle avec la névropathie. 1. Introduction générale. Emile Zola*, 1896.

nérescence, des symptômes d'état névropathique.
L'homme de génie et l'épileptique présentent souvent
de l'originalité, de l'émotivité, de l'irritabilité, de
l'égoïsme. Mais tout cela ne prouve rien. Car l'épilepsie n'en a nullement le monopole.

On dit que l'inspiration, comme la crise d'épilepsie,
est instantanée, intermittente, inconsciente, et ne laisse
aucune trace dans la mémoire. C'est vrai, au moins
dans certains cas, mais il en est de même des plus
simples distractions.

On raconte (1) que l'évêque de Munster, rentrant
chez lui et voyant à la porte de son antichambre cette
inscription « le maître est absent », s'arrêta et attendit
son propre retour. Voilà certes un acte instantané, intermittent, inconscient, et qui a pu ne pas laisser grande
trace dans la mémoire. Dira-t-on que c'est de l'épilepsie?

Le bavard, qui, en parlant à table, verse de l'eau
dans son verre indéfiniment jusqu'à inonder les convives (2), n'aura ni conscience ni mémoire de cet acte
instantané et intermittent. On ne peut cependant pas
dire que c'est du petit mal épileptique.

« Un état où l'on dit des choses dont on n'a pas conscience, où la pensée se produit sans que la volonté
l'appelle et la règle, expose maintenant un homme à
être séquestré comme halluciné (3). »

---

(1) RENFILLÉ PARISE : *Physiologie et hygiène des hommes livrés aux
travaux de l'esprit* ou *Recherches sur le physique et le moral, les habitudes, les maladies et le régime des gens de lettres, artistes, savants,
hommes d'État, jurisconsultes, administrateurs*, etc., 2 vol., Paris, 1834.
(2) PIERRE JANET, *loco cit.*
(3) E. RENAN : *Vie de Jésus.* Citation GILBERT BALLET : *Swedenborg.
Histoire d'un visionnaire au XVIIIᵉ siècle*, 1890, p. 223.

La théorie de l'épilepsie ne peut pas être conservée.

Les idées de Moreau de Tours sont plus séduisantes et contiennent une plus grande part de vérité : pour lui, la supériorité intellectuelle est la manifestation d'une névrose caractérisée par l'exaltation morbide du système nerveux.

Là encore est une idée à combattre, c'est de vouloir faire de la supériorité une maladie, une manifestation de névrose. Toute exagération de fonction n'est pas morbide. Pour qu'une exagération de fonction soit maladive, il faut qu'elle gêne la fonction normale. La supériorité intellectuelle ne gêne pas la fonction intellectuelle ; au contraire elle l'exalte. Donc elle n'est pas maladive.

Ce qui prouve d'ailleurs que la supériorité n'est pas une suite, un symptôme de la névrose, c'est que beaucoup peuvent avoir par exemple la névrose de Pascal sans en avoir le génie, comme on peut avoir le nez de Cyrano sans en avoir l'esprit, ou être grêlé comme Mirabeau et Danton sans avoir leur éloquence.

Si nous voulons rester dans les faits scientifiquement établis, disons seulement que, chez les supérieurs, on trouve souvent de la névrose, sans dire que la supériorité est un symptôme et une manifestation de cette névrose.

D'après une autre théorie (Reveillé Parise), la névrose serait au contraire la conséquence de la supériorité.

Il y a beaucoup de vrai dans cette manière de voir. Le surmenage intellectuel, la vie à outrance, le désir de connaître par soi-même toutes les sensations, usent certainement le système nerveux des supérieurs et peuvent, dans bien des cas, aider puissamment au développement de la névrose.

ARVÈDE BARINE montre ainsi « les flots humains poussés » sur les traces de GÉRARD DE NERVAL « par l'alcool, la morphine, le harassement d'une vie trop dure et trop pressante, le poids d'une civilisation trop compliquée ». SAINTE-BEUVE dit de l'écrivain qu'il n'écrit pas seulement « avec sa pure pensée, mais avec son sang et ses muscles ». Il use donc son organisme. Et BAUDELAIRE s'écrie :

> Il me semble parfois que mon sang coule à flots,
> Ainsi qu'une fontaine aux rythmiques sanglots !
> Je l'entends bien qui coule avec un long murmure
> . . . .
> J'ai demandé souvent à des vins capiteux
> D'endormir pour un jour la terreur qui me mine.

Tout cela est vrai. Mais les névroses développées dès le jeune âge ou même dans l'enfance, les tares névropathiques héréditaires ne peuvent pas rentrer dans cette catégorie. Chez BAUDELAIRE, on a le droit de supposer que les hallucinations ont précédé l'usage de l'alcool.

On ne peut donc pas poser comme une loi générale la filiation qui ferait dériver la névrose de la supériorité intellectuelle.

Cependant d'autre part la coïncidence est trop fréquente pour être fortuite entre la supériorité intellectuelle et la névrose chez les mêmes individus.

Il y a autre chose qu'un système « facile et puéril » dans le livre de LOMBROSO, et je n'admets pas avec HENRI JOLY que « chez tout le monde la tête peut devenir ma-

lade, comme le cœur ou les intestins » et que certains
supérieurs deviennent fous comme d'autres ont des
« fluxions de poitrine ».

En réalité, on ne peut pas contester que le tempérament nerveux très marqué, l'état névropathique, héréditaire ou acquis, se retrouvent à la fois chez les supérieurs et chez les névrosés, forment le lien entre la
supériorité et la névrose. C'est la racine commune de
ces deux branches d'ailleurs fort différentes.

D'autre part, on connaît bien la loi des localisations
cérébrales et de la division du travail cérébral. On comprend dès lors que chez la même personne certains
centres nerveux se développent avec une exagération
superbe, tandis que d'autres pâtissent et deviennent
malades. Un curieux exemple de ce développement
inégal et partiel des centres nerveux est fourni par les
calculateurs comme Inaudi, Diamanti (1)...

Donc, quand le même homme est à la fois névrosé
et supérieur, il est névrosé par une zone de son système
nerveux et supérieur par une autre. Quand PASTEUR a
découvert le remède de la rage, il avait eu une paralysie par lésion cérébrale organique. Évidemment les
neurones avec lesquels il a fait sa découverte n'étaient
pas les mêmes que ceux que l'attaque avait frappés.

Donc, *la supériorité intellectuelle et la névrose ne
sont reliées chez le même individu que par la souche
commune. Ce tronc commun est un tempérament, non
une maladie.* De ce tronc commun sortent des branches
de vigueur et d'aspect bien différents : l'une rabougrie

(1) Voir BINET : *Psychologie des grands calculateurs et joueurs
d'échecs,* 1894.

et maladive (c'est la névrose), l'autre d'une magnifique et vigoureuse frondaison (c'est le génie).

La conclusion est que le génie et la supériorité intellectuelle ne sont pas des maladies à combattre et à guérir. « Si tout autre qu'un poète, disait SAINTE-BEUVE, si un de ces savants qui se piquent de rigueur, si un physiologiste venait réclamer PASCAL comme un de ses malades et s'il faisait mine de le traiter en conséquence, au nom du bon sens comme du bon goût, nous lui dirions : holà! » Il eût été en effet bien ridicule de vouloir guérir PASCAL de son génie, qui n'était pas une malad e ; mais, si on avait pu le guérir de sa névrose, son génie n'y aurait rien perdu, au contraire. Car, comme dit FÉRÉ (1), « la névropathie n'est pas indispensable au génie ».

En rejetant le supérieur dans le troupeau des bien portants, on ne le poussera pas pour cela dans le troupeau des médiocres. En élaguant la branche malade, on ne donnera que plus de vigueur aux branches saines. Si on avait pu guérir ou prévenir la folie de GUY DE MAUPASSANT, on aurait certainement multiplié le nombre de ses chefs-d'œuvre.

Conclusion : *le génie n'est pas une névrose ; la névrose est plutôt la rançon du génie ; la supériorité intellectuelle n'est pas un symptôme de névrose ; la névrose est plutôt la plaie, la complication, trop fréquentes de la supériorité ; la névrose n'est pas la cause de la supériorité intellectuelle, elle en est plutôt l'obstacle.*

(1) FÉRÉ : *La Pathologie des émotions,* 1892, p. 529.

V. Raisonnements et jugements polygonaux.

1. *Généralités.*

Sur les idées et les images acquises, les centres psychiques exercent leur action très personnelle, en les *comparant,* en *raisonnant* et en portant des *jugements* plus ou moins complexes.

C'est là une manifestation évidente de l'activité propre des neurones psychiques. C'est dans ce sens qu'il faut comprendre Höffding quand il dit : « nous formons un jugement quand nous joignons ensemble deux concepts à cause d'un rapport d'identité entre leurs contenus. » Nous joignons, en effet, deux concepts ; mais il ne faudrait pas croire que de cette réunion résulte le jugement dans des neurones inertes et passifs. Les centres psychiques joignent les concepts, les comparent (ce qui est un acte d'activité propre des neurones psychiques) et, après cette comparaison jugent l'identité, la non-identité, le degré de ressemblance ou de contraste... (ce qui est encore un acte d'activité propre des neurones psychiques).

La meilleure des preuves de cette activité propre est l'influence de l'état individuel, physiologique ou pathologique. de ces neurones psychiques sur la nature du jugement après rapprochement de deux concepts donnés.

Ce pouvoir de comparer, de raisonner et de juger appartient à tous les centres psychiques, aux inférieurs comme aux supérieurs. Mais le fonctionnement du polygone obéit très imparfaitement aux lois générales du raisonnement, dont la métaphysique étudie les origines, et la logique, les formules.

J'ai déjà donné bien des exemples de ces raisonnements polygonaux : ils sont évidents dans l'hypnose, dans la transe du médium. Mais ils sont peu élevés, souvent illogiques, superficiels ; ce qui fait que c'est là un des paragraphes les moins importants de l'étude du psychisme inférieur.

2. *Les tempéraments suivant la force polygonale de jugement et de raisonnement.*

J'insisterai peu parce que la vraie classification des types physiologiques à ce point de vue doit être basée sur la force du raisonnement en O plutôt que sur la force de raisonnement polygonal. Ainsi, les types à jugement *sûr,* déductifs (mathématiciens) ou inductifs (physiciens) et les types à jugement *faux* (raisonneurs, ergoteurs) tirent leur caractéristique de la force de raisonnement de O.

Ce n'est que dans les états de désagrégation (distraction, sommeil, hypnose, transe) qu'on peut voir la force de raisonnement et de jugement d'un polygone.

Pour se rendre un compte plus précis de cette force, il faut essayer d'influencer et de modifier le raisonnement d'un polygone désagrégé et d'apprécier la résistance du polygone à cette suggestion. Il y a des sujets à qui, par l'écriture automatique ou dans l'hypnose, vous ne pourrez pas faire énoncer une absurdité comme 2 et 2 font 5. Ce sont les forts comme jugement et

raisonnement polygonaux. Faibles, au contraire, à ce
même point de vue, sont les polygones à qui, dans
la désagrégation, on fait dire' et faire tout ce qu'on
veut.

Ce mode d'appréciation et de mesure n'est d'ailleurs
pas à l'abri de toute objection parce que certains mauvais raisonneurs (types faibles) sont têtus dans leur
manière de voir polygonale, et alors on influence difficilement leur jugement et leur raisonnement.

J'ai déjà parlé plus haut des jugements de *reconnaissance* et dit qu'il y a une reconnaissance primaire
(polygonale) et une reconnaissance secondaire ou supérieure (en O).

On peut aussi classer les tempéraments suivant
leur force de reconnaissance primaire.

On trouvera dans le livre, déjà cité, de VAN BIERVLIET
sur *la mémoire,* le résumé de nombreux essais expérimentaux tentés par divers auteurs (BINET et HENRI,
WARREN, BALDWIN et SHAW, BOURDON, VASCHIDÉ, etc.)
pour mesurer la force particulière de reconnaissance
chez divers sujets et plus spécialement leur résistance
plus ou moins grande à la suggestibilité.

Dans certaines de ces expériences, c'est réellement
de la force polygonale de jugement qu'il s'agit. Ainsi
BINET et HENRI font reconnaître à des enfants une ligne
d'une longueur donnée, et, au moment où ils la dési-
gnent, on leur demande : en êtes-vous bien sûr? n'est-
ce pas la ligne d'à côté?

D'ailleurs il faut, chez chaque sujet, étudier la force
de reconnaissance polygonale pour chaque sens : on
forme ainsi des types à forte reconnaissance tactile,
forte reconnaissance visuelle, etc. Dans ces cas, l'état

de l'appareil sensoriel lui-même n'est pas indifférent.
Un même polygone reconnaîtra mieux dans le domaine
d'un sens fort ; la faiblesse d'un ou de plusieurs sens
développe, en suppléance, la force de reconnaissance
par les autres sens.

3. *Les divers types pathologiques de raisonnement et de jugement polygonaux.*

Pas plus dans le polygone que dans O, la maladie ne
perfectionne le jugement et le raisonnement. Il y a des
malades qui raisonnent *plus* qu'à l'état normal, ils
raisonnent même *trop ;* mais ils ne raisonnent pas
mieux ; au contraire, ils jugent et raisonnent *à contre
sens.* Ce sont donc des para et non des hyper ; ce sont
même le plus souvent des hypo dissimulés sous un
verbiage déraisonnable.

a) Troubles hypo.

α. *Affaiblissement de la faculté polygonale de juger
et de raisonner en général.* — Ce symptôme qui est
représenté, au degré inférieur, par des *faux jugements*
isolés, puis par des *interprétations délirantes,* et, en
croissant, aboutit à l'*incohérence,* à la *confusion mentale* et à la *stupidité,* s'observe en général dans l'entier
psychisme (O compris) et n'a guère été, à ma connaissance, étudié à part dans le psychisme inférieur.

β. *Affaiblissement de la faculté polygonale de reconnaissance.* — J'ai déjà parlé (p. 143) de ce symptôme
qui peut se présenter seul et constitue l'*agnosie.* J'ai
dit, après CLAPARÈDE, qu'il y a une agnosie primaire et

une agnosie supérieure. La première, seule, appartient à notre sujet.

CLAPARÈDE (1) fait remarquer que la perception primaire peut être empêchée par trois causes : 1° une modification dans la sensation brute qui n'appellera plus son image (dans le polygone); 2° l'absence d'identification (processus polygonal proprement dit); 3° un trouble dans les associations qui empêchera la perception simple de s'accomplir.

1° « La première de ces causes dépend d'un trouble, soit dans les organes sensoriels périphériques, soit dans les conducteurs (anesthésies), soit dans les cellules corticales (cécité et surdité corticales). Si, par exemple, l'acuité visuelle est affaiblie, rien d'étonnant à ce que le malade ne reconnaisse pas ce qu'il a sous les yeux... »

2° Dans le second groupe, il y a ou déficit de l'image-souvenir polygonale ou trouble de l'identification polygonale elle-même.

Pour bien distinguer ces agnosies polygonales des agnosies supérieures par trouble de O; il faut employer « des moyens détournés » pour s'assurer de l'état de la fonction polygonale : « on questionnera (les sujets) sur leurs *rêves,* on cherchera s'ils sont sujets à des hallucinations, on les fera dessiner de mémoire ; on leur fera imiter tel mouvement, telle attitude, tel cri d'animal, etc. »

3° Il y a « une sorte de désagrégation des éléments de la perception simple, une sorte de *chaos sensoriel.* Chacun connaît ces images magiques où l'on doit

---

(1) CLAPARÈDE : Travail cité de l'*Année psychologique*, t. VI, p. 77.

chercher le chat, dont les contours sont perdus dans le feuillage d'un arbre. On peut passer plusieurs jours sans apercevoir l'animal en question ; il y a dans ces cas une absence (physiologique) de perception primaire : les différents éléments de la figure représentant le chat restent épars ; l'esprit ne les réunit pas pour en faire un tout. » On pourrait objecter à cet exemple de CLAPARÈDE que O intervient pour « trouver le chat ». Mais on aurait le droit de répondre que O ne le trouve que quand le polygone a réussi une synthèse primaire des traits nécessaires.

On comprend que la pathologie crée « des états dans lesquels un malade qui regarde un objet est tout aussi peu capable d'associer en un tous les éléments sensibles composant cet objet qu'un individu non prévenu qui cherche le chat sur un tableau magique ».

Ainsi, d'après SACHS, « une destruction isolée du territoire optomoteur rendrait impossible la reconnaissance de la forme d'un objet vu, et cela, quand même la sensibilité lumineuse et chromatique serait conservée. Une telle lésion réaliserait l'agnosie par trouble de l'identification primaire ou ce que SACHS appelle la forme corticale de la cécité psychique. Il y aurait chaos sensoriel. »

b) Troubles para.

α. *Idées polygonales délirantes.* — Il ne faut pas confondre l'idée polygonale délirante avec l'idée fixe polygonale déjà étudiée (p. 187). Il faut également séparer l'idée délirante de l'obsession qui rentre dans un paragraphe ultérieur : influence de ces idées sur la volition.

Cela dit, je n'ai rien de clinique à dire de ces idées délirantes polygonales qui ne rentre dans l'étude générale des idées délirantes.

β. *Paragnosie*. — On peut donner ce nom à certains cas de ce que l'on appelle délire *métabolique* ou de métamorphose : « tous les faits ou tous les objets du monde extérieur n'ont plus pour le malade la même signification que leur accorde le consensus universel et subissent une transformation qui les met en accord avec les conceptions délirantes. Ainsi les infirmiers sont des ministres travestis, l'asile devient un royaume... » (SEGLAS).

C'est bien là un trouble para de la reconnaissance, et qui peut se passer dans le polygone, soit sous l'influence d'une suggestion dans l'hypnose, soit spontanément dans la transe : transformation de certains assistants en personnages actifs du roman polygonal, qui est une sorte de délire du psychisme inférieur.

γ. *Méfiance de ses jugements*. — Ceci ne figure que pour mémoire et pour la correction du plan. Car c'est un trouble de la conscience qu'a normalement un sujet de la correction d'un jugement et d'un raisonnement, c'est-à-dire un trouble de O, beaucoup plutôt que du psychisme inférieur.

δ. *Jugements contradictoires-négateurs par trouble du jugement*. — Certainement O est malade chez ces aliénés négateurs, qui « n'ont pas de nom, pas d'âge, n'ont pas de famille, pas de sentiment, pas d'organes ; ils nient tout, l'existence du monde extérieur et souvent même la leur propre ». (SEGLAS.) Mais le polygone intervient puissamment ; car c'est le plus souvent dans son activité que s'élabore « la formule négative du langage », qui « répond à une tendance morbide à l'opposition, à la contradiction systématique ». O, malade, reçoit cette affirmation contradictoire de son polygone et l'accepte comme vraie, n'ayant plus ses facultés de contrôle, et il nie tout.

VI. VOLONTÉ POLYGONALE (1).

1. *Généralités*.

Les actes de *volition* et d'*expression* polygonales peuvent se diviser en deux groupes : 1° actes de *volonté*, de *décision ;* 2° actes d'*extériorisation* de la décision, passage à l'acte moteur. Cette division, qui, à première vue, peut paraître artificielle, est imposée par la clinique : il y a la même différence entre ces deux parties de l'acte volitif qu'entre l'obsession et l'impulsion.

a) Volonté, décision polygonales. — Dans le premier groupe on étudie seulement le *choix* entre les idées qui *motivent* l'acte *volitif* et la *décision* qui en résulte. Dans le deuxième on étudie l'*expression* et l'*extériorisation* de cette décision.

---

(1) Voir RIBOT : *Les maladies de la volonté,* Bibliothèque de philosophie contemporaine, 19ᵉ édit., 1904 ; DALLEMAGNE : *Physiologie et Pathologie de la volonté,* 2ᵉ vol., Encyclopédie des Aide mémoire Léauté ; PAULHAN : *La Volonté,* Bibliothèque internationale de Psychologie expérimentale normale et pathologique, 1903.

Ce qui prouve qu'il y a bien une différence entre la décision et son extériorisation, c'est que la décision peut s'exprimer par une inhibition, ne s'extérioriser par rien de positif et d'apparent; la décision peut aboutir à un acte d'arrêt.

Derrière les volitions (actes volitifs), il y a les centres psychiques qui veulent. Quoiqu'on en ait dit, on ne peut pas nier l'activité propre des neurones dans ces actes. La science moderne, dit DALLEMAGNE, a déclaré « que volonté n'est désormais qu'un mot vide de sens, et elle ne reconnaît comme pourvues de caractères positifs, comme susceptibles d'analyse, que les volitions ». Mais, continue le même auteur, on n'a jamais tant parlé de l'ancienne volonté que depuis qu'on la nie. « Même dans la bouche de ceux qui sont complètement acquis à la conception nouvelle, la contradiction est de tous les jours. Ils parlent sans cesse de l'éducation de la volonté, de son énergie et de ses défaillances... Il est des monographies du plus haut intérêt, qui traitent des maladies de la volonté et débutent par la négation de son existence. »

Sans s'occuper de l'âme ni du libre arbitre (questions qui appartiennent à un autre ordre de connaissance) (1), il faut admettre, comme cause des actes volitifs, quelque chose d'actif, un principe actif, un *centre qui veut*.

Comme dit PAULHAN, « la volonté est une forme, un cas spécial de notre activité... Ce serait une singulière erreur que de ne voir l'activité de l'homme et de ne

(1) RIBOT et PAULHAN font, l'un et l'autre, remarquer qu'on peut faire toute la physiopathologie de la volonté sans toucher à la question du libre arbitre et du déterminisme.

retrouver sa volonté que sous leur forme motrice...
Son caractère propre (de la volition) est simplement
d'être une synthèse nouvelle... et une synthèse active...
l'esprit crée la volition. »

Pour Ribot, la volonté est une « forme de l'activité » ; elle est la « réaction propre d'un individu ». La
volition n'est pas simplement un « laisser faire », une
« réaction motrice des sentiments et des idées »,
comme le voudrait Lewes. « Nous sommes donc, continue-t-il, complètement d'accord avec ceux qui nient
que la prédominance d'un motif explique, à elle seule,
la volition. Le motif prépondérant n'est qu'une portion
de la cause et toujours la plus faible, quoique la plus
visible ; et il n'a d'efficacité qu'autant qu'il est choisi,
c'est-à-dire qu'il entre à titre de partie intégrante dans
la somme des états qui constituent le moi à un moment
donné. » Ribot définit la volonté « une réaction individuelle » et déclare que, « par rapport aux volitions,
elle (la volonté) est une cause ».

Je ne peux donc pas suivre le même auteur quand
il dit ailleurs : « considérée comme état de conscience,
la volition n'est donc rien de plus qu'une affirmation
(ou une négation)... la volition, par elle-même, à titre
d'état de conscience, n'a pas plus d'efficacité pour produire un acte que le jugement pour produire la vérité... la volition n'est donc pour nous qu'un simple
état de conscience. De plus, elle n'est la cause de rien. »

Avec Paulhan je maintiens, contre cette dernière
manière de voir de Ribot, que « la volition est autre
chose qu'un état de conscience... elle est une synthèse
d'éléments divers et, comme telle, elle peut être active
et efficace ».

20

Non seulement la volonté n'est pas exclusivement
un état de conscience ; mais encore on ne peut pas
dire que la conscience soit un caractère nécessaire de
la volonté. « Je pense, dit PAULHAN, que la volition
peut exister sans que nous le sachions bien nettement.»

On ne peut pas nier que, dans le polygone, il se
passe des actes de volonté inférieure (volitions polygonales).

Dans l'hypnose, le sujet, réduit à sa seule activité
polygonale, résiste parfois à certaines suggestions : les
centres psychiques inférieurs puisent dans les dépôts
de l'hérédité, de l'éducation, etc., la force d'inhiber
certaines injonctions.

Mon sujet F dont j'ai déjà parlé ne voulait pas,
pendant l'hypnose, qu'on lui dit qu'elle verrait au
réveil son mari qu'elle détestait. Elle avait une crise
d'hystérie quand il s'agissait d'exécuter une suggestion
à laquelle elle résistait.

BEAUNIS, PITRES, FÉRÉ, ont bien décrit (1) ces discussions polygonales. « Cette lutte intérieure, dit
BEAUNIS, est plus ou moins longue, plus ou moins énergique, suivant la nature de l'acte suggéré et surtout
suivant l'état même du somnambule ».

C'est surtout quand on heurte les sentiments de morale, de pudeur, de religion des sujets que l'on rencontre de la résistance. Ainsi BERNHEIM (2) s'est vu
refuser par un sujet de voler une montre. A une jeune
fille il suggère d'être insensible et de ne rien sentir de
tout ce qu'on lui fera. On la pique avec une épingle,

---

(1) BÉRILLON, *Revue de l'Hypnotisme*, t. V, 1891, p. 340.
(2) BERNHEIM : Rapport au Congrès de Moscou, p. 21.

on enfonce celle-ci dans son nez, on chatouille la muqueuse oculaire ; elle ne manifeste rien. On relève sa robe pour la découvrir : immédiatement elle rougit et réagit ; son instinct de pudeur se révolte, comme si elle était éveillée. A une jeune israélite, élevée sévèrement dans sa religion et très suggestible, DE JONG (1) suggère de prendre et de mettre dans sa poche une pièce de monnaie mise sur la table : elle obéit une série de fois. Un samedi, même suggestion ; elle semble tentée, mais refuse finalement et, sur interrogation, répond : c'est le jour du sabbat, il n'est pas permis de toucher de l'argent.

Voilà bien des actes de volonté polygonale. De même, le médium en transe manifeste parfois de véritables volitions...

De plus, le psychisme inférieur a de l'influence sur certains actes de O.

C'est ce qui arrive chez l'hypnotisé qui exécute une suggestion posthypnotique, à plus ou moins longue échéance. C'est ce qui arrive dans la vie tout à fait normale quand on exécute consciemment (et en croyant l'avoir inventé) un programme qui a réellement été conseillé ou indiqué quelques jours avant, dans un moment de distraction, comme dans l'exemple cité plus haut (p. 193) de DOSTOÏESKI.

Quand un des motifs de la décision prise par O est emprunté à une *habitude* plus ou moins ancienne, c'est encore l'activité polygonale qui aide l'acte psychique volontaire de O. De même quand on agit sous

---

(1) DE JONG : L'Hypnotisme et la résistance aux suggestions, *Revue de l'Hypnotisme*, t. VIII, 1894, p. 130.

l'influence d'une *passion :* le centre O se laisse diriger par le polygone.

b) Extériorisation de la décision ; passage à l'acte moteur. — Comme l'a dit RIBOT en d'autres termes, tout processus psychique volitif a une tendance à se traduire par un mouvement, par un acte. La réciproque est également vraie : les actes moteurs font naître la disposition psychique correspondante.

On fait naître dans le polygone d'un hypnotisé des idées de colère ou de prière en donnant à ses membres l'attitude qui exprime ordinairement ces états psychiques. Chez certains organiques, une crise spasmodique de pleurs fait naître des idées tristes (1).

RIBOT complète sa loi en classant les idées en trois groupes, suivant que leur tendance à se transformer en acte est forte, modérée ou faible, et même, en un certain sens, nulle.

1° Le premier groupe comprend les états intellectuels extrêmement intenses, les idées « qui nous touchent », c'est-à-dire qui s'accompagnent de phénomènes sensitifs (idées avec émotion, passion) ; 2° dans le deuxième groupe sont les idées courantes, ordinaires, à action extériorisante moyenne ; 3° le troisième (action extériorisante minima) comprend les idées abstraites.

On peut résumer cela en disant que les impulsions les plus fortes viennent du psychisme polygonal, les moyennes des deux psychismes unis et les plus faibles des centres O séparés et fonctionnant seuls. Ce qui

(1) Voir ma leçon sur ceux qui sont tristes parce qu'ils pleurent et ceux qui pleurent parce qu'ils sont tristes *Province médicale,* 1905, n° 2.

revient à dire que le psychisme polygonal est bien
plus près de l'acte moteur que le psychisme supérieur.

Paulhan a très bien fait ressortir le rôle de l'automatisme dans l'exécution. Il montre que la délibération
et la décision se distinguent en général de l'automatisme, tandis que « dans l'exécution, l'automatisme
reprend le dessus ». Si, par moments, l'exécution cesse
d'être automatique, c'est qu'elle a besoin, pour être
continuée, de nouvelle délibération et de nouvelle
décision. « Une fois que j'ai décidé de sortir de chez
moi, je suppose, le reste s'ensuit à peu près spontanément... Sans presque y penser, sans nouvel acte de
volonté (supérieure), je passe mon pardessus, je mets
mon chapeau, je regarde le temps pour savoir si je dois
prendre un parapluie, j'ouvre la porte, je la referme et
je descends mon escalier. Une fois la décision prise,
tous ces phénomènes s'ensuivent automatiquement
comme sa conséquence logique et, je peux le dire,
comme sa conclusion organique. »

Voilà bien des actes d'extériorisation volitive polygonale.

c) *Attention* (1). — En plaçant l'attention dans les
processus volitifs, je m'écarte de ceux qui, avec Condillac, disent qu' « une sensation devient attention,
soit parce qu'elle est seule, soit parce qu'elle est plus
vive que les autres ». Je ne crois pas qu'une sensation
devienne attention ; elle *provoque* l'attention.

_____

(1) Voir Pierre Janet, article Attention, *Dictionnaire de Physiologie*
de *Charles Richet ;* Ribot : *Psychologie de l'attention,* Bibliothèque de
philosophie contemporaine, 7ᵉ édition, 1903, et le chapitre III, p. 97,
des *Maladies de la volonté.*

La meilleure des preuves c'est que la maladie peut frapper inégalement la sensation et l'attention, tandis que les troubles de l'attention et les troubles de la volonté marchent le plus souvent ensemble.

L'attention est l'adaptation (le mot est dans la définition de Ribot), *l'accommodation* du psychisme à ses fonctions de réception et de représentation. C'est à l'acte de sentir, d'éprouver ou de percevoir ce que l'acte de regarder, écouter, palper, flairer, déguster est à l'acte de voir, entendre, toucher, sentir, goûter.

Habituellement, c'est l'ensemble des centres psychiques qui fait attention ; mais chacun des groupes (supérieur et inférieur) peut être attentif de son côté, isolément et à un objet différent.

Ainsi dans la distraction : Archimède faisait attention avec son polygone aux obstacles de la route qu'il évitait, et avec son O à son problème et à sa solution.

Pierre Janet analyse très bien ces deux attentions : l'attention *automatique,* spontanée de Ribot (notre attention polygonale) et l'attention *volontaire* (attention de O) et il a même pu étudier séparément les *temps de réaction* pour chacune de ces attentions (1).

Ainsi chez le sujet VK il étudie et enregistre la courbe de ses temps de réaction à des excitations auditives (8 à 10 par minute). Pendant l'expérience, VK tombe dans une crise d'extase. Elle ne fait plus attention volontaire au signal et cependant elle continue automatiquement à y répondre. On enregistre ainsi ses temps de réaction à l'état de veille (attention supérieure) et dans la crise (attention polygonale).

(1) Pierre Janet : *Névroses et Idées fixes,* t. I, p. 94.

Chez un autre sujet il fait les mêmes recherches tantôt
en lui disant de faire bien attention, tantôt en .l'au-
torisant à rêver à ce qu'elle voudra pendant l'expérience. L'inscription dans la période 'd'attention purement automatique révèle un temps 'de réaction' plus
court.

'C'est encore l'attention polygonale qu'il étudie 'en
faisant porter les excitations provocatrices sur un membre anesthésié.

LUDWIG LANGE avait déjà remarqué que les réactions
sont plus longues quand le sujet fait volontairement
attention au signal. ONANOF (1) a montré aussi « que
dans bien des cas le temps de réaction des mouvements
subconscients, consécutifs à des' excitations 'détermi-
nées sur des régions anesthésiques, pouvait être plus
court que celui des mouvements conscients à 'la suite
d'excitations réellement senties (2) ».

d) *Synthèse psychique totale,* — Entre tous les actes
psychiques, dont la volonté termine l'analyse, il y a,
dans la vie normale, une très grande solidarité, avec
action réciproque.

Les centres de réception qui, chronologiquement,
entrent en jeu les premiers et par suite influent si fortement sur les autres centres, sont, à leur tour, puissamment influencés par les centres de réflexion et de
volition : l'émotion est aussi souvent effet que cause.
Les centres de réflexion, sollicités par les centres de
réception, le sont aussi par les centres de volition et

(1) ONANOF, *Archives de neurologie,* 1890, p. 312 (citat. PIERRE JANET).
(2) Voir aussi PIERRE JANET : *Revue philosophique,* 1891 ; *Névroses et
Idées fixes,* t. I, p. 4 ; *Stigmates mentaux des hystériques,* p. 161.

interviennent, eux aussi, dans les fonctions de perception et d'extériorisation. Enfin, les centres d'expression, qui paraissent devoir toujours entrer en scène les
derniers, exercent souvent une action évidente sur le
fonctionnement des centres d'élaboration psychique et
même sur les centres émotifs...

La notion de cette synthèse psychique totale et de
l'unité générale qui en résulte est un élément nécessaire de la physiopathologie du psychisme inférieur.

2. *Les tempéraments.*

a) Suivant la force de la volonté. — C'est par la
force et la fermeté de leur volonté supérieure qu'on
classe en général les sujets, quand on parle de volonté
forte, moyenne ou *faible.*

Mais l'étude du psychisme inférieur ne peut cependant pas ignorer cette question, parce que, plus la volonté supérieure est forte, plus le rôle personnel de O
du sujet est considérable dans les décisions, plus au
contraire est faible le rôle du psychisme inférieur, des
motifs polygonaux.

Les gens à grosse influence polygonale, qui se laissent gouverner par leurs instincts et leurs passions,
sont au contraire à volonté supérieure faible : tels sont
les enfants, les femmes, les foules et les âmes débiles
dont MARCEL PREVOST (1) dit qu'elles ont « juste assez
de courage pour commencer les choses et les livrer
ensuite à la destinée ». Ils sont à volonté supérieure

(1) MARCEL PREVOST : *La Princesse d'Erminge.*

instable, changeante, fluctuante, capricieuse (1), Ce sont les irrésolus et les timides...

De sorte qu'en dernière analyse on pourrait établir une classification des volontés polygonales parallèle (mais renversée et complémentaire) à la classification des volontés supérieures.

Il ne faut pas confondre les *têtus* avec les volontés fortes, en ce sens qu'on peut être entêté dans son polygone avec une volonté supérieure faible. Que d'abouliques qui sont têtus ! Si on laisse au mot volonté son sens général, ce sont là des cas de paraboulie, formes d'aboulie ou d'hypoboulie supérieure avec hyperboulie polygonale.

Certains auteurs déclarent, avec Schopenhauer, que ces types physiologiques basés sur la force de la volonté sont définitifs et invariables pour chaque sujet. L'élément inné et héréditaire joue incontestablement un grand rôle dans la formation du caractère et de la volonté de chacun. Mais l'éducation, la vie sociale, le développement même de la vie individuelle et les circonstances ambiantes peuvent modifier et modifient souvent la volonté (2).

b) Suivant la force de la faculté d'extériorisation. — Les types à extériorisation polygonale facile sont ceux qui font bien tourner les tables et dirigent bien dans les expériences de cumberlandisme. Ce sont les médiums, tous ceux qui, facilement et vite, réalisent leur psychisme en actes moteurs.

(1) Voir sur les *Caprices* à l'état normal et pathologique le chapitre IV de Ribot (p. 115) et les chapitres VI et VII de Paulhan (p. 94 et 114).
(2) Voir le chapitre IV de Paulhan, p. 221.

Le type physiólógique inverse est froid, réservé, concentré ; ses pensées ne se traduisent ni par des mouvements ni par la mimique. Ce sont les sujets à grande
prédominance de O. Quoi qu'en dise Ribot, ces esprits
abstraits et spéculatifs peuvent bien aussi être « pratiques », si leurs décisions sont sages et pratiques ; mais
ils ne sont pas manifestateurs ni expansifs.

c) Suivant la force de l'attention. — Les *attentifs
généraux* sont les sujets observateurs, curieux, ana-
lystes, enregistreurs. Les *inattentifs généraux* sont les
sujets distraits, légers, peu observateurs, superficiels,
imaginatifs.

Les *attentifs polygonaux* sont les sujets pratiques,
méticuleux de la vie automatique, rangés, classeurs,
collectionneurs. Les *attentifs supérieurs* sont les sujets
méditatifs, abstraits, philosophiques, religieux.

Ces attentifs *partiels* sont en général des attentifs d'un
psychisme et des inattentifs de l'autre. Ainsi l'attentif
polygonal est souvent très inattentif aux choses élevées, abstraites, ne cherche que l'application pratique
à l'automatisme quotidien, tandis que l'attentif supérieur est un distrait, négligeant les actes et les impressions de l'automatisme quotidien. Et ainsi certains
esprits supérieurs peuvent, à certains points de vue,
être considérés comme des inattentifs.

Trois éléments principaux doivent être pris en considération pour fixer ces types physiologiques : 1° la
force de l'attention, c'est-à-dire la force de résistance
que le sujet attentif oppose aux causes de distraction ;
2° l'*étendue* de l'attention, c'est-à-dire la possibilité
pour le sujet de fixer son attention simultanément ou

successivement et très rapidement sur un plus ou
moins grand nombre d'objets différents (champ de l'attention) ; 3° la *rapidité* plus ou moins grande avec laquelle l'attention se *fatigue*, la fréquence et la durée
des *oscillations* prémonitoires de la fatigue.

Tout ceci n'a guère été étudié que pour l'attention
supérieure de O.

d) Suivant la force de la synthèse psychique totale.—
On peut dire qu'un sujet est d'autant plus normal et
fort que l'unité et la solidarité des diverses parties de
son psychisme sont plus fortes et plus résistantes aux
causes extérieures de dissolution.

Le type *fort* total a une grande force de sensation,
d'émotion, d'imagination, de mémoire, de raisonnement, de volonté; il a surtout un parfait *équilibre* entre
tous les éléments solidement liés entre eux. Le type
faible total présente un affaiblissement de toutes les
fonctions psychiques et surtout un relâchement plus
ou moins grand du lien qui réunit ces divers éléments
pour constituer le caractère de l'individu.

A côté de ces types basés sur l'état de leur entier
psychisme, on conçoit des types parallèles et complé-
mentaires basés sur l'état de leur seul psychisme inférieur.

3. *Les types pathologiques.*

a) Troubles de la volonté.

α. *Troubles hypo. Aboulies.* Quand on parle d'aboulies, on vise en général la diminution, plus ou moins
grande, de la volonté supérieure, avec conservation ou
exagération de la volonté polygonale.

C'est ce qu'exprime la loi de RIBOT : « la dissolution suit une marche régressive du plus volontaire et du plus complexe au moins volontaire et au plus simple, c'est-à-dire à l'automatisme ».

Au degré léger, c'est le « règne des caprices », qui sont des phénomènes polygonaux, c'est le caractère (1) de l'hystérique...

A un degré plus complet d'aboulie, PIERRE JANET (2) a noté les trois caractères suivants : 1° conservation des actes an... (devenus polygonaux) ; 2° perte des actes nouveaux (O), 3° conservation des actes subconscients et perte de la perception personnelle des actes.

Il n'y a vraiment d'aboulie polygonale que dans les deux cas suivants : 1° dans l'hypnose quand, par suggestion, la volonté inférieure est inhibée ; 2° dans les cas graves où l'aboulie atteint à la fois O et le polygone : sujets réduits à l'imitation et à la reproduction des attitudes, des actes ou des paroles (*stéréotypie*), sujets chloroformisés, comateux, stupides.

β. *Troubles. para. Obsessions* (3). *Paraboulies.* — L'obsession est avant tout un trouble de la volonté ; il y a aussi, pour la constituer, l'idée fixe et l'émotion consécutive. Mais ce qui caractérise réellement l'obses-

---

(1) Voir HUCHARD : Caractère, mœurs, état mental des hystériques. *Archives de neurologie*, t. III, 1882, p. 187.

(2) Voir PIERRE JANET : *État mental des hystériques*, 1893, p. 122, et *Névroses et Idées fixes*, 1898.

(3) Voir PITRES et REGIS : *Seméiologie des Obsessions et des Idées fixes*, Rapport au Congrès de Moscou, 1897, et *Les Obsessions et les Impulsions*, Bibliothèque internationale de psychologie expérimentale normale et pathologique, 1902. — PIERRE JANET : *Les Obsessions et la Psychasthénie*, 1903, 2 vol. — ARNAUD : *Traité* cité de *Ballet*, 1903, p. 668.

sion, c'est le trouble de la fonction de hiérarchisation
des motifs, c'est la mainmise de l'idée sur la volonté
du sujet, c'est la capitulation de la volonté devant l'idée
fixe.

C'est donc un trouble de O, c'est un phénomène
essentiellement conscient et du psychisme supérieur.

L'activité polygonale n'intervient dans l'histoire des
obsessions que pour fournir, dans certains cas, l'idée
fixe provocatrice (PIERRE JANET). Comme je l'ai dit plus
haut (p. 187), on peut dans ces cas relever ce point de
départ en désagrégeant le polygone du sujet (hypnose).

Le rôle de l'idée polygonale est particulièrement
marqué dans certaines paraboulies d'arrêt (négateurs
par trouble de la volonté).

« Un malade est prié de donner la main ; la réaction
volontaire qui tend à se produire et qui se manifeste-
rait par l'exécution de l'acte commandé est arrêtée, en-
rayée par une tendance contraire. » C'est une obstruc-
tion (Sperrung de KRÆPELIN), un arrêt... A un degré
plus marqué, l'automatisme négatif se produit non seulement par l'arrêt de la réaction normale, mais encore
par la production de la réaction contraire (ROGUES DE
FURSAC).

C'est à cette sorte d'*interférence psychique* que PAUL-
HAN (1889) attribue l'impuissance dans la folie du doute.
« Au moment d'accomplir un acte, les malades auraient
dans l'esprit, automatiquement, l'idée opposée à l'acte
qu'ils veulent faire, ou mieux l'idée qui contraste avec
leur tendance dominante. Une personne honnête (PAUL-
HAN rapporte une ancienne observation d'ESQUIROL)
penserait au vol, une personne chaste aurait des idées
impudiques, etc. Ces idées opposées entreraient alors

en lutte avec la pensée de l'action que l'on veut faire, et de là naîtrait le doute ou l'aboulie (1). » Pierre Janet a réduit, sans la nier ni la détruire, la valeur de cette explication ingénieuse.

En tous cas, quand ces états se réalisent, ce sont bien des troubles d'arrêt apportés dans la décision normale par une idée polygonale contradictoire. Ce sont des paraboulies d'origine polygonale.

Dans les cas graves (démence précoce, catatonie), ce négativisme aboutit à l'immobilité, à l'inertie, au mutisme et au refus d'aliments.

b) Troubles de la faculté d'extériorisation.

α. *Troubles hypo. Aboulie d'exécution. Paralysies nocturnes.* — L'aboulie de volition (déjà étudiée) est celle des sujets qui ne *veulent* pas ; l'aboulie d'exécution est celle des sujets qui ne *peuvent* pas extérioriser leur décision, la faire passer à l'acte moteur. Le rôle du psychisme inférieur est bien plus important dans cette dernière que dans la première.

Dans cette aboulie d'exécution, les malades, dit Guislain (cité par Ribot), « savent vouloir intérieurement, mentalement, selon les exigences de la raison. Ils peuvent éprouver le désir de faire ; mais ils sont impuissants à faire convenablement... le *je veux* ne se transforme pas en volonté impulsive, en détermination active. »

L'*hypomimie* (affaiblissement de la mimique émotive), l'*hyposémie* et l'*asémie* (affaiblissement du lan-

---

(1) Pierre Janet : *Névroses et Idées fixes*, t. I, p. 32 ; *Les Obsessions et la psychasthénie*, t. I, p. 60.

gage de la mimique) font partie, au moins dans certains cas, de ces aboulies d'exécution ou d'extériorisation.

Dans certains cas d'aboulie polygonale d'extériorisation les actes ne peuvent être accomplis que quand ils sont constamment provoqués et entretenus par une excitation sensorielle, comme la vue. Ces sujets feront des mouvements tant qu'ils verront leur membre et en seront incapables quand ils ne le verront plus.

C'est ce symptôme très curieux que JANET appelle le syndrome de LASÈGUE : ce symptôme en est tout au moins le fait principal.

Un exemple typique, déjà ancien, est celui de BELL : une nourrice, hémiplégique motrice d'un côté, hémiplégique sensitive de l'autre, lâchait son enfant, quand elle le tenait, sans regarder, avec le bras anesthésique. D'autres sujets ne peuvent remuer la nuit. BRIQUET parle de ces paralysies nocturnes, de ces paralysies intermittentes, traitées par la quinine !

L'expérience réussit bien en détournant la tête du sujet ou en plaçant devant lui un écran. Les malades debout peuvent alors vaciller ou tomber ; d'autres ne peuvent pas ramener en avant leur bras mis derrière le dos.

Les auteurs admettent en général dans ces cas une amnésie des images kinesthésiques ; c'est un élément réel. Mais il y a aussi affaiblissement de la volonté d'extériorisation, de la spontanéité motrice du psychisme inférieur.

β. *Troubles para. Impulsions* (1). *Agitations et ma-*

---

(1) Voir PITRES et REGIS, *loco cit.*, pp. 271 et suiv.

nics. — Dans les définitions de l'impulsion j'accepte celles qui séparent l'impulsion de l'acte moteur qui en résulte. Telles sont : celle de MAGNAN, « un *mode d'activité cérébrale* qui *pousse* à des actes que la volonté est parfois impuissante à empêcher », et celle de REGIS, « une *tendance* irrésistible à l'accomplissement d'un acte ». C'est un trouble du processus psychique d'exécution ou d'extériorisation de l'idée : il est caractérisé par un *motif* violent, impératif, doué d'une extrême force d'extériorisation, qui vient se substituer à tous les autres, les remplacer tous.

Le phénomène se passe habituellement en O. Mais il peut aussi se passer dans le polygone, et alors il présente à un plus haut degré les caractères de brusquerie et de rapidité, « la tendance impérieuse et souvent même irrésistible au retour vers le pur réflexe, dans le domaine de l'activité volontaire ». Cet élément varie suivant les cas.

Au degré le plus grave (par exemple chez les épileptiques), « l'impulsion, dit FOVILLE cité par RIBOT, peut être subite, inconsciente, suivie d'une exécution immédiate, sans même que l'entendement ait eu le temps d'en prendre connaissance..... L'acte a alors tous les caractères d'un phénomène purement réflexe qui se produit fatalement sans connivence aucune de la volonté ». De ces faits, DALLEMAGNE (1) dit : « l'impression est, à sa façon, une sorte de réflexe cortical ».

Comme la volonté peut arrêter, au lieu de provoquer, un acte, il y a des impulsions *négatives* (2) ou *d'ar-*

---

(1) DALLEMAGNE : *Pathologie de la volonté,* p. 68 (tout le chapitre III).

(2) Voir PIERRE JANET : *Les Obsessions et la Psychasthénie,* t. 1, p. 18.

rêt (1), comme il y a des impulsions positives ou d'action.

Sous le nom d'*agitations et manies mentales* on peut grouper les formes *inférieures* et *diffuses* de l'exagération de la fonction psychique d'extériorisation, dont l'impulsion morbide est la forme *élevée* et *loca'isée*.

« On voit certains aliénés passer de l'idée à l'acte avec une facilité tout à fait extraordinaire. » Au degré le plus léger, c'est l'exubérance avec optimisme (folie d'action, hyperboulie d'EMMINGHAUS) : à un degré plus avancé, cet état aboutit à une agitation incohérente, vociférant, gesticulant (SEGLAS).

Au même groupe il faut rattacher l'*hypermimie* (exagération de la mimique émotive) et l'*hypersémie* (exagération du langage mimique).

Citons enfin les variétés suivantes des *agitations forcées* de PIERRE JANET (2) : 1° agitations mentales systématiques ou manies mentales ; 2° agitations motrices systématiques (tics) · 3° agitations motrices diffuses (crises d'agitation).

c) Troubles de l'attention.

α. *Troubles hypo. Aprosexie.* — Le plus habituellement c'est comme trouble de O qu'on étudie l'aprosexie. Cependant on peut distinguer une aprosexie polygonale, puisque PIERRE JANET a pu très heureusement faire l'étude expérimentale séparée du temps de réac-

---

(1) Ce qui prouve bien qu'il ne faut pas confondre l impulsion avec l'acte moteur qui en est la conséquence.

(2) PIERRE JANET : *Les Obsessions et la Psychasthénie*, t. I, pp. 101 et suiv., et p. 552.

tion dans l'attention automatique et dans l'attention volontaire (voir plus haut p. 310).

Un aprosexique polygonal sera un détestable sujet dans le cumberlandisme.

β. *Troubles para.* — Deux troubles inverses peuvent être décrits.

Chez certains sujets il y a surtout une extrême *mobilité* de l'attention polygonale. Ce sont les hypnotisés, les somnambules ou les médiums qui, dans leur état de désagrégation suspolygonale, passent rapidement d'une idée ou d'une image à une autre, qui spontanément réalisent en quelques minutes une série de personnalités successives et disparates.

Dans un autre groupe, il y a au contraire ce qu'on pourrait appeler (au sens de STENDHAL) *cristallisation* de l'attention polygonale, qui se fixe alors exclusivement chez certains monoidéiques, obsédés... autour de l'objet de leur délire.

d) Troubles de la synthèse psychique totale. — J'ai classé dans ce paragraphe, comme troubles para : la manie, l'exaltation maniaque et l'excitation des folies alternantes, l'état mental des dégénérés ; et, comme troubles hypo : la démence, l'idiotie, la période de dépression des folies alternantes, la débilité mentale, la psychasthénie.

Mais il est inutile d'insister là-dessus, parce que dans tous ces cas il y a trouble de la synthèse psychique entière (O compris), et par suite cela n'appartient pas spécialement à l'étude du psychisme inférieur.

VII. Le psychisme inférieur dans la vie individuelle.

1. Généralités.

*a) Les perceptions (sensations et émotions) que cha-
cun a de soi et de sa vie. Cénesthésie et peur polygonales.* — « On a donné le nom de *cénesthésie* (1), sens
de l'existence, au sentiment que nous avons de l'existence de notre corps, sentiment qui, à l'état normal,
s'accompagne d'un certain bien-être. Chaque fonction
vitale y contribue pour sa part, et de cet apport complexe résulte cette notion confuse » qui constitue, en
somme, la *conscience du moi physique* et comprend
toutes les sensations endogènes que nous avons de
notre corps et de ses organes. « C'est la somme, le
chaos non débrouillé des sensations qui, de tous les
points du corps, sont sans cesse transmises au sensorium. » (HENLE.) C'est « le sentiment fondamental de
l'existence » (CONDILLAC), « le sentiment de l'existence
sensitive » (MAINE DE BIRAN), très bien étudié par JOUF-
FROY.

Pris dans son ensemble, ce mot de cénesthésie s'applique à une fonction psychique complexe dans laquelle
O intervient.

Mais la plupart des impressions centripètes, venues
des diverses parties du corps, ne dépassent pas, en général, en état de santé, les neurones des réflexes et de
l'automatisme. C'est donc une fonction polygonale.

---

(1) Voir SEGLAS, *loco cit.*, p. 172 ; RIBOT : *Maladies de la personnalité*, p. 22 à 26.

Seules, la maladie et leur exagération à l'état physiologique font parvenir ces impressions cénesthésiques jusqu'à O.

La *joie* et la *tristesse* (1), émotions spéciales à la vie individuelle, ne se produisent qu'en O; ce sont des émotions conscientes; la joie étant causée par les impressions qui maintiennent ou accroissent notre vie, au moins transitoirement, ou que du moins notre psychisme juge de nature à maintenir ou à accroître notre vie; la tristesse étant une émotion causée par les impressions qui paraissent au psychisme amoindrissantes de notre vie.

Cependant les impressions peuvent aussi n'arriver qu'au polygone; leur nature biogène ou biofrénatrice n'est alors appréciée que par le psychisme inférieur. Automatiquement, se font alors dans le polygone et dans tous les autres neurones émotionnels (vasomoteurs notamment) les associations habituelles aux impressions biogènes ou biofrénatrices. Et alors, sur ces *motifs inconscients,* après ce premier acte psychique automatique, l'entier psychisme entre en scène et s'en réjouit ou s'en attriste (2).

Les impressions de nature à accroître la vie de l'individu développent aussi, quand elles atteignent un certain degré, une véritable *attirance;* l'organisme a une affinité attractive pour tout ce qui lui est utile; de là, l'*affection.* Le polygone joue un rôle important dans ces processus psychiques : il y a toute une attirance pour certaines choses utiles, qui a son siège exclusif dans le psychisme inférieur.

(1) Voir Georges Dumas : *La tristesse et la joie.* Bibliothèque de philosophie contemporaine, 1900.

(2) Voir ma leçon déjà citée de *La Province médicale,* 1905, nº 2.

Au contraire, le polygone passe tout à fait au second plan, quand cette attraction est exercée sur l'individu par le *beau* et provoque en lui l'*émotion esthétique* et l'*admiration*.

La même différence doit être signalée entre l'*horreur du laid* qui est un phénomène de psychisme supérieur et la *répulsion pour le nuisible* et la *peur* qui sont, en très grande partie, des phénomènes polygonaux.

La peur (1) qu'il ne faut confondre ni avec l'impression qui la cause, ni avec les actes qui l'expriment, ni même avec les phénomènes physiologiques qui l'accompagnent et qui ont été très bien étudiés dans ces derniers temps (2), la peur est un *élément psychique normal* physiologique (3).

Tous les êtres la présentent. « Les infusoires même semblent déjà la manifester. Il paraît impossible d'en douter, dit Menard, quand on voit dans le champ du microscope tels mouvements brusques de recul, tels arrêts subits. » — « Je voudrais bien savoir, disait le maréchal Ney, quel est le Jean foutre qui n'a jamais eu peur. » Ce Jean foutre existe ; mais c'est un malade.

L'homme physiologique a peur, et *la peur est nécessaire à la conservation et à la défense de son existence.* C'est la manifestation de notre *instinctive répulsion pour le nuisible*. C'est le phénomène psychique qui fait naître la connaissance d'un objet dangereux ou nuisible

---

(1) Voir mon article sur la peur, élément psychique normal de défense (*Journal de Psychologie*, 1904, p. 265), à propos d'une conférence du Dr Menard sur *les Maladies de la peur et du phobisme*.

(2) Voir notamment Mosso : *La Peur (étude psychologique)*. Bibliothèque de philosophie contemporaine, trad. Félix Hément.

(3) Trop souvent, on ne considère la peur que comme un phénomène pathologique, ou du moins on ne l'étudie qu'en pathologie et dans ses formes morbides ; avec cette notion trop étroite, on ne peut pas comprendre les troubles hypophobiques.

et qui fait naître les actes nécessaires pour éviter ou combattre cet élément nocif. C'est un élément psychique normal de défense.

La peur est un acte psychique central (1), une émotion consécutive à une impression. Le travail central pèut se faire dans l'entier psychisme (O compris) : c'est la peur raisonnée. Mais cette participation du psychisme supérieur n'est pas indispensable. La peur est donc plutôt essentiellement un phénomène polygonal qui peut ne se révéler en O que tardivement, pa. des conséquences déjà réalisées.

A ces peurs polygonales appartiennent plus particulièrement les peurs ancestrales (2), les peurs instinctives, celles qui, d'après MAETERLINK, conditionneraient la chance, et les peurs grégaires dont je reparlerai dans le paragraphe suivant.

b) Les idées que chacun a de soi et de sa vie. — Ce paragraphe n'est qu'indiqué ici (il sera utile pour la pathologie) : l'idée du moi, de son unité et de la personnalité, est un processus de l'entier psychisme, et non du polygone isolé.

c) Les volitions que chacun a pour soi et pour sa vie. — Ici, au contraire, reparaît très actif le rôle propre du psychisme inférieur.

(1) Centre psychoorganique de conservation individuelle de SERGI : *Les Émotions*, Bibliothèque internationale de psychologie normale et pathologique, trad. PETRUCCI, 1901, p. 223.

(2) Dans une curieuse conférence sur les rudiments psychiques de l'homme (*Bulletin de l'Institut général psychologique*, 1904, p. 223), MÉTCHNIKOFF considère la chair de poule et les évacuations intestinales de la peur comme le rudiment ancestral du roulement en boule du héris-

Les impressions (polygonales) que chacun a de soi
sont le point de départ d'une série de volitions conser-
vatrices et défensives du moi. La volonté (obscure et
inconsciente) de vivre et d'accroître sa vie et, dans ce
but, de s'adapter au milieu, d'y éviter les éléments nui-
sibles ou d'en pallier les effets fâcheux, de rechercher
les éléments utiles et d'en amplifier les heureux effets,
est une de nos plus puissantes règles de conduite, un
de nos plus efficaces moyens d'agir.

Cet instinct de la conservation, fonction de légitime
défense, est le plus souvent un acte polygonal.

2. Les divers types physiologiques.

*a) Suivant l'intensité des perceptions que chacun a
de soi et de sa vie.* — Me limitant à la classification
des types d'après leurs perceptions individuelles polygonales, je nommerai seulement ceux qui sont basés
sur la cénesthésie et sur la peur.

Pour la cénesthésie, il y a le sujet qui s'occupe beaucoup de son corps, fait grande attention à ses sensations organiques, les analyse, les développe, leur subor-
donne sa vie ; et celui, au contraire, qui n'en tient
aucun compte et qui, dans la vie ordinaire, ne sait
même pas s'il a un corps.

Pour la peur, il faut distinguer les hypophobiques
(inconscients, téméraires, audacieux) et les hyperpho-
biques (timides, hésitants, scrupuleux). Plus spéciale-

---

son ou du hérissement des poils ou des plumes et des émissions
d'excréta du renard pour chasser le blaireau de son terrier ou des
putois et des moufettes pour se défendre contre les carnassiers.

ment, les paniques des foules, les peurs anormales des enfants ou de certaines personnes sont des hyperphobies polygonales. Il ne faut pas confondre l'hypo et l'hyperphobie grégaires que l'on voit dans les batailles ou dans les incendies avec les troubles phobiques vraiment maladifs des mentaux.

b) Suivant la force de l'idée du moi et de l'idée de personnalité. — L'idée du moi et de la personnalité dépendant surtout de O, le rôle du psychisme inférieur dans ce paragraphe est peu important.

Cependant, chez le sujet à idée *faible* du moi et de la personnalité, l'activité polygonale peut prendre une grande importance : ce sont les malléables, les grégaires ou les timides (1)...

c) Suivant la force de volonté de vivre et d'accroître sa vie. — Pour remplir leur désir de vivre et d'accroître leur vie, les hommes sont très inégalement doués, soit pour *l'ensemble* de la vie polygonale, soit pour le développement *partiel* de telle ou telle portion de cette vie.

Les grands types de ce groupe (ambitieux, autoritaires, arrivistes..., lâches, paresseux, indécis, scrupuleux) appartiennent à O.

(1) Voir PAUL HARTENBERG.: *Les Timides et la timidité*. Bibliothèque de philosophie contemporaine, 2ᵉ édition, 1905. Le point de départ de la timidité est une faible idée de soi et de sa personnalité.

3. Les types pathologiques.

a) Troubles de la cénesthésie.

α. **Phénomènes autoscopiques** (1). — Au polygone désagrégé dans le sommeil se révèlent parfois, avec une particulière force, certaines sensations cénesthésiques qui donnent au rêve l'apparence divinatoire ou prémonitoire. La chose est plus nette dans l'hypnose (SOLLIER) ; dans cet état, les relations deviennent beaucoup plus intimes *dans les deux sens* (centripète et centrifuge) entre les centres psychiques et les fonctions organiques normalement soustraites à leur influence. COMAR (2) et PAUL SOLLIER ont décrit chez certains hystériques la possibilité de sentir et de se représenter certains de leurs organes (autoscopie interne). SOLLIER a rencontré même des malades qui lui décrivaient la « constitution microscopique » de leur ovaire et de leur cerveau. Des malades de COMAR ont suivi des corps étrangers dans leur corps.

Dans d'autres cas. le sujet se représente son corps entier et l'objecti... .! le voit devant lui : c'est l'*autoscopie externe*. C... une sorte d'hallucination décrite par ALFRED DE MUSSET dans *la Nuit de décembre* :

> Devant ma table vint s'asseoir
> Un pauvre enfant vêtu de noir
> Qui me ressemblait comme un frère.

(1) PAUL SOLLIER : *Les Phénomènes d'autoscopie*. Bibliothèque de philosophie contemporaine, 1903.

(2) COMAR : L'autoreprésentation de l'organisme chez quelques hystériques. *Revue neurologique*, 1901, p. 491, et *Presse médicale*, 17 janvier 1903. Voir l'entière bibliographie de la question dans le livre cité de PAUL SOLLIER.

GEORGE SAND (1) a bien décrit une de ces crises de
MUSSET : « Couché sur l'herbe, dans le ravin, Laurent
(Alfred de Musset) avait *entendu* l'écho chanter tout
seul et, ce chant, c'était un refrain obscène. Puis,
comme il se relevait sur ses mains pour se rendre
compte du phénomène, il avait *vu* passer devant lui,
sur la bruyère, un homme qui courait, pâle, les vêtements déchirés et les cheveux au vent. — Je l'ai si
bien vu, dit-il, que j'ai eu le temps de *raisonner* et de
me dire que c'était un promeneur attardé, surpris et
poursuivi par des voleurs, et même j'ai cherché ma
canne pour aller à son secours ; mais la canne s'était
perdue dans l'herbe et cet homme avançait toujours
vers moi. Quand il a été tout près, j'ai *vu* qu'il était
ivre et non pas poursuivi. Il a passé en me jetant un
regard hébété, hideux, et en me faisant une laide grimace de haine et de mépris. Alors, j'ai eu peur et je
me suis jeté la face contre terre ; car cet homme...
c'était MOI (2) ! »

C'est l'*hallucination autoscopique* ou *spéculaire* de
FÉRÉ (1891); la *deutéroscopie* de BRIERRE DE BOISMONT.

PAUL SOLLIER distingue trois formes d'autoscopie
externe : 1° autoscopie *spéculaire :* le fantôme est identique au sujet actuel ; 2° autoscopie *dissemblable :* le
fantôme est différent du sujet dans ses attributs
externes, mais identique à lui moralement ; 3° autoscopie *cénesthésique :* le double est seulement senti, mais
non vu, et reconnu identique au sujet.

(1) GEORGE SAND : *Elle et Lui,* édition du centenaire, p. 110.

(2) « Les particularités du récit nous permettent de penser que
l'incident se passa dans la forêt de Fontainebleau lors du séjour qu'y
firent les deux amants au début de leur liaison, à l'automne de 1833.
MUSSET avait vingt-deux ans. » (PAUL RAYMOND : *Progrès médical,* 1905,
p. 38.)

Sollier décrit enfin, sous le nom d'autoscopie *néga-*
tive, les cas dans lesquels le sujet, se regardant dans
une glace, ne s'y voit pas (Guy de Maupassant : *le*
Horla) : j'en ai déjà parlé à propos de la cristallomancie (p. 100).

Ces phénomènes, dans la production desquels le psychisme inférieur joue un très grand rôle, dépassent
le plus souvent la cénesthésie et rentrent au moins
partiellement dans les troubles de la personnalité
(*c* de ce même paragraphe).

β. *Fausses sensations cénesthésiques.* — L'hypocondrie, qu'il ne faut pas confondre avec la pathophobie,
est un trouble de la cénesthésie : le sujet se *sent* malade,
alors qu'il ne l'est pas. Le siège du trouble est en O ;
mais l'origine est dans une illusion ou une hallucination du polygone.

Les *timides de la santé,* psychasthéniques mécontents
de leur moi physique, forment le degré inférieur de
ces hypocondriaques. L'*euphorie* (contentement exagéré
du moi physique) en est l'opposé. L'euphorie des tuber-
culeux est bien un trouble cénesthésique sans maladie
mentale, ne dépendant donc que du psychisme inférieur.

Dans certains troubles de O, le polygone joue encore
un grand rôle quand il transmet au psychisme supérieur de fausses sensations relativement à l'instinct de
nutrition. Seglas les classe ainsi :

Instinct
de nutrition

augmenté : voracité, boulimie, merycisme.
diminué : anorexie, sitiophobie ; manie du jeûne.
perverti : préférence ou répugnance pour certains aliments ou liquides ; dipsomanie, etc. Ingestion de
substances diverses non alimentaires, géophagie,
scatophagie, etc.

b) Troubles de la peur. — J'ai dit (p. 326) le rôle du psychisme inférieur dans la peur normale ; nous devons donc parler ici de la peur morbide (ou au moins de certaines de ses formes).

La peur, même exagérée, reste physiologique et ne constitue qu'un tempérament et non une maladie, tant que, à une intensité quelconque, elle reste *logique,* parallèle et proportionnée aux impressions qui la causent, et n'entraîne pas de réactions anormales, vraiment morbides (*angoisse*).

Il y a deux ordres de troubles morbides de la peur : l'*hypophobisme* et le *paraphobisme* (*phobies*).

Le psychisme inférieur ne joue qu'un rôle peu important dans l'hypophobisme, tandis qu'il intervient dans la paraphobie. L'ordre des phobies n'est en rien l'ordre logique des impressions dangereuses pour l'organisme. Le sujet a peur à contretemps ; même quand il a peur de tout, l'émotion n'est pas proportionnelle à la valeur terrifiante de l'objet. De plus (et c'est là le caractère capital) la peur, dans ces cas, est *angoissante* et *paralysante*. Au lieu d'être de sages mesures de défense, les réactions polygonales sur cette peur sont inhibitrices et frenatrices. Cette peur fait suer le sujet, lui serre la poitrine, le fait flageoler sur ses jambes ou le contracture, ou, si même elle lui fait fuir le danger, il le fuira maladroitement et follement. C'est en cela que cette peur est maladive. La *phobie* n'est pas la peur ; c'est la *peur morbide.*

Le fait important à constater et à traiter, chez ces malades, ce n'est pas la phobie particulière d'une chose ou d'une autre, d'une place publique, d'un espace

clos, d'une verticalité ou du'chemin de fer (1), c'est
l'état du psychisme (et en particulier du psychisme
inférieur) qui fausse la peur et, de cette émotion physiologique, fait une émotion morbide : c'est le phobisme
ou trouble paraphobique.

c) *Troubles de l'idée de personnalité.* — Tout individu n'a qu'une personnalité physiologique, vraie et
normale, formée de l'ensemble et de la synergie de
tous ses centres nerveux, aboutissant à l'idée du moi
conscient. On peut, sans maladie mentale, c'est-à-dire
sans trouble morbide de O, voir se développer des
dédoublements, altérations ou transformations de la
personnalité (hypnose, transe des médiums). Dans ces
cas, la personnalité vraie, supérieure, n'est pas modifiée ; mais il surgit des personnalités anormales, polygonales, après désagrégation du psychisme inférieur.
C'est cette personnalité polygonale qui est modifiée,
transformée par l'hypnotiseur, ou qui se transforme
spontanément chez le médium. Dans tous ces cas, il
y a suspension momentanée de l'idée de personnalité,
sommeil de O ; mais, au réveil, tout rentre dans
l'ordre ; il n'y a pas eu vraiment trouble morbide de
l'idée de personnalité (2). Voici des exemples de la
chose.

α. *Dans l'hypnose.* — Voici quelques observations

_____

(1) On trouvera dans tous les auteurs la liste des phobies, liste qui
menace de s'allonger tous les jours, tant que le grec n'aura pas entièrement disparu de la culture classique des médecins.

(2) Voir, sur ces faits : ALFRED BINET : *Les Altérations de la personnalité.* Bibliothèque scientifique internationale, 1892.

de RICHET (1) qui a certainement été le premier à bien étudier ces objectivations de types dans l'hypnose, ces suggestions de personnalité.

« *En paysanne*. Elle se frotte les yeux, s'étire. — Quelle heure est-il? Quatre heures du matin! — Elle marche comme si elle faisait traîner ses sabots. — Voyons, il faut que je me lève. Allons à l'étable, Hue! la rousse! allons; tourne-toi. — Elle fait semblant de traire une vache. — Laisse-moi tranquille, gros Jean. Voyons, gros Jean, laisse-moi tranquille, que je te dis! Quand j'aurai fini mon ouvrage. Tu sais bien que je n'ai pas fini mon ouvrage. Ah! oui, oui. Plus tard...

» *En général*. Passe-moi la longue-vue. C'est bien! C'est bien! Où est le commandant du 1ᵉʳ zouaves? Il y a là des Kroumirs! Je les vois qui montent le ravin. Commandant, prenez une compagnie et chargez-moi ces gens-là. Qu'on prenne aussi une batterie de campagne. Ils sont bons, ces zouaves! Comme ils grimpent bien! Qu'est-ce que vous me voulez, vous? Comment, pas d'ordre? — *A part :* C'est un mauvais officier, celui-là; il ne sait rien faire. — Vous, tenez, à gauche, allez vite. — *A part :* Celui-là vaut mieux. Ce n'est pas encore tout à fait bien. — Voyons, mon cheval, mon épée. — Elle fait le geste de boucler son épée à la ceinture. — Avançons! Ah! je suis blessée!...

» *En prêtre*. Elle s'imagine être l'archevêque de Paris. Sa figure prend un aspect très sérieux. Sa voix est d'une douceur mielleuse et traînante qui contraste avec le ton rude et cassant qu'elle avait dans l'objectivation précédente. — *A part :* Il faut pourtant que

(1) CHARLES RICHET, *loco cit.*, p. 237.

j'achève mon mandement. — Elle se prend la tête
entre les mains et réfléchit. — Ah! c'est vous, Monsieur
le grand vicaire ; que me voulez-vous? Je ne voudrais
pas être dérangé... Oui, c'est aujourd'hui le 1ᵉʳ janvier
et il faut aller à la cathédrale... toute cette foule est
bien respectueuse, n'est-ce pas, Monsieur le grand
vicaire? Il y a beaucoup de religion dans le peuple,
quoi qu'on fasse. Ah! un enfant! qu'il approche, je vais
le bénir. Bien, mon enfant. — Elle lui donne sa bague
(imaginaire) à baiser. Pendant toute cette scène, avec
la main droite, elle fait, à droite et à gauche, des gestes
de bénédiction. — Maintenant, j'ai une corvée : il faut
que j'aille présenter mes hommages au Président de
la République... Monsieur le Président, je viens vous
offrir tous mes vœux. L'Église espère que vous vivrez
de longues années ; elle sait qu'elle n'a rien à craindre,
malgré de cruelles attaques, tant qu'à la tête du gouvernement de la République se trouve un parfait honnête homme. — Elle se tait et semble écouter avec
attention. *A part :* Oui, de l'eau bénite de cour. Enfin!
Prions!... Elle s'agenouille. »

β. *Dans l'hystérie.* — Il est de stricte justice de citer
ici, en tête, l'observation de Felida, cette hystérique
célèbre qu'AZAM (1) a suivie et étudiée pendant plus de
trente ans, à partir de 1858.

« Vers l'âge de quatorze ans et demi, sans cause connue, quelquefois sous l'empire d'une émotion, Felida
éprouvait une douleur aux deux tempes et tombait dans

(1) AZAM : *Hypnotisme, double conscience et altérations de la personnalité,* 1887. Voir pour ce paragraphe : BINET, *loco cit.,* p. 6.

un accablement profond, semblable au sommeil. Cet
état durait environ dix minutes. Après ce temps et
spontanément, elle ouvrait les yeux, paraissait s'éveiller, et entrait dans le deuxième état qu'on est convenu
d'appeler condition seconde; il durait une heure ou
deux, puis l'accablement et le sommeil reparaissaient
et Felida rentrait dans l'état ordinaire. »

Dans l'état second, « son caractère est changé ; il
était triste, morne, pendant sa condition normale ; il
devient plus tendre, plus gai, plus affectueux ; en revanche, la malade est moins active, moins travailleuse.
Son intelligence est plus développée et sa sensibilité
paraît plus délicate. A la modification du caractère
s'ajoute une modification de la mémoire.... ».

Donc, conclut BINET, « Felida est réellement deux
personnes morales et a réellement deux moi ».

ALEXANDRE DUMAS a donné ces deux existences distinctes à Lorenza Feliciani, qui, dans une personnalité, adore. et, dans l'autre, déteste Joseph Balsamo.

Plus scientifiquement, déjà, en 1830, MAC NISH avait
publié une observation de MITCHELL et NOTT (1816)
d'une dame qui présentait aussi une double personnalité. En 1876, DUFAY de Blois publie une nouvelle observation analogue. Puis BOURRU et BUROT observent un
sujet, mieux analysé encore, chez lequel les deux personnalités sont également caractérisées et distinguées
l'une et l'autre par un état spécial de la motilité et de
la sensibilité.

γ. *Chez les médiums.* — J'ai déjà signalé et décrit le
dédoublement et la transformation de la personnalité
persistant pendant une série de transes chez certains

médiums, notamment dans le roman royal (p. 248) et dans le roman martien (p. 258) d'Hélène Smith.

D'autres fois, les transformations sont plus rapides, par exemple dans cette transe de Mme Hugo d'Alesy que JANET a empruntée à la *Revue spirite.*

« Après une première période de somnambulisme ordinaire où elle parle encore en son nom, elle se raidit un instant, puis tout est changé. Ce n'est pas Mme Hugo d'Alesy qui nous parle, c'est un esprit qui a pris possession de son corps. C'est Éliane, une petite jeune personne, avec une prononciation légèrement précieuse, un brin de caprice, un petit caractère qu'il faut manier délicatement — Nouvelle contracture, et changement de tableau : c'est Philippe et M Tetard qui chique et qui boit du gros vin, ou l'abbé Gerard qui vient faire des sermons, mais qui trouve la tête lourde et la bouche amère à cause de l'incarnation précédente, ou M. Aster, un grossier personnage obscur qu'on renvoie bien vite, ou bien un bébé, une petite fille de trois ans. Comment t'appelles-tu, ma mignonne? — Zeanne. — Et que veux-tu? — Va cercer maman et mon ti frère et papa. — Elle joue et ne veut plus partir. — Nouvelle contracture, et voici Gustave : ah! Gustave mérite qu'on l'écoute. On lui demande de faire de la peinture parce qu'il était rapin de son vivant. Écoute bien, répond-il par la bouche de ce pauvre médium qui dort toujours, il faut du temps pour brosser quelque chose qui ait du chien, ce serait trop long, on se ferait des cheveux pendant ce temps-là... J'ai essayé tant de fois de me manifester, mais pour cela il faut des fluides ; pour communiquer sur la terre avec les copains, c'est très difficile...

Après cette séance qui a dû être fatigante, on réveille le médium qui se retrouve être Mᵐᵉ Hugo d'Alesy comme devant. »

On voit immédiatement les étroites analogies qui rapprochent complètement ces faits des faits de suggestion de personnalité. Mais on voit aussi rapidement la grande différence qⁱ les sépare : chez le médium, tous les changements de personnalité sont spontanés, dans l'hypnose ils sont provoqués.

C'est à ce groupe de dédoublements de personnalité ou des formations de personnalités polygonales nouvelles qu'il faut rattacher les esprits familiers qu'ont certains médiums.

Tels sont Victor Hugo, et surtout Léopold Elseneur pour Hélène Smith, l'ange Gabriel pour Mˡˡᵉ Couesdon (1), le Dʳ Phinuit pour Mʳˢ Piper... (2).

δ. *Dans les maladies aiguës.* — Dans certains délires des maladies infectieuses aiguës, on peut assister à un dédoublement analogue de la personnalité, et parfois l'une des personnalités restée relativement lucide peut assister aux dévergondages du polygone désagrégé incomplètement.

Une malade, d'ailleurs fort intelligente, m'a ainsi décrit certains détails d'un délire qu'elle a eu dans le cours d'une fièvre. typhoïde : « chose étrange, une

---

(1) Voir XAVIER DARIEX : Le cas de Mˡˡᵉ Couesdon. *Annales des Sciences psychiques*, 1896, p. 124.

(2) Voir MARSA, à propos des expériences de M. Hodgson avec Mʳˢ Piper. *Annales des Sciences psychiques*, 1896, p. 222, et MARCEL MANOIN : Compte rendu analytique des expériences de M. Hodgson avec Mʳˢ Piper, *Ibidem*, 1898, p. 231.

partie de mon cerveau restait indemne de toute souffrance. Le délire était venu et je m'entendais prononcer tout haut des paroles insensées, tandis qu'une partie de mon cerveau était très calme, comme baignée d'une clarté lunaire. Le dédoublement de la personnalité était réel. De ce casier tranquille une voix m'invitait au repos. J'entendais les paroles inquiétantes de ceux qui m'entouraient, les sanglots de ma sœur, de mon mari, que mes yeux terrestres ne reconnaissaient pas et que je repoussais. La clarté subsistait toujours, contrastant avec le chaos tumultueux de l'autre région cérébrale, me rassurant sur un avenir que mon entourage semblait prévoir fatal. Ma volonté, suffisante pour m'apaiser, était impuissante à rassurer mes proches et à supprimer mes paroles folles... »

ε. *Avec trouble de O.* — Déjà dans ce dernier groupe de faits le phénomène est moins exclusivement polygonal que chez les médiums ou dans l'hypnose. Il y a ensuite des maladies mentales vraies dans lesquelles le trouble de l'idée de soi et de sa personnalité est causé par l'altération de l'entier psychisme (O compris).

C'est, dans la classification de Morselli et Seglas, le groupe des cas dans lesquels la représentation complexe du moi est désorganisée en totalité par formation d'un moi nouveau ayant avec l'ancien des rapports de *substitution* (délire métabolique), d'*alternance* (double conscience) ou de *coexistence* (dédoublement, délire de possession). Ce sont à peu près les trois types de Ribot : *aliénation* de la personnalité, *alternance* des deux personnalités, *substitution* d'une personnalité à l'ancienne

qui ne disparait pas (l'empereur qui avoue être manou-
vrier). Sous l'une de ces trois formes, la personnalité
nouvelle, morbide, surajoutée, peut reproduire la personnalité du sujet à une époque antérieure à son existence. C'est la *régression* de la personnalité, bien étudiée par PITRES et par SOLLIER chez les hystériques et
que l'on rencontre aussi dans l'épilepsie et dans la psychasthénie (1) (dépersonnalisation ou désorientation
autopsychique dans le temps).

Dans tous ces cas, il y a bien vraiment maladie mentale, trouble de O et de l'idée de soi. Mais on retrouve
dans ces phénomènes plus graves le processus des troubles extraphysiologiques de la personnalité indiqués
plus haut (hypnose, médiums). Quand O s'affaiblit,
c'est une personnalité polygonale qui apparait, *coexiste*
avec la personnalité vraie, *alterne* avec elle, *se substitue* à elle ou *s'affaiblit* avec elle : ce sont bien là les
quatre types de troubles décrits.

η. *Conception générale des troubles de l'idée de personnalité.* — Ces transformations et dédoublements de
personnalité apparaissent à première vue comme illogiques et contradictoires. Qui dit individualité ou personnalité dit unité, indivisibilité, immutabilité; et,
dans tous ces phénomènes, il n'est parlé que de dédoublement, de multiplicité, de transformation.

Ainsi, d'un côté, DUPRAT (2) cite d'abord cette phrase
de LACHELIER : « notre moi ne peut pas cesser d'*être*
réellement le même ; mais il peut cesser de nous paraître le même » ; puis il se refuse à faire « la distinc-

(1) Voir BUYAT : La régression de la personnalité dans les psychonévroses : *Gazette des Hôpitaux*, 1904, p. 911.
(2) DUPRAT, *loco cit.*, p. 179.

tion du moi nouménal et du caractère phénoménal » et
déclare : « la nature de notre moi peut être altérée à
la longue, radicalement changée jamais ».

Et, de l'autre côté, BINET (1) dit : « nous sommes faits
de longue date par les habitudes du langage, par les
fictions de la loi et aussi par les résultats de l'introspection, à considérer chaque personne comme constituant une unité indivisible. Les recherches actuelles
modifient profondément cette notion importante. Il
paraît aujourd'hui démontré que si l'unité du moi est
bien réelle, elle doit recevoir une définition toute différente. Ce n'est point une entité simple, car, s'il en
était ainsi, on ne comprendrait pas comment, dans
des conditions données, certains malades, exagérant un
phénomène qui appartient sans doute à la vie normale, peuvent manifester plusieurs personnalités distinctes ; ce qui se divise doit être formé de plusieurs
parties ; si une personnalité peut devenir double ou
triple, c'est la preuve qu'elle est un composé, un grou-
pement, une résultante de plusieurs éléments. »

Toute la doctrine exposée dans ce livre aboutit à admettre chez chacun une individualité polygonale et une
individualité supérieure O. Cette dernière (O) forme
seule la personne humaine, la personne supérieure,
morale, consciente et responsable. Le polygone forme
une individualité inférieure, mais réelle, bien suffisante pour faire les personnalités morbides que nous
avons étudiées : l'activité polygonale suffit pour faire
un général ou un archevêque, toujours à la façon du
sujet que l'on transforme ainsi.

Normalement, à l'état physiologique, ces deux per-

(1) BINET, *loco cit.*, p. 316.

sonnalités (O et polygone) collaborent et s'intriquent dans leur activité au point de ne faire qu'un et d'être inséparables : c'est la personne normale.

Chez les malades ou dans les états extraphysiologiques dont j'ai parlé, l'individualité polygonale apparaît séparée, distincte de la personnalité supérieure ; il y a alors apparence de dédoublement de la personnalité ; en réalité, c'est l'apparition d'une personnalité polygonale maladive, anormalement séparée, à côté de la personnalité O, qui reste le moi identique et intangible. La personnalité polygonale désagrégée peut très bien, elle, subir des transformations : elle n'a pas la fixité de la personne O.

Il me semble que cette conception des phénomènes lève la contradiction signalée plus haut et donne satisfaction aux philosophes et aux médecins.

Avec DUPRAT, j'admets que le moi n'est pas radicalement changé dans ces expériences ; O reste intact tant qu'il ne s'agit pas d'aliénés. Avec BINET, j'admets que la personnalité se divise, en ce sens que nous en voyons naître une ou plusieurs nouvelles qui, pendant un temps plus ou moins long, peuvent occuper exclusivement la scène.

En même temps, comme GYEL (1), j'admets qu'on a confondu dans les troubles de la personnalité des faits disparates, différents, et je sépare les faits de dédoublement et d'alternance des faits de transformation.

En tous cas, il me semble qu'il est injuste de me reprocher, comme on l'a fait, de multiplier les obscurités dans cette question.

(1) GYEL : *L'Être subconscient*, 1899, p. 35.

« Ce centre O, a dit Binet (1), que devient-il dans les dédoublements de personnalité analogues à ceux de Félida, qui vit, pendant des mois, tantôt dans une condition mentale, tantôt dans une autre ? Peut-on dire que l'une de ces existences est une vie automatique (polygonale, sans association de O) et que l'autre de ces existences est une vie complète (avec le polygone et O synthétisés) ? Évidemment non, et l'embarras de Gras- set à s'expliquer sur ce point montre le défaut de la cuirasse qui existe dans sa théorie. »

Le « non » ne me paraît pas si « évident » à la ques- tion posée par Binet. C'est précisément cette distinc- tion entre la vie polygonale et la vie psychique (2) qui me paraît être la seule explication possible de ces phé- nomènes bizarres. La conception du psychisme infé- rieur, telle qu'elle est exposée dans ce livre, aide à comprendre ces phénomènes dans une large mesure. Elle laisse certainement encore bien des points dans l'ombre, mais elle n'aggrave pas l'obscurité de ces questions.

d) Impulsions de défense ou de destruction person- nelles. — Le rôle de O est le plus souvent considérable dans la production de ces impulsions maladives, soit qu'elles aient pour but la conservation de la vie du sujet (persécutés-persécuteurs ou raisonnants de Fal-

---

(1) Binet : *Année psychologique,* 1897, t. III, p. 642.

(2) Rapprocher ce que Paulhan (*loco cit.*, p. 121) dit de la personna- lité et du moi : « ...il est assez naturel que l'on appelle personnel un acte, une croyance où la personne entière a pris part... le moi sem- ble... se tenir à part comme un être qui persiste, tandis que ses états paraissent et disparaissent tour à tour, qui juge, qui choisit, qui décide... »

RET, aliénés processifs de BEER et de KRAFFT EBING), soit qu'elles aient pour but la destruction partielle ou totale de la vie (autovulnération, automutilation, suicide).

Cependant ce groupe doit être indiqué ici, parce que le polygone intervient certainement quand les impulsions sont rapides, brusques, inconscientes (comme par exemple dans l'épilepsie).

VIII. Le psychisme inférieur dans la vie sociale.

L'homme vit naturellement en société : τι ζωον πολιτικον. A cette vie en société correspondent des actes psychiques de deux genres : 1° les actes psychiques de l'homme en société, actes psychiques sociaux ; 2° les actes psychiques des sociétés d'hommes, actes psychiques collectifs.

Le *fait social* et le *fait collectif* sont des modalités différentes de la vie en commun.

1. *Actes psychiques de l'homme en société : actes psychiques sociaux.*

Je ne fais qu'indiquer ici ce paragraphe, qui appartient à peu près exclusivement au psychisme supérieur.

On ne peut pas (1) identifier la société humaine aux sociétés animales, et la sociologie ne peut pas se ramener à la biologie. Avec BOUGLÉ, je proclame « l'infécondité de la sociologie biologique », et, avec BRUNETIÈRE,

_____

(1) Voir *Les Limites de la biologie*, p. 100-110.

que « la question sociale est une question morale ».
Toute la sociologie doit être dominée par l'*idée du
devoir*, et on peut dire que les idées morales et religieuses sont les lois de la conduite de l'homme comme
les idées métaphysiques sont les lois de son raisonnement.

Cette fonction psychique, qui a précisément pour but
de mettre un frein nécessaire aux appétits individuels
qui rendraient la vie sociale impossible, nécessite donc
les neurones les plus élevés : c'est essentiellement une
fonction de O,

L'analyse des types physiologiques suivant la plus
ou moins grande force morale et religieuse et l'étude
des troubles pathologiques correspondants (troubles
des idées sociales et morales, troubles des idées religieuses) ne sauraient donc être faites dans un livre
consacré au psychisme inférieur.

2. *Actes psychiques des sociétés d'hommes : actes psychiques collectifs.*

a) Généralités. — J'ai au contraire déjà dit plus haut
combien est grand le rôle du polygone dans les actes
psychiques collectifs.

L'activité des *foules* est dominée par le psychisme
inférieur; aussi leur responsabilité doit-elle être, au
moins en grande partie, reportée sur le *berger*.

Comme dit LE BON, « la foule psychologique est un
être provisoire » composé des polygones des divers
individus.

Dans les collectivités, la mentalité des individus est

modifiée, souvent profondément, par le fait même d'être en troupeau. « C'est ainsi, dit Le Bon, que, parmi les conventionnels, les plus féroces se trouvaient d'inoffensifs bourgeois qui, dans les circonstances ordinaires, eussent été de pacifiques notaires ou de vertueux magistrats. L'orage passé, ils reprirent leur caractère normal de bourgeois pacifiques. Napoléon trouva parmi eux ses plus dociles serviteurs. » O avait repris la direction des polygones individualisés.

Beaucoup d'auteurs admettent que *toujours* la collectivité diminue et abaisse la mentalité des individus composants. C'est vrai dans beaucoup de cas. Ainsi, dit Le Bon, « les décisions d'intérêt général prises par une assemblée d'hommes distingués, *mais de spécialités différentes,* ne sont pas sensiblement supérieures aux décisions que prendrait une réunion d'imbéciles ». L'explication du fait est dans les mots que j'ai soulignés : les individus, dans ce cas, ne sont pas supérieurs pour l'objet de leur assemblée ; ils feraient des choses supérieures s'ils se réunissaient entre hommes de la même spécialité et pour leur spécialité ; ils feraient alors plus en collectivité qu'isolément.

L'association est utile quand ce sont les O qui, sans abdiquer, s'unissent et collaborent. Quand, au contraire, les O abdiquent dans la collectivité et quand les polygones de la foule interviennent seuls, le résultat dépend exclusivement du O du berger ou du meneur : la même foule, suivant l'impulsion du moment, éteindra courageusement un incendie et défendra héroïquement la patrie ou brûlera une usine et massacrera bêtement de faux coupables.

b) Types physiologiques. — Je n'ai à envisager que

l'individu et ne parle des collectivités que pour analyser l'action de l'individu sur la collectivité et l'action de la collectivité sur l'individu.

Les deux types extrêmes sont : 1° le *meneur* (1), qui non seulement ne laisse pas sa mentalité se déformer par la collectivité, mais qui impose sa propre mentalité à la foule, la dirige, a la vocation et les qualités de berger ; il entraîne les majorités et fait voter le troupeau : c'est un type O ; 2° le *grégaire,* qui subit toutes les influences collectives ; tout seul, il peut être très solide dans ses convictions ; mais un article de journal, une conférence de meeting, le font immédiatement changer. C'est un instable et un malléable, dont le polygone se laisse très facilement désagréger et influencer par la contagion des voisins ; il vote toujours avec la majorité et pour le gouvernement.

Entre ces deux types extrêmes est l'*indépendant,* qui n'est ni meneur ni mené, qui ne demande aux collectivités que des collaborations et des lumières, mais qui les juge, les hiérarchise et les utilise, s'il y a lieu, sans se laisser suggestionner par la foule : il n'a pas le culte du succès, de l'opinion et du nombre ; il fait généralement partie des minorités, est rarement décoré et parfois guillotiné.

c) *Types pathologiques.* — Bien plus au psychisme supérieur qu'au psychisme inférieur appartient l'étude de ces malades, dont les deux types opposés (exagération des deux tempéraments ci-dessus) sont : 1° le mé-

(1) Voir, sur le meneur, ses moyens d'action et son prestige : Le Bon, *loco cit.,* p. 105 (tout le chapitre iii), et aussi Pascal Rossi : *Les Suggesteurs et la foule, Psychologie des meneurs,* préface Morselli, traduction Antoine Cundari, 1904. (Anal. *Journal de Psychologie,* 1904, p. 483.)

galomane avec délire ambitieux, conducteur des peuples, faiseur de constitutions, réformateur, fondateur de religions baroques ; devient souvent le chef et l'instrument des foules criminelles ; 2° le timide, phobique des foules et des collectivités quelconques, mélancolique, misoneiste, le psychasthenique présentant ce que Pierre Janet appelle des aboulies sociales.

IX. Le psychisme inférieur dans la vie de l'espèce.

La conservation et l'accroissement de la vie de l'espèce *humaine* ne comprennent pas uniquement la fonction *sexuelle de génération*. Le développement et l'*éducation* sont aussi importants que la mise au monde pour le nouvel être, incapable de vivre et de s'élever seul. L'espèce humaine ne se maintient et ne s'accroît dans sa vie totale, c'est-à-dire physique et psychique, que si tous les individus remplissent non seulement leurs devoirs sexuels, mais aussi leurs devoirs de *famille*. La famille doit donc être mise à part des autres collectivités (1) parce qu'elle est beaucoup plus *naturelle* dans son point de départ et a un *objectif* et une *raison d'être* bien supérieurs : l'espèce.

D'où deux sections dans ce paragraphe : 1° actes psychiques concernant la vie sexuelle ; 2° actes psychiques concernant la vie de famille.

On donne en général le nom d'*amour* à toutes les

(1) Ce n'est pas l'avis de Spencer, Mercier, Morselli, Sergi as (*loco. cit.*, p. 169), qui mettent au contraire les actes concernant la vie de famille hors des actes concernant la reproduction et la conservation de l'espèce, dans les actes concernant les relations affectives de l'individu avec le milieu social.

affections qui se rapportent à l'ensemble des actes psychiques concernant l'espèce : l'*amour* (sans épithète)
visant l'affection mutuelle des deux sexes en vue de
la génération, les *amours familiaux* visant l'affection
mutuelle des divers membres d'une famille.

On sépare bien ainsi l'amour et les divers amours
des autres affections (1), comme l'amitié (2).

1. *Actes psychiques relatifs à la vie sexuelle.*

a) Généralités (3). — Je n'ai pas à étudier ici l'amour
en général, à en discuter les définitions que j'ai ré-
sumées dans la suivante « une idée avec émotion spé-
cifique, de l'ordre esthétique et affectueux, avec attirance sexuelle ». Je n'ai pas à réfuter l'opinion qui
veut faire de l'amour une maladie (BOISSIER DE SAU-
VAGES (4), PIERRE JANET, FÉRÉ, J. FRANK, MAURICE DE
FLEURY) et qui a été combattue par DANVILLE. Je n'ai

(1) J'évite ainsi le sens trop étendu que DANVILLE reproche au mot
amour qui « possède, dit-il, une acception si étendue, tant de sens
multiples, une telle indétermination, qu'il est appliqué également,
par exemple, aux choses, aux personnes, aux sentiments, sinon encore aux abstractions ».

(2) « L'amitié et l'amour sont absolument différents l'un de l'autre.
L'amitié elle-même ne peut donner naissance à l'amour. » (HARTMANN :
cit. DANVILLE.)

(3) Voir : GASTON DANVILLE : *La Psychologie de l'amour*, Bibliothèque
de philosophie contemporaine, 1894 ; JOANNY ROUX : *L'Instinct d'amour*,
1904 ; CH. FÉRÉ : *L'Instinct sexuel*, 2ᵉ édition, 1902 ; REMY DE GOURMONT :
Physique de l'amour, Essai sur l'instinct sexuel, 1903.

(4) SAUVAGES définit l'amour « cette maladie qui s'insinue entre les
jeunes filles et les jeunes gens, avec délire au sujet de l'objet aimé et
désir honnête de l'union intime ». (FRANCISCUS SAUVAGES DE LA CROIX :
*Dissertatio medica atque ludicra de amore, seu thesis... sub hac for-
mula : utrum sit amor medicabilis ?* Montpellier, 1724.) Voir : *Le Médecin de l'amour au temps de Marivaux (étude sur Boissier de Sauvages)*, d'après des documents inédits, 1896.

pas à défendre ici contre FÉRÉ (1) l'opinion de KRAFFT
EBING qui veut établir, au point de vue médicolégal,
des barrières entre les mouvements passionnels dits
physiologiques, les mouvements passionnels pathologiques et les états vésaniques proprement dits. Je n'ai
pas à démontrer ici (ce que je crois vrai) que, loin
d'être toujours nuisible et inutile (comme serait une
maladie), l'amour est une passion *utile* (BLOCQ et DAN-
VILLE), « comme une dernière différenciation physiologique de l'instinct de reproduction et même comme
un véritable produit progressiste et de perfection, puisqu'il ne se manifeste pas chez tous les hommes (2) ».
Je n'ai pas enfin à étudier ici les *éléments physiologiques,* très bien étudiés dans le livre de Roux (3), et
qui se rattachent à l'émotion esthétique de l'amour....

Je n'ai à m'occuper ici que du rôle de l'automatisme polygonal, le rôle du psychisme inférieur dans
l'amour.

L'amour vrai, complet, est un acte conscient du psychisme entier. Mais il comprend un important élément
d'automatisme polygonal, que certaines circonstances
mettent bien en évidence. C'est par le dédoublement
de la personne aimante, par la distinction de l'amour
supérieur de O et de l'amour adventice, accidentel, incomplet, impérieux du polygone, que j'ai essayé d'ex-

_____

(1) CH. FÉRÉ : *La famille névropathique.* 1894, p. 15.
(2) DANVILLE, *loco cit.,* p. 150.
(3) Voir aussi SERGI, *loco cit.,* p. 231. C'est un de ces éléments physiologiques (la fréquence du pouls) qu'immortalise un beau tableau
d'Ingres, dans notre musée de Montpellier : un médecin grec découvre
l'amour d'Antiochus Soter pour sa belle-mère en constatant la préci-
pitation subite de son cœur à l'entrée de Stratonice dans la chambre.

pliquer le dualisme ou la multiplicité dans l'amour (1) et beaucoup de *complications sentimentales* comme j'ai expliqué plus haut les dédoublements et multiplications de personnalité également par l'élément polygonal.

Ce n'est donc que de l'amour supérieur qu'on peut dire, avec DANVILLE, qu'il « semble naître d'un phénomène de conscience » ; lui seul ayant aussi une « systématisation absolue » à un objet, l'amour polygonal n'ayant au contraire qu'une systématisation relative.

Bien plus polygonal que supérieur est le *coup de foudre* de STENDHAL, l'*étincelle* de PAILLERON, qui sont aussi souvent l'origine de l'amour que la conquête progressive et complète de O.

Plus l'amour est *passion*, plus il est polygonal et plus il est aveugle. Comme dit STENDHAL, « s'il se présente une absurdité à croire, l'amant la dévorera ». Les plus beaux raisonnements de O n'ont que peu de prise sur l'amoureux, et, après les tirades de Charlotte pour le détacher d'elle, Werther répond avec un froid sourire : on pourrait imprimer tout cela et le recommander aux instituteurs... Son centre O trouve tout cela très raisonnable ; mais son polygone n'est pas convaincu et ne peut pas fuir.

SCHOPENHAUER (2) et tous les auteurs qui ont exagéré le rôle de l'instinct sexuel dans l'amour ont naturelle-

---

(1) *L'Idée médicale dans les romans de Paul Bourget*, 1904.

(2) « Le premier, dit ROUX, SCHOPENHAUER a bien montré que les manifestations de l'amour se réduisent à des manifestations de l'instinct sexuel et que celui-ci n'a qu'un but, la perpétuation de l'espèce. Ce n'est qu'en vertu d'une illusion que l'individu croit rechercher le plaisir. Illusion encore lorsqu'il croit choisir librement : là aussi c'est l'espèce qui se sert de lui pour arriver à ses fins. »

ment beaucoup parlé de « l'influence de l'inconscient ».
Von Hartmann (1) a particulièrement insisté sur cet
élément, dont il ne faut certes pas faire tout l'amour,
mais qu'il serait inexact de nier.

A mon sens, trop étroite aussi est la conception qui
ne veut voir dans cet élément inconscient de l'amour
que l'instinct sexuel : dans l'amour inférieur ou polygonal, comme dans l'amour supérieur, il y a du psychisme, une idée, une émotion... puisque nous savons
que le polygone est susceptible de tous ces divers actes
psychiques.

b) Types physiologiques. — Le type *fort* à systématisation absolument unique (amour vrai et complet, de
tête et de cœur, de corps et âme) n'appartient en rien
au psychisme inférieur.

Dans les types *faibles* il y a une variété à action polygonale très marquée et prédominante : ce sont les
capricieux, les impulsifs, les passionnés.

Le psychisme inférieur intervient encore dans les
types physiologiques *déviés* par association de la haine :
c'est uniquement par une association polygonale, par
contraste d'émotions contradictoires que l'on peut comprendre la coexistence de l'amour et de la haine pour
le même objet chez le même sujet. « Il aime et il hait,
donc il aime ; c'est la définition même de l'amoureux »,

_____

(1) « La félicité que l'amant rêve dans les bras de l'amante, dit
Hartmann (cité par Danville), n'est que l'appât trompeur dont l'inconscient se sert pour donner le change à l'égoïsme de la réflexion et
le disposer à sacrifier son intérêt propre aux intérêts de la génération
future. » C'est dans le polygone que « le génie de l'espèce sourit dans
l'ombre ».

dit Émile Faguet (1) en parlant d'Alfred de Musset (2).
D'où les souffrances que certains amoureux font en-
durer à la personne aimée. Mais ceci est déjà extraphysiologique et appartient au paragraphe suivant.

c) *Types pathologiques* (3). — « Sur ce chapitre, dit
sagement J. Roux, nous serons bref de descriptions,
avare même de définitions, acceptant d'être obscurs
pour certains..»

Le rôle du psychisme inférieur n'apparaît que dans
les troubles para, par exemple dans la *nymphomanie*
et le *satyriasis* qui sont, dit Arnaud, caractérisés l'un
et l'autre « par une excitabilité excessive et pathologique de l'instinct sexuel, en même temps que par la
faculté de renouveler presque indéfiniment l'acte
vénérien, sans arriver pour cela à l'apaisement du
désir » ; et aussi dans les *perversions sexuelles* (para-
philisme).

Krafft Ebing a classé les pervertis sexuels en : féti-
chistes, masochistes et sadiques. « Le *fétichisme* (4)
est une anomalie dans laquelle un objet étranger à la
sphère génitale normale a le pouvoir exclusif d'éveiller
les sensations et les désirs sexuels », partie du vêtement ou du corps (bonnet de nuit, natte). Le *maso-*

---

(1) Émile Faguet : Les Amants de Venise. *Revue latine,* 1904, t. III,
p. 465.

(2) « Plus on aime une maîtresse, plus on est près de la haïr. »
(Alfred de Musset, *Revue latine,* p. 492.)

(3) Voir Chevalier : *L'Inversion sexuelle,* Bibliothèque scientifique
judiciaire, préface Lacassagne, 1893 ; Tarnowsky : *L'Instinct sexuel et
ses manifestations morbides,* traduct. avec préface Lacassagne, 1904 ;
J. Roux, *loco cit.,* p. 295 ; Seglas, *loco cit.,* pp. 168 et 266 ; Arnaud,
Revue latine, pp. 764 et 873.

(4) L'expression est de Binet (Féré).

23

chiste (1) est « un individu qui aime à être subjugué, humilié et même maltraité par un individu de sexe contraire et pour qui cet abaissement (*passivité* ou *passivisme* de STEFANOWSKI) constitue l'excitant sexuel par excellence, sinon l'excitant unique (2) ». Le *sadisme* (3) « est une perversion dans laquelle l'excitation génitale ne peut être obtenue qu'à la condition de faire souffrir ou de voir souffrir ; la souffrance de la victime éveille les sensations voluptueuses de celui qui la torture ». J. ROUX (4) y joint la *phobophilie*, « maladie de ceux qui, dans la peur seulement, savent retrouver l'émotion sexuelle ». C'est une forme de masochisme avec ce qu'on pourrait appeler la *pathophilie*.

Dans tous ces cas (à plus forte raison dans la *bestialité* et dans la *nécrophilie*) O participe, au moins autant que le polygone, au trouble maladif. Il en est de même de l'*inversion sexuelle*, sur laquelle par suite il est inutile d'insister.

2. *Actes psychiques relatifs à la vie de famille.*

Il suffit d'énumérer les *amours familiaux* : l'amour *conjugal*, distinct de l'amour tout court (celui-ci pouvant se rencontrer en dehors de la famille), amour mutuel des fondateurs d'une famille ; l'amour *paternel* (ou *maternel*), *filial* et *fraternel*, amour mutuel des chefs d'une famille et de leurs enfants, normalement incom-

(1) Du nom de SACHER MASOCH, romancier qui a décrit ces maladies.
(2) J.-J. Rousseau « était un masochiste caractérisé ».
(3) Du nom du marquis de Sade.
(4) J. ROUX, *loco cit.*, p. 307.

patible avec le premier et en général avec tout amour sexuel.

L'instinct et l'hérédité (innéit', voix du sang) sont certainement le point de départ principal de ces amours ; et dans cet élément intervient puissamment le psychisme inférieur. Les services rendus dans la vie commune, dans l'éducation et la direction de la vie (tuteur, beau-père), peuvent, dans certains cas, intervenir dans leur production ; ceci est beaucoup plus l'œuvre de O.

Ces sentiments appartiennent d'ailleurs d'une manière générale au psychisme élevé, et par conséquent le polygone a peu à voir dans l'étude des types physiologiques et pathologiques correspondants.

Il y a cependant quelques types morbides dans lesquels on retrouve le rôle du psychisme inférieur ; tels les sujets qui présentent des crises de fugue, de vagabondage, d'abandon de la famille, etc.

CONCLUSION GÉNÉRALE. — Je ne regrette pas l'extension qu'a prise ce chapitre, quoiqu'elle m'ait surpris et qu'elle rompe la symétrie générale des divisions de ce livre. Mais vraiment, comme je le disais au début, c'est certainement le chapitre le plus important, c'est la base même de l'étude du psychisme inférieur.

D'un mot, on peut le résumer en disant que, de tout ce chapitre, ressort nettement la conclusion que le psychisme inférieur a une importance au moins aussi grande (je dirai même volontiers plus grande) que celle du psychisme supérieur. Toutes les fonctions psychiques se retrouvent dans le polygone, et, pour beaucoup, le rôle du polygone est capital et de première importance pour l'étude des types physiologiques et pathologiques correspondants.

CHAPITRE IV

LOCALISATION DANS LE CERVEAU DES DIVERS GROUPES DE CENTRES PSYCHIQUES

I. 'Généralités et position du problème.

Jusqu'ici j'ai essayé, après Pierre Janet et bien d'autres, de démontrer l'existence distincte d'*actes* psychiques inférieurs, et de cette étude j'ai voulu conclure qu'il existe des *centres* psychiques inférieurs distincts des centres psychiques supérieurs.

Pour démontrer complètement cette deuxième proposition moins généralement admise que la première, il faudrait maintenant démontrer que dans le cerveau ces centres psychiques inférieurs ont un siège différent de celui des centres psychiques supérieurs. C'est l'objet du présent chapitre.

Disons tout de suite que c'est encore là un chapitre d'attente, destiné surtout à provoquer les travaux des chercheurs de l'avenir. Malgré tous mes efforts et mon désir de conclure, je ne peux fournir ici qu'un cadre et indiquer une méthode de recherches ultérieures.

Une question préalable se pose : avant de chercher à localiser les centres psychiques inférieurs d'un côté et les centres psychiques supérieurs de l'autre, il faut d'abord savoir si les fonctions psychiques dans leur ensemble sont *localisables*. Car une réponse négative à cette première question rendrait inutile l'entier chapitre que j'essaie ici (1).

(1) Ce chapitre essaie de répondre à la principale objection faite à mon schéma : « il me semble en tous cas superflu de considérer le psychisme supérieur et l'inférieur comme correspondant à deux ordres de centres distincts. La distinction de ces deux psychismes doit être *fonctionnelle*, non *anatomique*. » (*Archives de psychologie*, 1905, t. V, p. 57.) Pour moi, la distinction des deux psychismes est à la fois fonctionnelle et anatomique. O et le polygone répondent non seulement à des fonctions diverses, mais à des centres différents.

1. *Le psychisme est-il localisable dans le cerveau ?*

Je rappelle qu'il ne s'agit pas de savoir si l'*esprit* est localisable dans le cerveau ; il ne s'agit pas de localiser l'*âme* et de renouveler sous une forme quelconque la tentative de la glande pinéale.

Je me suis déjà expliqué sur ce point à la fin du premier chapitre (p. 34). Pour les spiritualistes, l'âme n'est pas plus derrière le psychisme supérieur que derrière le psychisme inférieur, que derrière l'être vivant tout entier : il ne s'agit donc pas de localiser dans un point quelconque du système nerveux cette âme qui, pour ceux qui l'admettent, est immatérielle et immortelle, c'est-à-dire d'un tout autre ordre et d'une tout autre nature que le système nerveux. Il s'agit de savoir si on peut localiser quelque part les neurones qui, dans toutes les doctrines, servent au fonctionnement du psychisme, soit supérieur, soit inférieur.

Cette question de localisation reste donc une question de physiologie et de physiopathologie.

Ceci me paraît répondre au Dr SURBLED quand il m'accuse de rechercher et d'admettre *la localisation de l'esprit* (1) et quand il me dit : « le cerveau n'est pas un organe psychique, c'est un organe de sensibilité et de mouvement... Quant aux facultés psychiques et intellectuelles, elles n'ont ni siège, ni organes ; elles ne sont pas localisables ».

---

(1) SURBLED : *Science catholique*, 1902 ; *Revue du Clergé français*, 1903, p. 635 ; *Revue de Philosophie*, 1904, p. 196 ; *Divus Thomas*, 1904, p. 185 ; *Études*, 1904, p. 406, et 1905, p. 619 ; la *Pensée contemporaine*, 1905, p. 207.

Évidemment nous ne nous entendons pas ici sur les mots, ayant d'autre part tant d'idées communes avec le Dr SURBLED (1). Car on ne peut pas nier qu'il y ait dés neurones dont l'intégrité est nécessaire pour le fonctionnement psychique, pour l'accomplissement des actes psychiques. Il s'agit uniquement de savoir si ces neurones sont *localisés* dans une région quelconque des centres nerveux ou s'ils sont *diffusés* un peu partout, et si les neurones nécessaires au fonctionnement du psychisme inférieur peuvent être ou non localisés ailleurs que les neurones nécessaires au fonctionnement du psychisme supérieur (2).

A la question ainsi posée on peut scientifiquement

(1) Voir *Les limites de la biologie,* Appendice de la 3e édition, et *Le spiritisme devant la science,* appendice à la 2e édition, p. 349. — Voir aussi Pensée et Cerveau ; La doctrine biologique du double psychisme et le spiritualisme. *Revue de Philosophie,* 1904, p. 201.

(2) « Revera Dr SURBLED laudat Aristotelem dicentem : cogitatur sine organo, et subinde addit : sed non sine cerebro. Recte quidem, quia cogitatio intrinsece et subjective est operatio inorganica, dum extrinsece seu objective a sensibus et imaginativa dependet. Ipse perbelle etiam addit hanc dependentiam in eo tandem consistere quod intellectus actum suum exserit per conversionem ad phantasmata. Phantasmata autem in cerebro locantur. — Quamnam ex his propositionibus negat Dr GRASSET ? Mea quidem sententia, nullam. Unde igitur dissidium ? — Numquid quia Dr GRASSET cerebrum vocat cogitationis instrumentum *outil* ? Sed potius si vim vocis attendamus, eum recte locutum esse fateamur... Tantum abest ut Dr GRASSET, cerebrum dicendo cogitationis instrumentum, inorganicitatem intellectus repudiaverit, ut etiam confirmaverit. — Numquid Dr GRASSET tentat distincte definire partes cerebri ex quibus singulis singula cogitationum genera dependeat ? Sed si ipsius dependentiæ indoles non mutatur, ex tentata divisione et distributione non sequitur auctorem spiritualismi valedixisse et sibi contradixisse... Si physiologi periti polygonum et centrum O exorcizent, nihil addere habemus ; si autem eorum veritatem certius demonstrent, dicemus intellectum, qui intrinsece in sua operatione est inorganicus, objective pendere a cerebro, et quidem in operationibus necessariis a polygono, in liberis autem a centro O : nec ideo putabimus doctrinam thomisticam nos dereliquisse, sed veterem novis auxisse. » R. M. R. *Divus Thomas,* 1904, p. 193. — Voir aussi les articles de L. MÉNARD et de C. DE KIRWAN dans le *Cosmos,* 1902 et 1904.

répondre : oui ou non, ces neurones sont localisés ;
mais je ne comprends pas qu'au nom d'une doctrine
philosophique ou religieuse quelconque, on puisse me
dire : ils ne sont pas localisables.

On ne peut donc pas dire avec SURBLED que la localisation du psychisme est *philosophiquement impossible*.

Certains auteurs, restant sur le terrain scientifique
et physiologique, ont également nié cette localisation.

MUNK qualifie de *Gedankenspiel* ces recherches de la
localisation des centres psychiques. Et PITRES disait,
en 1897, dans son discours d'ouverture du troisième
Congrès de médecine à Nancy, que les neurones psychiques « échappent même à la méthode anatomoclinique » et que « les fonctions qui leur sont attribuées
ne sont pas localisables ».

Cette opinion paraît encore classique (1).

Voulant toujours identifier les analogues sériés, certains auteurs reconnaissent de l'intelligence (comme de
la mémoire et de la conscience) à tous les neurones, et
A. GAUTIER (2) va jusqu'à prétendre que les différents
processus psychiques, sensations, perceptions, images,
concepts, etc., seraient de pures formes perçues dans
les organes mêmes qui en sont le siège.

Il y a là une exagération manifeste : si on veut conserver le mot « psychique » avec un sens spécial (ce
qui est indispensable pour l'interprétation des phénomènes physiologiques et pathologiques), il ne faut pas

(1) Voir DUPRÉ : *Traité* cité de *Gilbert Ballet*, p. 1058.
(2) A. GAUTIER : *Revue scientifique*, 1886 et 1887. Citat. MARCHAND.

en étendre le sens à tous les neurones ni à toutes les parties du système nerveux.

Donc, *scientifiquement* la question de la localisation des psychismes peut-être posée et doit être étudiée. *Les psychismes sont localisables.* Reste à savoir s'ils sont localisés.

2. Comment doit être posé le problème : méthode anatomoclinique.

Je crois que si la question de la localisation psychique est si en retard, alors que celle des localisations motrices et sensitives est si avancée, cela vient de ce que la question est généralement mal posée.

Il est évidemment impossible de considérer le psychisme comme la motilité ou la vision et de vouloir le localiser, ainsi en bloc, autour d'une scissure ou dans un groupe de circonvolutions.

L'écorce cérébrale, tout entière, *est psychique.* On peut même définir les phénomènes psychiques par ce siège cortical.

Ceci, tout le monde l'admet. Munk lui-même, l'adversaire des localisations psychiques, Munk dit (*excellemment,* d'après Brissaud et Souques) (1) : « l'intelligence a son siège partout dans l'écorce cérébrale et nulle part en particulier ».

Flourens, dans ses expériences historiques sur le pigeon, expériences renouvelées chez les oiseaux par Schrader et par Munk, et surtout Goltz, sur son chien

---

(1) Brissaud et Souques : *Traité de médecine,* 2ᵉ édition, t. IX, p. 33.

décérébré (1) et conservé pendant dix-huit mois, ont bien démontré expérimentalement le rôle de l'écorce dans le psychisme. « Après l'ablation de l'écorce, dit MORAT (2), ce qui est à jamais perdu pour lui, c'est le bénéfice des excitations antérieures, lentement emmagasinées et conservées par le cerveau, sous forme de ce qu'on appelle les images cérébrales, images persistantes des objets qui, en se superposant à leurs images présentes ou actuelles et s'associant entre elles de diverses façons dans diverses circonstances, finissent par leur attribuer une valeur symbolique, c'est-à-dire synthétique. Un coup de fouet arrachera des cris à l'animal, provoquera des réactions de défense ; la vue du fouet ne lui fera aucune impression, parce qu'elle ne réveille plus l'image, le souvenir des sensations antérieures éprouvées du fait de ce même objet. Non seulement la provision des excitations coordonnées sous forme de connaissances ou images complexes se trouve anéantie, mais l'aptitude à réacquérir des connaissances du même genre ne subsiste sensiblement plus. Pendant des mois, l'animal décérébré est retiré de sa cage au moment des repas, et pendant des mois cette manipulation provoque sa fureur, parce qu'il est incapable d'établir une relation entre elle et le repas qu'il désire ou la faim qu'il subit ».

Mieux encore que toutes les expérimentations les plus perfectionnées, la clinique de tous les jours démontre nettement que *les neurones psychiques doivent être localisés dans l'écorce cérébrale.*

---

(1) Sur le chien décérébré de GOLTZ, voir JULES SOURY, *loco cit.*, p. 807 et suiv.

(2) Voir MORAT : *Traité de physiologie de Morat et Doyon.* Fonctions d'innervation, p. 471.

Mais, si on veut aller plus loin et localiser le psychisme avec plus de précision dans l'écorce, il faut
analyser ce psychisme, le diviser et ensuite chercher
si on peut localiser dans certaines parties de l'écorce
certaines fonctions psychiques élémentaires.

De là, la nécessité de l'*analyse psychologique* pour
bien poser la question anatomoclinique. Un cas à
symptomatologie psychique avec autopsie ne pourra
être utilisé que si l'analyse psychologique du sujet a
été faite avec soin et si on a déterminé quelles fonctions psychiques étaient troublées, diminuées ou abolies, et quelles autres étaient conservées, exaltées ou
perverties.

De plus, pour aboutir à des résultats utiles pour
la localisation du psychisme dans le cerveau, cette
analyse ne doit pas seulement porter sur les anciennes
facultés et aboutir à décomposer le cas en troubles de la
mémoire, troubles de l'attention, troubles de l'association des idées, etc.

Sans admettre, avec RENAUT (1), que tous les neurones sont des cellules qui se souviennent, il faut bien
admettre que tous les neurones corticaux ont de la mémoire. Donc, la constatation de l'amnésie chez un
malade, sans analyse psychologique du symptôme, ne
peut en rien servir pour la question des localisations
psychiques ; de même pour l'association des idées et
des images, pour les fonctions psychiques plus élevées,
comme l'attention, la comparaison, le raisonnement,
le jugement, etc.

Donc, non seulement on ne peut pas localiser le psy-

(1) Voir plus haut, p. 191.

chisme pris en bloc ; mais encore il ne faut pas chercher à localiser chacune des fonctions psychiques,
comme la mémoire, l'attention ou le jugement.

Il faut, je crois, prendre la question par un autre
côté (1) et div.ser les fonctions psychiques en trois
grands groupes :

1° *Les fonctions psychiques sensoriomotrices*, fonctions de perception sensitive et sensorielle (sensations,
images) avec ou sans extension à des neurones plus
éloignés (émotions), fonctions de mémoire et d'association élémentaires de ces sensations et de ces images,
fonction d'expression volitive et de manifestation extérieure par la mimique, le langage et la motilité ; en un
mot, *fonctions psychiques de relations extérieures*, soit
de dehors en dedans, soit de dedans en dehors ;

2° *Les fonctions psychiques inconscientes et automatiques*, psychisme déjà élevé, mais inconscient et involontaire, qui constitue la plus grande partie du psychisme inférieur ou polygonal étudié dans ce livre
(l'autre partie, moins importante, étant formée par les
fonctions psychiques sensoriomotrices du premier
groupe). A ce degré du psychisme il y a de la mémoire,
de l'imagination, de l'association des idées et des images, des raisonnements, des jugements, des décisions
et des volitions ; le tout ayant pour caractère commun
d'être inconscient et involontaire ;

3° Les *fonctions psychiques supérieures* du centre O,
Apperceptionscentrum de Wundt, intelligence supérieure et faculté de penser abstraitement de Hitzig,
fusion physiologique qui est à la base du jugement et

(1) Voir ma communication, déjà citée, au Congrès de Paris 1904.

de la critique (BIANCHI). Dans le psychisme se retrouvent, avec le caractère commun du raisonnement voulu et conscient, la mémoire, l'imagination et le jugement... tous les actes trouvés déjà dans le psychisme inférieur sous la forme automatique et inconsciente, actes qui, dans O, deviennent ce qu'on appelle des actes libres et entraînent la responsabilité de la personne humaine, ainsi définitivement et complètement constituée.

Voilà la division des fonctions psychiques qui ressort de tout ce que j'ai dit dans ce livre, qui est bien différente de l'ancienne division en facultés et qui, je crois, est bien plus féconde pour l'étude des localisations dans l'écorce.

Autant il est irrationnel et impossible de chercher à localiser dans l'écorce, d'un côté, la mémoire, de l'autre, l'imagination ou le jugement; autant il me paraît rationnel et possible de chercher à localiser dans une région corticale les fonctions psychiques sensoriomotrices, dans une autre région corticale les fonctions psychiques inférieures automatiques et inconscientes, et dans une troisième région corticale les fonctions psychiques supérieures volontaires et inconscientes.

Je ne crois certes pas la question résolue; mais je crois qu'il y a déjà assez de documents anatomocliniques pour permettre, pour chacun de ces groupes de fonctions psychiques, sinon de résoudre, du moins de poser très scientifiquement la question de la localisation des centres corticaux correspondants.

Je grouperai sous les quatre chefs suivants les documents de nature à ouvrir ce chapitre : centres corti-

caux d'association et de projection de FLECHSIG; anatomoclinique des centres psychiques sensoriomoteurs;
anatomoclinique des centres psychiques inférieurs;
anatomoclinique des centres psychiques supérieurs.

II. CENTRES CORTICAUX D'ASSOCIATION ET DE PROJECTION DE FLECHSIG.

Appliquant sa méthode d'étude des myelinisations
contemporaines dans les diverses parties des centres

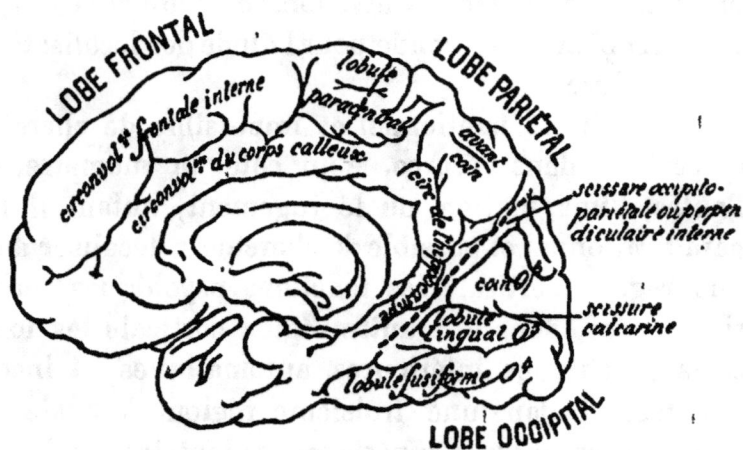

Fig. 7.

nerveux, FLECHSIG (1) pense qu'une partie seulement de
l'écorce envoie des fibres, dites de projection, aux
masses grises situées plus bas *(centres de projection)*,
les autres parties de l'écorce envoyant seulement des

(1) Voir FLECHSIG : Ueber ein neues Eintheilungsprincip der Gross-
hirnoberfläche. *Neurologisches Centralblatt*, 1894, p. 674; Weitere Mit-
theilungen über die Sinnes -und Associationscentren des menschlichen
Gehirns, *Ibidem*, 1893, p. 1118; Neue Untersuchungen über die Mark-

fibres, dites d'association, aux autres centres corticaux (*centres d'association*).

Les centres de projection (tiers de l'écorce) comprennent quatre sphères sensitivomotrices (tactile, visuelle, auditive et olfactive).

La sphère *tactile* (1) (sensibilité générale et goût) comprend (voir les figures 7 et 8 pour la nomenclature

Fig. 8.

des circonvolutions cérébrales) : les circonvolutions frontale et pariétale ascendantes (face externe) avec le lobule paracentral (face interne), plus le pied des trois frontales (face externe) et, à la face interne, une partie de la frontale interne et de la circonvolution du corps calleux.

bildung in der menschlichen Grosshirnlappen, *Ibidem*, 1898, p. 977; *Gehirn und Seele*. Discours prononcé à Leipsig en 1894, 2ᵉ édition augmentée en 1896; *Rapport* au Congrès de Paris, 1900, section de neurologie, p. 115.

(1) Plus récemment (Congrès de Paris, p. 118), FLECHSIG appelle cette première sphère « sphère de la sensibilité corporelle » et rapproche la sphère gustative de la sphère olfactive sous le nᵒ 4.

La sphère *olfactive* comprend le tubercule olfactif et le crochet de l'hippocampe (face interne).

La sphère *visuelle* comprend (face interne) la zone péricalcarine : cuneus, lobule lingual, pôle occipital.

La sphère *auditive* comprend la partie moyenne de la première temporale (face externe).

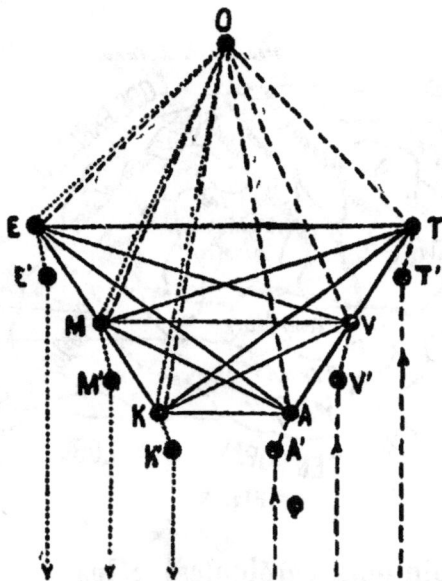

Fig. 9. — Schéma complété du polygone.

Voilà les centres corticaux de réception des sensations et d'émission motrice, que l'on peut représenter par A'V'T'E'M'K' sur mon schéma complété du polygone. (Figure 9.)

Les centres d'association occupent tout le reste du cerveau. C'est dans ces centres d'association, dit VAN GEHUCHTEN (1), que toute sensation perçue laisse une

(1) VAN GEHUCHTEN : *Anatomie du système nerveux de l'homme,*

empreinte ineffaçable, qui constitue le souvenir. C'est là que se rencontrent, se réunissent et se fusionnent en des centres supérieurs les sensations tactiles, visuelles, olfactives et acoustiques. C'est là que les sensations sont comparées entre elles et comparées à des sensations ultérieures. C'est là que l'esprit trouve les éléments indispensables à tous les actes de la vie intellectuelle ou psychique. Ces centres sont, en définitive, dans le cerveau de l'adulte, le substratum anatomique de ce qu'on appelle expérience humaine, savoir : connaissance, langage, sentiments esthétiques, moraux. Ces centres apparaissent les derniers chez l'embryon, ne se développent que dans les espèces animales supérieures (singes supérieurs) et n'atteignent même nulle part un développement aussi grand que chez l'homme après sa naissance. Les centres d'association « sont les régions de l'écorce qui président à la vie intellectuelle, à la vie morale. Ce sont, suivant l'expression de FLECHSIG, les centres intellectuels (*geistige Centren*), les véritables *organes de la pensée (Denkorgane)* ».

FLECHSIG divise ces centres d'association en trois zones. Mes centres polygonaux correspondent à : 1° la *zone postérieure* (1), carrefour coordinateur des impressions sensorielles : precuneus, une partie de la circonvolution linguale, la circonvolution fusiforme (face interne), toutes les circonvolutions pariétales, la circonvolution temporale inférieure et la partie antérieure de la face externe du lobe occipital (face externe);

3· édition, 1900, t. II, p. 299, et tout le chapitre. Voir, dans ce chapitre, p. 308, les figures 547 et 548, qui représentent bien la distribution corticale des divers centres de FLECHSIG.

(1) Primitivement divisée en centre pariétal et centre temporal.

2° la *zone moyenne,* siège du langage : insula de REIL.

Les centres O correspondent à la *zone antérieure* où FLECHSIG localise la conscience, de la personnalité (*Persönnlichkeitsbewustsein*) : moitié antérieure de la circonvolution frontale supérieure, la, plus grande partie de la circonvolution frontale moyenne, de la circonvolution frontale inférieure (face externe) et la circonvolution droite que l'on trouve sur la face inférieure du lobe frontal.

Les idées de FLECHSIG ont été ardemment discutées, notamment au Congrès de Paris 1900, comme en témoignent les Rapports à la section de neurologie, de FLECHSIG lui-même d'une part, d'autre part de von MONAKOW et de HITZIG, et la discussion (VOGT) qui a suivi (1).

Ce qui a été surtout combattu, c'est le caractère trop absolu des conclusions de FLECHSIG, absolu que l'auteur lui-même a diminué par les modifications apportées à la délimitation première des diverses zones et par la description des « zones marginales » et des « régions intermédiaires ».

Divers auteurs (von MONAKOW, VOGT et MADAME VOGT) ont démontré que les centres d'association émettent, eux aussi, des fibres de projection. Mais on peut, avec HITZIG, conserver la division de FLECHSIG en centres qui possèdent *principalement* des communications inter-corticales et centres qui ont en outre des communications extracorticales.,

Ce qui persiste surtout des travaux de FLECHSIG, c'est la notion « des centres d'association, différents des

(1) Voir les *Comptes rendus du XIII° Congrès international de médecine, section de neurologie,* p. 75 et suiv.

centres de projection de par leurs connexions », et ce
fait que les autres centres psychiques supérieurs siègent *probablement* dans la région préfrontale.

Je ne veux voir dans ces beaux travaux de FLECHSIG
qu'un premier argument en faveur de ma thèse, un
commencement de réponse aux auteurs (PIERRE JANET,
JOFFROY, HITZIG...) qui, comme nous l'avons vu plus
haut (p. 20), ne veulent pas admettre des centres psychiques distincts pour le psychisme inférieur et pour
le psychisme supérieur.

Je peux donc, sans que mon langage soit taxé d'antiscientifique, dire des centres psychiques ce que PIERRE
BONNIER (1) dit à propos de la sensation auditive :
« j'admets la spécificité nerveuse et corticale, malgré
l'uniformité des neurones, tout aussi volontiers que
j'admets la spécificité glandulaire malgré l'uniformité
des cellules qui sécrètent ».

Mais la preuve vraie et complète de l'existence distincte des centres psychiques inférieurs et des centres
psychiques supérieurs ne peut être donnée que par
l'anatomoclinique, c'est-à-dire par l'analyse, sur le
vivant malade, des symptômes psychiques et le rapprochement du siège de la lésion constatée à l'autopsie
du même sujet.

C'est la méthode qui a déjà donné de si beaux résultats pour les autres localisations cérébrales (langage, motilité, etc.).

J'ai tenu à résumer les idées de FLECHSIG parce que,
à mon sens, l'objectif constant des cliniciens faisant

---

(1) PIERRE BONNIER : *L'audition.* Bibliothèque internationale de psychologie expérimentale normale et pathologique, 1901, p. 187.

une autopsie de psychique organique doit toujours être, après avoir très soigneusement analysé les symptômes psychiques pendant la vie, de voir quelles sont les zones de FLECHSIG plus particulièrement atteintes. La démonstration ou la réfutation définitive de ses idées ne pourront se faire qu'ainsi.

Dans les paragraphes suivants, je vais essayer d'indiquer où en est la documentation anatomoclinique pour chacun de ces grands centres psychiques.

III. ANATOMOCLINIQUE DES CENTRES PSYCHIQUES SENSORIO-MOTEURS (CENTRES DE PROJECTION)

La clinique sait assez bien le rôle psychique et le siège de ces centres, les moins discutés certainement.

Là (sphères sensitives et sensorielles) arrivent les impressions extérieures et intérieures (kinesthésiques, cenesthésiques) et se forment les sensations inférieures. C'est de là (sphère motrice) que partent les expressions volitives.

Anatomiquement, ce sont (toujours sur l'écorce) : à la face externe, la zone périrolandique (sensibilité générale et motilité) et la zone moyenne des première et deuxième temporales (ouïe); à la face interne, la zone péricalcarine (vision) et la zone de l'hippocampe (goût et odorat). Voilà ce qui constitue le polygone A'V'T'E' M'K' de la figure 9 (p. 368).

C'est probablement aussi dans cette même partie du polygone que se font les associations et les expressions *vasomotrices* qui produisent les phénomènes physiologiques de l'*émotion*.

Les centres corticaux de la circulation et en général des fonctions normalement soustraites à la volonté (1) ont été surtout étudiés expérimentalement chez les animaux; mais leur existence est indiscutable chez l'homme, et la clinique paraît les localiser dans la région périrolandique, c'est-à-dire dans les centres de projection (EULENBURG et LANDOIS, 1876). HORSLEY (1889) réunit dix-huit observations cliniques avec différence de température entre les deux côtés du corps par suite de lésion cérébrale et localise les lésions dans le plan qui va « à la surface de l'écorce en passant par la circonvolution frontale ascendante ». PARHON et GOLDSTEIN (2) ont repris toute la question des troubles vasomoteurs dans l'hémiplégie et ont surtout remarqué la lésion optostriée dans ces cas. Je crois que c'est là, en effet, qu'est l'appareil principal de la mimique et de l'expression émotive (3). Mais, comme tous les autres, cet appareil nerveux a des centres corticaux qui paraissent être dans les zones de projection. C'est là que se font les propagations et irradiations qui produisent les troubles circulatoires, sécrétoires ou autres, dans certaines maladies psychiques ou mentales : sialorrhée, ptyalisme (ESQUIROL, FODÉRÉ, KORÁNYI, FÉRÉ), troubles thermiques (BECHTEREW).

Les symptômes de ces zones de projection sont, en général, *peu* ou *pas psychiques*. Tant que les centres

(1) Voir *Hypnotisme et suggestion*, 2ᵉ édition, p. 272, et JULES SOURY, *loco cit.*, p. 1185 et suiv.

(2) PARHON et GOLDSTEIN : Contribution à l'étude du rôle du cerveau dans l'innervation des organes de la vie végétative à propos de deux cas d'hémiplégie. *Revue neurologique*, 1902, p. 972.

(3) Voir les travaux cliniques de BECHTEREW et de BRISSAUD sur le siège des lésions dans les crises de rire et de pleurer spasmodiques.

d'association sont sains, réagissent normalement, jugent sainement l'origine et la nature des troubles éprouvés, ces troubles restent sensitifs, moteurs ou vasomoteurs, sans retentissement sur le psychisme.

Nombreux sont les exemples de lésion de ces centres corticaux avec absolue intégrité du psychisme (1).

L'exemple le plus frappant est celui de PASTEUR, frappé d'hémorrhagie cérébrale avec hémiplégie gauche le 19 août 1868, dictant, le 25 octobre, une note pour l'Académie des sciences, et faisant plus tard ses découvertes sur le charbon, la rage, etc. Notre LORDAT, frappé d'aphasie en 1828, occupe sa chaire encore pendant trente ans. Le dessinateur Daniel Vierge, devenu et resté aphasique et agraphique, se met à dessiner de la main gauche avec autant de talent que précédemment (2)...

Mais si, pour une cause quelconque (dégénérescence, hérédité, alcoolisme), il y a en même temps faiblesse des centres supérieurs, si la désagrégation suspolygonale est facile chez ces sujets, si le fonctionnement polygonal inférieur apparaît dans leur vie psychique, l'altération de ces centres sensoriomoteurs se traduira par quelques troubles psychiques, plus ou moins légers : notamment la *sensiblerie* et l'*émotivité* qui peuvent conduire aux pleurs faciles (3), les *changements dans le caractère et les habitudes* comme on

(1) Voir CHARPENTIER : *Étude sur la pathogénie des troubles mentaux liés aux lésions circonscrites de l'encéphale,* thèse de Paris, 1905, n° 314.

(2) Ces exemples peuvent d'ailleurs être invoqués aussi pour séparer les centres O des centres du psychisme inférieur.

(3) Qu'il ne faut pas confondre avec les crises de pleurs spasmodiques, dont je parle plus haut.

l'observa chez le physiologiste P.-H. Bérard, l'apparition d'*instincts* nouveaux, de *passions* anormales, un peu d'infantilisme, de la *puérilité* affective et sentimentale...

Si les centres supérieurs sont influencés et paroxystiquement sidérés ou supprimés, les convulsions jacksoniennes deviennent de la véritable *épilepsie* corticale, des crises d'*automatisme ambulatoire* (Sabrazès et de Baty) (1).

Dans ces cas aussi, l'altération des centres sensoriomoteurs peut provoquer des sensations fausses, qui seront mal jugées, mal interprétées par des centres supérieurs affaiblis ou anormaux; d'où de *faux jugements*, des *illusions* et des *hallucinations*. La lésion des centres de projection devient alors le *point de départ* de véritables délires, qui gardent souvent de leur origine un caractère spécial, une *forme* particulière.

Tels sont, par exemple, les faits suivants.

« A. Bergé a observé, chez un charretier alcoolique, mort d'hémorrhagie cérébroméningée du lobe temporal gauche, le fait curieux d'une sorte de délire professionnel onirique, réveillé par le bruit des charrettes du dehors. Le malade, immobilisé dans un état continu de prostration et de torpeur, indifférent à tout, d'ailleurs sans paralysie ni aphasie, dès qu'une charrette passait dans la cour de l'hôpital, sautait hors de son lit, courait à la fenêtre, et là, dans un accès de délire de rêve, électivement provoqué par les bruits familiers de son métier, se mettait à exciter le cheval de la voix,

(1) Sabrazès et de Baty : Automatisme ambulatoire symptomatique d'une cysticercose de l'encéphale. *Journal de médecine de Bordeaux*, 1897.

à tempêter, etc., à revivre son activité professionnelle...
L'alcoolisme antérieur jouait son rôle dans le syndrome
du délire professionnel, éclos ici sous l'influence des
bruits de charrette : mais on peut se demander, et c'est
là le côté intéressant de cette observation, si le réveil
si curieusement électif des accès d'onirisme hallucinatoire n'était pas facilité par l'excitation pathologique
du centre auditif commun et verbal et l'éréthisme
anormal des images auditives symboliques, au voisinage du foyer hémorrhagique (1). »

« Dans un cas de VAN GEHUCHTEN (2), un sujet présentant des attaques épileptiformes, avec prédominance
des mouvements convulsifs du côté gauche, éprouvait
un mauvais goût dans la bouche, accompagné d'une
odeur de parfum pendant les quelques minutes qui
précédaient ces vertiges. Le goût et l'odorat semblaient
pourtant intacts chez ce malade en dehors de ses crises.
A l'autopsie, on trouva une tumeur occupant toute
l'épaisseur du noyau lenticulaire gauche, l'avant-mur
et une grande partie des circonvolutions de l'insula.
La tumeur avait refoulé en dedans les deux bras de la
capsule interne et la couche optique, parties qui
étaient cependant restées normales. La tumeur, formée de parties nécrosées et de foyers hémorrhagiques,
avait détruit la plus grande partie du lobe sphénoïdal (3). »

A ces faits pourrait s'appliquer la définition de l'hal-

---

(1) DUPRÉ, loco cit., p. 1070.

(2) VAN GEHUCHTEN : Un cas de tumeur cérébrale avec autopsie.
Société belge de neurologie, 24 février 1900.

(3) MARCHAND : Le Goût. Bibliothèque internationale de psychologie
expérimentale, normale et pathologique, 1903, p. 199.

lucination de TAMBURINI : « l'épilepsie des centres sensoriels (1) ».

SÉRIEUX et MIGNOT (2) ont observé, chez un paralytique général, des hallucinations de l'ouïe alternant avec des accès de surdité verbale et d'aphasie sensorielle : plaque de méningoencéphalite, d'intensité exceptionnelle, véritable lésion en foyer, intéressant le centre de l'audition (tiers postérieur de la première temporale et circonvolution supramarginale). A la suite de ce fait, SÉRIEUX rappelle une communication antérieure (3) et se pense autorisé à décrire à part une variété sensorielle de la paralysie générale (paralysie à forme atypique de LISSAUER et ALZHEIMER), variété symptomatique qui « tient à la prédominance des lésions au niveau de certains territoires corticaux ».

SCHAFFER (4) et bien d'autres distinguent aussi aujourd'hui la forme sensorielle et la forme démentielle de la paralysie générale, suivant le siège, postérieur ou antérieur, de la lésion.

Enfin, « dans une observation de SIEBERT (5), où existaient des hallucinations de l'odorat, on put diagnostiquer durant la vie le siège de la tumeur dans la circonvolution du crochet (6) ».

Tous ces faits montrent bien que les centres psy-

---

(1) Voir SEGLAS, *loco cit.*, p. 208.

(2) SÉRIEUX et MIGNOT. Société de neurologie, 17 avril 1902. *Revue neurologique*, 1902, p. 350.

(3) PAUL SÉRIEUX : Un cas de surdité verbale chez un paralytique général. Société de neurologie, 8 mars 1900. *Revue neurologique*, 1900, p. 270.

(4) Voir, plus loin, à l'anatomoclinique du lobe préfrontal.

(5) SIEBERT : *Monatsschrift für Psychiatrie und Neurologie*, 1899.

(6) BRISSAUD et SOUQUES, *loco cit.*, p. 337.

chiques supérieurs ne sont pas dans les régions corticales de projection et limitent le rôle psychique de ces
zones de projection. Le dément organique peut commencer par une lésion des zones de projection ; mais,
quand il devient dément, la lésion s'est étendue, a
dépassé les limites de ces zones de projection et gagné
les zones d'association.

Alors interviennent, dans la pathogénie des troubles
mentaux, *ces lésions diffuses surajoutées aux lésions
circonscrites,* sur lesquelles on a beaucoup insisté dans
ces derniers temps (1). Ce qui n'oblige pas à dire,
avec Dupré, que les « troubles psychiques appartiennent
par essence aux symptômes diffus ».

Les faits cliniques dont je parle prouvent seulement
que, pour entraîner de vrais troubles psychiques de
quelque importance et ayant une valeur pour le clinicien, l'altération ne doit pas rester limitée aux zones
de projection. La lésion des centres sensoriomoteurs
n'intervient, dans le tableau psychique, que pour donner aux symptômes leur forme clinique.

IV. Anatomoclinique des centres psychiques inférieurs
(centres d'association inférieure).

Ces centres comprennent tout ce qui, dans la substance grise de l'écorce cérébrale, n'est ni les centres
sensitivo et sensoriomoteurs (déjà étudiés : III), ni le
lobe préfrontal (étudié plus loin : V). Ce sont les zones
moyenne et postérieure des centres d'association de
Flechsig (II). Les points nodaux de ces systèmes longs

(1) Voir Charpentier, *loco cit.*, p. 79.

d'association seraient les territoires centraux de ces
zones : la partie moyenne du pli courbe et la troisième
circonvolution temporale (1).

Ce sont nos centres polygonaux (AVTEMK) de psychisme automatique et inconscient; les centres de toute
la *partie polygonale* de l'association des idées et des
images, de la mémoire, de l'imagination, de la comparaison, du jugement et de la délibération volitive : les
centres de ce psychisme inférieur que j'étudie dans ce
livre.

S'il en est ainsi, les altérations de ces centres entraî-
neront des troubles de ces fonctions.

Pour l'étude anatomoclinique de ces centres, il faut
y joindre le *corps calleux*, qui représente tous les fais-
ceaux de relation psychique d'un hémisphère à l'autre.

Les documents cliniques à utiliser pour ce paragraphe ont trait au siège des lésions : 1° dans les
agnosies (stéréoagnosie, cécité et surdité psychiques,
perte de la notion topographique) ; 2° dans les troubles
du *langage* (aphasies intra et suspolygonales, amnésie
verbale); 3° dans les troubles d'*association intellectuelle*.

1. *Siège des lésions dans les agnosies.*

J'ai déjà parlé des agnosies. Je n'ai à m'occuper ici
que du siège des lésions qui entraînent ces symptômes.

a) Stéréoagnosie. — Des deux malades dont j'ai publié l'histoire en 1880, l'un avait perdu la notion de la
position de ses membres et les oubliait dans une atti-

---

(1) FLECHSIG : *Congrès de Paris, section de neurologie*, p. 119.

tude quelconque : la lésion occupait la région tout à
fait antérieure de la zone périrolandique ; — l'autre ne
reconnaissait pas les objets qu'on lui mettait dans la
main (vraie astéréognosie) : la lésion était immédiatement en arrière de la moitié inférieure de la pariétale
ascendante, entre la scissure de Sylvius et la scissure
interpariétale.

De ces faits j'ai rapproché plus tard (1) les observations de Velter (1878), Darshkevitch (1890), Lamacq et
Kahler et Pick (1891), Dejerine, Madden et Anton
(1893), Allen Starr (1894), Dana (1895), Aba (1896),
Muratow (1898), Long et Verger (1899).

On a ensuite cherché à localiser davantage ces centres de la reconnaissance des objets. Nothnagel et
Dana les plaçaient dans le lobule pariétal inférieur et
la seconde pariétale, tandis que, « dans les cas de Wernicke, Riegner, Dubbers, Bonhofer, la lésion s'est trouvée être dans les circonvolutions rolandiques, notamment à l'union des tiers moyen et inférieur de la
pariétale ascendante (2) ».

Verger (3), reprenant la question du siège cortical
de la lésion dans la stéréoagnosie, rappelle que Wernicke le localise au tiers moyen de la pariétale ascendante ; Williamson, « plus en arrière, dans la région
pariétale juste derrière la partie de la pariétale ascendante appartenant au centre du membre supérieur » ;
et, à la suite, « certains neurologistes ont pensé trou-

(1) *Maladies de l'orientation et de l'équilibre*, p. 150.

(2) Claparède : travail cité de l'*Année psychologique*, t. V, 1899,
p. 78.

(3) Verger : Sur la valeur séméiologique de la stéréoagnosie. *Revue
neurologique*, 1902, p. 1201.

ver dans la stéréoagnosie un élément important pour
le diagnostic topographique des lésions rétrorolandiques ». Puis il distingue la perte de l'identification
primaire de WERNICKE ou stéréoagnosie de *réception*
par lésion *périrolandique* et la perte de l'identification
secondaire ou stéréoagnosie d'*association* ou de conductibilité par « rupture des associations transcorticales
entre les centres tactiles proprement dits et les autres
centres sensoriels », surtout par lésions du lobe *pariétal*.

b) Cécité et surdité psychiques. — NODET (1) cite :
1° un fait de SACHS avec lésion de la substance blanche
des lobes *occipitaux,* dont il rapproche les faits de VON
MONAKOW, PICK, FREUND, REINHARD (double lésion, grise
et blanche, occipitale, plus ou moins étendue) ; de
REINHARD, FREUND, LOUNTZ, RABUS, MULLER, GOGOL, LA-
QUER (lésion occipitale unilatérale, le plus souvent gauche) ; 2° un fait de PICK qu'il rapproche de ceux de
FREUND, REINHARD, WILBRAND et SEYMOUR SHARLEY, et
d'où il conclut « qu'une double lésion du lobule *pariétal* inférieur peut déterminer une cécité psychique
spéciale, réelle, véritable cécité psychique corticale » ;
3° des faits de LISSAUER et de NODET : lésion du centre
visuel d'un côté (à droite) et du bourrelet du corps
calleux.

Il est impossible de ne pas rapprocher ces lésions
de celles de l'astéréognosie, et on arrive à distinguer
encore pour la production de la cécité psychique les
lésions de la sphère visuelle (analogues aux lésions

(1) NODET, *loco cit.,* p. 103.

périrolandiques) et les lésions des sphères d'association (analogues aux lésions rétrorolandiques).

Les faits sont bien moins démonstratifs pour la *surdité psychique*. NODET cite ceux de LIEPMANN, LAQUER, HUN, PICK, mais conclut que « les autopsies des malades qui présentent de la surdité psychique à l'observation ne sont pas très caractéristiques ».

Cependant DUPRÉ (1) est moins découragé : « les tumeurs temporales bilatérales, lorsqu'elles détruisent, comme dans l'observation de FRIEDLANDER et WERNICKE, les segments postérieurs des circonvolutions temporales, entraînent le syndrome de la surdité psychique », par disparition des images auditives, communes et verbales.

Encore moins précis et utilisables seraient les faits actuels d'agnosie *olfactive* ou *gustative* avec autopsie.

c) Perte de la notion topographique. — Tous ces éléments interviennent dans la perte de la notion topographique, « perte du sens de l'orientation, impossibilité pour l'individu de se reconnaitre dans les milieux où il vit et de se diriger ».

MAURICE DIDE et BOTCAZO (2) ont réuni onze observations avec autopsie (FRŒSTER, LISSAUER, WERNICKE, TOUCHE, MAURICE DIDE et BOTCAZO : lésions *occipitales* bilatérales siégeant au niveau des centres corticaux de la vision ou détruisant les radiations optiques ; REINHARD : même lésion, plus lésion du lobule *pariétal* supérieur

---

(1) DUPRÉ, *loco cit.*, p. 1178.

(2) MAURICE DIDE et BOTCAZO : Amnésie continue ; cécité verbale pure ; perte du sens topographique ; ramollissement double du lobe lingual. *Revue neurologique*, 1904, p. 676.

_et du pli courbe ; Touche : vastes ramollissements *tem-poro*-occipitaux ; Pierre Marie et Ferrand, Touche (deux cas) ; lésion occipitale unilatérale gauche ; Pick : lésion du lobule pariétal inférieur avec intégrité macroscopique du lobe occipital).

En somme, si on sépare les lésions des sphères de réception, les lésions des agnosies « compromettent très souvent les voies longues d'association interhémisphérique (corps calleux) et intrahémisphérique (faisceau longitudinal supérieur et inférieur, faisceau unciforme, cingulum (1). Elles attaquent, en résumé, le réseau commissural intersensoriel et sensoriopsychique, qui est le substratum anatomique de l'activité psychique associative (2). »

De même Claparède (3) : « l'agnosie primaire correspond plus spécialement à une lésion portant sur les voies d'association courtes situées dans l'écorce elle-même (Wernicke, Bonhöfer, Dubbers, etc.), tandis que l'asymbolie est due à une interruption des voies longues d'association partant du centre visuel (région du cuneus et de la scissure calcarine), auditif (lobe temporal) ou tactile (région rolandique), pour se rendre dans d'autres parties de l'écorce, en passant par le pli courbe, par le corps calleux, etc. ».

Les agnosies sont bien vraiment des symptômes des voies d'association psychique.

---

(1) Circonvolution du corps calleux.

(2) Dupré, *loco cit.*, p. 1095.

(3) Claparède : travail cité de l'*Année psychologique*, t. VI, 1900, p. 113.

2. *Siège des lésions dans les troubles du langage.*

J'ai déjà dit plus haut ce qu'est l'aphasie, trouble psychique, qui nous intéresse ici.

Un objet est vu, le psychisme le reconnaît, trouve le mot qui lui convient et l'exprime; ou bien, un mot est lu ou entendu, le psychisme le reconnaît et trouve l'objet auquel il s'applique. Il y a là non seulement de la mémoire, mais de l'association des idées et des images. L'aphasie est l'altération de cette fonction psychique du langage.

Les centres de cette fonction psychique sont aujourd'hui bien connus grâce aux autopsies d'aphasiques.

L'*aphasie motrice* ordinaire (aphémie de CHARCOT) est produite par la lésion, à gauche (1) (DAX), du pied de la troisième frontale (BROCA), l'*agraphie*, par la lésion du pied de la deuxième frontale gauche (EXNER, CHARCOT). Ce dernier centre est discuté par WERNICKE et par DEJERINE, qui admet toujours, dans l'agraphie, une lésion du centre visuel des mots ou des fibres qui mettent en relation le centre visuel des mots avec le centre de BROCA.

Dans la *cécité verbale* (KUSSMAUL), la lésion a été localisée par CHARCOT dans le lobule pariétal supérieur avec ou sans participation du pli courbe.

La *surdité verbale*, décrite par WERNICKE et baptisée par KUSSMAUL, correspond à une lésion des première et deuxième temporales gauches (SEPPILLI) ou plus spécia-

----

(1) D'après DUPRÉ (p. 1257), l'étude des démences organiques démontrerait le rôle intellectuel prépondérant de l'hémisphère gauche.

lement de la première temporale (BALLET), soit dans sa partie moyenne (BRISSAUD), soit dans sa partie postérieure (d'HEILLY et CHANTEMESSE, CHAUFFARD), soit dans sa partie antérieure (PIETRINA et CLAUS).

Ce sont là mes aphasies *polygonales* par lésion des centres d'association.

Les aphasies *souspolygonales* correspondent aux fibres qui unissent ces centres d'association aux centres de réception sensorielle :

Cécité verbale souspolygonale (pure de DEJERINE) : la lésion porte sur les fibres qui unissent le pli courbe à la région calcarine (DEJERINE, BRISSAUD) ;

Surdité verbale souspolygonale (pure de DEJERINE) : lésion du centre auditif commun et des fibres qui l'unissent au centre temporal de l'audition des mots à gauche...

Cliniquement, le rôle de *l'insula* dans le langage est encore discuté.

Les anciens faits de MEYNERT, LÉPINE, CLOZEL DE BOYER, PERDRIER, n'avaient pas convaincu BERNARD et CHARCOT, qui, avec PITRES, maintenaient le lobule de l'insula dans la zone latente.

LICHTHEIM (1884), PIERRE MARIE (1883), DEJERINE (1885), PASCAL (1890), ont publié ou réuni des faits plus démonstratifs.

OTUSZEWSKY (1898) localise, comme FLECHSIG, l'automatisme du langage dans l'insula.

3. Siège des lésions dans les troubles d'association intellectuelle.

a) Centres d'association inférieure : lobes temporal, occipital et pariétal. — D'après FLECHSIG (1), le grand centre d'association postérieur ou pariéto-occipitotemporal « est spécialement le siège de l'intelligence proprement dite. Ses lésions provoquent des troubles de la mémoire et de l'association des idées, l'incohérence et la démence... la cécité et la surdité psychiques, l'alexie sensorielle, l'aphasie optique, la surdité verbale transcorticale (aperceptive), la paraphasie, etc. ». « Il ressort, dit DUPRÉ (2), de l'étude comparée des troubles psychiques et des troubles aphasiques sensoriels, dans les tumeurs du lobe *temporal* que les premiers ne sont pas dépendants des seconds et qu'ils peuvent apparaître isolés, sans aphasie concomitante (P. SCHUSTER). Ce fait plaide en faveur de la haute importance psychique accordée au lobe temporal par VON MONAKOW et FLECHSIG... P. SCHUSTER conclut de ses statistiques que c'est dans les tumeurs du lobe *occipital* que s'observent avec le plus de fréquence les troubles psychiques à forme de confusion mentale, de délire, d'hallucinations et d'excitation ».

Dans l'étude anatomoclinique du lobe préfrontal, j'indiquerai (nᵒˢ 39, 40 et 41) des observations de KARL SCHAFFER qui montrent les lésions des divers centres

---

(1) FLECHSIG : LXVIIIᵉ réunion des naturalistes et médecins allemands à Francfort-sur-le-Mein, 23 septembre 1896. (*Revue neurologique*, 1897, p. 295.)

(2) DUPRÉ, *loco cit.*, p. 1178.

d'association de FLECHSIG (inférieurs et supérieurs) dans la forme plus spécialement psychique de la paralysie générale.

Au même groupe appartient une observation récente de BAYERTHAL (1) : Femme, 37 ans. Altération de caractère; perte de l'attention, de l'intérêt; apathie. Démence et hébétude terminale. On diagnostique une tumeur de la base du lobe frontal gauche. — Tumeur partant de l'extrémité du lobe temporal et s'enfonçant dans la profondeur jusqu'au voisinage du lobe frontal.

Je rapprocherai de cela ce que dit JULES SOURY (2).

« *Rapports du lobe pariétal avec le développement supérieur de l'intelligence.* — C'est surtout le lobe *pariétal*, j'entends les parties qui en restent après son démembrement, où l'on voit aujourd'hui un centre de l'intelligence qui paraît ne le céder en rien au lobe frontal lui-même, au moins dans la production des plus hautes œuvres du génie, de l'œuvre d'art en particulier. Ce centre psychique ou intellectuel postérieur, situé sous les bosses pariétales, a été trouvé singulièrement développé chez tous les hommes de génie dont on a jusqu'ici étudié scientifiquement le cerveau ou le crâne. Chez plusieurs artistes, tels que BEETHOVEN, et sans doute aussi S. BACH, c'est exclusivement l'énorme développement de cette région cérébrale qui frappe, tandis que, chez les savants comme le mathématicien GAUSS, etc., le développement porte sur les centres postérieur et antérieur du cerveau. Le génie scientifique présenterait ainsi d'autres conditions anatomiques que

---

(1) BAYERTHAL : Zur Diagnose der Thalamus-und Stirnhirntumoren. *Neurologisches Centralblatt*, 1903, p. 572, observation II.

(2) JULES SOURY, *loco cit.*, p. 1002.

le génie artistique. RICHARD WAGNER, par le grand développement de son lobe frontal, occuperait manifestement une place à part à côté de S. BACH et de BEETHOVEN. La circonvolution supramarginale (1) (et aussi, il est vrai, la T₁ (2) chez les musiciens), devait être très développée, à en juger par les moulages et par les crânes chez J. SEB. BACH et chez BEETHOVEN. Chez JUSTUS VON LIEBIG, LASAULX, DOLLINGER, KANT, GAUSS, DIRICHLET, etc., les régions pariétales étaient également fort développées. Ainsi, ce ne sont pas seulement les grands musiciens, ce sont aussi des philosophes, des mathématiciens, des chimistes, des physiologistes et des anatomistes qui ont possédé des circonvolutions pariétales d'un volume considérable. Ces études contemporaines de l'organologie cérébrale ont été faites par ´des savants dont les noms sont célèbres en anatomie : RUDOLF WAGNER, RUDINGER, KUPFFER, HIS, FLECHSIG, RETZIUS (3).

» C'est RUDINGER qui, dans sa monographie de 1882, appela le premier l'attention sur le développement extraordinaire des circonvolutions pariétales chez les hommes d'une haute intelligence ; il les trouva à un degré d'évolution bien moindre chez les gens ordinaires et dans les races humaines inférieures (4)..... Le fait qui frappa le plus RUDINGER dans l'étude de » dix-

_____

(1) Contourne l'extrémité postérieure de la scissure de SYLVIUS, unissant la première temporale à la pariétale inférieure.

(2) Première temporale ou temporale supérieure.

(3) V.-G. RETZIUS : *Das Gehirn des Astronomen, Hugo Gyldens.* Biol. Untersuchungen, N. F., 1898, t. VIII. *Le gyrus supramarginalis* droit était aussi remarquablement développé chez cet astronome, auteur d'importants travaux d'astronomie, de mathématiques et de mécanique.

(4) N. RUDINGER (Munchen) : *Ein Beitrag zur Anatomie der Affen-*

huit cerveaux d'hommes éminents à divers titres, « ce fut le développement du lobe pariétal... Le crâne de BEETHOVEN, étudié successivement par His et par FLECH-SIG, à côté d'un développement considérable des régions postérieures du cerveau (pariétooccipitotemporales) et aussi d'un développement remarquable des régions moyennes du manteau (FA et PA (1) correspondant à la sphère sensitive du corps), ne présentait que des dimensions relativement médiocres du lobe frontal (centre d'association antérieur ou frontal de FLECHSIG) ; il en était de même du crâne de J. SEB. BACH.

» Quelles seraient les dispositions psychiques d'individus qui, avec un lobe frontal plus développé, posséderaient au contraire des centres d'association postérieurs moins développés et moins circonvolutionnés ? FLECHSIG estime qu'en pareil cas il serait bien surpris si l'on venait à constater que de pareils cerveaux avaient appartenu à des artistes d'un talent véritable. »

Je ne crois pas qu'il faille attacher trop d'importance à ces constatations et je les mets bien au-dessous des faits anatomocliniques comme valeur démonstrative du siège des centres psychiques dans l'écorce de l'homme.

Sous le bénéfice de ces réserves, il était cependant bon de les indiquer. On remarquera que le développement des centres psychiques inférieurs correspond aux genres artistiques, aux genres d'exposition et d'expression, tandis que, dans le lobe préfrontal (que nous

---

spalte und der Interparietalfurche beim Menschen nach Rasse, Geschlecht und Individualität, mit 4 Taf. Bonn. 1882, p. 8-12.

(1) Frontale ascendante et pariétale ascendante : les deux lèvres de la scissure de ROLANDO.

allons retrouver bientôt : V) siégerait plutôt le génie créateur.

b) Corps calleux (1). — Un des cinq signes qui, d'après Bristowe, forment le syndrome du corps calleux, est : « .....3° troubles profonds de l'intelligence, stupidité, sans aucun trouble de la parole de nature aphasique ».

Dans les discussions ultérieures auxquelles a donné lieu ce syndrome, ce signe n'a pas été contesté.

Giese constate des troubles profonds de l'intelligence onze fois sur treize observations qu'il réunit.

Ransom signale la démence dans les onze cas qu'il connait ; il ajoute que, dans bien des cas, c'était le seul symptôme noté ; dans tous, l'excitabilité mentale était marquée, les bizarreries maniaques communes ; et, en tête des éléments de diagnostic de tumeur du corps calleux, Ransom place : « 1° une modification graduelle, mais marquée, de l'état mental (2) » ; dans la forme chronique de cette modification, « les troubles mentaux revêtent la forme de folie avec hallucinations, irritabilité ou manie ».

Devic et Paviot posent ainsi le premier des deux symptômes cardinaux qui peuvent faire penser à la localisation au corps calleux d'une tumeur cérébrale : « 1° l'apparition précoce des troubles mentaux et de l'intelligence ». Sans doute, ces auteurs n'attribuent pas les troubles mentaux et intellectuels à la lésion même du corps calleux ; mais ils proclament que toutes

_____

(1) Voir Devic et Paviot : Contribution à l'étude des tumeurs du corps calleux. *Revue de médecine*, 1897, p. 966.

(2) « Dans le cas de Ransom, l'excitation, les idées de persécution, le facies anxieux sont notés avec insistance. »

les tumeurs cérébrales ne s'accompagnent pas de démence, tandis que les troubles mentaux et intellectuels font partie du cortège symptomatique des tumeurs
du corps calleux ».

Déjà, en 1741, La Peyronie (1) s'était appuyé sur la
fréquence et l'intensité des altérations psychiques dans
les lésions du corps calleux pour placer le siège de
l'âme dans cette grande commissure ; et, un siècle plus
tard, dit Dupré, « par une belle intuition, Treviranus
voyait l'organe de l'unité des opérations intellectuelles » dans ce corps calleux qui « représente certainement, d'après les recherches anatomophysiologiques
contemporaines (Meynert, Muratow, Gudden, Brissaud,
Dejerine), l'instrument nécessaire de la synthèse har-
monique des activités sensoriopsychiques des deux hémisphères ». On doit le considérer aujourd'hui « comme
l'organe de l'unité anatomique et fonctionnelle des
deux moitiés du cerveau. Le corps calleux est donc un
organe psychique par excellence ».

Dupré ajoute alors de nouveaux faits (Mobel Black-
wood, Seglas et Londe (2), Brissaud (3) à ceux déjà
réunis par Devic et Paviot et conclut : « en résumé,
ces tumeurs (du corps calleux), en compromettant la
fonction d'association synergique des deux hémisphères, portent une atteinte précoce et profonde à la cérébration psychique et entraînent la démence (4). »

(1) La Peyronie : Sur le siège de l'âme dans le cerveau. *Histoire de
l'Académie royale des sciences*, 1741, p. 39. Citat. Charpentier.

(2) Seglas et Londe : Tumeur du corps calleux. *Congrès d'Angers*,
1898.

(3) Brissaud : Diagnostic d'une localisation de tumeur cérébrale dans
la région du genou du corps calleux. Société de neurologie, 17 avril
1902. *Revue neurologique*, 1902, p. 364.

(4) Dupré, *loco cit.*, p. 1175.

De. même, Brissaud et Souques (1) : « les tumeurs du corps calleux, surtout celles qui occupent la partie antérieure de cette grande commissure, entraînent invariablement une perturbation presque constante, précoce et plus ou moins complète, des phénomènes psychiques. La coordination des idées, c'est-à-dire des images corticales, est devenue impossible, sans que les idées ou images soient elles-mêmes effacées ».

V. Anatomoclinique des centres psychiques supérieurs (lobe préfrontal).

1. Généralités. Historique. Physiologie (2).

a) Le lobe préfrontal. — **Tout** ce que je viens de dire dans les précédents paragraphes (III, IV) permet de poser d'une manière très précise la question grave des fonctions du lobe préfrontal, paragraphe important entre tous, puisque, si on pouvait démontrer la localisation des centres supérieurs, par là même on démontrerait (par élimination) la localisation des autres centres psychiques.

Avec Hitzig, Gratiolet et Bischoff contre Ecker, je sépare la frontale ascendante et le pied des frontales du lobe frontal pour les rattacher à la pariétale ascendante et au lobule paracentral : zone périrolandique. La partie antérieure du lobe frontal, zone prérolandique, constitue le lobe *préfrontal*. C'est le sens qu'adoptent aussi Oppenheim, Raymond et la plupart des cliniciens.

_____

(1) Brissaud et Souques : Maladies de l'hémisphère cérébral. Tumeurs cérébrales. *Traité de médecine*, 2ᵉ édition, t. IX, 1904, p. 340.

(2) Voir Jules Soury, *loco cit.*

Une fois de plus, on voit que la division du cerveau pour les physiologistes et les cliniciens ne répond en rien à la division des anatomistes : les scissures, au lieu de séparer les lobes (frontal, pariétal...), paraissent être les centres des grandes zones physiopathologiques (scissures de ROLANDO pour l'appareil sensitivomoteur, calcarine pour la vision, temporale pour l'ouïe...).

Il ne s'agit pas de se demander (comme on le fait trop souvent) si tous les centres psychiques sont réunis dans cette partie de l'écorce. Il serait anticlinique de poser seulement la question, puisque nous avons vu le rôle joué par tout le reste de l'écorce cérébrale dans les fonctions psychiques.

Il s'agit uniquement de savoir si les fonctions psychiques *supérieures* ont leurs centres dans cette région prérolandique du lobe frontal.

Voilà la question très importante, qui, je me hâte de le dire, n'est pas encore résolue, mais sur laquelle il y a un certain nombre de documents physiologiques et cliniques assez importants.

b) Hitzig, Ferrier et Wundt. — BOUILLAUD (1823), BROCA (1), GRATIOLET, admettaient déjà le rôle psychique des lobes frontaux que contestait VULPIAN (2) (1866).

HITZIG (3) doit être cité en tête des défenseurs du rôle psychique supérieur du lobe frontal (1883).

_____

(1) D'après BROCA, le lobe frontal posséderait l'*hégémonie cérébrale.*

(2) Voir OWIECINSKI : *Contribution à l'étude des tumeurs du lobe préfrontal,* thèse de Paris, 1903.

(3) HITZIG : Zur Physiologie des Grosshirns. VIII Wanderversammlung der Südwestdeutschen Neurologen und Irrenärzte in Baden, 17 juin 1883. *Archiv für Psychiatrie und Nervenkrankheiten,* t. XV, 1884, p. 270.

Dès ses premiers travaux (1870) sur l'excitabilité de l'écorce cérébrale, Hitzig (1) considère le lobe frontal comme « le siège ou l'organe de l'intelligence ». Quatorze ans après ses premières expériences, il reprend l'étude expérimentale des fonctions du lobe frontal, discute les objections de Munk et maintient ses premières conclusions (1884).

« Pour ces expériences, il s'était servi d'animaux dont il connaissait les mœurs et les habitudes ; ils avaient été dressés à venir chercher sur une table, avec ou sans l'aide d'une chaise, leur nourriture. Or, après avoir été opérés des deux lobes antérieurs, les chiens oublièrent cet exercice et ne le réapprirent jamais plus. Cet affaiblissement de la mémoire (*Gedächtnisschwache*) était si profond que ces animaux oubliaient, dès qu'ils ne le voyaient plus, le morceau de viande qu'on venait de leur présenter ; ils mangeaient la viande qu'ils voyaient ; quand ils ne la voyaient plus, ils ne se mettaient point en quête d'aller la chercher où d'ordinaire ils savaient la trouver ». Et Hitzig ajoutait : « j'accorde, avec Munk, que l'intelligence, disons mieux, le trésor des idées (*Vorstellungen*), doit être cherchée dans toute les parties de l'écorce, ou plutôt dans toutes les parties du cerveau. Mais je soutiens que la pensée abstraite exige nécessairement des organes particuliers, et, ces organes, *je les cherche provisoirement dans le cerveau frontal* (*Stirnhirn*) (2) ».

(1) Jules Soury, *loco cit.*, p. 626.

(2) Cette page d'Hitzig apparaît à Jules Soury (p. 630) « comme le testament de l'ancienne psychologie ». Il me semble qu'on peut tout aussi bien y voir « l'annonce d'une ère nouvelle » pour la physiopathologie des centres psychiques.

Et, en 1900 (1) : « une idée a été exprimée par moi d'une façon claire et distincte, dit HITZIG, c'est qu'il existe dans les régions préfrontales des organes dont la fonction se différencie de celle des territoires que M. FLECHSIG appelle aujourd'hui centres de sensibilité. J'ai désigné brièvement cette fonction sous le nom d'*intelligence supérieure,* et j'ai voulu surtout faire comprendre par cette expression la faculté de penser abstraitement ».

Déjà, en 1875, FERRIER (2), après ablation d'un lobe frontal (ou des deux) chez des singes, constatait un « grand changement » dans leur « caractère ». « Ils restent bien, comme par le passé, sensibles et dou?: de puissance musculaire ; mais, au lieu d'être aux aguets pour savoir ce qui se passe autour d'eux, ils ne cherchent guère au-delà de leurs sensations intimes ; ils vont et viennent au hasard, passent leur temps à recommencer le même mouvement, semblent avoir perdu la possibilité de l'observation judicieuse et attentive ». Aussi, continue JULES SOURY (3), « FERRIER estimait-il alors que les phrénologues avaient eu raison de situer dans la région du front la faculté de la réflexion et il ne lui semblait pas invraisemblable que le développement particulier de certains points du lobe frontal pût fournir un indice d'une certaine force de concentration d'esprit et d'intelligence dans telle ou telle direction. La faculté de l'attention et de la synthèse mentale n'était si peu développée chez les idiots

(1) HITZIG : *Congrès de Paris. Section de neurologie,* 1900, p. 98.
(2) FERRIER : *Experiments on the Brain of monkeys,* 1875.
(3) JULES SOURY, *loco cit.,* p. 1008.

que parce que le développement de leur lobe frontal
avait été arrêté. De même, les affections organiques de
cette région étaient frappées au coin de la démence
ou de la plus profonde dégradation physique. C'était à
l'élévation de ses lobes frontaux que l'homme devait
de l'emporter autant par l'intelligence sur les animaux
inférieurs, dont les régions frontales étaient en quelque sorte demeurées rudimentaires... Les singes, de
l'apathie, passaient quelquefois à une agitation inces-
sante et sans but... Ces animaux n'avaient pas perdu
l'intelligence ; ils n'avaient perdu, avec les centres
d'arrêt du lobe frontal, que cette capacité d'attention
consciente qui est la condition de ces opérations de
l'entendement dont la somme ou la résultante est ce
qu'on nomme l'intelligence. »

« CLOZEL DE BOYER (1) (1879) avait été frappé des
modifications du caractère que présentaient les chiens
opérés des lobes frontaux ; il rapprochait ces symptômes de déficit de ceux qu'offrent les malades atteints
de lésion frontale étendue, tels que celui de BARADUC,
et entre voyait l'accord profond de la physiologie expérimentale et de l'observation clinique (2). »

Pour WUNDT (3) (1887), le lobe frontal est le centre
de l aperception *(Apperceptionscentrum)*. « En outre, la
volonté ne faisant qu'un au fond avec l'aperception,
la destruction du lobe frontal, avec la ruine de l'aperception, entraîne celle de la volonté (4). »

---

(1) CLOZEL DE BOYER : *Études cliniques sur les lésions corticales des
hémisphères cérébraux,* thèse de Paris, 1879, p. 73.

(2) JULES SOURY, *loco cit,,* p. 1008.

(3) WUNDT : *Grundzüge der physiologischen Psychologie,* 3ᵉ édition,
1887.

(4) JULES SOURY, *loco cit.,* p. 1009.

c) Meynert et Munk. — Mais ces idées étaient en même temps très vigoureusement combattues.

Pour MEYNERT (1) (1890), « l'hypothèse psychologique de HITZIG s'écartait décidément trop des limites d'une induction physiologique... L'hypothèse de HITZIG ne servirait qu'à combler provisoirement une lacune de nos connaissances ; elle n'a aucun fondement scientifique (2) ».

De même, continue JULES SOURY (p. 1009), le centre de l'aperception est comme un « miracle perpétuel, offert par WUNDT à l'adoration des fidèles de son École... Les physiologistes, comme MUNK, n'ont pas plus réussi jusqu'ici à comprendre cette hypothèse de WUNDT que les aliénistes et les psychophysiciens les plus subtils et les plus déliés de notre temps, tels que

---

(1) MEYNERT : *Klinische Vorlesungen über Psychiatrie.* Wien, 1890, p. 243. (Citat. JULES SOURY, *loco cit.*, p. 910.)

(2) Suivant MEYNERT, « l'opinion que le lobe frontal est l'organe de l'intelligence... n'a pas des racines très profondes dans l'antiquité ; l'époque antegalénique elle-même serait peut-être restée encore étrangère à cette idée. En tout cas, c'est une erreur absolue de croire que la forme du front du Jupiter de Phidias correspondait à l'intention qu'aurait eue l'artiste d'exprimer d'une manière surhumaine l'intelligence des dieux. Les connaisseurs de la sculpture antique ont établi depuis longtemps déjà que ce front, entre autres, avec sa structure tout à fait inadéquate aux formes humaines, avec ses parties médianes étroites et verticales et ses saillies, exprime la *force* et la *puissance* de Zeus, la *terreur* qu'il doit inspirer, mais nullement des facultés, même sublimes, analogues à celles de l'intelligence humaine. Phidias a donné au Jupiter tonnant le front du lion, étroit et droit, en ayant égard non pas certainement au cerveau du lion, très petit, très inférieur en volume à celui de l'ours, mais par rapport à ses cavités nasales, à ses larges et puissantes narines. Cela suffit pour qu'il ne soit plus permis de voir dans ce front une sorte d'exaltation du front de l'homme ; c'est en est, au contraire, une *déviation* qu'explique la coutume où était l'art antique d'exprimer, comme en témoignent les monuments de la sculpture, la toute-puissance des dieux en leur attribuant certaines *formes* empruntées à des animaux, dont la force physique, avec la terreur qu'elle inspire, l'emporte de beaucoup sur celle de l'homme. » (JULES SOURY, *loco cit.*, p. 912.)

Ziehen et Munsterberg. Je n'ai pu comprendre (*verste-hen*), confesse Munk, ni cette hypothèse ni plusieurs autres raisonnements concernant l'aperception. Autant que je puis voir, Wundt n'est pas arrivé au clair avec son aperception : il a jeté, pêle-mêle, dans cette notion, des processus des plus hétérogènes. »

d) Goltz, Bianchi et Flechsig. — Avec ses chiens décérébrés, dont j'ai déjà parlé, Goltz (1893) n'a pas seulement montré le rôle de l'écorce cérébrale en général dans le psychisme ; il a étudié plus spécialement le rôle des lobes frontaux.

« Il y a chez Goltz, dit Jules Soury (p. 1006), pour la science de l'intelligence, des expériences bien curieuses. Je veux parler de l'altération profonde et absolument opposée qu'exercerait sur le caractère et la nature morale (*Gemüthsstörung*) des animaux l'ablation des régions antérieures ou postérieures du cerveau. Ainsi, après l'ablation des lobes antérieurs, outre les altérations du mouvement et de la sensibilité générale, Goltz a observé trois ordres de phénomènes, d'ailleurs connexes, qui diffèrent diamétralement de ceux qui suivent, selon lui, l'ablation du cerveau postérieur (*Hinterhirn*), abstraction faite également des diverses altérations de la sensibilité spéciale... : 1° des phénomènes d'excitation générale exagérée ; 2° l'absence de contrôle ou de domination sur soi-même ; 3° la violence de certains mouvements réflexes incoercibles, par défaut des fonctions d'arrêt ou d'inhibition... Les phénomènes d'hyperexcitabilité réflexe et d'irrésistibilité motrice, après l'ablation des régions antérieures du cerveau, se traduisent par ce que Goltz appelle le *caractère irri-*

table, agressif, violent jusqu'à la fureur. De bons animaux, les chiens les plus pacifiques du monde, peuvent devenir, après cette opération, méchants, hargneux, batailleurs. Emportés par une sorte d'aveuglement furieux, ils se précipitent, dès qu'ils les aperçoivent, sur des chiens qui ne leur ont jamais fait aucun mal, qu'ils traitaient même autrefois en amis : ils les mordent, les déchirent avec rage. Ce changement de caractère a été observé par GOLTZ dans vingt-deux cas. »

BIANCHI (1), qui a expérimenté sur douze singes et six chiens et leur a extirpé soit un lobe frontal, soit les deux lobes frontaux, pense que ces lobes « seraient l'organe dans lequel les produits sensoriels et moteurs des différentes zones sensorielles et motrices de l'écorce cérébrale viendraient se coordonner et se fondre... De cette fusion naît ce que l'on appelle le tonus psychique de l'individu. L'extirpation des lobes frontaux produit la désagrégation de la personnalité, l'incapacité à la formation par séries des groupes d'images et de représentations. La disparition de l'organe de la fusion physiologique entraîne l'absence de la base anatomique du jugement et de la critique. »

Un singe opéré par BIANCHI fut présenté par lui au Congrès de Rome, et soumis à une Commission composée de HITZIG (président), TAMBURINI, MENDEL, PITRES, SCIAMANNA, SERGI, KURELLA, MINGAZZINI, qui, après un examen, forcément écourté, confirma en partie les conclusions de BIANCHI. Le rapporteur, SCIAMANNA, « recon-

(1) BIANCHI : Sur les fonctions des lobes frontaux. Congrès de Rome, 1894, *Revue neurologique*, 1894, p. 331. — Voir aussi JULES SOURY, *loco cit.*, p. 990.

naît qu'il s'est produit un changement profond dans
la personnalité de l'animal ; celui-ci... se montre dans
des conditions psychiques inférieures à celles des singes
normaux à cause de l'insuffisance des perceptions et du
défaut de discernement ».

Dans un travail ultérieur (1), BIANCHI continue à
donner « la plus grande importance aux lobes frontaux
qui recevraient les produits élaborés dans les centres
de perception et transmettraient la synthèse directrice
des actes à la zone motrice ».

Enfin, plus récemment encore (2), le même auteur
démontre qu' « il existe une seule zone dont les lésions
n'aient jamais produit de troubles moteurs ni sensitifs,
mais qui, par contre, déterminent la perte des facultés
mentales supérieures : c'est celle des lobes préfrontaux.
Cette zone est en rapport avec toutes les autres zones
du manteau cérébral ; elle réunit les produits des zones
sensorielles et excite leurs fonctions. Elle n'a pas de
fibres de projection (3). Les expériences, les maladies
de cette zone et l'anatomie embryologique concourent à
démontrer que la zone frontale est le siège de la synthèse intellectuelle et émotive de la personnalité. C'est
la seule conclusion qui soit légitime. »

Pour FLECHSIG (4), le centre frontal « intéresse sur-

---

(1) BIANCHI : *Annali di neurologia*, t. XVIII, 1900, p. 169. (*Revue neu
rologique*, 1900, p. 1079.)

(2) BIANCHI : *Annali di neurologia*, t. XXII, 1904, p. 1. (*Revue neurologique*, 1904, p. 1167.)

(3) MARINESCO (1902) admet « qu'il n'existe pas dans le lobe préfrontal de grandes cellules pyramidales ou cellules géantes qui donne-
raient naissance aux fibres de projection ».

(4) FLECHSIG : Analyses de PIERRE MARIE et LADAME *In Revue neurologique*, 1896, p. 381, et 1897, p. 292.

tout la personnalité de l'individu ; il règle la participation personnelle aux événements extérieurs ou inté-
rieurs qui concernent l'individu. La lésion du centre
frontal supprime l'attention active et provoque l'indifférence complète, change de fond en comble le caractère ». Et Hitzig a proclamé, en 1900, que si, s'appuyant
sur des recherches physiologiques, il a « émis l'hypothèse que des organes de ce genre se trouvent dans la
région préfrontale, c'est à Flechsig que revient le
mérite d'avoir fourni une preuve embryologique (1) de
l'exactitude de cette opinion ».

Je termine ce paragraphe par cette citation de Charpy (2) : « les centres d'association possèdent sans doute
des fibres de projection, mais elles sont limitées à la
couche optique ; elles ne les mettent pas en relation
directe avec le monde extérieur ni avec le système
musculaire. Leur excitation ne produit ni phénomène
sensitif ni réaction motrice... Il est difficile de ne pas
croire, avec Hitzig, que, si les idées se forment dans
toute l'écorce cérébrale, c'est surtout dans le lobe frontal, caractéristique du cerveau humain, que s'orga-
nisent la réflexion, les idées abstraites, la volonté frénatrice des centres sensitivomoteurs, en un mot, les
manifestations élevées de l'intelligence. Il en est de
même de la conscience. »

(1) La myelinisation commence par les centres sensitifs, sensoriels,
et se termine par les centres psychiques.
(2) Charpy : *Traité d'anatomie humaine de Poirier et Charpy*, 1902,
t. III, 2ᵉ édition, p. 514.

2. *Étude anatomoclinique.*

Même avec des développements confirmatifs ultérieurs, la physiologie expérimentale ne donnera jamais,
sur cette question délicate de la localisation du psychisme supérieur chez l'homme, que des présomptions
et un commencement de preuve.

La démonstration complète et définitive ne peut être
demandée qu'à l'anatomoclinique, qui observe chez
l'homme même, la maladie étant un instrument
d'expérimentation sur l'homme vivant, toutes les fois
qu'une observation clinique bien prise est suivie d'une
autopsie détaillée.

a) Travaux d'ensemble. — L'histoire anatomoclinique
du lobe préfrontal paraît commencer (1) en 1888 avec
la thèse de LEONORA WELT (2), élève de EICHHORST à
Zurich, et le travail de JASTROWITZ.

Chez Franz Binz, le malade de WELT, « une fracture
comminutive de l'os frontal avait déterminé, outre
l'issue d'une certaine quantité de substance cérébrale,
une destruction presque complète sur la face orbitaire
du lobe frontal droit, du gyrus rectus (F_1), destruction
s'étendant en arrière jusqu'au chiasma des nerfs
optiques. La F_2 orbitaire était également, de ce côté,
lésée en arrière (adhérence des lambeaux de dure-
mère). A gauche, la substance grise du gyrus rectus

_____

(1) JULES SOURY, *loco cit.*, p. 1009.
(2) LEONORA WELT : Ueber Charakterveraenderungen des Menschen
infolge von Laesionen des Stirnhirns. *Deustches Archiv für klinische
Medicin*, 1888, t. XLII, p. 331.

était détruite comme à droite, mais le reste de la
face orbitaire était mieux conservé... Le seul changement survenu chez ·Fr. Binz fut une altération du
caractère qui rappela à L. WELT le même phénomène
observé dans des conditions analogues sur les animaux
et chez l'homme par GOLTZ, HITZIG, FERRIER. Le malade
de la clinique de Zurich, de pacifique, gai, poli et
propre qu'il était, devint mauvais, querelleur, violent
et sale, sans que l'intelligence fût obscurcie... Dans
douze observations. suivies d'autopsie, de lésions des
lobes frontaux, observations recueillies par L. WELT,
où des symptômes de déficit de la personne morale
semblent avoir été l'effet de ces lésions (1), toujours les
circonvolutions orbitaires, et en particulier celles de
F_1, ont été trouvées (sauf dans un cas) plus ou moins
détruites. Si l'on s'aventure à localiser, conclut l'auteur
avec une sage réserve, il ressort de ces onze cas positifs que le siège des changements ou altérations du
caractère décrit serait l'écorce de F_1 ou des circonvolutions de la face orbitaire voisines de la ligne médiane
interhémisphérique et du lobe frontal droit plutôt que
du lobe frontal gauche. »

JASTROWITZ (2) « a recueilli plusieurs cas intéressants
de démence avec excitation gaie, d'un tour d'esprit
jovial, comique ou humoristique *(Witzelsucht)* (3),
observée uniquement dans des tumeurs du lobe frontal » et qu'il appelle *moria*.

---

(1) Cas de BARADUC, BALFOUR, HÉNOCH, LÉONORE WELT (Fr. Binz),
KLEBS, LÉPINE, EULENBURG, DAVIDSON, NOBELE, FERRIER (American
Crowbar Case), CONGREVE-SELWYN, LONGET.
(2) Voir JULES SOURY, *loco cit.*, p 1013.
(3) Littéralement *turlupinade* (DEVIC).

« Je suis bien éloigné de soutenir, écrit Jastrowitz (1),
que, dans le lobe frontal, toutes les lésions en foyer, ou
même seulement les tumeurs, sont accompagnées de
moria, comme si cette psychose leur était particulière.
Il y a des tumeurs des lobes frontaux avec des symptômes de nature mélancolique (Grivu). La moria n'a
été notée que dans un certain nombre de lésions des
lobes frontaux et non pas seulement dans les tumeurs.
Cet état psychique se montre également chez quelques
paralytiques généraux, à la période de début, chez des
déments séniles, chez des alcooliques, où existe aussi
une atrophie des lobes antérieurs du cerveau... La
psychose ici décrite me paraît donc un phénomène
important pour les localisations du lobe frontal... Il
semble bien que la moria ne se rencontre que dans les
lésions en foyer, surtout dans les tumeurs des lobes
frontaux, non dans celles des autres parties du cerveau. »

Oppenheim (2), quoique très réservé dans ses conclusions, dit : « dans la plupart des cas de tumeurs des
lobes frontaux où l'observation a pu être bien conduite,
et dès le commencement du mal, une altération des
fonctions psychiques, ou une psychose elle-même, a
été constatée. » Et Jules Soury ajoute : « quant au
caractère connu des anomalies psychiques observées
dans les tumeurs du lobe frontal, on a surtout relevé
l'affaiblissement de la mémoire et des facultés intellectuelles, l'apathie, l'hébétude, la stupeur, plus rare-

---

(1) Jastrowitz : Beiträge zur Localisation im Grosshirn. *Deutsche
medicinische Wochenschrift,* 1888, p. 111.

(2) Oppenheim : Zur Pathologie der Grosshirngeschwülste, *Archiv für
Psychiatrie und Nervenkrankheiten,* 1890, t. XXI, pp. 560 et 705, et
1891, t. XXII, p. 27 (23 observations). Conclusions pour les symptômes
psychiques, p. 55 ; et *Die Geschwülste des Gehirns,* 1902.

ment une psychose proprement dite, telle que la mélancolie (GRIMM, DURANTE), la manie (CLOUSTON), l'incohérence, la confusion mentale et certains états d'excitation (MŒLI) (1). »

WILLIAMSON (2) donne quatre observations dont trois de tumeurs et une d'abcès des lobes préfrontaux. Il les fait suivre de l'analyse des symptômes constatés dans 45 autres cas du même genre, empruntés à différents auteurs, dont trois ont trait à des abcès, les autres à des tumeurs. Dans 17 cas le lobe droit était lésé, dans 22 le lobe gauche, dans 11 les deux lobes.

Symptômes mentaux notés : « fréquents et divers ; un certain degré de dépression, de déchéance, la perte de l'attention, un état semi-comateux, sont assez souvent notés, ainsi qu'un caractère enfantin, une facilité à dormir, une tendance à une gaieté anormale. (JASTROWITZ, OPPENHEIM, BRUNS.) WELT a signalé une irritabilité mentale avec violence ; LLOYD une lenteur spéciale des processus psychiques (3). »

BRUNS (4) énumère « la manie de faire le bel esprit et le plaisant dans le tableau symptomatique qu'il a dressé des tumeurs du lobe frontal ; il y voit un élément de diagnostic local ou topographique (5) ».

DEVIC et COURMONT (6) rapprochent d'une observation que nous retrouverons (n° 24) des faits de SEAVIK (1893),

---

(1) JULES SOURY, *loco cit.*, p. 1013.

(2) WILLIAMSON : On the symptomatology of gross lesions (tumours and abscesses) involving the prefrontal region of the Brain. *Brain*, 1896, p. 316.

(3) *Revue neurologique*, 1896, p. 707.

(4) BRUNS : *Die Geschwülste des Nervensystems*, 1897.

(5) JULES SOURY, *loco cit.*, p. 1013.

(6) DEVIC et COURMONT : Sur un cas de gliome cérébral. *Revue de médecine*, 1897, p. 269.

Raymond, etc., et concluent : « ces tumeurs occasionnant des troubles mentaux siègent le plus souvent dans les lobes frontaux ».

« Sur onze cas de tumeur du lobe frontal que Byron Bramwell (1898-99) a observés, sept fois il trouve des symptômes mentaux marqués et, parmi ces cas, trois fois les signes psychiques avaient acquis une importance bien plus grande, dit l'auteur, que dans les tumeurs des autres portions du cerveau. »

Raymond (1), qui avait déjà publié (1892) un cas de démence consécutive à une tumeur du lobe frontal droit, reprend la question dans son ensemble (1897) : une tumeur du lobe préfrontal « presque toujours occasionnera des désordres psychiques qui peuvent revêtir des caractères très variables : hypocondrie, mélancolie, manie, démence paralytique, irritabilité, etc. ».

Gianelli (2), de dix cas personnels et d'autres, conclut « .....2° plus les phénomènes psychiques (torpeur et arrêt intellectuel, faiblesse de la mémoire) se manifestent au premier plan dès le début des accidents morbides, plus on doit tendre à admettre comme siège de la tumeur le lobe frontal et plus particulièrement la zone préfrontale ; .....7° lorsqu'une néoplasie cérébrale se présente avec le tableau clinique d'une paralysie générale progressive classique, ce fait indique que la néoplasie réside très probablement dans le lobe frontal ; 8° lorsque, dans le cas d'une néoplasie encéphalique, se manifestent des idées de grandeur,

_____

(1) Raymond : *Leçons sur les maladies du système nerveux*, t. III, 1898, p. 247.

(2) Gianelli : *Policlinico*, 15 juillet 1897.

il est à penser que le siège de la néoplasie est dans les lobes frontaux ; 9° la tendance à l'enfantillage indique comme siège du néoplasme le lobe frontal et de préférence le lobe frontal droit ; il en est de même pour les altérations marquées du caractère ; 10° lorsque, dans le cas d'une néoplasie encéphalique, se manifestent des troubles de l'adaptation au but dans quelques actes moteurs d'ordre supérieur (actions forcées avec conscience), le néoplasme réside avec grande probabilité dans les hémisphères cérébraux, au voisinage de la zone psychomotrice et de préférence dans le lobe frontal (1). »

Dans son beau Rapport de 1903, Duret (2) consacre une annexe (p. 614) très importante et très documentée aux symptômes de localisation des tumeurs des lobes frontaux et un chapitre intéressant (p. 625) aux troubles psychiques, et, dans ses conclusions (p. 632), il donne, parmi les signes caractéristiques de la symptomatologie frontale, des troubles intellectuels variés : torpeur, psychoses, ataxie frontale.

Dupré (3) a repris la question (1904) dans le *Traité de Gilbert Ballet* et conclut (p. 1174) : « l'étude comparée du nombre considérable d'observations déjà publiées de tumeurs du lobe frontal démontre, en résumé, la *haute prédominance des troubles psychiques...* dans l'expression clinique des lésions. Ces troubles psychiques, divers par leur nature, leur intensité, leur association, sont en général précoces, presque toujours

---

(1) *Revue neurologique,* 1898, p. 11.

(2) Duret : Rapport sur les tumeurs de l'encéphale. *Congrès de chirurgie,* 1903, p. 393.

(3) Dupré, *loco cit.,* p. 1170.

progressifs, souvent isolés au début... ils se caractérisent surtout par l'*affaiblissement démentiel terminal*
des facultés. Certaines modalités épisodiques singu-
lières (moria, euphorie joviale, puérilisme, troubles de
l'odorat, etc.) peuvent imprimer à la symptomatologie
mentale du lobe frontal une physionomie assez spéciale.
Mais le caractère dominant de cette expression clinique
demeure l'*atteinte précoce des fonctions psychiques
supérieures,* de l'exercice intellectuel sous ses formes
les plus hautes et les plus délicates, et des manifestations de l'affectivité et du sens moral. On peut remarquer ici l'analogie générale de l'expression psychique
des lésions frontales avec celles de la paralysie générale, dont les localisations prédominantes intéressent
le plus souvent l'écorce des lobes frontaux. »

BRISSAUD et SOUQUES (1), quoique très réservés, concluent : « on peut dire que les troubles psychiques
paraissent plus fréquents, plus précoces, plus accusés
— quelquefois ils semblent prédominants — dans les
tumeurs du lobe frontal que dans celles des autres
régions du cerveau. L'existence de troubles mentaux
très marqués au cours d'une tumeur cérébrale a pu
permettre, en effet, à différents auteurs, de la localiser
au niveau de la zone frontale. La pensée siège dans
toute l'écorce, et l'ensemble des circonvolutions est
nécessaire à l'intégrité de l'intelligence ; mais les
observations précédentes tendent à faire croire que le
lobe frontal joue un rôle prédominant dans l'élaboration
des processus psychiques supérieurs. »

---

(1) BRISSAUD et SOUQUES : Tumeurs cérébrales. *Traité de médecine,*
2ᵉ édition, 1904, t. IX, p. 338.

MILLS (1) a récemment établi des schémas des localisations corticales en « mettant à profit les plus récentes
acquisitions de la physiologie et de l'anatomie pathologique. Alors que les fonctions psychiques d'abstraction sont localisées à la première frontale, les conceptions concrètes appartiennent au lobe pariétal, avec le
sens stéréognostique (2) ».

b) Observations. — Voici le résumé sommaire et l'indication bibliographique d'un certain nombre d'observations anatomocliniques, qui permettent d'analyser
de plus près la physiopathologie du lobe préfrontal.

1. NOBELE (3). — Garçon de 16 ans ; tentative de suicide ; coup de pistolet dans le front. « La blessure siégeait ⸱ la face inférieure de l'os frontal, à gauche. Une
quantité considérable de substance cérébrale remplis-
sait la blessure en forme de bouillie ; il s'y trouvait
plusieurs fragments d'os du frontal. » Trépan. Guérison. — « De sombre et fermé qu'avait été ce jeune
homme, il devint, à partir de ce moment, gai, vif, enjoué et jovial ».

2. VELPEAU et DELPECH (4). — « Le malade portait...
une tumeur squirreuse du lobe frontal droit ; un néo-

_____

(1) CH.-K. MILLS : Les aires physiologiques et les centres de l'écorce
cérébrale de l'homme avec nouveaux schémas diagrammatiques.
Univers. of Penna med. Bulletin, 1904, p. 90. (*Revue neurologique,*
1905, p. 221.)

(2) Voir aussi ÉDUARD MULLER : Zur Symptomatologie und Diagnostik
der Geschwülste des Stirnhirns. *Deutsche Zeitschrift für Nervenheilkunde,* 1902, t. XXII, p. 375, et plus spécialement pp. 378 et 405.

(3) NOBELE : *Annales de médecine belge,* 1835. (Citat. JULES SOURY,
loco cit., p. 1016.)

(4) Cas trouvé par JASTROWITZ dans la *Physiologie du système nerveux* de LONGET. (JULES SOURY, *loco cit.,* p. 1014. Note.)

plasme symétrique siégeait dans le lobe frontal gauche... Entré à la Charité le 25 février 1843... très préoccupé de son esprit, farceur, poussant les plaisanteries jusqu'à l'extravagance... Il s'affaiblit subitement et mourut en babillant. »

3. BARADUC (1). — « Homme de 73 ans, entré aux Ménages à la suite de revers de fortune amenés par la bizarrerie de son caractère. On le connaissait, dans cette maison où il passa six ans, pour ne jamais parler et marcher toujours devant lui. Au cours des trois premières années, il avait présenté quelques signes d'aliénation mentale. D'apparence joyeuse, volontaire dans ses désirs, vaniteux lorsqu'on le bravait, il parlait très peu, ne répondant que oui ou non, mangeait seul, marchait toujours. » L'intelligence disparait de plus en plus ; il ne parle plus, est incapable de retrouver son lit, devient gâteux. — Atrophie des deux lobes frontaux. Les trois frontales, sur la convexité comme sur la face interne, étaient atrophiées, tandis que la frontale et la pariétale ascendantes, ainsi que le lobule paracentral, ne l'étaient pas. « Ces lésions expliquent à l'auteur de cette observation, avec la conservation de la sensibilité et de la motilité, la perte de la parole et l'absence d'idées volontaires, de spontanéité, de désirs traduits par un geste (2). »

4. FERRIER (3). — Cas connu sous le nom de *American Crowbar Case;* observation publiée par BIGELOW (4)

---

(1) BARADUC : Troubles cérébraux analogues à ceux de la paralysie générale. Atrophie des lobes frontaux. *Bulletin de la Société anatomique,* 1876, p. 277.

(2) JULES SOURY, *loco cit.,* p. 1015.

(3) FERRIER : *De la localisation des maladies cérébrales,* trad. HENRY C. DE VARIGNY, 1880, p. 43.

(4) BIGELOW : *American Journal for medical sciences,* july 1850.

et par HARLOW (1). Phineas P. Gage. 25 ans. « Pendant
qu'il bourrait un trou de mine, dans un rocher, d'une
matière explosible, au moyen d'une barre de fer poin-
tue, longue de 3 pieds 7 pouces, large de 1 pouce un
quart et pesant 13 livres un quart, la charge éclata
tout à coup. La barre de fer lancée la pointe en avant
pénétra par l'angle gauche de la mâchoire du patient,
traversa net le sommet du crâne, dans la région frontale, près de la suture sagittale, et fut ramassée à quelque distance, couverte de sang et de cervelle. » Le
patient survécut douze ans et demi. Tout ce trajet
intracrânien du projectile « est compris dans la région
décrite sous le nom de *région préfrontale* ». Voici ce
que rapporte HARLOW relativement à l'état mental du
sujet, après sa guérison : « ses patrons, qui le considé-
raient comme un de leurs meilleurs et plus habiles
conducteurs de travaux avant son accident, le trouvè-
rent tellement changé qu'ils ne purent lui confier de
nouveau son ancien poste. L'équilibre, la balance pour
ainsi dire, entre ses facultés intellectuelles et ses pen-
chants instinctifs, semblent détruits. Il est nerveux,
irrespectueux et jure souvent, et de la façon la plus
grossière, ce qui n'était pas dans ses habitudes auparavant; il est à peine poli avec ses égaux; il supporte
impatiemment la contrariété et n'écoute pas les conseils des autres, lorsqu'ils sont en opposition avec ses
idées; à certains moments il est d'une obstination
excessive, bien qu'il soit capricieux et indécis; il fait
des plans d'avenir qu'il abandonne aussitôt pour en
adopter d'autres qui lui semblent plus praticables. C'est

---

(1) HARLOW : Recovery from the passage of an iron bar through the
head. *Massachussells medical Society,* 3 juin 1868; Boston, 1869.

un enfant pour l'intelligence et les manifestations
intellectuelles, un homme pour les passions et les instincts. Avant son accident, bien qu'il n'eût pas reçu
d'éducation scolaire, il avait l'esprit bien équilibré et
on le considérait comme un homme habile en affaires,
intelligent (*smart*), très énergique et tenace dans l'exécution de ses plans d'opération. A cet égard, il est tellement changé que ses amis et connaissances disent
que ce n'est plus là Gage. »

5. LEONORA WELT. — Observation de Franz Binz,
déjà résumée plus haut (p. 402).

6. JASTROWITZ (1). — Épileptique. 38 ans. « Se montre en général débile d'intelligence, mais aimable, ma-
licieux et enjoué, disposé à faire des farces. Ainsi, il
se plante devant un malade, ouvre démesurément les
yeux et rit à plein gosier. Il tient les médecins et les
infirmiers pour d'anciennes connaissances à lui qui lui
demandent des choses qu'ils savaient mieux que lui.
Il siffle, crie, rit convulsivement d'une façon enfantine
et niaise... » — A droite, à un centimètre environ de
la ligne médiane et à deux centimètres au-dessus de
l'orbite, sur la face interne de la dure-mère, tumeur,
de quatre centimètres de longueur et de trois de lar-
geur, occupant exactement la pointe du lobe frontal
au point où F_1 passe dans la circonvolution orbitaire;
F_2 était aussi intéressée.

7. *Du même.* — Dément. 67 ans. Tout en faisant de
la charpie, à la Charité de Berlin, assis à une table
devant la fenêtre, faisait sur tous les passants des
remarques spirituelles; les gardiens, en cercle, s'amu-

(1) JULES SOURY, *loco cit.*, p. 1013.

saient fort de ses plaisanteries. Tumeur dans le lobe frontal gauche.

8. *Du même*. — 44 ans. Faisait semblant de ne point comprendre et répondait de travers aux questions par pure malice; il faisait force grimaces comiques; il urinait au lit et assurait en riant qu'il avait transpiré : quand on voulait l'examiner, il laissait pendre sa tête en avant ou de côté. Il se plaisait à dire des choses déshonnêtes et chantait des chansons communes; il raillait et frappait les autres malades, leur prenait leur nourriture. — Tumeur dans le lobe frontal gauche.

9. RAYMOND (1). — Femme. 48 ans. Affaiblissement intellectuel, amnésie, alternatives de torpeur et d'excitation. — Tumeur dans le lobe frontal droit.

10. BURR (2). — Démente alcoolique. 66 ans. — Carcinome de la dure-mère, de 10 centimètres de diamètre, occupant la face externe du lobe frontal droit envahi lui-même en partie, au niveau de la première frontale.

11 et 12. D'ABUNDO (3). — Deux cas de fracture du crâne portant sur la partie antérieure de l'os frontal, dans lesquels « se sont montrés des troubles psychiques évidents, dont le résultat final a été un changement manifeste du caractère et une limitation de l'activité mentale. Il y avait eu non seulement fracture du crâne,

---

(1) RAYMOND : Sur un cas de démence consécutive à une tumeur du lobe frontal droit. *Société médicale des hôpitaux*, 24 juin 1892.

(2) BURR : Tumeur intracrânienne avec absence de symptômes diagnostiques. *American Journal of insanity*, avril 1891. (*Archives de neurologie*, 1892, t. XXIII, p. 406.)

(3) G. d'ABUNDO : Contribution clinique à la physiopathologie des lobes préfrontaux. *Annali di neurologia*, 1893, p. 252. (*Revue neurologique*, 1894, p. 323.)

mais encore suppuration consécutive de la plaie ».

13. GALAVIELLE et VILLARD (1). — Chez un malade de mon service, tumeur du lobe frontal gauche. — Troubles intellectuels précoces : ni volonté, ni énergie ; se désintéressant de tout ; changement de caractère. Puis la mémoire s'affaiblit ; paroles incohérentes, raisonnements décousus. « Ne disait que des bêtises ». Se promène partout sans savoir où il va. A plusieurs reprises, jette dans la salle son assiette, son verre. L'intelligence s'affaiblit progressivement de plus en plus.

14. IRWIN NEFF (2). — A l'entrée à l'asile du Michigan, léger affaiblissement intellectuel avec idées mélancoliques. La malade vécut quelques années en s'affaiblissant de plus en plus au point de vue physique et mental. — Tumeur occupant l'extrémité du lobe frontal gauche, dans lequel elle avait déterminé une excavation d'un pouce de profondeur : sarcome.

15. LULLUM WOOD BATHURST (3). — Femme de 54 ans, admise plusieurs fois à l'hôpital pour débilité mentale et incontinence d'urine. Conversation possible, mais pénible. Démence simple. — Tumeur, longue de deux pouces environ, dans la région frontale de l'hémisphère droit, au-devant du corps strié. Elle occupe la place du corps calleux disparu en cet endroit. Autour d'elle, sur la face interne et antérieure de l'hémisphère, la

(1) GALAVIELLE et VILLARD : Un cas de sarcome volumineux du cerveau ayant débuté dans la substance blanche de la région frontale gauche. *Archives de neurologie*, 1893, t. II, p. 1.

(2) IRWIN NEFF : Note sur deux cas de tumeur cérébrale avec autopsie, *American Journal of insanity*, 1894. (*Archives de neurologie*, 1893, t. XXIX, p. 300.)

(3) LULLUM WOOD BATHURST : Un cas de kyste dermoïde du cerveau. *British medical Journal*, 1ᵉʳ juin 1895. (*Revue neurologique*, 1895, p. 344.)

substance cérébrale est ramollie. Kyste rempli de matière sébacée et contenant plusieurs cheveux de couleur foncée.

16. LEPINE (1). — Femme de 44 ans. Certain degré d'obtusion intellectuelle. Parole lente. Plus tard, « singulière amnésie avec délire. Elle ne se rappelait pas la mort de son mari survenue il y a sept ans et elle prétendait que chaque jour il venait la voir. De plus, elle était convaincue que sa voisine de lit, qu'elle ne connaissait pas avant d'entrer à l'hôpital, était sa cousine et elle lui parlait de prétendues affaires de famille ».
— A la partie antérieure du lobe frontal droit, adhérence assez intime de la pie-mère et de la dure-mère et, à ce niveau, tumeur du volume d'une noix, dure, dont le centre était partiellement caséeux et la périphérie rosée, sans limite bien tranchée avec la substance nerveuse saine (syphilome). Dans la scissure interhémisphérique, sur le lobe frontal de l'hémisphère gauche, un peu en avant du genou du corps calleux, il existait un petit syphilome de moindre étendue que celui de l'hémisphère opposé.

17. *Du même* (2). — 37 ans. Depuis plusieurs années, excitation cérébrale et idées ambitieuses. Depuis quelques mois il ne pouvait plus s'occuper d'affaires ; la mémoire avait beaucoup baissé ; de plus, quelques bizarreries de caractère, pour ne pas dire plus ; ainsi il va chez un ami pour dîner et tout à coup, avant de se mettre à table, le quitte sans motif. — Gomme sur

---

(1) LEPINE : Clinique de l'Hôtel-Dieu de Lyon (1894-1895), *Revue de médecine*, 1895, p. 505. Singuliers troubles psychiques dans un cas de tumeur des lobes frontaux, p. 512.

(2) LEPINE : *Ibidem*. Gommes des lobes frontaux, p. 513.

le lobe frontal droit, presque sur la scissure interhémisphérique et à plusieurs centimètres en avant du sillon de ROLANDO; la lésion se prolonge sur la face interne du lobe frontal. A peu près ·symétriquement, sur la face interne de l'hémisphère gauche, gomme cicatrisée.

18. GIULIO OBICI (1). — Diagnostic, chez une femme souffrant depuis sept ans de troubles nerveux, d'un gliome naissant de la substance blanche, dans la portion antérieure du lobe frontal gauche et se dirigeant en arrière vers l'écorce en suivant le trajet de la deuxième frontale. Opération. Un an après, mort. Confirmation du diagnostic. — Dans les conclusions déduites du cas, « l'auteur admet que les lésions des lobes frontaux altèrent spécialement l'intelligence et le caractère · de l'individu; elles affaiblissent et détruisent la première, rendent le second violent et irritable... La prédominance des altérations psychiques sur les autres éléments... peut être une indication pour reconnaître que la lésion siège dans les lobes préfrontaux ».

19. ESKRIDGE et MAC NAUGHT (2). — A l'âge de 9 ans, coup de pied de cheval à la région susorbitaire gauche; le crâne fut fracturé et une quantité assez considérable de substance cérébrale sortit par la plaie. L'intelligence reste obtuse. A 19 ans, périodes d'inconscience. A 35 ans, inconsciences et crises épileptiques. Somnolence. Hébétude mentale très accusée. Opération. Éva-

---

(1) GIULIO OBICI : Gliome du lobe frontal gauche, *Il Policlinico*, 1895. (*Revue neurologique*, 1895, p. 498.)

(2) ESKRIDGE et MAC NAUGHT : Kyste traumatique du cerveau consécutif à une lésion datant de vingt-cinq ans; épilepsie; opération. Guérison. *The New-York medical Journal*,1er juin 1895. (*Archives de neurologie*, 1896, 2e série, t. I, p. 69.)

cuation d'un kyste. Amélioration rapide de l'état
mental du sujet. Sept mois après, « sa mémoire et son
attention sont nettement améliorées ».

20. ALLEN STARR et MAC BURNEY (1). — Cas où ALLEN
STARR et MAC BURNEY avaient diagnostiqué, d'après la
nature des « symptômes mentaux », le siège d'une
tumeur cérébrale en un point du lobe frontal, diagnostic qui se trouva pleinement confirmé.

21. LAVISTA (2). — A la suite d'une blessure occa-
sionnée par une arme à feu dans la région temporale
droite et dont le projectile était sorti à un centimètre
en dehors du sinus longitudinal supérieur, traversant
le lobule dans sa partie antérieure, le sujet a perdu
complètement la mémoire et presque totalement l'intelligence. — A l'opération, « nous avons pu démontrer
la disparition complète des circonvolutions frontales
supérieures et moyennes ».

22 et 23. TAMBRONI et OBICI (3). — Symptômes psychiques : sept mois avant les autres symptômes dans
le premier cas, tardifs au contraire dans le second.
« Les autopsies confirmèrent l'existence des tumeurs
diagnostiquées et rendirent compte de leur développement en sens opposé : la première avait eu son origine dans la substance blanche du lobe préfrontal et
s'était avancée du côté des noyaux de la base et de la
capsule ; la deuxième, originaire de la région rolan-

(1) ALLEN STARR et MAC BURNEY, 1896; JULES SOURY, *loco cit.*, p. 1012.
(2) LAVISTA : Nécessité et urgence de l'intervention opératoire dans
les cas de lésions cérébrales. *Congrès de Moscou, 1897. (Archives de
neurologie,* 1897, p. 519.)
(3) TAMBRONI et OBICI : Deux cas de tumeur des lobes frontaux. *Rivista di patologia nervosa e mentale,* 1897. (*Revue neurologique,* 1897,
p. 607.)

27

dique, avait atteint le lobe frontal... Les auteurs croient
que dans les lobes frontaux, fibres et cellules, se
passent les dernières phases, les plus complexes, des
actes psychiques ».

24. DEVIC et PAUL COURMONT (1). — Femme. 46 ans.
« Les altérations de la mémoire se montrèrent d'abord.
La malade oubliait de faire son travail, de préparer
les repas. Cette perte de la mémoire portait sur les
faits récents, et exclusivement sur eux... A diverses
reprises il lui est arrivé d'être prise d'un besoin impérieux de dormir. Elle s'endormait chez les voisines
où elle allait quelquefois passer l'après-midi, son
sommeil était calme. » Un jour, elle va chez son médecin (cours de la Liberté) pour le consulter sur sa
céphalée. « En en sortant, au lieu de retourner chez
elle, elle se mit à marcher dans la direction opposée
sans savoir et sans se demander où elle allait. Au
bout de trois heures environ, elle eut un petit éblouis-
sement et se rendit compte qu'elle n'était pas dans sa
maison. La nuit tombait, elle eut peur en se retrouvant dans un endroit (c'était au Parc de la Tête-d'Or)
où elle était venue malgré elle et se mit à sangloter. Un
passant à qui elle s'adressa lui dit qu'elle était au
Parc et la conduisit au tramway. La malade ne sait
absolument rien de l'emploi de son temps pendant ces
trois heures... Elle a dû marcher sans interruption ;
car ses souliers étaient couverts de poussière et elle
était exténuée de fatigue quand elle arriva au tramway. » Plusieurs autres accès, moins longs, d'auto-

(1) DEVIC et PAUL COURMONT : Sur un cas de gliome cérébral. Œdème
de la papille. Hémiplégie gauche. Automatisme ambulatoire. Accès de
sommeil. Trépanation. *Revue de médecine*, 1897, p. 269.

-matisme ambulatoire. — Les fonctions intellectuelles baissent, la mémoire surtout. — Trépanation, le 30 septembre 1895, par JABOULAY, au niveau d'une cicatrice, sur la peau de la région frontale droite, à la limite du cuir chevelu, parallèle à l'arcade sourcilière, longue d'environ 2 centimètres et adhérente à l'os dans sa portion inférieure seulement, avec une légère dépression osseuse indolente vers le milieu. La tumeur enlevée à la trépanation est un gliome. Très grande amélioration psychique. Mort, le 25 février 1896. — Sur l'hémisphère droit, perte de substance portant sur le pied des deuxième et première frontales, s'arrêtant en arrière exactement à la frontale ascendante et n'intéressant que la moitié inférieure de la première frontale, sans dépasser en bas le sillon de séparation des deuxième et troisième frontales.

25. PORTE (1). — Trois mois avant la mort, symptômes de torpeur générale se manifestant tous les 15 jours environ et persistant pendant 48 heures sans coma ni stertor. A la suite de ces périodes le malade se levait et marchait comme précédemment. — Tumeur de la grosseur d'une mandarine située à la partie antérieure et inférieure du cerveau dont elle était séparée par la pie-mère.

26. BRUNS (2). — Confusion graduellement croissante; apathie et tendance au sommeil, nettement caractérisées. Presque jusqu'au moment de la mort, la malade

---

(1) PORTE : Tumeur cérébrale. *Le Dauphiné médical*, 1898, p. 71. (*Revue neurologique*, 1898, p. 677.)

(2) BRUNS : Zwei Fälle Von Hirntumor mit genauer Localdiagnose. *Neurologisches Centralblatt*, 1898, t. XVII, p. 770. Observation 1 : Rundzellensarcom im linken Stirnhirm. Voir : JULES SOURY, *loco cit.*, p. 1011.

« lorsqu'on l'éveillait de son *sopor*, était remarquablement orientée sur toute chose ». — Tumeur dans le
lobe frontal gauche, diagnostiquée et vérifiée à l'autopsie : « la tumeur était confinée dans la substance
blanche ; l'écorce n'était nulle part détruite ».

27. Rezek (1). — Femme. 62 ans. Prise soudain d'une
impulsion à courir, finit par tomber sur le côté droit,
sans perdre connaissance. Second accès procursif analogue quelques heures après. Devient apathique. Perd
peu à peu la mémoire. Aggravation progressive. Gâtisme. Stupeur. — Sarcome développé surtout dans
le lobe frontal droit « où le tissu des circonvolutions
était complètement remplacé par la sarcomatose diffuse ».

28. Lannois (2). — Femme. 69 ans. Épilepsie tar-
dive et troubles démentiels avec tendance invincible
au sommeil. — Gliome de la partie orbitaire du lobe
frontal.

29. Ventra (3). — 15 ans. Après un traumatisme
cranien, caractère modifié, intelligence amoindrie ; de
vif, expansif, affectueux avec ses parents, le sujet était
devenu taciturne, indifférent et distrait ; il n'avait plus
de mémoire, n'était plus capable de vendre ses légumes
au marché ni de discuter ses intérêts avec son patron.
Il demeurait seulement apte à son travail manuel
routinier de cultivateur, aux besognes simples de la

---

(1) Rezek : Un cas de sarcome polymorphe primaire du cerveau
(institut du professeur Obersteiner). *Jahrbücher für Psychiatrie*, 1897,
t. XVI, p. 40. (*Revue neurologique*, 1899, p. 136.)

(2) Lannois : Tumeur du lobe frontal. *Lyon médical*, 1899, t XCI,
p. 575. (*Ibidem*, 1899, p. 763.)

(3) Ventra : Physiopathologie des lobes frontaux. *Il manicomio mo-
derno*, 1899, p. 379. (*Ibidem*, 1900, p. 413.)

vie domestique. Cet état dure neuf ans. Le défaut d'intelligence s'accentue, le caractère devient violent. On l'interne : dément confus ; accès épileptiques assez rares, suivis de périodes d'agitation avec délire fugace de persécution. Mort à 46 ans. — « Les lobes frontaux, flasques, sont, de haut en bas et de droite à gauche, percés d'un canal admettant facilement l'index. A droite, la cavité entame la partie antérieure des première et deuxième frontales ; elle se continue dans le lobe préfrontal gauche en avant du corps calleux et se termine au milieu de la circonvolution orbitaire. En somme, grande perte de substance des lobes frontaux qui sont comme vidés ».

L'auteur « insiste sur ce que, pendant longtemps, les symptômes de cette région destructive se réduisaient à la perte des associations élevées du psychisme ; plus d'attention, de réflexion, de sentiments affectifs ; par contre, la perception simple persistait... L'observation démontre que les lobes préfrontaux sont le siège des opérations psychiques les plus élevées. Le sujet en avait perdu la faculté ; ses lobes frontaux étaient vides de leurs fibres d'association. »

30. Patel et Lucien Mayet (1). — 26 ans. L'intelligence a diminué et la mémoire s'est affaiblie. De plus, le caractère s'est, à son dire, très modifié ; il est devenu irritable, violent, défiant. — Trépanation le 6 octobre 1899 (Jaboulay) : tumeur située dans la substance nerveuse du lobe frontal, siégeant au niveau de la portion

---

(1) Patel et Lucien Mayet : Observation clinique d'un cas de tumeur cérébrale. Gliome du lobe frontal gauche. Céphalalgie. Vomissement. Cécité. Troubles psychiques. Absence de troubles moteurs. *Archives générales de médecine*, 1900, t. IV, p. 216.

moyenne de la frontale ascendante et empiétant un peu sur la deuxième frontale ; gliosarcome embryonnaire à évolution rapide qu'on n'enlève pas. — 30 novembre, délire aigu, qui nécessite son isolement. ‹ Depuis environ quinze jours, il était d'une irritabilité extrême et prenait de violents accès de colère injustifiés ». Impulsions au suicide ou à l'homicide, accès de jalousie, crises d'*automatisme ambulatoire,* déjà anciennes : « quand il fut devenu ouvrier, il lui arrivait — pour cause futile, quelquefois même sans raison aucune — de brusquement réclamer son salaire, de quitter l'atelier où il travaillait et s'en aller chercher de l'ouvrage dans une localité plus ou moins éloignée. Il ne raisonnait pas ce changement. L'idée lui venait qu'ailleurs il pourrait être mieux, qu'il lui serait possible de gagner davantage ; elle s'imposait avec une force croissante à son esprit, devenait irrésistible, et soudain il partait... Il se souvient de ce qu'il a fait pendant ses fugues, il a conscience que pendant la crise il a été dans un état anormal auquel il ne pouvait rien changer... Presque aveugle, il franchissait la grille de l'Hôtel-Dieu, ne fut rejoint qu'à une assez grande distance et ramené avec peine : la crise n'était pas terminée, il fallait qu'il aille plus loin encore, et il se débattait contre les gardiens qui essayaient de le retenir... Il lui arrivait — étant tranquille chez lui — de se lever soudain et de sortir sans mot dire, de rester au dehors une demi-heure, trois quarts d'heure, une heure, et ne donner que cette seule raison, toujours la même : c'est malgré moi, il m'a fallu me lever, sortir et marcher. » Il y a aussi des impulsions au suicide, à l'homicide. « Nous avons affaire à un

impulsif, chez qui, comme le dit CULLERRE, la paralysie de la volonté laisse le champ libre à l'automatisme
de certaines parties du cerveau... ». Deuxième opération le 22 février 1900. On délimite bien la tumeur : en
avant, elle empiète un peu sur la deuxième frontale ;
en arrière, elle paraît plonger dans la zone rolandique ;
en bas, ses limites sont moins nettes, toutefois la circonvolution de BROCA semble indemne : gliome (PA-
VIOT). Crises de fugue ; le malade sort de l'hôpital et
est perdu de vue.

31. FRANCESCO BURZIO (1). — « Gliomes des deux
lobes frontaux. Cette observation donne une nouvelle
confirmation à la théorie qui localise dans les lobes
frontaux les processus psychiques les plus élevés. »
Altérations psychiques spéciales essentiellement caractérisées par la faiblesse de la mémoire, l'obtusion intellectuelle, des périodes d'agitation, le défaut de discernement et de l'orientation.

32. BRAULT et LŒPER (2). — Femme 44 ans. « Longue période de manifestations psychiques : idées de
suicide, amnésie, négligence de tenue, crises de colère
fréquentes, torpeur intellectuelle et dégoût du travail. »
— Sur la face extérieure du cerveau gauche, adhérente à la dernière par toute son étendue, tumeur du
volume d'un œuf de poule s'enfonçant dans le lobe
frontal sous-jacent. « Elle occupe la troisième circonvolution frontale, la partie antérieure de la deuxième,

(1) FRANCESCO BURZIO : Gliome cérébral. Contribution à l'étude de la
fonction des lobes frontaux. *Annali di freniatria e scienze affini,*
1900, p. 280 (*Revue neurologique,* 1901, p. 96.)

(2) BRAULT et LŒPER : Trois cas de tumeur cérébrale à forme psy-
choparalytique. *Archives générales de médecine,* 1900, t. III, p. 257.
Observation I.

et empiète sur la face orbitaire jusqu'au gyrus rectus. Son bord supérieur suit à peu près la scissure frontale inférieure, son extrémité postérieure plonge dans l'origine de la sylvienne, son pôle antérieur s'arrête à un centimètre du rebord de l'hémisphère... Le lobe frontal est détruit jusqu'à l'extrémité antérieure de la capsule interne. Sarcome fasciculé. »

Je ne rapporte pas ici les deux autres observations de Brault et Lœper, parce que dans la deuxième (à symptômes psychiques très nets) il faut invoquer la compression (?) du lobe frontal et dans la deuxième (tumeur du lobe frontal) les troubles psychiques sont réduits à des crises de larmes, perte de la mémoire et léger degré de confusion mentale.

Les mêmes auteurs citent un cas de Vermorel et René Marie (1) (1896) et un de Taylor (2) (1899) qui peuvent servir à la documentation clinique du lobe frontal et se sont accompagnés de symptômes psychiques.

33. Devic et Gauthier (3). — Troubles mentaux survenus depuis six mois environ. « Phases passagères d'obnubilation intellectuelle durant lesquelles, sans commettre d'actes délictueux, elle répond avec difficulté aux questions qu'on lui pose, d'une façon souvent insensée ; elle est plongée dans une torpeur béate, a une tendance marquée au sommeil. Dans l'intervalle de ces crises d'obnubilation... elle est loin de posséder

(1) Vermorel et René Marie : Tumeur du cerveau. *Bulletin de la Société anatomique*, 1896.

(2) Taylor : Un cas de tumeur cérébrale à forme neurasthénique délirante et démente. *Boston medical Journal*, octobre 1899.

(3) Devic et Gauthier : Sur un cas de tumeur cérébrale à forme psychopaialytique. *Archives générales de médecine*, 1900, t. IV, p. 745.

son ancien état mental. » Petits accès *d'automatisme
ambulatoire*. « Une fois entre autres, elle descendit du
troisième étage, qu'elle habite, pour faire des emplettes
au marché. Elle erra quelque temps dans les rues, sans
rien dire aux personnes de connaissance qu'elle ren-
contra, sans rien acheter, bien qu'elle eût emporté un
panier à provisions. Elle rentra chez elle, n'ayant commis aucun acte délictueux. A ce moment-là seulement
la connaissance du monde extérieur lui revint. Dans
son quartier, elle passait pour être devenue faible
d'esprit... On la jugeait folle..., La malade est généralement gaie, d'une gaieté anormale. Elle rit sans raison,
du rire béat des idiots, à propos d'une interrogation
quelconque, d'un examen d'organe... On note une
augmentation de la torpeur et de l'anéantissement
général. La tendance au sommeil s'est accrue... » — A
la surface de l'hémisphère gauche, collection fluctuante
qui soulève le cortex et occupe la moitié postérieure
du lobe frontal et la partie antérieure des lobes temporal et sphénoïdal, en avant de la coupe pariétale de
PITRES. Gliome ramolli.

34. DUPRÉ et DEVAUX (1). — 34 ans. Affaiblissement
intellectuel notable, diminution marquée de la mémoire,
état d'indifférence torpide, entrecoupé de moments
d'un rire puéril, un peu niais, ou d'accès d'émotivité
anxieuse. « Le malade, calme et inactif, passe ses
journées dans une attitude d'indifférence, de torpeur
et d'hébétude, dont on le tire par l'appel de son nom,
par l'invitation aux repas, par des questions sur sa

(1) DUPRÉ et DEVAUX : Tumeur cérébrale. Société de Neurologie,
18 avril 1901. *Nouvelle Iconographie de la Salpêtrière*, 1901, t. XIV,
p. 173.

santé, etc. Il répond alors avec lenteur, sur un ton uni-
forme, en quelques mots adaptés à la question, mais
auxquels succède aussitôt un silence, pendant lequel
le facies anxieux et désorienté du malade semble inter-
roger l'interlocuteur, ou chercher le fil de son discours
qui s'achève, suivant les cas, en quelques soupirs
sonores ou dans un sourire d'expression à la fois béate
et tristement résignée... On peut facilement s'assurer
que toute activité spontanée de l'intelligence et de la
volonté fait défaut. Seule, persiste l'activité automatique (1)... il se promène dans la salle, les corridors,
les escaliers, les jardins de l'hôpital, va et vient seul,
sans trébucher, sans heurter jamais personne... Il
évoque, à ce point de vue, l'image du somnambule qui
évolue avec tant d'aisance et de sûreté dans un milieu
auquel il ne prête aucune attention sensorielle consciente et dont cependant les moindres détails lui
semblent familiers. » On note aussi chez lui ce puérilisme psychique dont BRISSAUD a dit : c'est un simple
retour à l'enfance, moins la vivacité des impressions et
la curiosité de l'enfant. Plus tard, gâtisme et démence
à peu près complète. — Volumineuse tumeur sphéroï-
dale (endothelioma arachnoïdien), circonscrite, grosse
comme une orange, à la base de l'hémisphère gauche,
refoulant le lobule orbitaire, l'insula et le pôle temporal.

35. MAURICE DIDE (2). — A 30 ans, impliquée dans

_____

(1) « Il semble bien, disent encore les auteurs, que le mécanisme
psychologique de cet état soit l'inhibition des centres supérieurs de la
conscience intellectuelle et de l'activité volontaire et la seule persistance de l'activité automatique, réglée surtout par les besoins inté-
rieurs, d'ordre végétatif. »

(2) MAURICE DIDE : Agénésie bilatérale des lobes frontaux chez une

une affaire de faux, la malade se met ensuite à boire
immodérément ; donne bientôt « des signes non douteux d'aliénation mentale : elle parlait avec une grande
volubilité, se déshabillait sans raison, était très agitée,
en proie à des terreurs imaginaires, craignant d'être
guillotinée ». Internée. « Excitation maniaque avec
appoint alcoolique. » Sort guérie vingt-cinq ans plus
tard, n'a « plus la tête solide », quitte la maison et
cherche à boire un peu partout. Parfois violente. Très
grande confusion dans les idées. Internée. Grand affaiblissement de l'intelligence (1), de la mémoire ; gâteuse.
— A l'autopsie, agénésie du lobe frontal des deux côtés.

36. CESTAN et LEJONNE (2). — Femme. 33 ans. Au
débt t,'espèce de torpeur, accablement, paresse intellectuelle. Puis « euphorie remarquable ; plus de plaintes
sur sa maladie ; toujours l'air heureux et souriant...
Elle se met à rire doucement à la moindre occasion :
on pourrait dire à ce point de vue qu'elle présente un
certain degré de puérilité... Elle donne l'impression
d'une personne heureuse, elle sourit sans cesse, mais
cependant semble atteinte d'un certain degré d'aboulie.
Si les réponses qu'elle doit faire aux questions posées
sont simples et ne nécessitent aucun effort intellectuel,
la malade les fait immédiatement d'une voix normale...

femme ayant présenté un développement intellectuel à peu près normal. *Revue neurologique*, 1901, p. 459. Je crois devoir indiquer ici cette
observation, quoique l'auteur déclare qu'elle « laisse subsister bien
peu de chose de la vieille théorie — déjà presque délaissée — qui
localisait les processus intellectuels dans les lobes frontaux ».

(1) On voit qu'on aurait une idée incomplète de son importance, si
on classait ce fait d'après son seul titre : « ayant présenté un développement intellectuel à peu près normal ».

(2) CESTAN et LEJONNE : Troubles psychiques dans un cas de tumeur
du lobe frontal. *Revue neurologique*, 1901, p. 846.

Elle exécute les ordres donnés ; elle répète des phrases brèves prononcées devant elle ; elle fait mentalement des additions faciles, ainsi 3 et 4, 6 et 3 par exemple. Mais si la réponse est plus compliquée, nécessite une certaine réflexion et un effort intellectuel, la malade reste immobile, répond avec une placidité souriante qu'elle ne sait pas, et on constate facilement qu'elle ne s'efforce nullement de chercher. Ainsi elle est incapable de faire une multiplication, 3 fois 7 par exemple, de répéter une phrase un peu longue ; tout acte intellectuel un peu compliqué lui est donc impossible, elle ne le tente même pas ». Troubles de la mémoire très prononcés, surtout de la mémoire récente. « Ce qui paraît lui manquer, c'est la faculté d'association, l'état intellectuel qui choisit, recueille et classe les sensations auditives (elle est aveugle) : cet acte n'est pas troublé dans son fonctionnement ; il n'a pas lieu. » Elle n'est pas démente. Parfait égoïsme ; indifférence affective. — Tumeur (sarcome des méninges) du lobe frontal, à gauche (spécialement les deux tiers postérieurs de la première frontale, la deuxième frontale et le pied de la troisième un peu moins) et à droite (partie supérieure de la première frontale et de la frontale interne).

37. ZACHER (1). — Phénomènes psychiques persistants : 1° trouble de l'attention et amnésie ; 2° oubli de soi-même ; 3° inémotivité ; 4° esprit de saillie ; 5° insouciance. — Foyer occupant la moitié antérieure des deux lobes frontaux.

38. DUPRÉ et HEITZ (2). — Femme. 54 ans. Troubles

(1) ZACHER : Ueber einen Fall von doppelseitigem, symmetrisch gelegenen Erweichungsherd im Stirnhirn und Neuritis optica. *Neurologisches Centralblatt,* 1901, p. 1074.

(2) DUPRÉ et HEITZ : Double abcès centrovalaire du lobe frontal

du caractère, amnésie, désorientation, confusion mentale par accès ; ensuite, dépression mélancolique, indifférence, inertie, immobilité, crises de pleurs. « L'état de dépression mélancolique domine (inertie, aboulie, mutisme, plaintes par intervalles, facies indifférent, concentré, triste). » Prostration croissante. Gâtisme intermittent, puis continu. — Dans la profondeur de la substance blanche du lobe frontal droit, deux abcès, gros environ comme des noisettes, presque contigus, mais indépendants, nettement enkystés, situés dans le centre ovale ; leur siège « correspond sensiblement à la profondeur de la deuxième frontale, à droite ».

39, 40 et 41. KARL SCHAFFER (1). — Trois cas de paralysie générale à symptomatologie très psychique et à lésion particulièrement localisée aux circonvolutions frontales, polaire et basale, ainsi qu'au lobe pariétal et au lobe temporal, c'est-à-dire à l'ensemble des centres d'association de FLECHSIG (ces faits ne s'appliquent pas au lobe préfrontal seul, mais à l'ensemble des centres psychiques, supérieurs et inférieurs). A ce type psychique de paralysie générale, l'auteur oppose la paralysie atypique de STORCH qui correspond aux zones de projection et comprend très peu de phénomènes psychiques.

42. ERSKINE (2). — Femme. 25 ans. Déraisonnable, bruyante, violente ; attaques fréquentes pendant et après lesquelles elle est dangereuse pour elle-même et pour

droit. Confusion mentale. Mélancolie. *Société de neurologie,* 17 avril 1902 ; *Revue neurologique,* 1902, p. 372.

(1) KARL SCHAFFER de Budapest. Die Topographie der paralytischen Rindendegeneration und deren Verhältniss zu Flechsig's Associationscentren. *Neurologisches Centralblatt,* 1902, p. 54.

(2) ERSKINE : Un cas de gliome du cerveau. *The Journal of mental science,* 1901. (*Archives de neurologie,* 1902, t. XIV, p. 147.)

les autres. — Gliome occupant la moitié et les deux
tiers inférieurs du lobe frontal droit et presque toute
la moitié antérieure du lobe temporosphénoïdal droit.

43. Gilbert Ballet et Armand Delille (1). — 14 ans.
Triste et somnolent (novembre 1899) alors qu'il était
très gai auparavant. 5 octobre 1900 : somnolence assez
marquée. 3 décembre : état de demi-torpeur. 13 décembre : profonde torpeur intellectuelle ; subdélire ;
prononce des phrases telles que celle-ci : on veut me
jeter à l'eau. La torpeur intellectuelle et physique va
en s'accentuant progressivement. — Volumineux sarcome, à gauche, recouvre la partie postérieure des trois
circonvolutions frontales en haut et s'étend vers le
bord supérieur de l'hémisphère en ne laissant qu'une
bande étroite de deux centimètres représentée par la
première circonvolution frontale et la partie supérieure des circonvolutions frontale ascendante et pariétale ascendante ; en arrière, recouvre la deuxième
pariétale et s'étend jusqu'au lobule du pli courbe ; en
bas, elle recouvre en partie la première temporale.

44. Orazzio d'Allocco (2). — Torpeur psychique entre-
coupée de subdélire ; dépression générale des facultés,
coupée d'accès de subdélire et de loquacité. — Gliome
de tout le lobe frontal droit.

45. Triboulet et Omiecinski (3). — Troubles psychi-

---

(1) Gilbert Ballet et Armand Delille : Trois cas de néoplasies cérébrales. *Nouvelle Iconographie de la Salpêtrière*, 1902, t. XV, p. 201.
Observation II, p. 207.

(2) Orazzio d'Allocco : Sur cinq cas de tumeurs cérébrales. *Riforma
medica*, 1902, t. XVIII, p. 459. (*Revue neurologique*, 1902, p. 863.) Observation V.

(3) Omiecinski : *Contribution à l'étude des tumeurs du lobe préfrontal*, thèse de Paris, 1903.

ques assez accentués : torpeur psychique, engourdissement affectif, négation organique. — Épithéliome méningé comprimant la région frontale gauche.

46. GILBERT BALLET et F. ROSE (1). — Femme. 29 ans. Alcoolique. Délire. « Quand on l'interroge, elle répond d'une façon vague et incohérente et paraît être dans un état d'ahurissement, de confusion mentale avec désorientation dans le temps et l'espace. Elle dit tantôt être au Vésinet, tantôt ne pas savoir où elle se trouve. Elle ignore le mois et le jour où nous sommes. Lorsqu'on la laisse tranquille, elle profère des phrases sans ordre et sans lien. Toute la journée, elle est en proie à un délire assez vif, à caractère nettement onirique, parlant de catastrophes de bateaux, de sa mère, de ses galants, toujours sans aucun enchaînement logique apparent. » Amélioration ultérieure avec persistance de l'amnésie. — Pachyméningite avec symphyse cérébroméningée à la face externe du lobe frontal droit : « occupe strictement les deux tiers antérieurs de la première et de la troisième circonvolution frontale, mais ne dépasse pas sur la deuxième frontale la moitié antérieure ». — Le syndrome de la confusion mentale, « tel qu'on le voit dans l'entéro-intoxication », semble aux auteurs « devoir être rattaché à la pachyméningite elle-même ».

---

(1) GILBERT BALLET et F. ROSE : Méningite sclérogommeuse du lobe frontal droit. Syndrome de confusion mentale. *Société de neurologie*, 2 février 1903 ; *Revue neurologique*, 1905, p. 260.

VI. Résumé général et conclusions.

Le développement, peut-être exagéré, de ce chapitre et l'énumération fastidieuse des quarante-six observations du dernier paragraphe se justifient, ce me semble, par les considérations et conclusions suivantes, qui en découlent.

1° Sans rien dire encore de leur localisation, l'existence distincte semble bien démontrée de trois groupes de centres psychiques : les centres psychiques sensoriomoteurs (centres de projection), les centres psychiques inférieurs (centres d'association inférieure, centres polygonaux) et les centres psychiques supérieurs (centres d'association supérieure, centres O).

Il me paraît donc difficile de continuer à dire, comme l'ont fait Joffroy et Pierre Janet, en discutant mon schéma des psychismes, que le psychisme supérieur et le psychisme inférieur ne sont que des *degrés* différents de l'activité des *mêmes* neurones.

La possibilité de l'altération isolée des uns ou des autres de ces groupes de neurones et la symptomatologie différente qui apparaît, suivant que l'un ou l'autre de ces groupes de centres est atteint, prouvent que, sans pousser la division à l'extrême, il faut bien, en clinique, distinguer dans l'écorce trois groupes différents de neurones psychiques : les centres du psychisme sensoriomoteur (sensation et expression volitive), les centres du psychisme inférieur (automatique et inconscient) et les centres du psychisme supérieur (volontaire et conscient).

Et je ferai remarquer que cette conclusion n'est plus
basée sur l'étude des hystériques (comme me le reprochait Binet), mais sur des cas de *lésion organique* du
cerveau,

2° Il semble que l'on puisse tenter une localisation
clinique de chacun de ces groupes de centres : les premiers dans les zones de projection de Flechsig, les
deuxièmes dans les zones postérieure et moyenne d'association de Flechsig, les troisièmes dans la zone antérieure d'association de Flechsig (lobe préfrontal).

3° Je ne crois pas qu'il faille, comme caractéristique
des lésions du lobe préfrontal, dire que tous ces malades sont gais (*moria,* jovialité, *Witzelsucht* de Jastrowitz) ou tristes et mélancoliques (Grimm). Ce qui me
paraît dominer la scène clinique dans ces cas, c'est
l'*affaiblissement des fonctions psychiques supérieures*
qui sont des fonctions de haut raisonnement, de volonté personnelle et consciente et aussi de frénation et
de régulation des centres psychiques inférieurs ; de là,
en même temps, l'*émancipation de ces centres inférieurs*
qui prennent la direction exclusive de la vie psychique et deviennent d'une activité exubérante et maladive,

Le mineur dont parle Ferrier était devenu un enfant
pour l'intelligence, c'est-à-dire pour les fonctions psychiques supérieures, restant un homme pour les passions et les instincts, c'est-à-dire pour les fonctions
psychiques inférieures, automatiques, inconscientes et
polygonales.

Voilà la *caractéristique psychologique* que l'on retrouve dans la plupart des cas de lésion préfrontale,
bien analysés dans ces dernières années.

a) La *diminution des fonctions psychiques supérieures* se présente à des degrés et sous des noms divers suivant les cas : limitation de l'activité mentale (d'ABUNDO), débilité mentale (LULLUM WOOD BATHURST), affaiblissement intellectuel progressif (IRWIN NEFF), avec idées mélancoliques (GRIMM, DURANTE), hébétude mentale (ESERIDGE et MAC NAUGHT), torpeur psychique (PORTE, d'ALLOCCO, TRIBOULET et OSIECINSKI), apathie et tendance au sommeil (BRUNS, LANNOIS, BALLET et DELILLE), confusion mentale (MAURICE DIDE, DUPRÉ et HEITZ), perte presque complète de l'intelligence (LAVISTA), démence (BURR et d'autres)...

b) L'émancipation et l'*hyperfonctionnement déréglé des centres psychiques inférieurs* apparaît aussi sous des formes diverses.

Ce sont les crises d'automatisme ambulatoire observées par DEVIC avec COURMONT et avec GAUTHIER et par PATEL et MAYET (1), les accès procursifs notés par REZEK, les idées joviales, comiques (JASTROWITZ et d'autres), la puérilité (WILLIAMSON, ZACHER), les idées ambitieuses (LEPINE), de grandeur (GIANELLI), les actes d'excitation (MOELI), l'irritabilité, les violences (OBICI, BURZIO, ERSKINE)...

4° En tous cas, et c'est la seule conclusion à laquelle je tienne, il ne faut plus, avec MUNK, traiter de *Gedankenspiel* les tentatives de localisation psychique dans le cerveau. Il ne faut plus dire, comme PITRES le pro-

---

(1) Voir encore sur ce point ÉDOUARD MÜLLER : Zur Symptomatologie und Diagnostik der Geschwülste des Stirnhirns. *Deutsche Zeitschrift für Nervenheilkunde,* 1902, t. XXII, p. 375. Il cite (p. 405) les faits de DEVIC et CURMONT, de DEVIC et GAUTHIER, de LOEB (Strasbourg, 1888) et de WILLIAMSON (Brain, 1896, p. 347).

clamait encore en inaugurant le Congrès de Nancy, que les neurones psychiques « échappent même à la méthode anatomoclinique » et que « les fonctions qui leur sont attribuées ne sont pas localisables ».

Je crois au contraire qu'il faut encourager tous les cliniciens à apporter des matériaux à cette recherche et à cette détermination, qui sont possibles à la condition que l'on cherchera dans le sens proposé ci-dessus et qu'on fera pour chaque malade une analyse psychologique complète d'après les principes et dans la direction que je viens d'indiquer.

CHAPITRE V

LE PSYCHISME INFÉRIEUR ET LE PROBLÈME PHYSIOPATHO-LOGIQUE DE LA RESPONSABILITÉ

I. — LE PROBLÈME PHYSIOPATHOLOGIQUE DE LA RESPONSABILITÉ (1).

Je crois que la conception du psychisme inférieur, telle que je l'ai envisagée dans les chapitres précé-

(1) Voir : Le Problème physiopathologique de la responsabilité. *Journal de Psychologie normale et pathologique*, t. II, p. 97.

dents, facilite l'étude du problème, si difficile, de la responsabilité.

Seulement il est tout d'abord indispensable de soigneusement distinguer le *problème moral de la responsabilité,* tel qu'il se pose aux *philosophes,* et le *problème physiopathologique de la responsabilité,* tel qu'il se pose aux *médecins :* dans le premier cas, on étudie les rapports de la responsabilité avec le libre arbitre ; dans le second, on étudie les rapports de la responsabilité avec le fonctionnement du cerveau psychique.

1. *Problème philosophique de la responsabilité : la responsabilité et le libre arbitre.*

Quand un médecin, chargé d'une expertise médico-légale, cherche à s'éclairer sur le sens vrai et complet du mot « responsable » ou « responsabilité », c'est aux *philosophes* qu'il s'adresse naturellement tout d'abord. Malheureusement il se trouve que les philosophes sont parfois aussi en désaccord que les médecins, et on tremble en voyant parfois le couperet de la guillotine retenu par un fil qui a la solidité d'un système philosophique.

Ce qui explique les divergences d'opinion des philosophes sur cette question, c'est que l'idée de *responsabilité* est intimement liée à l'idée qu'on se fait de la *liberté individuelle* ou du *libre arbitre.* On prévoit dès lors les opinions les plus disparates sur la responsabilité, puisqu'on est si peu d'accord sur le libre arbitre.

« Un être est responsable, dit GOBLOT (1), quand il

(1) EDMOND GOBLOT : *Le Vocabulaire philosophique,* 1901. Article « Responsabilité morale », p. 434.

doit répondre de ses actes, quand il est légitime de
s'en prendre à lui, s'ils sont mauvais. » Et il ajoute :
« la responsabilité semble présupposer le libre arbitre.
Un être dont les actions sont nécessaires peut être considéré comme l'instrument des forces qui le déterminent, et ses actes ne lui sont pas plus imputables
qu'un meurtre n'est imputable au couteau et à la fiole
de poison. La responsabilité remonte nécessairement
de cause seconde en cause seconde et ne s'arrête qu'à
une cause première, par exemple un acte libre. »

Donc, la notion de responsabilité dépend entièrement
de l'idée qu'on se fait de la liberté. Or, sur ce dernier
point, l'école contemporaine renferme des hommes
extrêmement distingués, les plus distingués je peux
dire, qui nient le libre arbitre, dont les doctrines aboutissent à la négation de la liberté.

Toutes les doctrines modernes basées sur l'évolution
montrent les transitions insensibles du caillou à
l'amibe et de l'amibe à l'homme. Or, le déterminisme
est certain dans le monde minéral ; donc, nous le
retrouverons, plus ou moins complexe, mais aussi
absolu dans son essence, chez l'homme.

HERBERT SPENCER (1) a admirablement développé
cette idée. « Une conduite où la moralité n'intervient
pas se transforme par des degrés insensibles et de mille
manières en une conduite morale ou immorale. » Que
signifient les mots *bons, mauvais?* « La conduite est
bonne ou mauvaise suivant que les actes spéciaux qui
la composent, bien ou mal appropriés à des fins spé-

---

(1) HERBERT SPENCER : *Les Bases de la morale évolutionniste.* Bibliothèque scientifique internationale. Sixième édition, 1880, pp. 4 et 17.

ciales, peuvent conduire ou non à la fin générale de la conservation de l'individu » et « de la vie de l'espèce ».

De même, LE DANTEC (1) étudie la volonté des plastides et remonte ensuite jusqu'à l'homme : « le passage graduel et raisonné des protozoaires à l'homme autorise l'extension du principe de l'inertie à tous les corps de la nature. » Tout est déterminé chez l'homme ; rien n'est libre : nous n'avons que l' « illusion de la volonté ».

« Ayons donc, dit DUPRAT (2), la franchise de dire, d'enseigner que la liberté, telle qu'on la conçoit trop souvent, est une illusion due, comme SPINOZA l'avait pressenti, à l'ignorance de la plupart des causes déterminantes de nos décisions. »

Pour SCHOPENHAUER (3), les « actes humains sont absolument déterminés... La volonté est un phénomène de même ordre que les réactions du monde inorganique. »

PIERRE LAFFITTE (4) : « Le résultat le plus fondamental du développement de la science est que tous les phénomènes sont soumis à des lois invariables, depuis les phénomènes géométriques jusqu'à ceux de l'homme et de la société. »

BÜCHNER (5) : « L'homme, comme être physique et

(1) LE DANTEC : *Le Déterminisme biologique et la personnalité consciente.* Bibliothèque de philosophie contemporaine, 1897, p. 19.

(2) DUPRAT : *La Morale. Fondements psychologiques d'une conduite rationnelle.* Bibliothèque internationale de psychologie expérimentale, normale et pathologique, 1901, p. 98.

(3) SCHOPENHAUER (cité par NAVILLE : *Le libre arbitre, étude philosophique,* 1898, p. 216).

(4) PIERRE LAFFITTE (cité par NAVILLE : *Ibidem,* p. 247).

(5) BÜCHNER (cité par NAVILLE : *Ibidem,* p. 198).

intelligent, est l'ouvrage de la nature. Il s'ensuit par conséquent que non seulement tout son être, mais aussi ses actions, sa pensée et ses sentiments sont fatalement soumis aux lois qui régissent l'univers. »

FOUILLÉE (1) cite ce passage de JEAN WEBER : « La loi morale est le plus insolent empiètement du monde de l'intelligence sur la spontanéité... le devoir n'est que la tyrannie des vieilleries à l'égard de la nouveauté. » — « La vraie morale est celle du fait... le fait accompli emporte toujours toute admiration et tout amour, puisque l'univers qui peut le juger est à ce moment conséquence de ce fait ; ainsi nous appelons *bien* ce qui a triomphé... La raison du plus fort est toujours la meilleure : cette proposition voudrait être une audace ; ce n'est qu'une naïveté. »

On trouvera peut-être un peu brutale l'expression de cette doctrine qui est la justification de tous les coups d'État, de toutes les inquisitions et de toutes les persécutions. Mais voici (pour finir) la conclusion, toute récente, de la *Morale scientifique,* exposée par ALBERT BAYET (2).

Sur les ruines de l'ancienne morale métaphysique ou religieuse, l'auteur cherche à élever, sur le déterminisme le plus absolu, une *science* des mœurs (étude des *faits,* et des seuls faits, moraux) ; d'où on déduit un *art* moral, science d'application ou mieux science des mœurs appliquée. Il rencontre naturellement dans son exposé l'idée de responsabilité individuelle. Il

(1) FOUILLÉE : *Le Mouvement idéaliste et la réaction contre la science positive.* Bibliothèque de philosophie contemporaine, 1896, p. 267.

(2) ALBERT BAYET : *La Morale scientifique. Essai sur les applications morales des sciences sociologiques.* Bibliothèque de philosophie contemporaine, 1905.

considère « avec un soin particulier » cette idée
« sainte, mais vieillie », « principe et fondement de
la morale classique ». Il lui semble que cette idée
« craque » et qu'on en peut, « sans témérité, prévoir
la disparition ». « Dès l'instant, ajoute-t-il, qu'on
admet dans le monde social l'existence de lois en tout
point semblables à celles qui régissent la chute d'une
pierre, il est aussi puéril de rendre un individu, quel
qu'il soit, responsable de ses actes, que de blâmer
l'arbre chétif ou de féliciter l'arbre vigoureux. Toute
tentative en vue d'atténuer la rigueur de cette conséquence est foncièrement antiscientifique. »

Je n'expose pas ces doctrines philosophiques pour
les discuter ; j'ai essayé de le faire ailleurs (1). Je n'ai
donc pas à rechercher si tous les philosophes contemporains, partant des mêmes idées expérimentales,
aboutissent aux mêmes conclusions avec une logique
aussi impitoyable.

Je veux simplement établir (et la chose paraîtra
peut-être superflue, tant la proposition est évidente)
que ces doctrines existent, sont courantes dans la philosophie contemporaine.

En cherchant un point d'appui dans la philosophie
pour éclairer son idée de la responsabilité, le médecin
expert rencontrera donc ces doctrines. Il a le droit de les
adopter. En fait, je crois que beaucoup de médecins
partagent cette manière de voir et n'admettent pas la
liberté individuelle, le libre arbitre. Pour eux, tout est
déterminisme.

Et cependant ils consentent à étudier la question

---

(1) Voir *Les Limites de la biologie*. Bibliothèque de philosophie contemporaine, troisième édition (1906) augmentée d'une préface de PAUL
BOURGET.

que leur pose le magistrat : un tel est-il, ou non, responsable ?

Niant la responsabilité au point de vue philosophique, ils l'admettent au point de vue médical : les
deux points de vue doivent donc être séparés.

2. *Problème physiopathologique de la responsabilité : la responsabilité et le cerveau.*

Acculé à une impasse obscure quand il s'engage dans
la voie philosophique, le médecin, soucieux de s'in-
struire sur l'idée de responsabilité, doit chercher à
arriver par une autre voie : la voie physiologique ou
mieux physiopathologique.

De ce côté, le médecin peut arriver, en restant exclusivement sur son propre domaine, à se faire une idée
médicale de la responsabilité, à concevoir une *responsabilité médicale,* qui n'est pas la *responsabilité morale* des philosophes, s'appuie sur un fondement plus
solide, n'est pas sujette aux mêmes fluctuations et discussions, et, en tous cas, lui suffit, à lui médecin, pour
lui permettre de remplir son rôle d'expert.

Pour être clair, il faut prendre la chose d'un peu
haut sans chercher à éviter les vieux mots qui font
peur.

Les spiritualistes et les matérialistes diffèrent en ce
que les premiers admettent et les seconds nient l'existence dans l'homme d'un principe immatériel, distinct
de nos organes, libre et immortel, qu'on appelle âme.
Mais si les deux écoles sont ainsi complètement opposées l'une à l'autre sur l'existence ou la non-existence

de cette âme, elles sont d'accord (ou devraient être d'accord) sur cet autre point que, dans la vie, telle qu'elle est, cette âme, si elle existe, ne peut sentir, penser et agir que grâce à ses organes. En d'autres termes, pour le spiritualiste il y a deux choses à considérer dans un acte : l'âme et le système nerveux ; pour le matérialiste, il n'y a que le système nerveux. Donc, pour les deux, il y a le système nerveux, qui est tout pour les uns, qui n'est qu'une partie pour les autres, mais dont le rôle est important et indispensable pour tous.

Le médecin expert n'a à s'occuper que de ce système nerveux, que de cet appareil qui est un outil indispensable pour le spiritualiste comme pour le matérialiste. Il n'est d'ailleurs plus compétent que ses semblables que pour juger l'état matériel de cet outil ; il ne peut décider qu'une chose : c'est l'état d'intégrité ou de maladie de cet outil, de ce système nerveux, et l'influence que cet état de l'outil a pu avoir sur la détermination criminelle qu'a prise et exécutée le sujet.

Dans tout acte voulu et délibéré il y a un jugement dans lequel l'esprit compare et pèse le désir qu'il a de faire un acte donné et le devoir qu'il a de ne pas le faire. Parmi ces mobiles il y a donc la notion du devoir (quelles qu'en soient l'origine et la nature), la notion de ce qui est permis et de ce qui est défendu ; et la mission de l'expert est de décider si l'état de son système nerveux a permis au sujet de bien peser et de bien juger ces mobiles et ces motifs, si l'état de son système nerveux lui a permis de savoir ce qu'il faisait, de comprendre la portée de son acte, si l'état de son système nerveux le laisse responsable ou le fait irresponsable.

Ce n'est donc que le *rôle du système nerveux dans la volition et dans l'acte* que le médecin a à juger; il ne s'occupe donc que de cet élément de l'acte que tout le monde admet dans toutes les écoles philosophiques. Il n'a pas à s'occuper de cet autre élément sur lequel il y a discussion entre les philosophes ; l'élément âme spirituelle et libre. Ceci ne le regarde pas. Donc, *le médecin peut et doit analyser et apprécier la responsabilité d'un sujet absolument de la même manière, qu'il soit spiritualiste ou matérialiste.*

De même, peu importent les opinions de l'expert sur la question philosophique du libre arbitre et de la responsabilité morale. Pour qu'un sujet soit *médicalement* responsable d'un acte devant la société, il n'est pas nécessaire qu'il ait une saine notion du bien en soi, de l'obligation qu'il comporte, de la loi morale en un mot. Pour qu'un sujet soit médicalement responsable d'un acte devant la société, il faut et il suffit qu'il ait une saine notion de ce que permet et de ce que défend la loi *civile,* la loi écrite, que nul n'est censé ignorer et que d'ailleurs personne n'ignore dans ses grandes lignes quand elle défend de s'approprier le bien d'autrui ou d'enlever la vie à son prochain.

Un spiritualiste et un matérialiste, un homme religieux et un homme irréligieux, un déterministe et un partisan du libre arbitre peuvent concevoir différemment le *devoir moral* et *l'obligation morale devant la conscience;* ils ne peuvent pas envisager différemment le *devoir social* et *l'obligation sociale devant la loi.*

Si à cette responsabilité médicale les auteurs veulent appliquer l'objection de BAYET et dire que, même à ce point de vue, l'homme n'est pas plus responsable que l'arbre, je dirai que c'est là un raisonnement antiscientifique.

C'est un nouvel exemple de l'éternelle confusion et du vice de raisonnement qui font si souvent aujourd'hui identifier les termes très éloignés d'une même série.

J'admets pour un moment le déterminisme complet chez l'homme : l'homme n'est pas plus libre que l'arbre; soit. Voilà un point commun (le déterminisme) qui les rapproche (l'homme et l'arbre), mais qui ne les identifie pas. Rien ne prouve que les lois de ce déterminisme soient les mêmes pour l'arbre et pour l'homme. Pour l'arbre, la terre, l'air, l'humidité... sont les seuls éléments de détermination de sa croissance et de ses mouvements. Chez l'homme il y a des neurones psychiques dont l'activité propre intervient pour apprécier, classer et juger les mobiles et les motifs avant tout acte. C'est là un fait brut qu'il n'est nullement antiscientifique d'admettre.

L'acte humain est le résultat d'un jugement entre les divers mobiles et motifs. *J'appelle responsable, au point de vue biologique et médical, l'homme qui a des centres nerveux sains, en état de juger sainement la valeur comparée de ces divers mobiles et motifs.* L'arbre n'ayant pas de neurones psychiques, la question ne se pose pas de chercher chez lui la persistance ou la destruction de cette responsabilité.

Donc, même si on les admet rapprochés dans un déterminisme aussi absolu, l'homme et l'arbre ne sont pas comparables pour la question de la responsabilité médicale. Pour se garantir de l'arbre qui menace de

vous tuer en tombant, il suffit d'établir des tuteurs
assez forts sous les branches. Pour se garantir dé
l'homme qui menace de vous tuer, il faut lui donner
des connaissances, lui fournir des mobiles et des motifs qui l'empêchent de commettre l'acte. Le médecin
a à juger si l'homme est capable de sainement apprécier la valeur de ces divers mobiles; il n'a rien à
voir dans la question de l'arbre.

Donc, si, un jour, la nouvelle morale scientifique
arrivait à supprimer la responsabilité morale devant la
conscience, à supprimer le mérite et le démérite, la
vertu et le vice, l'entière obligation morale, elle ne
supprimerait pas la responsabilité médicale devant la
loi et la société, *elle ne supprimerait pas le problème
physiopathologique de la responsabilité,* le seul qui se
pose devant le médecin expert.

Donc, tous les médecins, quelles que soient leurs
convictions philosophiques et religieuses, doivent se
retrouver sur ce double principe : 1° ils n'ont à apprécier que la responsabilité du sujet devant la société ;
2° ils n'ont à apprécier que l'intégrité ou la non-inté-
grité des centres nerveux sur l'acte matériel du psychisme volitif (acte qu'aucune école philosophique ou
religieuse ne peut nier).

En tous cas (ceci est la conclusion à laquelle je tiens
le plus), il faut bien distinguer le problème philosophique et le problème physiopathologique de la responsabilité, la définition et l'étude de la responsabilité par les philosophes et par les médecins (1).

_____

(1) Voir le discours du docteur GIRAUD à l'ouverture du XV° Congrès
des médecins aliénistes et neurologistes à Rennes, août 1905. *Revue
neurologique,* 1905, p. 823.

3. *La responsabilité et la culpabilité.*

De tout ce que je viens de développer, il ressort nettement que le rôle des médecins experts est absolument différent de celui des juges (magistrats ou jurés). Pour les juges, le problème de la responsabilité est beaucoup plus complexe ; il se pose dans toute sa généralité.

Ainsi le juge doit tenir un très grand compte de l'*intention* (ce qui est un élément de la responsabilité morale), tandis que le médecin n'a pas à s'en occuper. Le cas de légitime défense, par exemple, qui excusera certains actes délictueux ou criminels pour le juge, ne doit pas être pris en considération par le médecin.

D'une manière générale, les circonstances du fait, étrangères au sujet, si importantes à l'instruction et au jugement, ne sont rien pour le médecin. Celui-ci n'a à envisager dans ces circonstances que ce qui peut éclairer sur le sujet lui-même, sur l'état de son système nerveux.

Le médecin part du fait matériellement établi, et il cherche par l'analyse physiologique du sujet si ce sujet a décidé cet acte avec un système nerveux intact, avec des centres nerveux bien portants ou malades.

La question posée aux jurés sur la *culpabilité* d'un sujet est toute différente de la question posée aux experts sur la *responsabilité*. On peut être entièrement *responsable* d'un acte dont on n'est pas *coupable*. Un juré peut acquitter un sujet déclaré responsable par le médecin, sans qu'il y ait de contradiction entre les deux verdicts. Mais un juré ne devrait pas pouvoir condamner un sujet que le médecin déclare irresponsable : *la responsabilité physiologique est un élément* NÉCESSAIRE, *mais non* SUFFISANT, *de la culpabilité.*

Ceci montre en passant ce qu'est l'erreur de ceux qui voudraient ramener toute instruction à une expertise médicale et remplacer les juges par des médecins. Je crois que le seul moyen de conserver aux experts toute l'autorité à laquelle ils ont droit est de soigneusement veiller à la séparation des pouvoirs et des points de vue entre les juges et les médecins.

4. *La responsabilité et l'irresponsabilité.*

Sous le bénéfice des explications ci-dessus, j'arrive à cette formule, qui eût paru révolutionnaire à certains sans ces explications : *la responsabilité physiologique ou médicale* (la seule que le médecin puisse et doive étudier à l'état normal et pathologique) *est fonction des neurones psychiques,* et par suite *le rôle de l'expert consiste uniquement à étudier et à déterminer l'état et le fonctionnement des neurones psychiques.*

Cette formule ne suffit pas. Car une seconde question se pose : *tous les neurones psychiques sont-ils également facteurs de responsabilité?*

La question est grave. Car nous allons voir que ceux (et ils sont nombreux) qui ne veulent pas séparer le psychisme supérieur du psychisme inférieur et qui veulent attribuer également la responsabilité à tous les neurones psychiques sans distinction, arrivent à des conclusions redoutables, qui ne tendent à rien moins qu'à supprimer la distinction entre la responsabilité et l'irresponsabilité.

Pour les auteurs qui admettent que la fonction psychique est diffuse et égale dans tout le cerveau ou tout au moins dans toute l'écorce, les actes psychiques ont tous la même valeur au point de vue de la responsabilité, quel que soit le siège des neurones en cause dans chaque cas particulier.

Dès lors, dès qu'une partie quelconque de ces centres nerveux sera altérée, la responsabilité sera par là même modifiée : elle sera diminuée si l'altération est légère; elle sera supprimée si l'altération est profonde. Le degré d'atténuation de la responsabilité ne dépendra nullement du siège de l'altération dans l'écorce psychique; il ne dépendra que de l'importance du trouble psychique, quels qu'en soient d'ailleurs la nature intime et le siège.

Si on prend ainsi l'altération du système nerveux *en bloc* pour juger de la responsabilité, il devient indiscutable que toutes les névroses psychiques graves (quelles qu'elles soient) entraînent l'irresponsabilité. C'est là une thèse soutenue par beaucoup d'auteurs et qui conduit très loin.

Bernheim admet que la suggestion supprime la responsabilité, et nous savons qu'il donne à ce mot suggestion un sens tellement étendu qu'il arrive à comprendre toutes les influences d'un psychisme sur un autre.

Il proclame alors que « la suggestion joue un rôle dans presque tous les crimes ». Il la montre dans le crime d'Émile Henry, le jeune anarchiste qui lança une bombe à l'hôtel Terminus, et dans le crime de Pranzini qui assassina, pour la voler, une femme galante. Sous la forme d'autosuggestion, il retrouve le même élément de diminution de responsabilité dans des cas où il n'y a pas d'hypnotiseur, comme chez Meunier, qui, sans suggestion exogène, afin d'épouser une femme, tue une série de personnes pour les voler.

Dans son Rapport au Congrès de Moscou, BERNHEIM dit : «... 6° la suggestion, c'est-à-dire l'idée, d'où qu'elle vienne, s'imposant au cerveau, joue un rôle dans presque tous les crimes ; ...10° le libre arbitre absolu n'existe pas. La responsabilité morale est le plus souvent impossible à apprécier. »

Ne semble-t-il pas que si on appliquait cette doctrine à la lettre et dans sa rigueur, on pourrait supprimer toutes les Cours d'assises? Car on a toujours des motifs et des mobiles pour faire le mal. Seul, le fou agit sans motifs. Si donc ces motifs et ces mobiles, en pesant sur la décision du sujet, déterminent son acte, il n'en est plus responsable.

BERNHEIM et son école admettent de même qu'entre l'individu froid entièrement raisonnable et responsable et l'hystérique complètement fou et irresponsable, il y a tous les termes de transition. Alors il n'y a pas plus de raisons pour dire que tout le monde est responsable que pour dire que personne ne l'est ; ce qui revient d'ailleurs au même pour l'administration de la justice. Cela simplifie la médecine légale, supprime les expertises et explique le langage de ce Procureur général qui s'écriait : « accepter l'irresponsabilité d'un homme qui aurait commis un acte criminel sous l'influence irrésistible d'une suggestion, ce serait plonger la société dans l'anarchie des crimes impunis. »

Et BERNHEIM n'est pas seul de cet avis : « Les principales influences suggestives, dit SCHRENCK NOTZING, résultent du milieu social, de l'éducation, de la religion, de la mode, de la presse, et principalement des

infections (?) produites par le fanatisme et la suggestion. Des contagions psychiques de ce genre ont bien
souvent conduit au crime. » L'entière médecine légale
appartient dès lors à la suggestion. Et c'est bien la suppression définitive de la distinction entre la responsabilité et l'irresponsabilité.

Voilà la notion de responsabilité sapée, de nouveau et
supprimée, non plus par les philosophes, mais par les
médecins ; c'est-à dire que le problème philosophique
de la responsabilité n'est plus le seul insoluble ; le
problème physiopathologique de la responsabilité aboutit, lui aussi, à des solutions impossibles.

Les médecins, qui confondent tous les neurones psychiques, qui les considèrent comme tous égaux devant
la responsabilité, admettent dès lors que toute altération de ces neurones trouble la responsabilité au même
titre, quel qu'en soit le siège ; et on arrive ainsi à des
formules scientifiques et médicales, d'après lesquelles
ou tout le monde est irresponsable ou personne ne l'est,
formules qui étendent tellement le domaine de l'irresponsabilité que la société recule avec quelque raison
devant les conclusions de pareils experts.

Et cependant la responsabilité existe et ne doit pas
être confondue avec l'irresponsabilité. Comment sortir
de ces contradictions?

5. Centres psychiques responsables (O) et centres psychiques irresponsables (polygone).

Je crois que la difficulté n'est pas insurmontable.
Elle ne tient pas tant au fond même et à la nature de

la question qu'à la manière dont certains médecins l'ont envisagée. Et malgré la très grande et très légi- time autorité des hommes que j'ai cités, je crois qu'on peut, en admettant toutes leurs observations cliniques, se séparer d'eux pour les déductions doctrinales qu'ils en ont tirées.

La formule à adopter pour cela est simple. A la pre- mière proposition : *La responsabilité physiologique est fonction des neurones psychiques,* il faut ajouter : *et seulement d'une partie des neurones psychiques.*

On n'est pas responsable de ses actes polygonaux (psy- chisme inférieur), on est responsable des actes de son O (psychisme supérieur).

Ce qu'on appelle acte libre et volontaire (celui qui seul entraîne la responsabilité de son auteur) est, en dehors de toute idée philosophique sur le libre arbitre, un acte de très haute synthèse psychique. Pour que le sujet en soit responsable, il faut que tous les cen- tres psychiques du sujet soient intervenus dans la dé- cision prise : il faut que O ait exercé sa haute fonc- tion de conscience, de jugement et de volition.

Si donc tous les neurones psychiques ne sont pas égaux devant la responsabilité des actes, il faut ad- mettre aussi que les maladies des neurones psychi- ques ne sont pas non plus toutes égales devant l'irresponsabilité. Les maladies du polygone seront différentes des maladies de O : les premières pourront laisser la responsabilité intacte ou à peine diminuée ; les secondes pourront l'entamer sérieusement ou même la supprimer.

De là, la division nécessaire entre les *maladies psy- chiques* et les *maladies mentales.*

On comprend dès lors très bien la confusion et l'erreur dans lesquelles tombent la plupart des neurologistes qui proclament la nature psychique de certaines névroses. Ils disent indistinctement psychique ou mental et justifient la déclaration d'irresponsabilité de tous les névrosés.

Au lieu de cela, admettez la distinction entre psychique et mental : vous comprendrez très bien qu'il y ait des maladies psychiques qui laissent intact le centre O; elles ne sont pas mentales et elles n'entraînent pas l'irresponsabilité. Dans ces mêmes maladies, si, à un moment donné, l'altération s'étend à O, le sujet devient fou (c'est une complication) et par suite irresponsable.

Les maladies psychiques n'entraînent l'irresponsabilité que quand elles se compliquent et deviennent mentales.

Si toutes les maladies psychiques étaient mentales, toutes les maladies de l'écorce seraient mentales et entraîneraient l'irresponsabilité. Les aphasiques, les jacksoniens, les hémiplégiques corticaux seraient tous des mentaux et des irresponsables. Si cependant on laisse à Pasteur la responsabilité des magnifiques découvertes qu'il a encore faites après son hémiplégie, on n'aurait pas pu lui enlever la responsabilité de crimes s'il en avait commis.

En d'autres termes, il faut, pour le problème physiopathologique de la responsabilité comme pour les autres fonctions des centres nerveux, accepter et appliquer le principe des *localisations,* ne pas confondre toute l'écorce dans la même formule, admettre qu'il y a *des neurones psychiques dont l'altération entraîne l'irresponsabilité* et *d'autres neurones psychiques dont l'altération n'entraîne pas l'irresponsabilité.*

4. *Responsabilité atténuée.*

A côté des cas extrêmes très nets, soit d'altération ou d'abolition du psychisme supérieur entraînant l'irresponsabilité, soit d'intégrité absolue de ce même psychisme supérieur laissant intacte la responsabilité, il y a des cas de lésion polygonale dans lesquels la responsabilité est *atténuée*. Ceci n'est pas aussi absurde que certains journalistes extramédicaux ont semblé le dire, notamment à propos de la récente affaire d'Auch.

« J'avoue, disait l'un d'eux, que je n'ai jamais très nettement compris le sens de cette expression (responsabilité atténuée). On est responsable ou on ne l'est pas. Mais on conçoit malaisément qu'il y ait des moitiés, des tiers ou des quarts de responsabilité. Dans quelle balance pèsera-t-on ces questions de responsabilité, ces culpabilités fragmentaires? Et décidera-t-on, quand il s'agira de l'application de la peine, que le condamné sera guillotiné par moitié seulement? »

Il serait grave que des jurés ou des magistrats attachent quelque importance à des boutades de journalistes de ce genre.

Si le polygone est atteint, si ses relations avec O sont troublées et faussées par la maladie, un sujet n'est pas armé contre les arguments du mal comme celui dont le polygone et les relations suspolygonales sont intacts. Donc, dans ce cas, le sujet est responsable; mais il ne l'est pas autant que le sujet à entier psychisme normal.

Certains névrosés et certains névropathes, qui réalisent facilement, à l'état de veille, un état de désagrégation suspolygonale incomplète, qui les livre avec un

O distrait aux suggestions de la passion ou d'un meneur, sont bien moins complètement responsables que ceux dont les psychismes collaborent avec équilibre pour les décisions à prendre.

Cette atténuation de la responsabilité n'est pas susceptible de mesure mathématique ; les magistrats ne peuvent pas demander à un expert une fraction comme ils la demandent pour l'incapacité après un accident du travail. Mais cette impossibilité de doser mathématiquement l'incapacité morale, l'infériorité psychique d'un sujet, n'exclut pas la réalité de la chose.

La loi française admet très bien et très justement les circonstances atténuantes qui ne sont pas non plus susceptibles de dosage mathématique. Elles sont tirées du fait et de ce qui l'a accompagné ; elles sont exogènes. Les raisons psychiques d'atténuation (qu'étudie le médecin) sont à rapprocher ; seulement elles sont endogènes, viennent du sujet, du terrain sur lequel s'est livrée la bataille prévolitive.

Il n'y a donc aucune contradiction entre ces trois propositions mises simultanément à la fin d'un rapport : 1° l'accusé n'est pas irresponsable ; 2° l'accusé est responsable ; 3° la responsabilité de l'accusé est limitée ou atténuée, dans une proportion forte ou faible.

II. LE PROBLÈME PHYSIOPATHOLOGIQUE DE LA RESPONSABILITÉ DANS QUELQUES ÉTATS EXTRAPHYSIOLOGIQUES DE DÉSAGRÉGATION SUSPOLYGONALE.

Comme application des distinctions que je viens d'établir, j'envisagerai rapidement quelques exemples d'état extraphysiologique tels que l'hypnose, l'hystérie, d'autres névroses psychiques, des états de désagrégation incomplète, les maladies mentales, et indiquerai comment les considérations précédentes aident à étudier la responsabilité dans ces cas.

1. *Hypnotisme.*

L'hypnose, vraie et complète, telle que nous l'avons étudiée et définie, est un type d'état de désagrégation suspolygonale : le centre O du sujet n'intervient plus dans ses actes, il est remplacé par O de l'hypnotiseur, qui dirige ainsi souverainement le polygone de l'hypnotisé. Donc, le sujet hypnotisé doit être déclaré irresponsable; et toute la responsabilité appartient à l'hypnotiseur (1).

L'expert doit faire acquitter l'auteur inconscient du crime en vertu de l'article 64 : « il n'y a ni crime ni délit, lorsque le prévenu... a été contraint par une force à laquelle il n'a pu résister. » Quant à l'hypnotiseur, GARRAUD affirme, dans son *Précis du droit criminel,* qu'il « doit être déclaré complice dans les termes de l'article 60 du Code pénal. Or, nous savons que l'article 59 punit le complice de la même peine (2) que

---

(1) Voir l'*Hypnotisme et la Suggestion.* Bibliothèque internationale de psychologie expérimentale normale et pathologique. Deuxième édition, 1904, pp. 457 et sq.

(2) « Le véritable auteur du crime est celui qui l'a fait commettre ; c'est lui qui en est seul responsable ; ainsi l'a déclaré la Cour de Cassation dans son arrêt du 27 juin 1846 » (PROAL). BOUILLON ajoute (*Revue de l'Hypnotisme,* 1891, t. V, pp. 166 et 167) que les principes de notre article 64 se retrouvent : dans l'article 71 du Code pénal belge, dans l'article 40 du Code pénal des Pays-Bas, dans l'article 51 du Code pénal allemand et dans l'article 76 du Code pénal hongrois, promulgué en 1878.

celle prononcée par la loi contre le crime ou le délit commis par l'auteur principal ; ce qui permet de condamner l'hypnotiseur, tout en reconnaissant l'irresponsabilité de l'hypnotisé (1). »

Seulement il va sans dire que, pour soutenir l'irresponsabilité complète du sujet dans ces cas, il faut adopter la définition étroite et précise de la suggestion, telle que je l'ai donnée, et non la définition large et vaste de BERNHEIM.

Pour qu'il y ait irresponsabilité dans un cas donné, l'expert doit établir que, dans ce cas, il y a eu désagrégation suspolygonale vraie et complète, que l'hypnose a été vraie et complète, que le centre O de l'hypnotiseur s'est vraiment et entièrement substitué au centre O du sujet, que ce centre O de l'hypnotiseur est donc seul responsable et coupable.

Tout ce que je viens de dire ne s'applique qu'aux cas (tellement rares qu'on discute encore leur existence) dans lesquels l'hypnose serait complète et par suite la suggestion vraiment souveraine.

Il existe aussi des hypnoses partielles : le médecin légiste doit les bien connaître, parce qu'elles ne suppriment pas, mais atténuent la responsabilité des coupables.

Cette question revient à celle des *résistances* plus ou moins grandes que, dans certains cas, le sujet peut opposer à la suggestion et qui sont ou polygonales ou supérieures (O).

(1) CH. JULLIOT : *Rapport au IIe Congrès international de l'hypnotisme*, 1900, p. 113.

Le psychisme automatique inférieur a un fond de résistance édifié par les habitudes, l'éducation, l'hérédité... Le sujet endormi peut résister automatiquement quand la suggestion heurte ces données antérieures de son polygone. Le centre O peut aussi résister quand l'hypnose est incomplète, quand la désagrégation n'est pas absolue. Il résiste alors quand la suggestion heurte ses principes supérieurs et ses idées élevées (héréditaires ou acquis), sa conscience morale, ses convictions métaphysiques ou religieuses...

BEAUNIS, PITRES, BERNHEIM, DE JONG, BINET, FÉRÉ, ont bien étudié et analysé cette résistance aux suggestions dans l'hypnose (1).

Quand, au contraire, la suggestion rencontre un terrain non seulement peu résistant, mais encore disposé dans le même sens, la responsabilité du sujet pourra être à peine diminuée. La loi interviendra même complètement « quand le délit est le reflet de la perversité pour ainsi dire idiosyncrasique de l'hypnotisé ; quand, de propos délibéré, il a jugé opportun de recourir à l'hypnotisme, pour l'exécution d'un délit préconçu, et cela, soit pour échapper à la répression, soit pour accomplir son dessein plus sûrement et sans faiblesse, grâce à la suggestion (2) ».

De tout ce qui précède il est facile de déduire les difficultés d'une expertise en pareille matière et les précautions dont le médecin doit s'entourer.

(1). Voir : BÉRILLON : *Revue de l'Hypnotisme*, 1891, t. V, p. 340 ; — BERNHEIM : *Rapport au Congrès de Moscou*, p. 21 ; — DE JONG : L'Hypnotisme et la résistance aux suggestions. *Revue de l'Hypnotisme*, 1894, t. VIII, p. 130.

(2) NICOT : Analyse DE CAMPILI (cité par CH. JULLIOT : *loco cit.*, p. 113).

L'accusé prétend avoir commis le crime sous l'empire d'une suggestion : l'expert doit établir si le sujet est réellement hypnotisable et s'il réalise un degré d'hypnose suffisant pour que la suggestion ait été vraie, complète, irrésistible. Puis, il faut établir que l'acte incriminé a été réellement commis dans un de ces états d'hypnose.

Car il est impossible d'admettre que, par cela seul qu'il est hypnotisable, un sujet peut tout se permettre impunément. Pour être excusé et déclaré irresponsable, le sujet doit prouver non seulement qu'on peut l'hypnotiser à fond, mais encore qu'il était hypnotisé à fond quand il a reçu la suggestion du crime à accomplir.

Le fait d'être hypnotisable est simplement une tare nerveuse de nature à diminuer, à atténuer la responsabilité d'un sujet, sans la supprimer, si l'acte a été commis en dehors de l'hypnose.

De même, quand on établit seulement la possibilité et la réalité d'une hypnose partielle, on admettra que la responsabilité est atténuée ; et le degré de cette atténuation variera naturellement suivant les circonstances spéciales de chaque cas particulier.

Autre question plus difficile : le fait de se livrer volontairement à un hypnotiseur ne présentant pas des garanties suffisantes engage-t-il déjà la responsabilité du sujet, devenu ultérieurement criminel ? Paul Joire (1) l'admet.

Je crois qu'on ne peut pas poser cette réponse en principe général. Sauf le cas exceptionnel de connais-

---

(1) Paul Joire : *II° Congrès international de l'hypnotisme*, p. 136.

sances complètes sur tous les dangers de l'hypnotisme et d'acceptation volontaire d'une immoralité avérée de l'hypnotiseur, on ne peut pas dire qu'en général une personne qui se laisse hypnotiser prend, par là même, la responsabilité des crimes qu'on lui fera commettre ultérieurement, après un entraînement qui peut s'organiser tout à fait en dehors d'elle.

Quand l'expert a établi qu'un criminel est irresponsable parce qu'il a agi par suggestion, il peut avoir aussi à établir quel est le vrai coupable, l'hypnotiseur (1).

La tâche est difficile.

Ou le sujet ne veut rien dire, ne révèle rien, parce que l'hypnotiseur a voulu s'assurer l'impunité en lui suggérant directement l'amnésie de la suggestion criminelle ; et alors il faut employer les moyens indirects conseillés par LIEBEAULT, BERNHEIM et LIÉGEOIS, et qui d'ailleurs ne réussissent pas toujours (2).

Ou le sujet, dans l'hypnose provoquée, dénonce le coupable, et alors il faut se méfier de cette dénonciation ; car nous allons voir que, dans l'hypnose, un sujet peut mentir spontanément ou par suggestion.

C'est la responsabilité de l'*hypnotisé témoin*, en prenant ce dernier mot dans son sens le plus large, en comprenant dans les témoignages de l'hypnotisé non seulement ses mensonges et ses faux témoignages, mais

(1) Voir LIÉGEOIS : Des expertises médicolégales en matière d'hypnotisme. Recherche d'une suggestion criminelle. *Revue de l'hypnotisme*, 1889, t. III, p. 3.

(2) Voir CROCQ : *L'Hypnotisme scientifique*, p. 637.

aussi ses dénonciations, accusations, déclarations, donations... son intervention dans l'instruction.

D'abord un sujet peut mentir ou tromper par son témoignage, en dehors de toute hypnose actuelle et spontanément sans suggestion spéciale, par amnésie rétroactive après l'hypnose ou par nervosisme général.

Plus controversée est la question de savoir si un sujet hypnotisé peut mentir spontanément dans l'hypnose (1). PITRES et BEAUNIS sont, sur ce point, d'un avis opposé. CROCQ conclut sagement « que certains sujets hypnotisés peuvent mentir; ils ne constituent peut-être pas la majorité, mais ils existent; c'est là le fait important au point de vue médicolégal ».

Plus importante pour la justice et indiscutable est la question des mensonges et faux témoignages suggérés (2). C'est en toute sincérité et de toute bonne foi que les sujets témoignent dans ces cas, s'obstinant à nier qu'ils y aient été poussés par quelqu'un.

Dans ces cas de faux témoignage suggéré, le faux témoin doit être déclaré irresponsable.

Pour atteindre l'hypnotiseur, il faut lui faire appliquer l'article 365 qui prévoit le délit de subornation des témoins (3).

---

(1) Voir CROCQ : *loco cit.*, pp. 106, 109 et 131.

(2) Voir LIÉGEOIS : *Revue de l'hypnotisme*, 1887, t. 1, p. 89 ; — BERN-HEIM : *Ibidem*, 1889, t. III, p. 4, et *Rapport cité*, p. 81.

(3) Un arrêt de la Cour de Cassation (7 décembre 1883) a précisé cet article : « la subornation des témoins est un fait délictueux *sui generis*, qui existe... par cela seul qu'il y a eu emploi de *suggestion* ou excitations dolosives adressées à des personnes à déposer sous la foi du serment et de nature à les amener à faire des déclarations contraires à la vérité. » (BÉRILLON : *Revue de l'hypnotisme*, 1897, t. XI, p. 76.) La subornation des témoins est passible des mêmes peines que le faux témoignage. (PAUL JOIRE : *Ibidem*, 1900, t. XIV, p. 235.)

Tout ce que je viens de dire s'applique uniquement aux cas, d'ailleurs très rares, dans lesquels il y a eu suggestion vraie dans une hypnose complète.

L'expert se basera sur les mêmes principes pour apprécier le rôle de l'hypnotisme dans les testaments et les donations.

Quoi qu'en aient dit les tribunaux de Lyon (1), la question « si grave et si troublante » est scientifiquement tranchée : il est possible d'imposer sa volonté à certains sujets en hypnose avec assez d'autorité pour qu'ils fassent un testament, sans le vouloir et même sans se le rappeler ensuite (2). Il en est de même des « donations, reconnaissances, contrats synallagmatiques avantageux pour l'hypnotiseur, d'échange, quittance ou même simple déclaration (3) ».

Ch. Julliot, qui a repris et très bien étudié toute cette question au Congrès de 1900, soutient qu'on peut appliquer dans l'espèce l'article 901 du Code civil : « pour faire une donation entre vifs ou un testament, il faut être sain d'esprit ». N'est pas saine d'esprit une personne dont le psychisme inférieur est dissocié de son O par l'hypnose.

La signature devant notaire pouvant être également suggérée, la nullité d'un acte peut être demandée, même s'il est passé dans ces conditions.

La déclaration de sanité d'esprit du testateur faite par le notaire ne suffit pas, vu son incompétence dans le cas particulier.

Pour les actes à titre onéreux il faut invoquer l'ar-

(1) Tribunal de Lyon, 20 juin 1895. Cour de Lyon, 17 juin 1896. *Revue de l'hypnotisme*, 1898, t. XII, p. 59.

(2) Voir *Revue de l'hypnotisme,* 1899, t. XIII, p. 27.

(3) Ch. Julliot : *loco cit.,* p. 110.

ticle 4 qui admet la « violence » comme cause de nullité, la violence pouvant être aussi bien psychique que physique.

Dans tous les cas, il n'y aurait pas seulement à poursuivre la nullité des actes, mais aussi une pénalité contre l'hypnotiseur, en vertu des articles 400 et 405 du Code pénal, qui punissent d'un emprisonnement de un à cinq ans et d'une amende de 50 à 3,000 francs « quiconque aura extorqué par force, violence ou contrainte la signature ou la remise d'un écrit » et « quiconque... en employant des manœuvres frauduleuses pour persuader (1) ».

Dans la question de l'*hypnotisme moyen d'instruction,* le médecin doit être conduit : d'une part, par le fait, indiqué plus haut, des mensonges (spontanés ou suggérés), des hypnotisés ; de l'autre, par le principe suivant énoncé par LIÉGEOIS (2) : la justice n'a pas le droit de faire hypnotiser un prévenu pour obtenir de lui, par ce moyen, des aveux ou des dénonciations auxquels il se refuse dans son état normal, c'est-à-dire quand il jouit de son libre arbitre.

Comme dit CULLERRE, « cette sorte de *question* serait aussi peu justifiée que l'ancienne ».

2. *Hystérie.*

La responsabilité des hystériques est une des questions auxquelles on peut le plus utilement appliquer la conception du psychisme inférieur distinct de O.

J'ai déjà indiqué comment CHARCOT et toute l'École

---

(1) CH. JULLIOT : *loco cit.,* pp. 110 et 111.

(2) LIÉGEOIS : Congrès de 1886. *Revue de l'hypnotisme,* 1887, t. I, p. 82.

de la Salpêtrière (Pierre Janet, Babinski, Gilles de La Tourette...) ont montré que l'hystérie est une maladie psychique ou mentale.

Pour Babinski, l'hystérie peut être définie un état psychique (pithiatisme), qui se manifeste, etc. Pour Pierre Janet, « l'hystérie est une maladie mentale, etc. ». Charcot avait déjà dit : « l'hystérie est, en grande partie, une maladie mentale. » Au même moment, Gilles de La Tourette dit : « maladie psychique. »

Tous ces auteurs emploient donc indifféremment, comme synonymes, les deux expressions « psychique » et « mental ». Or, l'existence de cet élément psychique étant indiscutable dans l'hystérie, tous les hystériques sont déclarés atteints de maladies mentales et, par conséquent, déclarés irresponsables *ipso facto*.

Si on prend ainsi l'altération du psychisme *en bloc* pour juger de la responsabilité, il est incontestable que l'hystérie doit être classée dans les altérations graves, profondes, tenaces, des centres psychiques. C'est indiscutable.

Dès lors, dès que le médecin s'est mis à l'abri de la supercherie et de la simulation, dès qu'il a posé un diagnostic certain d'hystérie ou de maladie psychique, par là même le sujet sera déclaré irresponsable de tous les actes qu'il aura pu commettre.

Et alors se pose la redoutable question que le président des assises a posée aux experts d'Auch : signeriez-vous un certificat d'internement? Les experts ont hésité, se sont divisés. Remond a répondu oui, Pitres et Regis ont répondu non. Et le ministère public a pu dire aux jurés : « vous voyez que les experts ne sont pas d'accord, ils ne peuvent pas s'entendre ; l'examen médical ne nous est donc d'aucun secours dans l'espèce ; ne tenons aucun compte de ces avis contradictoires et jugeons en dehors d'eux sans chercher à les mettre d'accord ou à choisir entre eux. »

Voilà en effet un nouveau et redoutable problème posé au médecin : faut-il donc interner tous les hystériques ?

Le médecin répond tout d'abord (et avec raison) : on ne peut pas mettre ces sujets dans des asiles ordinaires. Comme a dit JANET, « toutes les maladies mentales ne se confondent pas les unes avec les autres. L'hystérique n'est pas une aliénée comme les autres. » Donc, il faudrait des asiles spéciaux où on les placerait. C'est très juste ; la création de ces asiles est très désirable, et la question serait plus simple si ces asiles existaient.

Mais si jamais ces asiles sont créés, la question ne sera pas encore résolue ; il faudra trancher la question de savoir si, dans un endroit ou dans un autre, on peut enfermer et traiter un hystérique *malgré lui, par force*. Toute la question est là.

Et ainsi on retrouve la question de la liberté individuelle, posée au médecin en sens inverse de celui qu'avaient en vue les philosophes. Ceux-ci disaient au médecin : ce sujet n'est pas libre, il a agi fatalement, il n'est pas responsable, faites-le acquitter. Et maintenant on lui dit : attention, ce sujet est libre ; respectez sa liberté individuelle ; si vous le faites interner légèrement, Jacques Dhur est là, à l'affût, avec son automobile de justicier ; il enlèvera votre malade, le rendra à la liberté et vous demandera pour lui des dommages-intérêts.

Voilà les deux mâchoires de l'étau entre lesquelles le médecin consciencieux se débat et est ballotté, s'il n'est pas broyé ; il doit se garer également de faire condamner un malade qui n'est pas responsable et de faire interner un coupable qui n'est pas fou.

Comment sortir de cette impasse pour l'hystérique et comment échapper à cette extension énorme et abusive du mot irresponsabilité, qui le ferait appliquer à tous les hystériques ?

Simplement en ne continuant plus à considérer tout le psychisme comme un bloc indivisible, en séparant le psychisme inférieur du psychisme supérieur et en disant que *l'hystérie est toujours une maladie psychique, mais n'est pas toujours une maladie mentale.*

Il faut donc, au point de vue de la responsabilité, envisager séparément *l'hystérie psychique*, non mentale, et *l'hystérie mentale.*

a) L'*hystérique psychique,* non mentale, est l'hystérique ordinaire sans complications mentales. Comment se pose chez lui le problème physiopathologique de la responsabilité ?

Évidemment son psychisme n'est pas normal, ses deux psychismes ne collaborent pas normalement. Il y a un certain degré de désagrégation suspolygonale. Dès lors, d'après toute la doctrine développée ici, sa responsabilité n'est ni supprimée, ni intacte. Elle est atténuée. En d'autres termes, c'est une question d'*espèce* dans chaque cas.

Ainsi tout le monde connaît les *mensonges* des hystériques. C'est un des symptômes les plus fréquents de la névrose. Il est important de savoir le degré de res-

ponsabilité que garde un hystérique dans un mensonge
à portée considérable, dans un faux témoignage, par
exemple.

Il faudrait se garder de dire qu'il en est toujours
irresponsable.

J'ai observé (1), avec RAUZIER, un cas bien curieux
dans lequel une jeune fille enceinte nous fit croire
pendant un certain temps qu'elle avait été violée dans
le sommeil hypnotique par un colporteur. Et le colporteur existait, l'avait vue seule, un jour, chez elle ;
seulement c'était deux mois après la conception. Sans
quoi il eût pu être condamné.

Dans ces cas l'hystérique ment volontairement et
cherche sciemment à tromper le médecin et le juge.

« D'après SCHAUENSTEIN, sur douze cents plaintes de
ce genre (accusations de viol), déposées en France de
1850 à 1854, cinq cents étaient injustifiées. En Angleterre, sur une moyenne de douze plaintes, une seule
est fondée (2). »

L'hystérique reste bien, dans tous ces cas, absolument responsable de son faux témoignage, de son
accusation ou de sa dénonciation.

Mais, à côté de ces faits, il y a tout un autre groupe
d'hystériques chez lesquels le mensonge est en quelque
sorte inconscient et involontaire ; le faux témoignage
est polygonal. O du sujet n'y participe pas. Donc, le
sujet en est irresponsable.

---

(1) Le Roman d'une hystérique. Histoire vraie pouvant servir à
l'histoire médicolégale de l'hystérie et de l'hypnotisme. *Semaine médicale*, mars 1890, et *Leçons de Clinique médicale*, première série,
p. 401.

(2) SCHRENCK NOTZING : *Rapport au IIe Congrès international de l'hypnotisme*, 1900, p. 123.

On connaît les fraudes inconscientes de certains médiums ; il en est de même des hystériques. Ce ne sont même plus des fraudes puisqu'il n'y a aucune intention de tromper. Ce n'est même plus du mensonge au sens strict du mot, puisque l'hystérique se trompe lui-même en même temps qu'il trompe les autres. Il altère la vérité polygonalement, involontairement ; il n'est donc pas responsable dans l'espèce.

C'est dans ce sens qu'il faut dire que *tous les hystériques qui trompent ne sont pas des menteurs.*

Un autre caractère, intéressant pour la question de la responsabilité des hystériques psychiques, est la suggestibilité.

Babinski a fait de ce signe la caractéristique même de l'hystérie : « état psychique, rendant le sujet capable de s'autosuggestionner... Ce qui (en) caractérise les troubles primitifs, c'est qu'il est possible de les reproduire par suggestion avec une exactitude rigoureuse chez certains sujets et de les faire disparaître sous l'influence exclusive de la persuasion. »

Il ne faut pas exagérer la valeur de ce signe ; mais il est certain que la suggestibilité est un fréquent et important symptôme de l'hystérie : de cet élément psychique dérivent la tendance à l'imitation chez les hystériques, la contagion nerveuse... Il y a peu de temps, ayant dans mon service une coxalgie hystérique et une coxalgie chez une hystérique (1), je vis naître une arthralgie semblable chez une troisième hystérique qui

(1) Voir ma leçon sur la coxalgie hystérique et la coxalgie chez les hystériques. *Gazette des hôpitaux*, 1903.

n'avait, jusque-là, présenté aucun symptôme de ce genre.

Cet état psychique de suggestibilité est évidemment un puissant élément d'atténuation de la responsabilité chez ces sujets. Ce sont des malades sur lesquels, en dehors de toute hypnose, O se désintéresse volontiers de certaines choses, se laisse distraire ; il se forme une désagrégation suspolygonale incomplète, e⁴ les circonstances extérieures acquièrent une influence anormal₋ sur ces polygones désemparés.

Ces hystériques ne sont pas des irresponsables. Mais ils ont certainement moins de responsabilité que les sujets dont les deux psychismes collaborent normalement pour maintenir une ligne de conduite correcte. Leur responsabilité est atténuée.

Enfin un hystérique peut prendre une hallucination pour l'expression de la vérité et en faire le point de départ d'une dénonciation ou d'une accusation, dont il n'est pas responsable, mais dont il faut savoir dépister la fausseté.

Mais dans ces cas O est malade, 'lui aussi ; il n'est plus seulement désagrégé de son polygone, et par suite ceci nous conduit au groupe suivant.

b) L'*hystérie mentale* est une névrose compliquée : l'altération de O intervient dans le tableau. Le sujet n'est plus seulement hystérique, il est fou (1).

Le trouble mental peut être passager, ne se présenter que sous forme paroxystique. C'est l'attaque de

_____

(1) Voir HENRI COLIN : État mental des hystériques. *Traité de Pathologie mentale de Gilbert Ballet,* pp. 830 et 836.

délire, celui dont KLIPPEL dit : « le délire hystérique
proprement dit n'est autre chose qu'un équivalent
d'une attaque d'hystéroépilepsie dont les phases sont
plus ou moins distinctes. »

PITRES en décrit trois formes : 1° attaques de manie
hystérique ; 2° attaques de délire hallucinatoire ;
3° attaques de délire ecmnésique (1).

Puis il y a les hystériques qui présentent des troubles
mentaux persistants.

ESQUIROL décrit la « folie hystérique » qu'admettent
également MARCÉ, MOREL, MOREAU DE TOURS, FALRET,
LEGRAND DU SAULLE, SCHULE, KRAFFT EBING.

En face de cette école, un autre groupe admet plutôt qu'il n'y a pas de « folie hystérique » et que les
cas décrits sous ce nom constituent « simplement une
combinaison de l'hystérie avec les différentes formes
de la folie ». C'est l'idée défendue par FÉRÉ, DEJERINE,
HENRI COLIN et l'École de la Salpêtrière (CHARCOT,
BABINSKI, GILLES DE LA TOURETTE et, avec quelques restrictions, PITRES, GILBERT BALLET, JANET).

« L'hystérie s'accole sans jamais se fusionner »,
disait CHARCOT ; et HENRI COLIN : « il est plus logique,
plus conforme aux saines données de la clinique d'ad-

---

(1) « L'*ecmnésie* est une forme d'amnésie partielle dans laquelle le
souvenir des événements, antérieurs à une certaine période de la vie,
est intégralement conservé, tandis que le souvenir des événements
postérieurs à cette période est totalement aboli... Supposez un instant
qu'un sujet âgé de trente ans perde subitement le souvenir de tout ce
qu'il a connu et appris pendant les quinze dernières années de sa vie.
Par le fait même de cette amnésie partielle il se produira dans l'état
mental du sujet une transformation radicale. Il parlera, agira, rai-
sonnera comme il l'eût fait à l'âge de quinze ans. Il aura les connaissances, les goûts, les sentiments, les mœurs qu'il avait à quinze ans.
Au point de vue mental, ce ne sera plus un adulte, mais un adoles-
cent. »

mettre qu'il s'agit, dans l'espèce, d'hystérie associée. »
Dans ces cas, « il s'agit, non plus d'hystérie pure,
mais d'hystérie associée à la folie, auquel cas le délire
peut revêtir toutes les formes de l'aliénation mentale ».

Quelle que soit la théorie que l'on adopte, il ressort
de tout cela que l'élément mental n'est pas nécessaire
à la constitution de l'hystérie, tandis que l'élément
psychique en est un élément essentiel. Dans certains
cas, l'élément mental se surajoute et apporte avec lui
l'irresponsabilité, tandis que l'élément psychique n'entraîne chez la totalité des hystériques qu'une atténuation de responsabilité dans certains cas.

3. *Autres névroses psychiques.*

a) Somnambulisme. — La place du somnambulisme
dans la question de la responsabilité est toute marquée
à côté de celles de l'hypnose et de l'hystérie, puisque
le somnambulisme spontané a tant d'analogies avec le
somnambulisme provoqué et que les rapports du somnambulisme et de l'hystérie sont si intimes que CHAR-
COT et d'autres (1) voulaient les confondre dans une
seule névrose.

Comme dans l'hypnose, le sujet est irresponsable
dans la crise de somnambulisme spontané et pour les
actes accomplis pendant cette crise même. Pour les
actes commis en dehors des crises, le somnambule
est, comme l'hystérique, un inférieur dans la lutte

---

(1) GILLES DE LA TOURETTE, GUINON, HENRI COLIN.

contre la tentation du mal ; c'est un sujet à lien lâche
entre les deux psychismes, à désagrégation suspolygonale facile, chez lequel par suite, dans beaucoup de
cas, la responsabilité est plus ou moins fortement atténuée.

Au même groupe appartiennent l'automatisme ambulatoire et les fugues des hystériques. Les mêmes
considérations sont applicables à ces états pour ce qui
concerne la responsabilité de ces sujets.

b) Neurasthénie. — Je ne crois pas que, dans aucun
cas, la neurasthénie pure entraîne l'irresponsabilité.

Aux formes accentuées avec psychisme instable,
avec désagrégation facile et grande suggestibilité,
peuvent s'appliquer les considérations ci-dessus sur la
limitation de la responsabilité chez les sujets.

Voici comment Dutil (1) caractérise l'état psychique
des neurasthéniques dans un article qu'il faut lire en
entier si on veut connaître cette question : « un affaiblissement des facultés psychiques, et notamment de
la volonté (2), une disposition habituelle de l'esprit à
la tristesse, au pessimisme, aux préoccupations hypocondriaques, un défaut de résistance aux sensations,
aux impressions morales, une émotivité exagérée, un
état d'apathie traversé par des mouvements d'humeur
ou de colère, en un mot, un amoindrissement conscient
de la personnalité morale, etc. »

On peut encore appliquer les mêmes principes à

---

(1) Dutil : Neurasthénie. *Traité de Pathologie mentale de Gilbert
Ballet*, p. 812.
(2) Je crois que, dans beaucoup de cas, il y a plutôt *paraboulie*
qu'*aboulie* chez les neurasthéniques d'intensité moyenne.

l'étude de la responsabilité des psychasthéniques si bien analysés par PIERRE JANET (1).

c) *Épilepsie*. — Un premier point est facile à établir et n'est discuté par personne : c'est l'irresponsabilité complète de l'épileptique dans sa crise, quelle qu'en soit la forme (procursive, automatisme ambulatoire, fugue, impulsion, fureur, folie épileptique, manie, démence). Donc, comme dit DUTIL (2), le médecin est autorisé à conclure à l'irresponsabilité absolue du malade, « lorsqu'il s'agit d'un acte criminel ou délictueux accompli par un épileptique avéré, dont les paroxysmes psychiques précèdent ou suivent les accès convulsifs, lorsque l'acte a été commis dans des circonstances telles que cet acte apparaît avec tous les caractères de soudaineté, d'absurdité (3) propres à la plupart des impulsions épileptiques ».

Je suis encore de l'avis de DUTIL quand il ajoute : « si l'action s'est produite *au voisinage* d'un accès, la responsabilité peut être relative et toujours atténuée. »

Mais j'avoue que j'ai quelque peine à dire avec lui : « dans l'intervalle des accès, s'il est démontré qu'il n'existe aucun trouble mental habituel, responsabilité complète. » Je crois la démonstration bien difficile de cette intégrité complète du psychisme chez un comitial dans l'intervalle de ses accès ; et je crois plutôt que tout épileptique avéré doit être en général consi-

---

(1) RAYMOND et PIERRE JANET : *Les Obsessions et la psychasthénie*, 1903.

(2) DUTIL : Épilepsie. *Traité de Pathologie mentale de Gilbert Ballet*, p. 864.

(3) Et d'amnésie à la suite.

déré comme un taré psychique, un inférieur dans la résistance psychique aux tentations du mal, et que, par suite, sa responsabilité ne peut pas être égale à celle d'un sujet à écorce normale.

Seulement il est évident que l'atténuation de responsabilité sera très légère dans les cas dont je viens de parler et s'accroîtra au contraire de la constatation des modifications psychiques chez le sujet dans la période intercalaire à ses crises.

En tous cas, comme dit encore DUTIL, « l'appréciation des actes criminels ou délictueux commis dans l'intervalle des accès est souvent bien délicate et doit toujours être formulée avec d'extrêmes réserves ».

d) Chorée. — Je ne parle pas de la folie choréique, qui est un état mental vrai avec son irresponsabilité correspondante.

Plus délicate est la question de la responsabilité chez le choréique simple, non mental.

Depuis MARCÉ (1859) on a bien vu que dans la chorée ordinaire, non compliquée, il y a des symptômes psychiques : modifications de caractère (tristesse, dépression mentale), troubles de l'intelligence, de la mémoire, de l'attention, terreurs nocturnes, voire même hallucinations, surtout de la vue (1).

Chez ces sujets, le psychisme n'est pas intact et, sans entraîner l'irresponsabilité, peut atténuer, dans certains cas, la responsabilité, le plus souvent dans une faible mesure.

(1) DUTIL : Chorée. *Traité de Pathologie mentale de Gilbert Ballet*, p. 866.

Je crois ces considérations suffisantes pour montrer l'utilité de la distinction des psychismes dans l'étude de la responsabilité chez les névrosés psychiques; et, pour éviter les redites, je ne parlerai pas des Parkinsoniens, des Basedowiens...

4. Lésions organiques corticales.

La question de la responsabilité médicale dans les lésions organiques de l'écorce du cerveau apparaît presque inextricable, tout au moins très compliquée, si on admet que le psychisme est une fonction diffuse de toute l'écorce. On ne comprend plus Pasteur et les hémiplégiques gardant la responsabilité de leurs actes, pas plus qu'on ne comprend un aphasique gardant la responsabilité d'une donation ou d'un testament.

Sans être résolue complètement, la question devient bien plus abordable quand on sépare le psychisme inférieur du psychisme supérieur et qu'on admet la possibilité de la lésion organique du premier avec conservation de l'intégrité du second.

Dans cette dernière doctrine, on comprend qu'une lésion organique de la région périrolandique, voire même du pied de la troisième frontale gauche, puisse laisser O absolument sain et par suite la responsabilité intacte. Ces régions du cerveau étant un siège de prédilection des lésions organiques, ceci explique la rareté relative des troubles psychiques d'origine organique (1).

_____

(1) Voir DUPRÉ : Troubles psychiques dans les encéphalopathies organiques. *Traité de Pathologie mentale de Gilbert Ballet*, p. 1058.

Si, au contraire, les centres O (lobe préfrontal) sont altérés organiquement, comme dans la paralysie générale ou l'affaiblissement démentiel qui termine les lésions en foyer, la responsabilité est supprimée.

Dans l'hémiplégie cérébrale ordinaire, la chose est très claire et facile à établir cliniquement. Pour l'aphasie, il y a souvent une certaine difficulté pour le sujet à faire bien connaître sa pensée réelle. Mais, quand on peut triompher de cette difficulté, s'il peut écrire par exemple, l'aphasique peut faire des actes importants en toute conscience et avec son entière responsabilité.

D'autre part, les lésions des voies polygonales peuvent influer dans certains cas sur le fonctionnement des centres psychiques supérieurs. Alors la responsabilité n'est plus ni supprimée, ni entière ; elle est atténuée ou limitée. Le degré de l'atténuation est alors une question d'espèce, dans chaque cas particulier. « On ne saurait trop se convaincre, dit Dupré (1), que l'appréciation de l'état mental d'un aphasique sensoriel est toujours un problème individuel. »

5. *Polygonaux et désagrégés incomplets.*

La question de la responsabilité se pose également chez ces sujets à tempérament polygonal, qui se désagrègent facilement et incomplètement, que nous avons étudiés ailleurs.

Dans tous ces cas, la responsabilité est atténuée, le sujet étant souvent privé de l'entière et normale collaboration de ses centres supérieurs.

(1) Dupré, *loco cit.*, p. 1085.

A ce groupe appartiennent : les *enfants,* dont la responsabilité n'est ordinairement pas entière à cause de la facilité avec laquelle ils se laissent entraîner et de la faiblesse de leur O ; — les *médiums,* qui sont des névropathes à désagrégation facile (transe), qui assez souvent même deviennent des mentaux ; — les *passionnels,* dont le polygone est entraîné par la passion, sans accepter le contrôle normal de O ; — les auteurs de crimes *politiques,* chez lesquels la résistance des psychismes aux suggestions des meneurs n'est évidemment pas intacte et normale ; — tous les *grégaires* enfin, chez lesquels, pour une grande part, la responsabilité se déplace sur les bergers...

6. *Maladies mentales.*

Ce dernier paragraphe n'est ici que pour mémoire et pour que le plan soit complet.

Car ceci ne soulève aucune discussion : les maladies mentales sont, par définition, des maladies de O et par conséquent atteignent plus ou moins profondément la responsabilité, entraînent même le plus souvent l'irresponsabilité.

CHAPITRE SIXIÈME

LE PSYCHISME INFÉRIEUR ET LA THÉRAPEUTIQUE

1. La psychothérapie doit être divisée en thérapeutique psychique inférieure et thérapeutique psychique supérieure ou totale.
2. Thérapeutique psychique inférieure : suggestion, hypnotisme, thérapeutique suggestive.
3. Thérapeutique psychique supérieure ou totale : traitement de O, éducation de la volonté et des facultés psychiques supérieures.
4. Conclusions.

1. *Division de la psychothérapie en supérieure et inférieure.*

Ce n'est pas le lieu d'étudier l'ensemble de la psychothérapie (HACK-TUKE), c'est-à-dire les grands principes de la thérapeutique par l'action psychique. C'est une trop vaste question que j'essaie de traiter ailleurs (1).

Pour le sujet du présent livre il suffit d'indiquer ce que la thérapeutique gagne à la séparation des deux psychismes et à la distinction du psychisme inférieur et du psychisme supérieur.

Il me semble que sans cette distinction on ne peut pas comprendre réellement la psychothérapie et on ne peut professer qu'une psychothérapie passible des plus graves objections.

(1) *Thérapeutique du système nerveux.* Bibliothèque de neurologie et de psychiatrie, 1906 (sous presse).

A la psychothérapie prise en bloc on demande les effets les plus disparates; on veut lui faire remplir les indications les plus contradictoires.

Ainsi certains (BÉRILLON, BINET) voient dans cette thérapeutique psychique le moyen de fortifier la volonté des sujets et de développer leur volonté et leur spontanéité; ils en font la base de la pédagogie et de l'éducation. — Les autres, au contraire, disent avec DUPRAT que traiter le malade par ces moyens psychiques, c'est contribuer à la ruine de la personnalité et à l'établissement du règne de l'automatisme.

Ces effets contradictoires et en apparence inconciliables, on peut, en effet, les obtenir avec la psychothérapie, à condition de distinguer dans cette psychothérapie deux thérapeutiques psychiques absolument différentes l'une de l'autre : 1° une psychothérapie inférieure, qui s'adresse au polygone seul ; c'est la suggestion, l'hypnotisme, la thérapeutique suggestive ; 2° une psychothérapie supérieure ou totale qui s'adresse au centre O ou plutôt à l'ensemble des centres psychiques non désagrégés et collaborant, qui n'exagère en rien la désagrégation ou la tendance à la désagrégation des psychismes, qui s'adresse, au contraire, à la volonté et aux facultés psychiques supérieures pour les traiter, les redresser, les améliorer, les fortifier.

Tout est confusion en psychothérapie si on ne fait pas cette distinction : je dois bien en dire quelques mots ici, puisque cette distinction repose entièrement sur la notion du psychisme inférieur, dont l'exposé et la démonstration sont le but même de ce livre.

2. *Thérapeutique psychique inférieure : suggestion, hypnotisme, thérapeutique suggestive.*

La thérapeutique psychique inférieure comprend un ensemble de moyens psychothérapiques qui s'adressent aux polygones désagrégés. L'application de ces moyens suppose donc une hypnose préalable du sujet.

C'est la thérapeutique par l'hypnotisme (1).

L'hypnotisme peut agir de deux manières ou par deux procédés en thérapeutique : par l'hypnose elle-même ou par la suggestion.

L'emploi de l'hypnose comme moyen thérapeutique direct (2) sans suggestion n'appartient à la psychothérapie que comme élément de suggestion. « Le sujet sait, lorsqu'on l'endort, que les manœuvres auxquelles on se livre ont un but thérapeutique, et, dans quelques cas, le sommeil provoqué peut être considéré comme appartenant à la médecine d'imagination (3). »

En fait, nous n'avons donc à envisager ici que l'action thérapeutique de la suggestion dans l'hypnose.

La suggestion est, au premier chef, un agent *psychique* de traitement des maladies. Même quand elle agit sur une hémorrhagie, sur la circulation ou sur la sécrétion, c'est toujours un moyen psychique, qui agit sur le *polygone désagrégé ;* même quand on fait de la *suggestion à l'état de veille,* c'est toujours sur un poly-

---

(1) Voir *L'Hypnotisme et la suggestion,* p. 352 et suiv. (l'entier chapitre VII).

(2) Du sommeil provoqué comme agent thérapeutique, *Semaine médicale,* 1886, p. 205.

(3) BINET et FÉRÉ : *Le Magnétisme animal.* Bibliothèque scientifique internationale, 1887, p. 269.

gone plus ou moins complètement désagrégé que l'on agit. Car nous avons dit plus haut qu'à vraiment parler la suggestion à l'état de veille n'existe pas en ce sens que le sujet à suggestionner n'est qu'en apparence à l'état de veille ; il est en réalité en hypnose partielle avec les symptômes de la veille, au lieu d'avoir les symptômes du sommeil.

Ainsi comprise, la suggestion à l'état de veille a les mêmes inconvénients que la suggestion dans l'hypnose. Elle suppose et utilise, elle aussi, la désagrégation sus-polygonale. D'autre part, elle est évidemment moins énergique et ne peut être employée que chez des sujets déjà entraînés et très hypnotisables (1).

LIÉBEAULT, qui est le véritable initiateur de cette méthode de traitement, distingue à la suggestion trois actions thérapeutiques différentes : une action substitutive, une action perturbatrice et une action correctrice. L'hypnotiseur introduit dans le polygone désagrégé du malade une idée neuve qui détruit l'idée morbide en la *remplaçant,* la *troublant* ou la *corrigeant.*

Pour obtenir une action du premier genre, on endort le sujet et on lui affirme que son mal disparaît, a disparu et ne reparaîtra pas au réveil. On substitue dans son polygone désagrégé l'idée de la guérison et de la santé à l'idée morbide de la douleur, de la paralysie, de la convulsion, etc. On peut, dans certains cas, donner un point de repère à cette suggestion en attachant la guérison à une pratique quelconque, à l'absorption d'un verre d'eau par exemple.

(1) Voir BERNHEIM : Suggestion et hypnotisme. *Revue de Psychologie,* 1898, p. 43, et CROCQ, *loco cit.,* p. 606.

Pour obtenir la seconde action, il faut donner, dans le sommeil, une forte émotion, peur, joie...

La troisième méthode (correctrice) est une méthode lente, tandis que la précédente est brutale. On agit par une série de suggestions qui détruisent graduellement l'idée morbide dans le polygone du sujet.

En somme, l'action fondamentale c'est l'action substitutive ; tout revient à l'implantation par l'hypnotiseur, dans le polygone du sujet, d'une idée de guérison qui remplace l'idée de maladie. Si la chose se fait très vivement, c'est la méthode correctrice. Au fond, c'est toujours le même mécanisme d'action : *le remplacement de l'idée morbide par l'idée suggérée.*

Ces considérations suffisent à montrer les *limites* d'action de cette suggestion thérapeutique.

C'est là évidemment une action purement et exclusivement polygonale qui laisse O tout à fait en dehors.

Donc, aucune action sur les maladies mentales, c'est-à-dire sur l'élément vraiment mental des maladies. Les maladies de O échappent à l'influence de la suggestion thérapeutique.

Aucune action non plus sur la désagrégation suspolygonale. L'idée thérapeutique suggérée s'implante dans le polygone désagrégé ; mais, même dans les cas les plus heureux, elle n'agit en rien sur les communications de ce polygone avec O.

Donc, la suggestion thérapeutique n'a aucune action sur le fond et l'essence d'une névrose grave ; la seule et véritable indication de la suggestion thérapeutique, c'est la localisation étroite, bien définie, de la névrose, sur un appareil ou sur un autre.

Il ne faut donc ni restreindre l'hypnotisme au traitement de l'hystérie comme le voulaient RICHER et GILLES DE LA TOURETTE (1), ni dire avec GILLES DE LA TOURETTE (2) que l'hypnotisme modifie « profondément le terrain hystérique ». Il faut plutôt dire avec PITRES (3) que la médication suggestive s'adresse aux « troubles fonc« tionnels », « qu'elle peut atteindre et modifier heureusement ».

De tout cela résultent nettement les *contreindications* de l'hypnotisme en thérapeutique.

La suggestion, dit DUPRAT (4), « ne peut être qu'un appel à l'instabilité même. Pour obtenir un résultat illusoire, on aboutit, en employant la suggestion, à la ruine de plus en plus complète de ce moi que l'on voudrait sauver ».

L'hypnotisme crée ou accentue la désagrégation sus-polygonale. Il ne facilite donc pas le retour à cette unité normale dans laquelle O et le polygone collaborent physiologiquement. Il ne tend pas à reconstituer la personnalité normale et saine de l'individu : au contraire, il la disjoint et habitue le polygone du sujet à obéir plutôt au centre O de l'hypnotiseur qu'au sien propre.

C'est pour cela que l'hypnotisme est souvent un révélateur de l'hystérie. C'est pour cela que l'hypno-

---

(1) RICHER et GILLES DE LA TOURETTE, article Hypnotisme. *Dictionnaire encyclopédique des sciences médicales*, p. 120.

(2) GILLES DE LA TOURETTE : *Leçons de clinique thérapeutique sur les maladies nerveuses*, citat. CROCQ, *loco cit.*, p. 524.

(3) PITRES : *Leçons cliniques sur l'hystérie et l'hypnotisme*, p. 396.

(4) DUPRAT, *loco cit.*, pp. 269 et 271.

tisme des représentations et des théâtres peut faire
naître des dangers et doit être interdit.

En somme, l'hypnotisme diminue l'unité normale de
la personnalité du sujet et facilite sa disjonction par
désagrégation suspolygonale.

Il est donc impossible de voir, avec BÉRILLON (1),
dans l'hypnotisme un « agent moralisateur et réformateur » des enfants pervers, un agent d' « éducation
systématique de la volonté ». Si BÉRILLON obtient de
très beaux résultats dans certains cas, c'est qu'il fait de
la *pédiatrie* et non de la *pédagogie ;* il traite et guérit
des *malades,* chez lesquels il y a déjà des troubles polygonaux morbides qui gênent et entravent, chez l'enfant,
le libre et normal exercice de la volonté et de la haute
direction morale de O.

Il combat et détruit cet obstacle, cette mauvaise habitude polygonale par l'hypnotisme; ce qui est tout à
fait dans le rôle et les attributions ordinaires de l'hypnotisme : action polygonale, action sur le polygone
désagrégé. Et il rend ainsi sa liberté à O ; il lui permet de reprendre la direction normale et physiologique de l'entier psychisme.

Mais il n'a pas agi directement sur la volonté ni sur
le sens moral. Une volonté ou un sens moral qui n'auraient d'autres racines dans l'esprit qu'une ou plusieurs
suggestions n'auraient aucune consistance, n'existe-
raient pas.

C'est bien le sens que prévoyait DURAND DE GROS (2)

---

(1) BÉRILLON : Les applications de l'hypnotisme à la pédagogie et à
l'orthopédie mentale. *IIe Congrès de l'hypnotisme,* 1900, p. 190.

(2) DURAND DE GROS, citat. BERNHEIM, *Revue de l'hypnotisme,* 1887,
t. 1, p. 129.

qui a été un précurseur dans cette question : « le braidisme, disait-il en 1860, nous fournit la base d'une
orthopédie intellectuelle et morale qui certainement
sera inaugurée un jour dans les maisons d'éducation
et dans les établissements pénitentiaires ».

De même, Liégeois (1) dit qu'il ne faut pas voir dans
l'hypnotisme un procédé d'éducation, mais seulement
un moyen de réformer des natures *viciées*. — Pour
Félix Hément, « il ne s'agit pas d'une méthode d'éducation à employer d'une manière générale, mais d'un
traitement, d'un moyen *curatif* à appliquer à des intel-
ligences ou à des natures vicieuses (2) »...

Donc, les expériences et les résultats de Bérillon,
tout remarquables qu'ils soient, ne sont pas en contradiction avec les assertions émises ci-dessus et nous
laissent cette conviction que l'hypnotisme a l'inconvé-
nient de provoquer ou de faciliter les désagrégations
suspolygonales.

Faut-il conclure de là à la condamnation absolue de
ce moyen thérapeutique?

Non. Il faut conclure : 1° que l'hypnotisme n'étant
pas inoffensif et ayant ses contreindications ne doit être
employé (comme tous les agents thérapeutiques ordinaires) que médicalement et par un médecin expérimenté ; 2° qu'il ne faut pas demander à la suggestion
la guérison d'un état purement mental, ni même d'une
névrose grave et profonde comme l'hystérie ; 3° que
l'indication capitale de l'hypnotisme en thérapeutique

---

(1) Liégeois, Félix Hément : Discussion de la communication de
Bérillon au Congrès de l'association française de Nancy en 1886.

(2) Voir pour la suite de cette discussion : *L'Hypnotisme et la suggestion,* p. 408 et suiv.

est fournie par les localisations précises, étroites et
tenaces, des névroses et spécialement de l'hystérie.

Même réduite à ces proportions modestes, l'action
thérapeutique de la suggestion n'est pas à dédaigner,
et il y a lieu de la rechercher dans bien des cas où
tous les autres moyens sent inefficaces.

Comme le disait déjà Blocq (1), en 1889, il faut, pour
appliquer thérapeutiquement l'hypnotisme dans un cas
donné, il faut juger que les inconvénients liés pour le
malade à un excès de suggestibilité ne soient pas comparables à ceux que lui font éprouver certains troubles,
tels que l'aphonie, la paralysie, la contracture, par
exemple, auxquels on a affaire et dont on peut espé-
rer le débarrasser par ce procédé.

3. *Thérapeutique psychique supérieure ou totale : traitement de O, éducation de la volonté et des facultés
psychiques supérieures.*

Tout autres sont les procédés et les effets de la psychothérapie supérieure ou totale, qui s'adresse non plus
à des polygones désagrégés, mais à l'entier psychisme
bien uni du sujet.

Liébeault (2) a beaucoup insisté sur le rôle de la distraction dans le traitement de certains phénomènes
nerveux. Il cite comme exemples : Pascal, qui se guérit un mal de dents-atroce en s'appliquant à résoudre
le problème de la courbe cycloïde ou roulotte ; Kant,

---

(1) Blocq : Indications de l'hypnotisme dans le traitement de l'hystérie. *Bulletin médical*, 1889, p. 921.

(2) Liébault : *Thérapeutique suggestive*, 1891, p. 9.

qui, sujet à des palpitations et souvent oppressé, se
guérissait en transportant son attention sur un travail
de tête appliquant; Padioleau, qui, en avançant l'heure
de la pendule, fit disparaître chez une femme une fièvre
« par cause morale », dont les accès revenaient toujours à quatre heures de l'après-midi.

Je ne me sers pas de ce dernier cas dans lequel on
peut dire qu'il y avait vraiment suggestion, avec point
de repère, à l'état de veille. Mais dans les cas de Pascal et de Kant la chose est bien nette : il n'y a pas suggestion, il n'y a pas désagrégation suspolygonale. L'entier psychisme est en cause, et c'est en détournant,
volontairement et consciemment, leur attention sur
un autre point qu'ils guérissent leurs phénomènes
nerveux.

Voilà bien des pratiques psychothérapiques au premier chef, mais toutes différentes de celles du précédent paragraphe : ici le traitement s'adresse à l'entier
psychisme uni et associé, tandis que dans la suggestion
il ne s'adresse qu'au polygone désagrégé de son O.

Comme la plupart des auteurs ne font pas la distinction, que je soutiens ici, entre le psychisme supérieur
et le psychisme inférieur, ils indiquent souvent dans
la thérapeutique suggestive bien des faits qui appartiennent à la psychothérapie supérieure.

Ainsi, quand HARTENBERG reentraine son artiste, lui
fait exécuter des mouvements par autorité, le fait marcher à une allure assurée, débiter des tirades héroï-
ques de Ruy Blas, c'est à son psychisme entier qu'il
s'adresse et non à son polygone. Ce n'est donc pas une
suggestion, c'est une *rééducation* ; ce qui n'est pas du
tout la même chose.

Binet (1) fait écrire à des enfants la couleur de divers cartons qu'il fait passer sous leurs yeux ; à un certain moment, quand un carton *vert* passe avant que l'enfant l'ait écrit, il lui souffle *bleu*. Souvent l'enfant écrit *bleu* en effet ou hésite...

Ce n'est pas là de la suggestion vraie, au sens que je maintiens au mot. L'enfant n'est pas en état de désagrégation suspolygonale ; il s'applique à reconnaître les couleurs avec son centre O, avec son entier psychisme. Et la suggestibilité de O, l'impressionnabilité de O, la timidité et la méfiance de soi de O ne sont pas du tout la suggestibilité vraie, la suggestibilité du polygone désagrégé.

Ces expériences sont si complètement différentes de la suggestion qu'au lieu d'accroître l'instabilité du psychisme de l'enfant, au lieu de faciliter sa désagrégation suspolygonale, elles développent et fortifient O aux dépens de l'automatisme, tandis que l'hypnotisme développe l'automatisme aux dépens de O : Binet le constate lui-même (p. 377).

Et il conclut très justement (p. 242) : « il y a véritablement un abîme entre notre suggestion pédagogique qui influe seulement sur l'appréciation d'une longueur de ligne ou d'une nuance de couleur, et la suggestion médicale ou hypnotique qui peut faire manger à un malade des pommes de terre crues qu'il prend pour des gâteaux. Dans ce dernier cas, nous avons une tentative d'asservissement d'une intelligence, et c'est là ce que Wundt considère comme une

---

(1) Binet : *La Suggestibilité*. Bibliothèque de pédagogie et de psychologie, 1900.

immoralité ; le sujet devient la chose de l'expérimentateur ; on pèse sur lui jusqu'à ce que sa résistance soit vaincue et sa servilité complète ; et le résultat de cette tentative est de le rendre plus suggestible, plus servile pour une autre occasion. Dans nos expériences scolaires, au contraire, l'effort que nous faisons pour influencer le sujet est cent fois plus discret ; il a pour but non de l'asservir, mais d'éprouver son degré de résistance, n'est-ce point là tout autre chose ? »

Évidemment c'est « tout autre chose » : dans un cas, c'est de la psychothérapie polygonale (suggestion sur un polygone désagrégé) ; dans l'autre, c'est de la psychothérapie supérieure (action sur l'entier psychisme uni).

Mais si on ne fait pas la distinction, si on confond l'entière psychothérapie dans la thérapeutique suggestive, on justifie et on mérite les railleries, un peu lourdes (DUPRAT), mais justes, de WUNDT, quand il dit (1) : « ces hommes croient avoir trouvé dans la suggestion non seulement un remède contre toutes les maladies morales dont nous souffrons, mais encore le grand levier du progrès de la civilisation destiné à soulever l'humanité vers un état de perfection inconnu jusqu'alors. Ils demandent qu'on l'introduise avant toute chose dans l'éducation et l'instruction. D'après le dire des pédagogues de l'hypnotisme, pour faire de ses enfants des hommes d'une excellente moralité, on réclamera dorénavant l'hypnotiseur. Il suggérera à l'enfant d'être, à l'avenir, bon et obéissant, jusqu'à ce que la qualité souhaitée se soit suffisamment fixée

(1) WUNDT, *loco cit.*, pp. 147, 153.

dans son caractère. En cas de rechutes, on reprendra
la cure suggestive. Bien mieux, il n'est pas impossible
qu'avec une patience suffisante on ne perfectionne par
suggestion les facultés intellectuelles. Dans tous les
cas, on fait entrevoir que dans cette voie les méthodes
d'instruction seront remarquablement facilitées et sim-
plifiées. La première connaissance qu'on exigera, dans
les siècles à venir, du candidat au professorat, sera
celle de l'hypnotisation... »

Voilà les railleries justifiées que l'on provoque et
que l'on mérite (1) en confondant, avec BERNHEIM, la
suggestion d'une part, la persuasion et l'éducation de
l'autre, en confondant, comme tout le monde, la psychothérapie polygonale ou inférieure et la psychothérapie supérieure ou totale.

La réponse devient au contraire facile si on sépare
la suggestion des autres influences d'un psychisme
sur un autre, si on distingue la psychothérapie qui
s'adresse au polygone désagrégé et la psychothérapie
qui s'adresse au psychisme entier et uni.

----

(1) BLUM condamne, lui aussi, « l'emploi d'une méthode qui portera
atteinte à la liberté morale de l'enfant ». « L'éducation ne doit pas
tendre à transformer l'homme en une machine; elle doit au contraire
susciter l'effort, favoriser l'éclosion des bons germes et faire avorter
les mauvais. » Mais, comme on laisse toujours au mot « suggestion »
le sens très étendu de BERNHEIM, LECLÈRE s'étonne qu'un professeur de
philosophie (comme BLUM) invoque la liberté morale de l'enfant alors
que lui, professeur de philosophie, « ne fait pas autre chose que de
violer cette liberté morale, pour peu qu'il s'efforce de lui faire accepter,
par son enseignement, les doctrines philosophiques imposées par le
programme. A ce compte, tout professeur qui inflige la moindre punition morale à un enfant qui refuse de travailler serait accusé encore
avec plus de raison de porter atteinte à sa liberté morale. » (*Revue de
l'hypnotisme*, 1887, t. I, p. 84 et suiv.) Voilà où on en arrive avec la
confusion créée par BERNHEIM sur le mot suggestion : l'hypnose est ni
plus ni moins permise que la punition, que l'enseignement et l'éducation en général !

Avec la suggestion on ne peut faire que de la pédiatrie (nous avons vu plus haut que c'est là ce que fait BÉRILLON); avec la psychothérapie supérieure on peut aider à la pédagogie et à l'éducation.

La psychothérapie supérieure est vraiment un moyen de fortifier la volonté, d'accroître l'unité et la force du moi, de développer l'activité et l'influence de O.

C'est de ce principe que découleront les indications et les contreindications de la psychothérapie supérieure, bien différentes des indications et contreindications (indiquées plus haut) de la psychothérapie polygonale ou suggestive.

Un exemple fera facilement comprendre la chose.

Une demoiselle, catholique, arrivant à l'âge critique, atteinte d'un psychisme anxieux, de doute, souffre depuis longtemps d'un symptôme qu'elle décrit ainsi : « j'ai, dit-elle, l'idée fixe, l'obsession de voir l'hostie partout. J'en découvre sur tous mes vêtements, sur tous ceux qui m'entourent, enfin partout. Et alors, comme j'ai peur de faire un sacrilège, je passe mon temps, en souffrant horriblement, à laver tout ce qui me touche, tout ce qui m'entoure, en craignant qu'il y ait un contact irrespectueux. J'en suis arrivée à ne plus savoir comment m'habiller, parce que, sur toutes mes robes, sur tous mes vêtements, sur tout ce qui m'entoure, j'ai cru en apercevoir. Je ne sors plus ; il me faudrait acheter douze paires de gants par jour, n'osant plus remettre les miens... Il me semble constamment que je n'ai pas bien expliqué, surtout je doute constamment avoir compris. A l'instant où l'on me parle, et encore pas toujours, il me semble que j'obéirai, que je ferai les choses ; mais, une seconde après, mon doute est plus fort que jamais; il me semble que c'est un cas nouveau que je n'ai jamais expliqué, et alors ma tête se monte et j'en arrive à souffrir d'une façon épouvantable, et cela toute la journée sans relâche... Je n'ai pas l'hallucination visuelle de l'hostie, je ne vois pas la forme. Mais, comme j'ai cette idée perpétuelle, tout ce que je découvre sur moi de blanc et y ressemblant, je suis persuadée que cela en est. »

Voilà bien un tableau saisissant d'une psychasthénique, c'est-à-dire d'une malade dont les centres psychiques sont trop faibles pour chasser ou classer les idées plus ou moins saugrenues qui se présentent à elle (comme il s'en présente à tout le monde) et chez laquelle alors l'idée se fixe comme un « parasite », suivant l'expression de CHARCOT. « Quand une idée quelconque se présente à mon esprit, dit-elle encore, par ce seul fait de l'idée évoquée, elle se case dans mon esprit à n'en plus sortir, et plus je raisonne, plus, je veux raisonner pour me prouver qu'elle n'est pas juste, plus je m'enfonce comme dans un labyrinthe et réellement je n'en sors plus. »

Cette malade m'était adressée afin de décider s'il y avait lieu de la traiter par l'hypnotisme et la suggestion. J'ai cru pouvoir dire que ce moyen serait désastreux, mais qu'il fallait cependant la traiter psychiquement, non en favorisant la désagrégation suspolygonale par l'hypnose, mais en s'adressant à l'entier psychisme, en fortifiant O, en lui redonnant confiance en soi, en accroissant sa puissance de direction sur l'automatisme... et, notamment pour le début du traitement, j'ai conseillé de développer à la malade ces diverses idées : 1° vous reconnaissez vous-même que vous n'avez pas d'hallucination, qu'il n'y a pas de sensation fausse ; vous savez qu'il n'y a pas d'hostie dans ces taches blanches que vous voyez un peu partout ; ayez la force de votre opinion ; marchez sur ces taches, sans crainte de sacrilège ; touchez-les résolument, sans aller vous laver après.... Conformez vos actes non à vos raisonnements hypothétiques de rêve, mais à la raison saine que vous avez et que vous conservez de votre propre aveu ; 2° nous n'avons qu'un moyen de diminuer l'importance d'une idée dans le cerveau et d'arriver à la faire disparaître, c'est d'en diminuer et d'en supprimer l'influence sur nos actes. Il ne faut conformer aucun acte aux pensées maladives que vous avez : n'en parlez notamment jamais, n'en écrivez pas, ne les analysez pas, ne vous les faites pas discuter et ne les discutez pas avec vous-même. Les actes que vous ferez délibérément en dehors de ces pensées feront naître dans votre esprit des pensées nouvelles qui peu à peu se substitueront aux pensées maladives et les feront disparaître ; 3° l'*attention* volontaire accroît les sensations, et l'attention expectante les fait naître. N'attendez donc pas ces sensations, ne vous tenez pas à l'affût de leur arrivée. Quand elles viennent, ne les analysez pas, même sous le prétexte de les mieux faire connaître au médecin ; 4° donnez un but pratique à votre vie ; enseignez le catéchisme aux enfants, occupez-vous de leur éducation morale ; allez visiter des pauvres. C'est en pensant aux autres et en vous occupant des autres que vous reprendrez l'habitude de moins penser à vous et de vous moins occuper de vous. L'homme bien portant est un animal altruiste ; l'égo-

centriste est un malade ; l'égoïsme étant autant cause
que symptôme de maladie, il faut vous sortir de vous-
même pour vous guérir...

Voilà un procédé de traitement qui est bien de la
psychothérapie, mais qui n'a rien à voir avec la suggestion, puisque, loin de dissocier le centre O et son
polygone, il s'adresse à la totalité du psychisme uni,
fortifie et accroît la saine influence du psychisme supérieur sur le polygone.

Dans toutes les maladies qui peuvent être traitées
psychiquement il faut distinguer les indications res-
pectives de la psychothérapie inférieure et de la psychothérapie supérieure.

Ainsi, pour l'*alcoolisme,* divers auteurs (LLOYD TUC-
KEY, TOKARSKY, ARIE DE JONG, STADELMANN, BÉRIL-
LON (1)...) demandent à l'hypnotisme la guérison de
l'impulsion qui porte le sujet à boire (dipsomanie) ou
à s'empoisonner (morphinomanie... toxicomanie). On
obtient en effet de bons résultats dans un certain nombre de cas.

Mais il faut bien comprendre le mécanisme de ces
succès psychothérapiques.

Il ne faut pas croire que par la suggestion on fasse
la « rééducation systématique de la volonté » (BÉRIL-
LON) de l'ivrogne ou qu'on augmente sa « faculté de
vouloir » (LLOYD TUCKEY). On peut tout au plus agir
indirectement sur la volonté du malade en la libérant,
en supprimant une mauvaise habitude polygonale qui
fait échec à cette volonté. Mais il faut, pour le succès,
que le sujet ait conservé une volonté saine et forte qu i

(1) Congrès de l'hypnotisme de 1900, pp. 169, 173, 178, 185, 188.

agit dès qu'elle n'est plus combattue par l'impulsion automatique mauvaise.

Mais si on veut réellement accroître la résistance de la volonté et du moi raisonnable aux tentations de l'ivresse, il faut se garder de désagréger les deux ordres de psychisme par l'hypnose, il faut s'adresser à l'entier psychisme du sujet et amener par des raisonnements, des conseils moraux et pratiques, le centre O du sujet à reprendre la direction des actes, à résister aux insinuations du polygone.

Donc, l'hypnotisme doit être employé dans un certain nombre de cas d'alcoolisme, de morphinisme, de dipsomanie, de toxicomanie ; non pour exalter la volonté du sujet, mais pour supprimer le trouble polygonal morbide qui empêche sa volonté de s'exercer régulièrement. Dans tous les autres cas où il y a indication à fortifier la volonté, à accroître l'influence des centres psychiques supérieurs, c'est à la psychothérapie supérieure et non à la suggestion qu'il faut s'adresser.

Si on ne fait pas la distinction que je défends ici entre les deux ordres de psychothérapie, la confusion est extrême pour le traitement psychique des *psychoses*.

Il est impossible de confondre le « traitement moral » des aliénés, tel qu'il a été inauguré par PINEL (1) (appliquant la philosophie de LOCKE et de CONDILLAC), puis par ESQUIROL (ajoutant la psychologie de LAROMIGUIÈRE) et par LEURET, et le traitement par l'hypnotisme, tel qu'il a été préconisé par AUGUSTE VOISIN (2), et em-

(1) Voir DUPRAT, *loco cit.*, p. 273.

(2) AUGUSTE VOISIN : De l'hypnotisme et de la suggestion hypnotique dans leurs applications au traitement des maladies nerveuses et

ployé, avec succès aussi, par REELING BRONWER (1) et par REPOND (2).

Les opinions discordantes de FOREL, PITRES, TERRIEN, LLOYD TUCKEY (3) concluant que « les malades atteints de vésanie franche (non hystériques) », ne « tirent ordinairement aucun profit » de la thérapeutique suggestive et qu' « en clinique mentale, l'hypnotisme en général n'est d'aucun secours », prouvent qu'il y a d'autres cas de psychose dans lesquels il vaut mieux employer la psychothérapie supérieure dont j'ai parlé tout d'abord.

Quand, chez un mental, il y a à la fois des troubles psychiques inférieurs et des troubles psychiques supérieurs, si ces troubles psychiques inférieurs font indication, l'hypnotisme pourra remplir cette indication. C'est ainsi que REGIS (4) a montré les bons effets de l'hypnotisme sur ces délires toxiques et infectieux, qu'il a appelés *oniriques,* parce que ce sont des délires de rêve somnambulique, d'état second, je dirai des délires polygonaux.

Le trouble mental lui-même, l'altération fonctionnelle de O, indiquent au contraire toujours la psychothérapie supérieure.

---

mentales. *Revue de l'hypnotisme*, 1887, t. 1, p. 4, et Les indications de l'hypnotisme et de la suggestion hypnotique dans le traitement des maladies mentales et des états connexes. Rapport au 1er Congrès de l'hypnotisme expérimental et thérapeutique, Paris, 1889, *Ibidem*, t. IV, p. 149.

(1) VAN RENTERGHEM : 11e Congrès de l'hypnotisme, 1900, p. 56.

(2) REPOND, de Fribourg : Discussion du rapport d'AUGUSTE VOISIN au 1er Congrès de l'hypnotisme, 1889. *Revue de l'hypnotisme*, t. IV, p. 152.

(3) Même Congrès, pp. 151 et 401, et 11e Congrès, p. 246.

(4) REGIS : De la suggestion hypnotique dans le traitement des délires toxiques et infectieux. *11e Congrès de l'hypnotisme*, 1900, p. 98.

‘ C'est de psychothérapie supérieure que s'occupe exclusivement Dubois de Berne, dans un livre (1) qui a eu beaucoup de succès et dont je tiens à proclamer toute la valeur, bien que j'y sois traité d'homme « dangereux (2) ».

Dubois ne veut pas admettre la distinction entre la suggestion et la persuasion. Pour lui (p. 256), « l'état de suggestibilité est normal. On peut dire hardiment que tout le monde est hypnotisable, suggestible... oui, le O de l'hypnotiseur, du suggestionneur, de toute personne qui nous mène, agit, si l'on veut, sur notre polygone, mais toujours par l'intermédiaire de l'O du sujet influencé. Toute *hétérosuggestion,* pour devenir active, doit passer à l'état d'*autosuggestion,* et ce phénomène de conviction se passe dans le psychisme inférieur... »

En fait, il n'emploie pas du tout l'hypnose, la vraie suggestion. Il fait uniquement, et il fait très brillamment, de la psychothérapie supérieure. Il s'adresse chez ses sujets « à leur moi le plus élevé, en leur rendant l'esprit critique et la conscience de leur indépendance ».

Il dit aux médecins : faites claquer au vent un drapeau « où brille la devise : Maîtrise de soi-même ! et vos malades marcheront ! »

Voilà le but qu'il poursuit. « Le but à atteindre n'est pas de rendre le malade bêtement suggestible, c'est au contraire de le relever et de lui restituer la maîtrise de lui-même ». Dans beaucoup de psychoné-

---

(1) Dubois : *Les Psychonévroses et leur traitement moral,* 1904.
(2) Page 253.

vroses, « la persuasion par la voie logique est une baguette magique ».

Et ailleurs : « la médecine du xxᵉ siècle, sans né-
gliger les conquêtes du précédent, donnera une place
toujours plus large à la psychothérapie rationnelle.
Elle renoncera aux puérilités de l'hypnotisme et de la
suggestion pour en revenir à l'éducation de l'esprit. »

Il n'est donc pas si fou de distinguer la persuasion
de la suggestion et par suite de distinguer la psychothérapie qui emploie l'un et la psychothérapie qui emploie l'autre de ces procédés.

Dubois le reconnaît d'ailleurs : « il y a intérêt à dif-
férencier, à opposer même, les termes de *persuasion*
et de *suggestion* (1). Bechterew a bien noté la différence en disant que la suggestion entre dans l'entendement par l'escalier de service, tandis que la
persuasion logique frappe à la porte d'entrée principale (2). »

Donc, le livre de Dubois ne peut se comprendre
qu'avec la distinction entre la psychothérapie supérieure et la psychothérapie inférieure. Cette distinction
admise, le professeur de Berne s'occupe ensuite exclusivement, trop exclusivement peut-être (3), de la seule
psychothérapie supérieure.

A peu près au même moment, paraissait le livre de

_____

(1) Cette phrase (p. 121) me parait être difficilement conciliable avec
ce que le même auteur dit page 256. Page 355, Dubois dit, encore :
« la suggestion et la persuasion que j'opposerai toujours l'une à
l'autre. »

(2) Parlant plus loin (p. 321) de l'hypnose et de la suggestion brutale, Dubois dit : « je n'aime pas ces moyens » et « cette thérapeutique
un peu bourrue ».

(3) Voir la critique d Henri Piéron. *Revue scientifique*, 1905, p. 722.

Camus et Pagniez (1), qui reflète et expose la pratique de Dejerine et constitue une puissante contribution à l'étude de la psychothérapie.

Ces auteurs sont plus indulgents pour les idées que j'expose ici. « Pour nous, disent-ils (p. 25), nous croyons que la psychothérapie comprend la suggestion consciente et inconsciente, dans l'hypnose et à l'état de veille, directe et indirecte, l'autosuggestion raisonnée et la psychothérapie par persuasion, par raisonnement. » Ils distinguent les cures par hypnose et suggestion et la psychothérapie volontaire et consciente. « L'emploi de la psychothérapie par suggestion et hypnose avait été précédée dès longtemps par celui de la psychothérapie par persuasion. »

Ils étudient ensuite, avec beaucoup de soin et de nombreux faits à l'appui, l'*isolement* comme procédé de psychothérapie supérieure.

Enfin, ils consacrent tout un chapitre (2) à l'étude comparée de la *suggestion* et de la *persuasion,* citent très aimablement mon polygone et concluent : « la suggestion est l'acte par lequel une idée bonne ou mauvaise est introduite dans le cerveau d'un individu, *sans son contrôle…*; la persuasion est l'ensemble des opérations qui font accepter *(après contrôle)* une idée par le cerveau et provoquent vis-à-vis d'elle un sentiment naissant... La direction de la vie et le caractère dépendent du sens critique, de la volonté, que, par définition, la suggestion annihile. La persuasion au

(1) Jean Camus et Philippe Pagniez : *Isolement et Psychothérapie. Traitement de l'hystérie et de la neurasthénie. Pratique de la rééducation morale et physique,* avec une préface de Dejerine, 1904.
(2) Chapitre VII, p. 166.

contraire, en s'adressant aux fonctions psychiques supérieures, possède une action à laquelle ne peut prétendre la suggestion. »

On ne saurait mieux synthétiser les idées maitresses
que j'ai essayé de développer dans ce livre.

4. Conclusions.

Quelques propositions, désormais acquises, me paraissent ressortir des considérations exposées dans ce
chapitre.

La psychothérapie n'est pas, comme le voudraient
CAMUS et PAGNIEZ, « le traitement de l'esprit et le traitement par l'esprit ».

Car on peut *traiter l'esprit* par toute autre chose
que des moyens psychiques (hydrothérapie, médicaments), et *par l'esprit* (c'est-à-dire par les moyens psychiques) on peut traiter le corps et pas exclusivement
l'esprit.

De même que les termes électrothérapie et sérothé-
rapie veulent dire, non le traitement de l'électricité
ou des sérums, mais le traitement *par* l'électricité ou
par les sérums, de même il faut réserver le mot psychothérapie aux traitements *par* les moyens psychiques.

Cela dit, comme il y a deux psychismes (tout ce livre
essaie de le démontrer), un psychisme inférieur et un
psychisme supérieur, de même il y a deux psychothérapies différentes (dans leur but, leurs procédés, leurs
indications et leurs contreindications) : la psychothérapie inférieure (hypnotisme, thérapeutique suggestive)
et la psychothérapie totale ou supérieure.

La première s'adressant au polygone désagrégé du sujet peut combattre et faire disparaître certaines manifestations polygonales des névroses (paralysies, anesthésies, idées fixes), mais ne fortifie pas la volonté et le moi supérieur du sujet, au contraire.

La seconde s'adresse aux psychismes unis et collaborant, cimente et accroît leur union, fortifie la volonté, le moi raisonnable et conscient, et d'une manière générale les centres psychiques supérieurs O.

S'adressant toujours au psychisme supérieur, cette psychothérapie peut combattre des maladies de ce psychisme supérieur ou des maladies du psychisme inférieur et des étages neuroniques encore moins élevés (centres bulbomédullaires)...

Dans le premier cas, c'est le traitement psychique des psychoses. Ce traitement n'est vraiment efficace que dans ce que Dubois appelle les psychonévroses, c'est-à-dire dans les cas où le trouble mental est peu profond. Quand le trouble mental est complet (psychose constituée), la psychothérapie n'est qu'un adjuvant du traitement, sans grande efficacité de fond.

Dans le second cas, c'est le traitement psychique des maladies du polygone, de la moelle, etc.

A ce groupe appartiennent la rééducation des ataxiques (méthode de Frenkel) et le traitement des tics (méthode de Brissaud).

La coordination (1) étant une fonction à la fois encéphalique et bulbomédullaire, l'ataxie du tabétique est une perte plutôt de la fonction bulbomédullaire que de la fonction encéphalique. Et alors, par la méthode de

---

(1) Voir Traitement du tabes. Rapport au Congrès de Moscou. *Leçons de clinique médicale,* 3ᵉ série, p. 634.

Frenkel, nous tâchons précisément, à l'aide de la fonction encéphalique conservée, de suppléer à la fonction bulbomédullaire supprimée. Par l'encéphale du tabétique, nous suppléons à son trouble médullaire ; et, comme nous arrivons même, dans les cas heureux, à le faire marcher avec sa seule moelle (en pensant à autre chose), nous avons bien obtenu la *rééducation de la moelle par le cerveau*. Nous avons obtenu par le psychisme supérieur le développement d'une compensation médullaire (1).

J'ai essayé de démontrer (2) que, du moins dans beaucoup de cas, le tic « mental » de Brissaud est bien un tic « psychique », mais un tic psychique inférieur ou polygonal : c'est une mauvaise habitude, pathologique, du polygone. Le vrai traitement de ces tics est (Brissaud) la rééducation par le psychisme supérieur de ce polygone malade.

« Ce qu'on appelle psychothérapie, dit Brissaud (3), n'est autre chose qu'un ensemble de moyens destinés à montrer au patient par où pèche sa volonté et à exercer ce qui lui en reste, dans un sens favorable. Dans le cas particulier, le mal se borne au défaut de la volonté inhibitrice capable de refréner un caprice cortical... Le médecin se fait éducateur sans rien emprunter aux pratiques plus ou moins occultes de la suggestion

---

(1) Cette compensation· ou suppléance médullaire pouvant même se produire sans guérison *anatomique* de la première lésion, comme le prouve ce tabétique guéri par Erb, chez lequel, douze ans après, Schulze a trouvé la lésion, non guérie, des cordons postérieurs de la moelle.

(2) Tic du colporteur. Spasme polygonal post-professionnel. *Leçons de clinique médicale*, 3ᵉ série, p. 386.

(3) Henry Meige et E. Feindel : *Les Tics et leur traitement*, 1902, p. 614.

hypnotique. De cela surtout il faut qu'il se défende, car le malade doit être immédiatement prévenu que sa collaboration est indispensable... C'est donc sa propre volonté qui agira et non l'influence personnelle de l'éducateur. Celle-ci s'exercera seulement en soutenant les efforts du patient, en lui faisant mesurer le terrain gagné petit à petit, en le contraignant à la soumission souscrite d'avance pour la durée des exercices comme pour celle des repos. »

Et MEIGE et FEINDEL ajoutent : « c'est ainsi et seulement ainsi qu'il faut comprendre la psychothérapie appliquée au traitement des tics. Pas de pratiques impressionnantes, pas de mystères, pas d'appareils, pas d'apparat ; mais des explications claires et vraies, des causeries familières, des conseils affectueux... Le t c...eur perdra peu à peu l'habitude de conserver de mauvaises habitudes. Bien plus, *il prendra l'habitude de ne pas prendre de mauvaises habitudes* ».

C'est bien une action thérapeutique exercée sur le polygone d'un sujet par l'intermédiaire de son propre psychisme supérieur. C'est donc bien, au premier chef, une pratique de psychothérapie supérieure.

De tout cela il résulte que la psychothérapie est un important chapitre de la thérapeutique. En même temps (et c'est la seule conclusion à laquelle je tienne à la fin de ce livre) c'est une thérapeutique que l'on ne peut pas comprendre et qu'on dénaturerait, si on ne faisait pas entre les deux psychismes et par suite entre les deux psychothérapies la distinction et la séparation que tout ce livre consacre et développe.

TABLE

DES FIGURES ET DES TABLEAUX

TABLE DES MATIÈRES

CHAPITRE PREMIER

LES DEUX PSYCHISMES. — LES ACTES ET LES CENTRES
PSYCHIQUES INFÉRIEURS. — DÉFINITIONS

CHAPITRE II

MOYENS D'ÉTUDE DU PSYCHISME INFÉRIEUR. — LES ÉTATS DE DÉSAGRÉGATION SUSPOLYGONALE ET DE FONCTIONNEMENT ISOLÉ DU PSYCHISME INFÉRIEUR

CHAPITRE V

LE PSYCHISME INFÉRIEUR ET LE PROBLÈME PHYSIOPATHOLOGIQUE DE LA RESPONSABILITÉ

CHAPITRE VI

LE PSYCHISME INFÉRIEUR ET LA THÉRAPEUTIQUE

LA CHAPELLE-MONTLIGEON (ORNE). — IMP. DE MONTLIGEON.

Librairie CHEVALIER et RIVIÈRE, 30, rue Jacob, Paris-6e

La Revue de Philosophie

Fondee en 1900

PARAISSANT TOUS LES MOIS
par fascicule in-8° raisin de 128 pages, formant chaque année
deux forts volume. de 800 pages chacun

Dirigée par E. PEILLAUBE
Professeur à l'Institut Catholique de Paris

UN AN — FRANCE, 20 fr. ; ÉTRANGER, 25 fr.

La **Revue de Philosophie** embrasse la philosophie proprement dite, l'histoire de la philosophie et certaines questions d'ordre philosophique tirées des mathématiques, des sciences physiques, de la biologie, du droit naturel et de la sociologie.

Chaque livraison contient :

1° Des articles originaux ;
2° Des revues générales ;
3° Des analyses et comptes rendus ;
4° Une revue des périodiques français et étrangers ; les sommaires des principales revues de l'Europe et de l'Amérique ; des comptes rendus des sociétés philosophiques et scientifiques ;
5° Un bulletin de l'enseignement philosophique, qui a pour but de mettre les professeurs en relations les uns avec les autres et de les tenir au courant de tout ce qui intéresse l'enseignement philosophique secondaire ou supérieur, en particulier des orientations les plus récentes.
6° Des fiches bibliographiques sur des sujets donnés.

L'Index Philosophique

PHILOSOPHIE ET SCIENCES

Publication annuelle de la REVUE DE PHILOSOPHIE

Dirigée par E. PEILLAUBE

Première année, 1902, par M. N. VASCHIDE, 1 vol. in-8 raisin de X-350 pages. **10 fr.**
Deuxième année, 1903, — — de 464 pages. . **10 fr.**
Troisieme année, 1904, 1 vol. in-8 raisin *(Sous presse)*

La *deuxième année* de l'**Index Philosophique** offre aux travailleurs l'indication de 5367 titres d'ouvrages ou articles relatifs à la *Logique*, à la *Métaphysique*, à la *Biologie* et aux *Sciences médicales*, à la *Psychologie*, à l'*Esthétique*, à la *Religion* et à la *Philosophie religieuse*, à l'*Histoire de la Philosophie et de la Psychologie*, parus en Europe et en Amérique. Ce recueil ne contient pas seulement des titres, mais encore une brève analyse des ouvrages ou articles qui intéressent plus particulièrement les philosophes.

Librairie CHEVALIER et RIVIÈRE, 30, rue Jacob, Paris-6ᵉ

BIBLIOTHÈQUE

DE

Philosophie Expérimentale

Dirigée par le professeur E. PEILLAUBE

❉

Volumes parus :

I. **Le Psychisme inférieur,** par M, le Dʳ GRASSET, professeur de Clinique médicale à l'Université de Montpellier.

II. **La Théorie physique, son objet et sa structure,** par M. DUHEM, professeur de Physique théorique à la Faculté des Sciences de Bordeaux.

Volumes à paraître :

L'Expérience en métaphysique, par M. X. MOISANT, de Paris.

Les Images, *essai sur les phénomènes de mémoire et d'imagination,* par M. É. PEILLAUBE, professeur de Psychologie à l'Institut Catholique de Paris.

Cournot et la Philosophie des Sciences, par M. F. MENTRÉ, professeur à l'École des Roches.

La Psychologie physiologique, par M. N. VASCHIDE, chef des travaux du Laboratoire de Psychologie Expérimentale à l'École pratique des Hautes-Études.

Les Fondements métaphysiques des Sciences, par M. J. BULLIOT, professeur de Logique et Métaphysique à l'Institut Catholique de Paris.

La Volonté, par M. Georges MICHELET, professeur de Philosophie à l'Institut Catholique de Toulouse.

La Morale, par M. A.-D. SERTILLANGES, professeur de Morale à l'Institut Catholique de Paris.

La Vie Intérieure, par M. E. PEILLAUBE, professeur de Psychologie à l'Institut Catholique de Paris.

L'Activité biologique, par M. P. VIGNON, du Laboratoire de Zoologie à la Sorbonne.

Le Langage, par M. l'Abbé ROUSSELOT, professeur à l'Institut Catholique de Paris, directeur du Laboratoire de Phonétique Expérimentale au Collège de France.

La Psychologie de Rosmini, par M. E. BEURLIER, professeur agrégé de Philosophie au Lycée de Bourges.

Eug. MOREU, Imp-Grav, 140, Boul Raspail Paris (6) — Téléphone

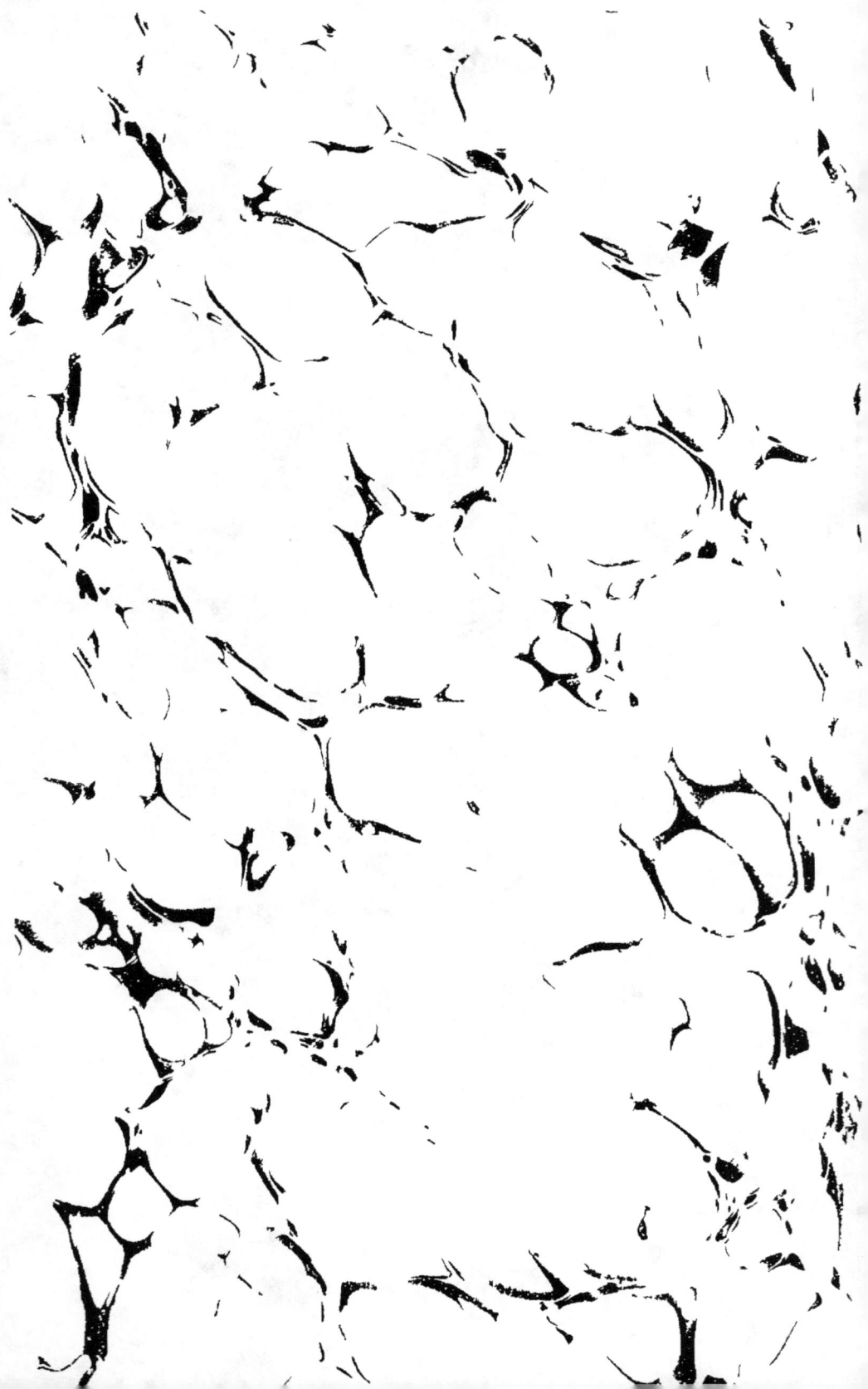

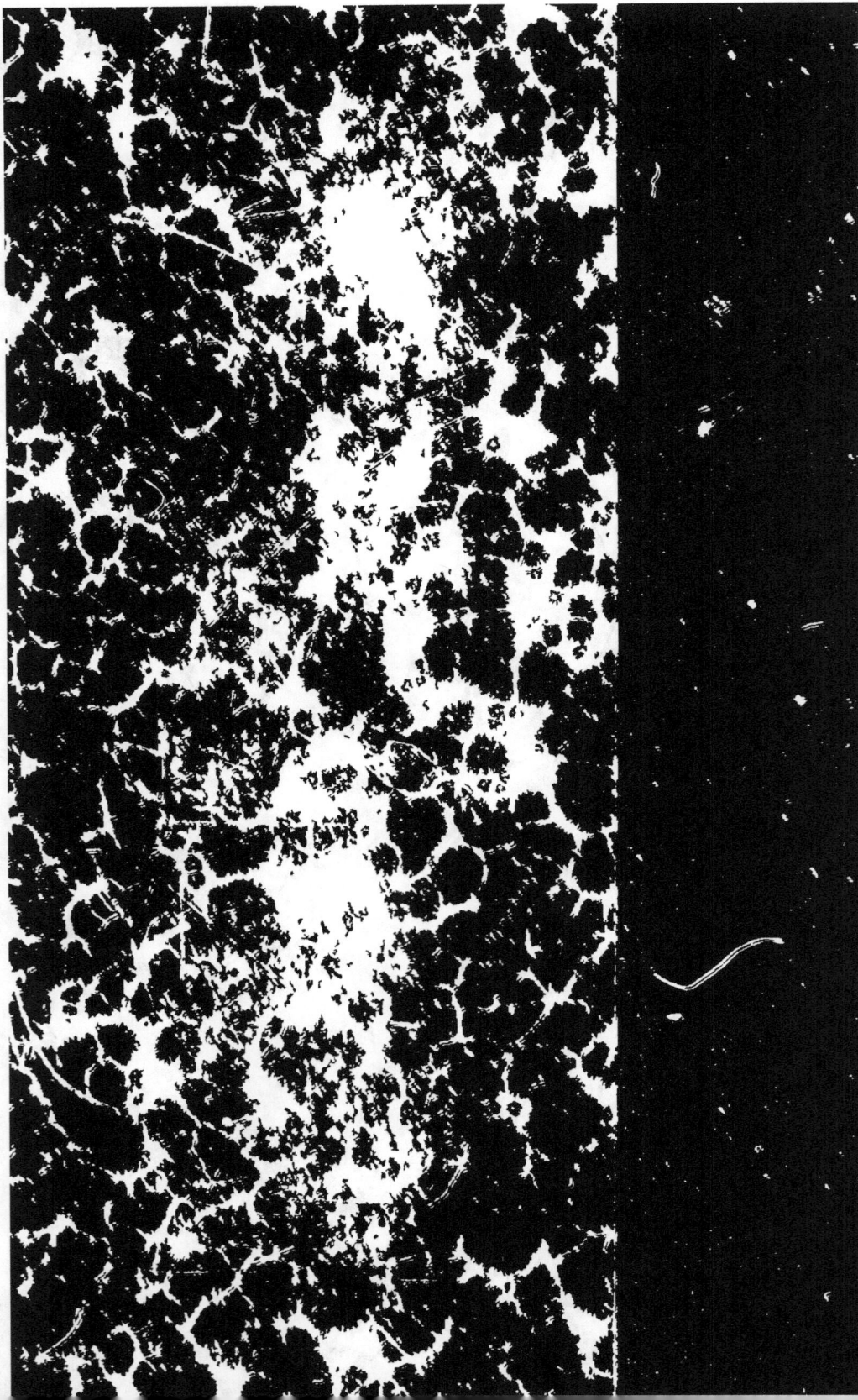